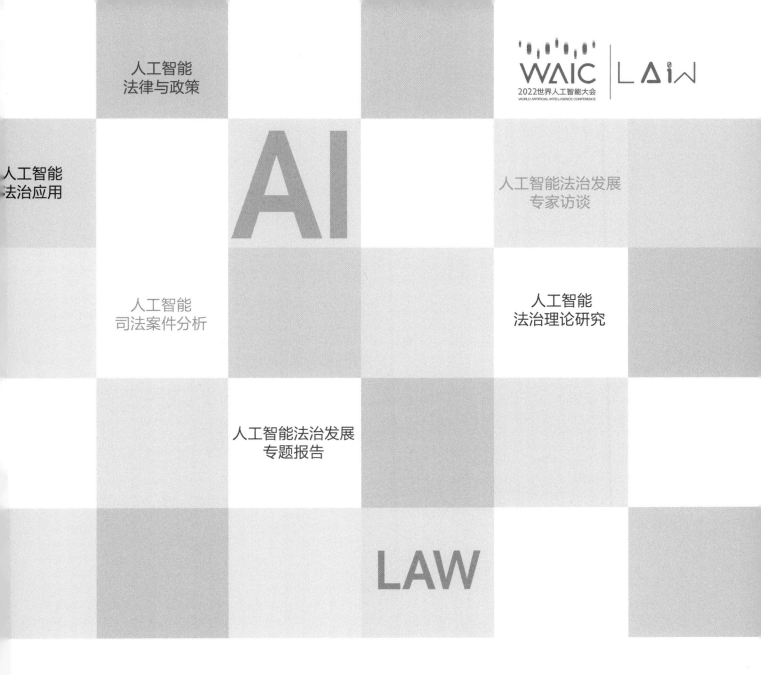

WAIC | LAW
2022世界人工智能大会
WORLD ARTIFICIAL INTELLIGENCE CONFERENCE

人工智能
法律与政策

人工智能
法治应用

人工智能法治发展
专家访谈

AI

人工智能
司法案件分析

人工智能
法治理论研究

人工智能法治发展
专题报告

LAW

The Blue Book of
World Artificial Intelligence Rule of Law

2022

世界人工智能
法治蓝皮书

学术顾问　张文显　薛　澜

主　编　崔亚东

副主编　叶　青　刘晓红　王　涛　施伟东

上海市法学会　浙江清华长三角研究院
华东政法大学　上海政法学院　　　编

# 前言

2021年人工智能领域又有新的重大突破，"人工智能预测蛋白质结构"被评为2021年度最重要发现之一，*Science* 更是将其列为"2021年十大科学突破进展"之首。[①] 以人工智能技术为底层支撑的"元宇宙"从概念走近现实，2021年亦被业界称为"元宇宙元年"。人类在持续同新型冠状病毒的斗争中，加速了信息化的进程，促进了人工智能等新技术的创新与应用。高科技的迅猛发展，推动数字化转型，催生出数字经济、数字政府、数字社会等新的社会形态。数字时代，智能社会治理备受关注。中国及世界许多国家均高度重视智能社会秩序构建，积极推动人工智能等新科技领域立法立规，为智能社会的治理提供法律保障和制度供给。在这样的大背景下，《世界人工智能法治蓝皮书（2022）》（以下简称《蓝皮书（2022）》）与大家见面了。

早在2018年9月，国家主席习近平在致2018世界人工智能大会的贺信中就深刻地指出："新一代人工智能正在全球范围内蓬勃兴起，为经济社会发展注入了新动能，正在深刻改变人们的生产生活方式。把握好这一发展机遇，处理好人工智能在法律、安全、就业、道德伦理和政府治理等方面提出的新课题，需要各国深化合作、共同探讨。"

如何应对人工智能发展可能带来的风险与挑战，处理好这一新课题？

人工智能法治应运而生。

数字时代，法律不可缺席；智能社会，法治伴随其行。

为了推动繁荣人工智能法治研究，服务智能社会治理，2019年初，上海市法学会提出编写《世界人工智能法治蓝皮书》的建

---

① 2021年12月15日，*Nature* 发布《2021年十大科学新闻》；12月17日，*Science* 发布《2021年度十大科学突破》。*Nature* 和 *Science* 都将"人工智能预测蛋白质结构"评为本年度最重要的发现。

议，① 得到了有关专家、学者的积极支持。由上海市法学会、浙江清华长三角研究院、华东政法大学、上海政法学院为主编单位，聘请张文显（中国法学会学术委员会主任、著名法学家、教授、博士生导师）、薛澜（清华大学苏世民书院院长、人工智能国际治理研究院院长、教授、博士生导师）担任学术顾问，由崔亚东同志为主编，叶青（华东政法大学校长）、刘晓红（上海政法学院校长）、王涛（浙江清华长三角研究院院长）、施伟东（上海市法学会专职副会长）为副主编并邀请多位专家学者组成了《世界人工智能法治蓝皮书》编辑委员会（以下简称《蓝皮书》编委会），并设立了专门的《世界人工智能法治蓝皮书》编辑部（以下简称《蓝皮书》编辑部）负责编撰工作。

《世界人工智能法治蓝皮书》以习近平法治思想为指引，通过系统收集、梳理、分析中国及世界人工智能法治发展战略、政策、法律、理论研究、实际应用、司法案件等前沿动态，形成客观、公正、准确的年度分析报告编辑成书，向社会公开发行，从而为繁荣人工智能法治研究、智能社会治理提供优质服务，以推动与人工智能创新发展相适应的法律体系、政策体系、伦理规范、技术标准的建立，助力新一代国家人工智能发展战略的落实，保障人工智能安全、可信、可靠、可控、健康发展，并为推进智能社会全球治理提供中国智慧。

编写《世界人工智能法治蓝皮书》是一项新探索、新事物。为编写好《蓝皮书》，上海市法学会会同浙江清华长三角研究院、华东政法大学、上海政法学院不断加强充实《蓝皮书》编委会和编辑部人员，在法学界、科技界有关专家学者的关心与支持下，全体编辑人员克服困难，积极探索，先后完成了《世界人工智能法治蓝皮书（2019）》《世界人工智能法治蓝皮书（2020）》《世界人工智能法治蓝皮书（2021）》的编写与出版。通过三年的实践，编写能力与水平不断提高，《世界人工智能法治蓝皮书》质量也不断提升，影响力也越来越大。**一是** 2019 年《蓝皮书》即被纳入上海打造人工智能高地整体战略之中，被列为《关于建设人工智能上海高地　构建一流创新生态行动方案》"七大行动"之一，成为上海人工智能"一流创新生态"的标志性品牌之一。**二是** 为引领、繁荣、推动人工智能法治研究发挥了积极作用。《世界人工

---

① 2019 年初，上海市法学会党组书记、会长、浙江清华长三角研究院法治与社会治理研究中心首席专家研究员崔亚东同志提出编写《世界人工智能法治蓝皮书》的建议。

智能法治蓝皮书》汇集了当年度国内外人工智能法治发展的战略、政策、法律、重大理论研究、实际应用项目、典型司法案例等方面的最新资料，为构建人工智能法治体系，引领、规范、保障人工智能安全、可靠、可控、健康发展提供了重要参考。三是《世界人工智能法治蓝皮书》创造性地制定了"人工智能法治发展指数"（世界首创），以可量化可视化的形式，反映人工智能法治发展情况，得到了国内外法学法律界、科技界专家学者、社会公众持续关注与高度评价。**四是**《世界人工智能法治蓝皮书》的发布，在国内外产生了积极的影响。2021 年 7 月 9 日，上海市法学会、上海人民出版社和德国施普林格·自然（Springer Nature）出版集团签署"世界人工智能法治蓝皮书英文版出版"战略合作协议，共同出版《世界人工智能法治蓝皮书》英文版。《世界人工智能法治蓝皮书（2021）》英文版将于近期正式出版发行。

**《蓝皮书（2022）》的编写情况**

**编写过程。**《蓝皮书（2022）》编写工作于 2021 年 10 月启动，于 2022 年 4 月 15 日完稿。编辑部先后开了 5 次专题会议，就编写方案、编写内容、有关专项（如人工智能法治发展指数 3.0、专题报告、专家访谈、专项问卷等）进行专门研究，同时书面征求张文显、薛澜、叶青、刘晓红、王涛、施伟东、刘学尧、刘宪权、彭诚信、赵春学、杨寅、白宁、生键红、孙莉、杨菲、曹培雷等专家、学者及编委意见，得到了各位专家学者和编委的大力支持，他们提出了许多有价值的宝贵意见和建议，为编好此书贡献了自己的智慧，尤其是今年 3 月以来，编辑人员克服疫情带来的重重困难保质按时完成了编写任务。《蓝皮书》的编写得到了上海壁仞智能科技有限公司、中驰集团股份有限公司、上海竑鑫电力工程有限公司、重庆尚优科技有限公司的大力支持。

**主要内容。**《蓝皮书（2022）》由前言、人工智能法治发展综述、《人工智能法治发展指数 3.0》和《中国人工智能法治发展评估报告（2021）》、"2021 世界人工智能大会法治论坛"观点精粹，分析报告（计 4 个部分）：第一部分"人工智能法律与政策"、第二部分"人工智能法治理论研究"、第三部分"人工智能法治应用"、第四部分"人工智能司法案件分析"，专题报告（计 4 篇）：《世界数据立法发展专题报告》《人工智能算法规制专题报告》《人工智能法治人才培养专题报告》《元宇宙的法律治理专题报告》、人工智能法治发展专家访谈（7 位）、《世界人工智能法治蓝皮书

（2022）》调研问卷及分析以及 7 个附件组成。

**主要特点。**《蓝皮书（2022）》重点聚焦世界人工智能法治发展最新动态，搜集汇总各国有关人工智能法治发展的战略、政策、法律、理论研究、重大项目应用、典型司法案例等方面的最新资料，通过分析、评估，形成了较为客观、公正、准确、全面的分析报告。《蓝皮书（2022）》在保持《蓝皮书（2021）》基本架构的同时作了进一步改善，力求结构更加合理，内容更加丰富，为繁荣引领人工智能法治研究提供学术储备和制度供给，具有以下新的特点：

**一是**按"自然年度"调整编写、出版时间。2019 年至 2021 年的《蓝皮书》均为每年 7 月出版（与世界人工智能大会法治论坛同步）。其内容与数据均以收集整理上一年度 7 月至当年度 6 月时段为准。这一做法与学术界《蓝皮书》数据收集分析以"自然年度"为准的做法不一致，不仅编写、数据分析难度大，而且读者应用也不方便，读者对此有反映。因此，编委会决定，从 2022 年起，《蓝皮书》调整以"自然年度"出版。

**二是**数据、案例、资料收集作同步调整。自 2022 年起《蓝皮书》数据、案例、资料收集均以自然年度为准，即上年度 1 月 1 日至 12 月 31 日。《蓝皮书（2022）》数据、案例、资料的收集时间界定为 2021 年 1 月 1 日至 2021 年 12 月 31 日。

**三是**修订《人工智能法治发展指数 3.0）》（以下简称《指数 3.0》），根据人工智能领域最新发展的情况和专家意见，适当修订了《指数 3.0》，并据此对 2021 年中国人工智能法治发展进行了评估，形成了《中国人工智能法治发展评估报告（2021）》。

**四是**加强了国外涉人工智能司法案例分析。在第四部分"人工智能司法案件分析"中，加强了对国外部分国家与地区人工智能司法案例的收集、整理、分析。

**五是**新增"元宇宙"专题。聚焦当前元宇宙发展的热点问题，邀请国内法学界、科技界专家及元宇宙领域有关企业家发表见解。

**六是**对《蓝皮书（2022）》有关数据重复的说明。鉴于《世界人工智能法治蓝皮书》按照年度进行数据统计和分析，为了保证年度数据的完整性，《蓝皮书（2022）》中的部分数据、案例、资料等与《世界人工智能法治蓝皮书（2021）》有重复，特此说明。

**数据来源。**《蓝皮书（2022）》数据库建设、数据采集与管理工作由浙江清华长三角研究院法治与社会治理研究中心"人工智能法治数据库"提供支持。

"**人工智能法律与政策**"数据主要源自中国全国人大网站、国务院及其各部门网站、地方人民政府网站，以及美国、欧盟等相关国家与地区的政府部门、组织机构网站公开内容、法律法规数据库及其他公开出版的研究报告等。

"**人工智能法治理论研究**"数据源自当当网、亚马逊网等图书销售网站、CNKI 中国知网数据库、Web of Science 数据库、中国法学创新网、中国学术会议在线、艾思学术会议、百度搜索、微信搜索，以及国家社会科学基金项目数据库、司法部官网、中国法学会官网以及教育部官网。

"**人工智能法治应用**"数据源自全国人大、公安部官网、31 个省级人大官网、省级政府官网、公安厅官网、司法厅官网、中国法院网、中国法律服务网、25 家主要人工智能企业的官方网站以及上述机构相对应的官方微信公众平台，并辅以必应、谷歌等搜索引擎检索和相关调研报告。

"**人工智能司法案件分析**"数据源自中国裁判文书网、威科先行法律信息数据库，LexisNexis、Westlaw、相关国家政府网站，以及其他网络公开资料。

**编写人员。**《蓝皮书（2022）》的综述、指数报告、分析报告（第一至第四部分），分别由林竹静、彭辉、郝作成、詹可、陈吉栋、吴涛负责执笔。

专题报告（第五部分）分别由陈吉栋、董文韬、钟悦茵、金泽刚、许端蓉、刘志鸿、林竹静、詹可、杨华、吴惟予等相关专业领域专家学者分别撰写。

人工智能法治发展专家访谈、调研问卷及分析（第六、第七部分），由赵玉成组织执笔，分别对冯建峰、蒂姆·克莱门特-琼斯、芭芭拉·J.萨哈金、高岗、张钦昱、程金华、刘志毅等专家进行访谈，并形成访谈报告（专题报告、专家访谈与专题采访基本保留作者、专家原有的观点，因篇幅所限对文字进行了压缩）。

附件部分由章弈宸、刘寅、郑振瑶负责执笔。

张海斌、沈志韬、胡荣鑫、胡鹏、周巡、于佳濛、于鑫、王健、王中昊、王后雪、王克强、王超怡、王旖旎、方乐、朱文镜、朱宁馨、朱艳、朱翘楚、刘浏、李若莹、吴天星、邹琪、张隽逸、张逸群、张誉馨、陆晨莹、周雪妮、徐艾敬、徐亚楠、黄倩、黄钰、何泽昊、龚思涵、潘昊等同志参与了本书书稿的研究、校对工作。

本书封面设计由北京高高国际文化传媒有限责任公司承担，上海人民出版社负责出版。

　　在此向为《蓝皮书》编写以及提出意见建议的专家、学者和参与编写的工作人员表示衷心的感谢！向关心支持《蓝皮书》编写的企业家表示衷心的感谢！

　　《世界人工智能法治蓝皮书》编写出版今年已是第四年了，虽然质量逐年在提升，但人工智能法治仍是一个新事物，编写工作仍然处于探索阶段。由于经验不足，水平有限，资料有限（尤其国外资料的收集难度大），书的内容包括对资料的搜集、汇总、分析以及文字等方面都有不尽如人意或谬误之处，敬请各位读者批评指正，感谢读者的支持并欢迎大家对编写工作提出建议。

崔玉东

2022 年 4 月 15 日

# 目录

## 第五部分　人工智能法治发展专题报告

## 第六部分　人工智能法治发展专家访谈

# 人工智能法治发展综述

近年，人工智能在移动互联网、大数据、超级计算、传感网、脑科学等新理论和新技术的驱动下快速发展，对经济社会发展以及国际政治经济格局等产生了重大而深远的影响，加速成为构建现代化的数字经济体系、推动经济社会高质量发展的重要驱动力量。人工智能的快速发展催生了智能社会治理这一新课题。2018 世界人工智能大会"人工智能与法治"高端研讨会（2019 年起更名为"世界人工智能大会法治论坛"）发布了《人工智能与未来法治构建上海倡议》，从人工智能与未来法治构建的理念框架、促进规范保障人工智能发展的法治路径、加强人工智能法律领域的教育研究与实践、推动人工智能未来法治的国际交流与合作四个方面提出了 14 条倡议，推动了人工智能法治理论研究，促进了人工智能法治体系建设和智能社会治理。随着人工智能技术的快速发展和人工智能法治理论研究的深入，运用法治思维、法治方法引领保障人工智能安全、可靠、可控、健康发展已成为法律界、科技界的共识，从而为人工智能发展营造了更优生态环境，使人工智能更好地服务经济社会发展，造福人类。

2021 年，人工智能领域又有新的重大突破。全球顶级期刊《自然》（*Nature*）和《科学》（*Science*）发布的《2021 年十大科学新闻》《2021 年度十大科学突破》中，均将"人工智能预测蛋白质结构"评为 2021 年度的最重要发现，*Science* 更是将其列为"2021 年十大科学突破进展"之首。[①] 在人工智能软件程序的助力下，困扰生命科学近

---

[①] 2021 年 12 月 15 日，*Nature* 发布《2021 年十大科学新闻》；12 月 17 日，*Science* 发布《2021 年度十大科学突破》。*Nature* 和 *Science* 都将"人工智能预测蛋白质结构"评为本年度最重要的发现。参见中国科学报：*Nature* 2021 年度十大科学新闻，https://news.sciencenet.cn/htmlnews/2021/12/471074.shtm；科技日报：*Science* 公布 2021 年度十大科学突破，https://www.cas.cn/kj/202112/t20211220_4818842.shtml。

五十年的蛋白质折叠问题得以解决。这一新技术的应用不仅可服务于全球抗疫——模拟奥密克戎变体刺突蛋白突变的影响，① 更在长远上改变了未来结构生物学的规则，加速了生命科学的发展。伴随着人工智能新技术新应用快速发展，2021 年 6 月、9 月中国先后出台《中华人民共和国数据安全法》(以下简称《数据安全法》)和《中华人民共和国个人信息保护法》(以下简称《个人信息保护法》)，通过强化数据规范利用和安全流动，加强个人信息与隐私保护，为智能社会治理提供了"中国方案"。人工智能标志性事件在世界范围内不断出现。2021 年 11 月 25 日，联合国教科文组织（UNESCO）通过首个关于人工智能伦理的全球协议，供 193 个成员国采用。该标准定义了关于人工智能技术和应用的共同价值观与原则，用以指导建立必需的法律框架，确保人工智能的良性发展，促进该项技术为人类、社会、环境及生态系统服务，并预防潜在风险。

## 一、人工智能发展（2021）

2021 年 7 月 8 日，2021 世界人工智能大会（WAIC 2021）发布中国科学技术信息研究所联合北京大学共同研究得出的《2020 全球人工智能创新指数报告》。根据统计数据（见图 1），全球人工智能创新指数排名前十的国家依次为美国、中国、韩国、加拿大、德国、英国、新加坡、以色列、日本和法国。其中，美国的综合得分为 66.31 分，中国为 50.6 分。② 从全球科技研发和应用看，目前美国和中国被公认为走在世界人工智能研发应用的前列。中国在基础支撑、创新资源与环境、科技研发、产业与应用等方面均表现良好，四个一级指标均排名前十，人工智能创新能力稳步提升。从综合得分看，与韩国、加拿大、德国、英国、新加坡等发达国家相比，中国已具有一定的领先优势。2021 年 3 月，美国斯坦福大学发布的《2021 年人工智能指数报告》[*The AI Index Report Measuring Trends in Artificial Intelligence*（2021）] 显示，

---

① 科学家正使用"阿尔法折叠"来模拟奥密克戎变体刺突蛋白突变的影响。通过在蛋白质中插入更大的氨基酸，突变改变了它的形状——也许足以阻止抗体与其结合并中和病毒。

② 2021 年 1—7 月，全球人工智能行业专利申请数量和专利授权数量分别为 12663 项和 789 项，授权比重为 6.23%。截至 2021 年 7 月 15 日，全球人工智能行业专利申请数量为 22.8 万项。

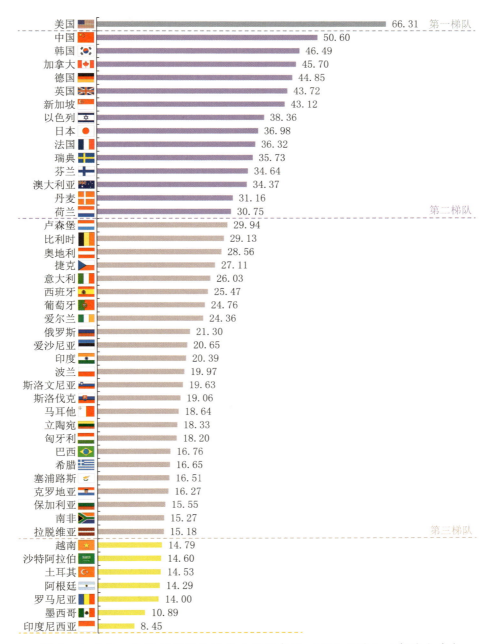

图 1　全球人工智能创新指数排名（数据来源：2021 世界人工智能大会）

在人工智能相关的专业期刊引用率指标方面，中国以 **20.7%** 的微弱优势超过美国的 **19.8%**。不过，美国仍然保持了在国际 AI 学术会议论文数量方面的领先地位，并在学术会议论文引用率指标上以 **40.1%** 大幅领先于中国的 **11.8%**，后者被认为更能反映一国的人工智能研究国际领先成果和质量。①

---

① Stanford University，The AI Index Report Measuring Trends in Artificial Intelligence（2021），https：// aiindex.stanford.edu/ai-index-report-2021/.

## （一）中国人工智能发展

### 1. 人工智能产业高速发展

2021 年是《中华人民共和国国民经济和社会发展第十四个五年规划和 2035 年远景目标纲要》（以下简称"十四五"规划）的开局之年，中国人工智能产业发展迅速。作为驱动数字中国与科技强国创新发展、冲击全球科技创新前沿的重要着力点，人工智能行业开启了发展新图景。IDC 中国公布的数据显示，2021 年上半年中国的人工智能整体市场规模达 21.8 亿美元，同比增长 42.2%。以工商登记为准，2021 年中国新增超 67.8 万家人工智能相关企业，同比增长 64%（见图 2）。[①] 根据"十四五"规划，中国正积极促进人工智能与产业相融合，同时增加人工智能示范地区，增强算力基础设施建设。截至 2021 年 12 月，打造 3 至 5 个 5G 全连接工厂示范标杆，基本完成国家工业互联网大数据中心建设，规划 5G 工业互联网专用频率、开展工业 5G 专网试点。[②] 瞄准人工智能等前沿领域，实施一批具有前瞻性、战略性的国家重大科技项目。

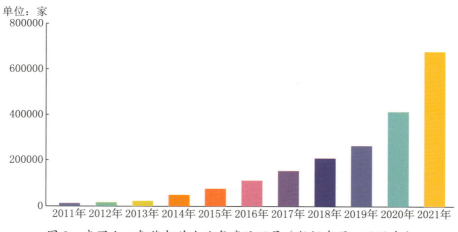

图 2　我国人工智能相关企业年度注册量（数据来源：天眼查）

### 2. 人工智能技术发展达到新高度

2021 年，中国发挥国家体制、人才、市场优势，克难攻坚，不断完善人工智能

---

[①] 参见环球网：《IDC：上半年中国人工智能市场规模达 21.8 亿美元　同比增长 42.2%》，https://smart.huanqiu.com/article/46BUCGgkekO。

[②] 工业互联网专项工作组办公室：《工业互联网专项工作组 2021 年工作计划》，https://www.miit.gov.cn/zwgk/zcwj/wjfb/txy/art/2021/art_a02effb156344a408e8ca5d60d0442de.html。

芯片、框架、平台、算法等领域的关键核心技术，在人工智能领域的总体技术和应用方面已经与世界先进水平同步。一方面，国家政策支持人工智能产业发展，投资大幅度增长。另一方面，应用层面十分繁荣，人才、企业迅速集聚。在政策指引和产业发展的双重驱动下，人工智能领域软硬件基础和应用生态等迎来发展的黄金期。尤其在机器人和无人驾驶汽车、计算机视觉、自然语言、虚拟助手、机器学习五个领域，人工智能研究与应用不断取得新进展。

### 3. 人工智能创新赋能数字经济

2021 年，人工智能成为数字经济、智能经济发展的重要驱动力。数据和人工智能的结合——数据智能成为数字化转型核心，利用人工智能技术打造数字经济新引擎更是当下的发展风口。着眼人工智能健康发展，中国政府通过不断完善政策、优化服务，从数据治理、隐私保护、市场准入等多个层面，强化人工智能发展必需的各项制度供给。与此同时，社会各界加快推进在人工智能新技术、新业态、新模式、新人才等方面的探索与发展，为产业转型升级提供强劲发展动力。

### 4. 人工智能与元宇宙

2021 年，以人工智能等前沿技术为底层支撑的"元宇宙"（Metaverse）成为年度最热概念。"元宇宙"的兴起促进了人工智能、区块链、物联网等科技手段的创新与应用，曾一度出现投资热浪。作为年度最强投资风口，有专家提出"元宇宙"也隐藏着风险泡沫。目前部分公司炒作的元宇宙概念与真实的元宇宙有较大差异，需要去伪存真、谨慎判断。"资本操纵，雏形期的元宇宙仍存在诸多不确定性，产业和市场都亟须回归理性，应警惕资本通过创造新概念、炒作新风口、吸引新投资等逐利惯性操作。"[1]

## （二）国外部分国家与地区人工智能发展

### 1. 美国：保持人工智能领先地位

2021 年 1 月，美国宣布设立国家人工智能计划办公室。[2] 3 月，美国人工智能

---

[1] 管筱璞、李云舒：《元宇宙：深度关注 | 元宇宙如何改写人类社会生活》，中央纪委国家监委网站，https://www.ccdi.gov.cn/toutiaon/202112/t20211223_160087.html。

[2] The White House Launches the National Artificial Intelligence Initiative Office，https://trumpwhitehouse.archives.gov/briefings-statements/white-house-launches-national-artificial-intelligence-initiative-office/.

国家安全委员会向国会递交报告称，联邦政府应优先加快在该领域创新的步伐，投资 400 亿美元以促进该领域的发展，并大力培养技能人才。① 同年 6 月，美英两国签署新《大西洋宪章》，推动其在关键供应链安全、电池技术、人工智能技术、数字技术标准建设、开发量子和 6G 等未来技术方面的合作。② 同年 9 月，美国成立国家人工智能咨询委员会（NAIAC）。NAIAC 将就与人工智能相关的各种问题向总统和国家人工智能倡议办公室（NAIIO）提供建议，包括国家人工智能倡议等。③ 同年 11 月，人工智能领域迎来"高光时刻"。佛蒙特大学和塔夫茨大学的研究团队创造出迄今第一个可自我繁殖的活体机器人——Xenobots3.0，其是世界上第一个由人工智能设计的生物机器人，可以自我修复和自我复制。④

### 2. 欧盟：建立关于人工智能技术的统一规则 ⑤

2021 年 4 月 21 日，欧盟委员会通过《人工智能法案》提案。该提案不仅对人工智能技术在汽车自动驾驶、银行贷款、社会信用评分等一系列日常活动中的应用设定了限制，而且还对欧盟内部的执法系统和司法系统使用人工智能的情形作出了相应规制，加强了整个欧盟范围内对于人工智能的使用、投资和创新，建立了关于人工智能技术的统一规则。

### 3. 俄罗斯：大力扶植人工智能发展 ⑥

2021 年 1 月 17 日，俄罗斯联邦经济发展部（RAUIE）发布一项决议草案，表明

---

① NSCAI，Final Report: National Security Commission on Artificial Intelligence，https：//www.nscai.gov/wp-content/uploads/2021/03/Full-Report-Digital-1.pdf.

② DCMS press office，UK and US Agree to Strengthen Ties in Science and Technology，https：//www.gov.uk/government/news/uk-and-us-agree-to-strengthen-ties-in-science-and-technology.

③ National Institute of Standards and Technology，Department of Commerce Establishes National Artificial Intelligence Advisory Committee（NAIAC），https：//www.commerce.gov/news/press-releases/2021/09/department-commerce-establishes-national-artificial-intelligence.

④ Forbes，AI Just Designed The World's First Living Robot That Can Make Babies，https：//www.forbes.com/sites/andreamorris/2021/11/29/ai-just-designed-the-worlds-first-robot-organism-that-can-make-babies/?sh=74990cf26345.

⑤ European Commission. Regulating Artificial Intelligence，European Commission Launches Proposals，https：//www.jonesday.com/en/insights/2021/04/regulating-artificial-intelligence-european-commission-launches-proposals.

⑥ RAUIE，http://rauie.cn/company/partnery-i-chleny/ministry-economy-rf/.

俄罗斯政府计划在 2021 年至 2023 年间在人工智能开发上投资 2.17 亿美元。联邦经济发展部计划将资金分散给几个非营利组织，由这些组织为国家人工智能试点项目构建平台，为小型人工智能企业发展提供资金资助。

### 4. 英国：发布《人工智能路线图》激励技术创新 ①

2021 年 1 月 6 日，英国人工智能委员会发布《人工智能路线图》，帮助英国政府制定人工智能战略方向。② 报告提出英国发展人工智能应聚焦包括研发，社会工作，硬件与软件基础，以及跨国家、跨部门合作四个方向的 16 条建议。同年 6 月，英国政府与 IBM 公司宣布了一项为期 5 年，价值 2.1 亿英镑的人工智能和量子计算合作研究计划。

### 5. 德国：启动 6G 技术研究倡议 ③

2021 年 3 月，德国巴伐利亚州启动 Thinknet 6G 倡议，该合作平台意图连接工业领域、研究领域、协会、创新者、初创企业和孵化器，形成反应迅速的生态系统。同年 4 月，德国联邦教研部启动德国首个 6G 技术研究倡议，发布相应的资助准则。6G 技术作为 5G 的替代将在 2030 年左右进入通信网络。首批资助措施（"6G 研究中心、未来通信技术和 6G 平台"）的目标是建立围绕 6G 的未来通信技术创新生态系统的基础。

### 6. 法国：出台推进"人工智能国家战略"新计划 ④

2021 年 11 月，法国公布"人工智能国家战略"第二阶段计划：5 年内拨款 22 亿欧元用于人工智能，用于实现三个主要目标：一是提升国家技术能力；二是使法国成为嵌入式和可信人工智能领域的领导者；三是加快人工智能在经济中的部署。

### 7. 加拿大：邀请企业开发人工智能解密服务 ⑤

2021 年 11 月，为有效应对加拿大警方在加密数据刑事调查方面的困难，加拿大

---

① AI Roadmap，https://www.gov.uk/government/publications/ai-roadmap.

② Office for Artificial Intelligence，Independent report AI Roadmap（6 January 2021），https://www.gov.uk/government/publications/ai-roadmap.

③ PRESSEMITTEILUNG. Karliczek: 6G wird unsere Kommunikation revolutionieren-rund 700 Millionen Euro für die Vernetzungstechnologie von übermorgen. https://www.bmbf.de/bmbf/shareddocs/pressemitteilungen/de/karliczek-6g-wird-unsere-kommu-ngstechnologie-von-uebermorgen.html.

④ 人民网：《法国出台计划推进人工智能发展》，http://hb.people.com.cn/n2/2021/1228/c194063-35070499.html。

⑤ Innovation，Science and Economic Development Canada，Government of Canada Invites Small Businesses to Develop an Artificial Intelligence Decryption Service，https://www.canada.ca/en/innovation-science-economic-development/news/2021/11/government-of-canada-invites-small-businesses-to-develop-an-artificial-intelligence-decryption-service.html.

政府邀请企业提出创新产品、服务或解决方案，协助警方创建一种基于人工智能技术的解密系统，该系统可以处理查获的加密数据文件。

### 8. 日本：借助超级计算机研发人工智能新应用 ①

2021 年，日本科学家开始研发基于人工智能技术的现代"读脑术"。日本东京工业大学研发出将电极佩戴到头部测量脑电波，再现听到或想到的声音的方法。日本理化学研究所则利用全球最强的超级计算机"富岳"的全部计算能力开发人工智能，将其用于新材料开发和自动驾驶。理化学研究所还计划利用"富岳"的全部计算能力实现技术创新，预定 2022 年度利用"富岳"开发全球最大的人工智能系统。

### 9. 韩国：促进信息与通信技术发布半导体发展战略 ②

2021 年，韩国信息与通信技术（ICT）发展得如火如荼，韩国科学技术信息通信部统计显示，2021 年 11 月，韩国 ICT 出口额达到 214.9 亿美元，同比增长 30%。此外，韩国知识产权局的数据显示，韩国虚拟现实领域数字全息技术专利申请排名全球第二。在人工智能领域，韩国研究人员研发出模仿人类大脑突触结构的"神经形态"半导体，能够以类似于人类思维过程的方式处理信息，并以超低功耗执行人工智能技术。

### 10. 以色列：人工智能企业繁荣准备拥抱数字货币 ③

2021 年 4 月，CB Insights 发布"全球 100 家最具前途的人工智能企业榜单"，人口不到千万的以色列有 11 家企业入选，其中多家企业估值超过 10 亿美元。以色列政府计划投资 16 亿美元，通过建设超级计算机、加强培养人工智能专业人才、建立适用于人工智能发展的监管措施等方式，进一步推动该国人工智能技术的研究和发展。

### 11. 巴西：完善国家创新网络 ④

巴西是拉美地区人工智能技术领军国家之一。2021 年，巴西继续推进人工智能实

---

① 人民网：《日本超级计算机"富岳"连续 4 次居全球超算榜首》，http://japan.people.com.cn/n1/2021/1117/c35421-32284523.html。

② 人民网：《与美国不遑多让 韩国欲做半导体业领头羊》，http://korea.people.com.cn/n1/2021/0507/c407366-32096406.html。

③ 科技日报：《数字技术助力世界多国开辟科技新"战场"》，https://baijiahao.baidu.com/s?id=1721334387266619007&wfr=spider&for=pc。

④ Publicada a Estratégia Nacional de Inovação，https://www.gov.br/mcti/pt-br/acompanhe-o-mcti/noticias/2021/07/publicada-a-estrategia-nacional-de-inovacao。

验室建设，同时完善国家创新网络，该创新网络由巴西科技创新部联合巴西工业研究与创新公司共同创建，旨在推动人工智能技术在各生产部门的应用，提高巴西国内公司的生产能力和竞争力。

# 二、人工智能法治发展（2021）

## （一）中国人工智能法治发展

### 1. 人工智能立法不断完善

2021 年，中国相继制定、出台一系列政策措施和多项法律法规、伦理、标准规范，鼓励人工智能多场景深度应用。

**一是**通过立法全面加强智能社会法治建设。2021 年 3 月 13 日，十三届全国人大四次会议通过"十四五"规划，从整体上布局了"十四五"期间人工智能发展方向：突破核心技术、打造数字经济新优势、营造良好数字生态；同时要求在发展中推进制度、标准和伦理等规范协同配套建设。全国人大先后通过并生效实施的《民法典》《数据安全法》《个人信息保护法》等构成了具有中国特色的法律体系，为智能社会治理提供了法律保障。2021 年 12 月 12 日，国务院印发《"十四五"数字经济发展规划》，有序推进基础设施智能升级、云网协同和算网融合发展；加快推动数字产业化、提升核心产业竞争力；增强政府数字化治理能力。国家层面，中共中央在 2021 年初印发《法治中国建设规划（2020—2025 年）》，强调加强信息技术领域立法，及时跟进研究人工智能等相关法律制度，抓紧补齐短板；运用人工智能等现代科技手段，建设"智慧法治"。

**二是**通过立法为数字经济健康发展护航。2021 年 1 月 24 日生效的《民法典》，确立了民事领域个人信息和隐私保护的基本原则，为人工智能的应用划定了界限。2021 年 9 月 1 日正式施行的《数据安全法》，为人工智能迭代中数据的合规使用、流动，提供了最高位阶的专门保护。2021 年 11 月 1 日生效的《个人信息保护法》强化个人信息保护的顶层设计，进一步具象和细化个人信息处理规制，防止个人信息的滥用。后两者与《网络安全法》共同形成了数据治理法律领域的"三驾马车"，标志着中国数据安全法律架构已初步建立，同时也为智能社会治理提供了法律依据。在此基础上，中国聚焦重点行业、新兴技术的数据安全等问题。

**三是**通过立法推动新业态新模式发展。针对人工智能领域基础设施建设、交通物流、智能制造等新要求，国家和地方不断出台新的政策措施，引领和保障发展优势。2021 年 12 月 12 日发布的《"十四五"数字经济发展规划》提出要大力推进人工智能和数字化赋能智能制造、现代服务业等新业态新模式发展和相关标准体系建设。2021 年 2 月中共中央办公厅、国务院办公厅发布了《建设高标准市场体系行动方案》，推动实施智能市场发展示范工程；2021 年 10 月 31 日国务院发布了《关于开展营商环境创新试点工作的意见》，强调运用人工智能等技术为监管赋能，加快构建全国一体化在线监管平台，探索形成市场主体全生命周期监管链，进一步提升营商环境。

2021 年全国人大、中央及地方各级政府密集出台了一系列相关法律法规、政策标准、伦理指引等规范，充分展现了中国在智能社会治理方面的前瞻性、创新性和引领性。这些法律法规、政策规范的出台，为加快培育数据要素市场、人工智能深度应用、保障数字经济健康发展奠定了坚实的制度基础。

### 2. 人工智能法治研究进一步深入

2021 年，中国人工智能法治研究关注人工智能"善智与善治"发展，推动人工智能法治体系构造。

**一是**关注人工智能伦理向善性。2021 年，《新一代人工智能伦理规范》的发布引发了学界对人工智能可信、可控的关注和讨论。相关研究认为，人工智能所带来的伦理危机需要通过更富有责任感的人工智能研发与应用活动来应对，从而促进人工智能健康发展，研究指出人工智能伦理准则应该着重从安全、透明、公平、个人数据保护、责任、真实、人类自主、人类尊严等维度展开，从而筑牢其善治的根基。[①]

**二是**关注算法规制精准性。2021 年，聚焦人工智能可信、可控发展目标，学界更加重视与人工智能算法规制相关的理论研究。学界普遍认为，随着人工智能时代算法应用场景的持续丰富，需要对人工智能算法的风险与不确定性进行准确识别与判断，

---

① 世界智能大会：《中国发布〈新一代人工智能伦理规范〉融入人工智能全生命周期》，https：//baijiahao.baidu.com/s?id=1711955705044385203&wfr=spider&for=pc。

以保障公民的算法自由与算法安全。① 同时，也应重点围绕提高数据采集、传输、应用等各环节的算法透明度，针对明确隐私保护政策和数据安全主体责任，实施复杂场景下算法动态监测监管，提升算法综合治理能力等展开精细化研究。

**三是**关注数据治理合规性。2021 年，理论研究关注数据治理在打通应用通道、破除行业壁垒、化解信息孤岛方面的牵引性。学界积极提倡数据合规"伦理先行、敏捷治理"的原则，体现积极预防而非被动救济、正和共赢而非零和博弈的全周期数字正义价值观。② 在此基础上，通过一系列反垄断执法和深入到平台内部的穿透式措施，数据合规治理的深度、广度、力度正在从"碎片"走向"整体"，引领着全球数据合规浪潮。

**四是**关注人工智能法治体系建设。2021 年，随着《数据安全法》和《个人信息保护法》的相继出台，学界对个人信息保护、数据安全、平台责任、社会数字化治理和智慧司法等问题展开全方位讨论，认为应大力开展对人工智能相关法律制度的体系化构建，为人工智能法治提供法律支撑和智力支持，尤其注重数据权属、利用、流通等的全过程治理模式，规范、引导人工智能领域的发展与应用，实现全方位的科技保护，为国际数字法治贡献"中国方案"。③

### 3. 人工智能法治应用加速融合

2021 年，中国人工智能法治应用在立法、司法、执法、法律服务等多个领域取得新进展。

**一是**人工智能立法应用实现全流程化。人工智能立法应用形式多样化、参与便捷化。由全国人大常委会联合有关国家机关组建运行的国家法律法规数据库开通上线，免费向社会公众提供法律检索查询服务。全国人大常委会法工委驻基层立法联系点就相关立法修正草案召开意见征询座谈会，首次实现"直播立法、联动立法"，以视频形式将各级声音直播到全国人大立法机关。④

---

① 杨蓉：《从信息安全、数据安全到算法安全——总体国家安全观视角下的网络法律治理》，载《法学评论》2021 年第 1 期。

② 唐林垚：《数据合规科技的风险规制及法理构建》，载《东方法学》2022 年第 1 期。

③ 许可：《自由与安全：数据跨境流动的中国方案》，载《环球法律评论》2021 年第 1 期。

④ 中国人大网：《全国人大常委会法工委基层立法点首次实现"直播立法、联动立法"》，http://www.npc.gov.cn/npc/kgfb/202111/ace83b3b9d56425bb4de460c170386a0.shtml。

　　**二是**人工智能司法应用平台融合拓展。2021 年，人工智能司法应用平台逐步融合拓展，取得新突破。最高人民法院、最高人民检察院加快推进全国司法区块链大数据平台建设，提升司法工作智能化水平。刑事案件智能辅助办案系统构建的证据标准体系，为办案人员收集、固定证据提供了可操作、数据化的标准和指引，减少了司法办案的任意性。全国检察机关统一业务应用系统 2.0 基本实现了对检察办案业务的全系统覆盖和全方位支撑，并在公益诉讼类的办案应用中取得了较大发展。

　　**三是**人工智能执法应用呈立体化态势。2021 年，单一应用场景向上层多应用平台集成，城市全域智能化、执法全流程规范化、非暴力犯罪领域数字监管化成为发展趋势。城市数字化转型带动城市现代化治理智能化水平显著提升。如上海市"一网统管"建成以数据为驱动的城市决策机制，可根据实时数据和各类型信息，综合调配和调控城市的公共资源。[1] 四川省眉山市公安局借助欧科云链研发的"链上天眼 2.0"平台，运用区块链技术对数字货币进行监管，实现数据监控、分析与治理的一体化。[2] 浙江省税务部门基于大数据的识别归纳分析进行税收治理，通过税收大数据分析技术发现了一批网络主播偷税漏税不法行为。[3]

　　**四是**人工智能法律服务应用样态日益健全。2021 年，人工智能法律服务应用感知层建设更加完备，发展样态日益健全，建设和运用并重的特点日趋明显。公共法律服务进一步融入智慧城市整体构建，在区域内部建立起了政府主导、部门协同、社会参与的统筹协调工作体制。"一网通办""跨省通办"等平台建设向司法公证领域拓展延伸。例如，上海市持续深化"最多跑一次"改革，基本实现无争议的事实类证照类公证事项全覆盖。[4] 企业法律服务基本实现电子数据的全流程记录、全链路可信。深圳法大大网络科技有限公司研发的区块链电子证据溯源系统，能够进行主动、实时公证取证的证据保全。[5]

---

[1] 凌超：《以数据为驱动的上海城市数字化转型之路》，载《张江科技评论》2021 年第 1 期。

[2] 澎湃新闻：《用魔法打败魔法：链上天眼 2.0 如何助力破获加密货币犯罪》，https：//m.thepaper.cn/baijiahao_16324947。

[3] 澎湃新闻：《网信普法　薇娅偷逃税　被追缴并处罚款 13.41 亿！其违法事实有哪些》，https：//m.thepaper.cn/baijiahao_16005116。

[4] 上海市司法局：《市司法局举办"我为群众办实事"实践活动系列新闻通气会》，https：//sfj.sh.gov.cn/xwfb/20210918/ff33102c320f4ad7a41e315a5c8541f8.html。

[5] 搜狐新闻：《法大大"实槌"入选〈2021 全球区块链创新应用示范案例集〉》，http：//biznews.sohu.com/a/477378065_120932824。

### 4. 人工智能司法案件呈现新特点

2021 年中国涉人工智能司法案件呈现主体多元、领域广泛、案情新颖的新特点。

**一是** 2021 年涉人工智能案件数减少。一方面因受疫情影响涉诉纠纷减少，这与法院整体收案量减少同步。另一方面因近年中国密集出台涉人工智能政策法规，人工智能市场行为逐步规范并取得了积极效果。

**二是** 涉人工智能案件地域分布更广。在案件最集中的江苏省、重庆市、四川省三地，涉人工智能案件量占比约为全国总案件量的 32.85%。相比之下，2020 年案件量最集中的山东省、广东省、重庆市三地占比全国总案件量的近 80%。

**三是** 涉人工智能案件诉讼主体范围扩大。诉讼主体多元化的趋势反映出人工智能技术应用的影响力逐步下沉到最小的市场单元，覆盖面逐步向全社会发展。

**四是** 人工智能技术复杂性给司法审判带来了新挑战。根据算法类新型案件事实，中国司法实践逐步形成对"算法推送"经营者审慎注意义务的判断标准。

### 5. "人工智能法学学科建设"不断完善

2021 年，中国人工智能法学学科建设聚焦服务国家战略，以基础研究与人才培养为重点，创新人工智能法学专业人才培养新模式。

**一是** 坚持需求导向、应用驱动，服务国家战略。根据 2020 年 1 月教育部、国家发展改革委、财政部三部委联合印发的《关于"双一流"建设高校促进学科融合　加快人工智能领域研究生培养的若干意见》，清华大学、西南政法大学、上海政法学院等高校不断健全以人工智能基础理论和产业发展需求为导向的学科专业结构动态调整机制，根据经济社会发展和人才培养需要，以自主试点、先行先试方式，自主设置人工智能交叉学科。

**二是** 完善人工智能法学课程及学科建设。2021 年，人工智能法学作为人工智能与法学交叉学科发展方兴未艾。为培养适应人工智能时代法律需求的人才，促使法学与计算机等学科深度融合，实现技术性、理论性与实践性均衡发展，各大高校积极探索人工智能法发展道路，如清华大学法学院法律与大数据研究中心、北京大学法律人工智能研究基地等近年创设的著名高校"人工智能＋法学"跨学科研究项目建设不断推进。东南大学法学院为了培养"法律＋互联网""法律＋大数据""法律＋人工智能"的高端复合型人才，聚焦国家人工智能战略规划，更新迭代了法律大数据与人工智能导论课程。

　　**三是**创新人工智能人才培养机制与模式。2021 年，智能科技与大数据发展对"技术＋法律"的复合型人才数量需求不断增加。为实现跨学科人才培养目标，各国都在积极探索新的培养模式和方法。国家明确人才培养的大方向并加大人才培养投入的力度，高校积极配合，在细化人才培养目标的基础上根据本校的实际情况和特色制定出符合自身人才培养的具体方案。如上海政法学院结合人工智能法学专业人才培养的实际要求，并适当参考国外顶尖院校在该领域的课程安排，创新性地将人工智能法学专业课体系分为法学主干课程、人工智能课程、人工智能法学课程三个部分。北京理工大学法学院以"人工智能与法治人才培养"为主题举办夏令营，培养通晓智能科技、精通法律规则的高层次复合型人才，增强各高校法学院大学生之间的交流。①

### （二）国外部分国家与地区人工智能法治发展

### 1. 国外部分国家与地区人工智能立法

　　2021 年，各国相继修订和新立法律法规，从规制和鼓励两方面协同提升智能社会治理的制度供给。

　　**一是**鼓励人工智能在更多领域深度应用。美国通过国会立法、联邦政策和部分州立法等方式，在国防军事、医疗健康、在线平台等不同行业和领域推动人工智能深度应用。2021 年 7 月 16 日，美国出台《人工智能机构影响法案》，明确了人工智能的战略、目标和指标计划。欧盟立法正在探索如何使用人工智能改善工作条件、打击贪腐和提升后疫情时代的竞争力。法国升级《国家人工智能战略》，将加大资金投入以提升技术研究和应用水平。2021 年 9 月 22 日，英国发布《国家人工智能战略》，希望用 10 年时间将英国建成"全球人工智能超级大国"。

　　**二是**规范人工智能在安全可控框架内的广泛应用。世界各地都在人工智能的应用中探索更契合需求的规制路径。2021 年 10 月、11 月，美国相继出台《政府对人工智能数

---

① 北京理工大学法学院：《2021 年"人工智能与法治人才培养"夏令营招生简章》，https://law.bit.edu.cn/tzgg/c9aeb4aa98ce441db348327c7145a6cf.htm。

据的所有权和监督法案》(GOOD AI 法案)<sup>①</sup>、《推进美国人工智能创新法案》，明确了人工智能定义、政府使用人工智能的原则和政策，同时强调对隐私、公民权利和公民自由的保护；2021 年 4 月 21 日，欧盟通过《欧盟人工智能监管框架》(《人工智能法案》)新提案，拟构建"基于风险的方法"对具有不同要求和义务的人工智能系统进行分类治理。

**三是**支持优势领域的智能化应用。2021 年 5 月 20 日，美国推出《2021 人工智能军事法案》，推动人工智能在军事领域的深度应用，确保军事威慑能力。2021 年 7 月 28 日，德国《道路交通法和强制保险法——自动驾驶法》正式生效，允许具有一定自动驾驶功能的机动车上路运行，进一步保持了德国在汽车工业方面的优势，促进自动驾驶发展。

### 2. 国外部分国家与地区人工智能理论研究

2021 年，新一代人工智能技术快速发展并得到广泛应用，与之相关的伦理问题更加受到各国学界的重视。

**一是**人工智能风险规制研究受到各国学界重视。学界通过研究制定人工智能技术在高风险应用领域的新标准，创建"AI 高风险应用场景"清单，制定关于人工智能技术的规范方针，力求实现人工智能重点领域"有法可依"。<sup>②</sup>

**二是**人工智能伦理问题成为研究热点。各国学界普遍认为人工智能伦理、机器人伦理的议题足以影响人类未来，甚至关乎人类生存。国外研究涵盖了个人信息泄露、信息鸿沟、信息茧房、新型权力结构规制不足等领域，正从形成人工智能伦理准则的基本共识出发，向可信评估、操作指南、行业标准、政策法规等落地实践逐步深入，并在加快构建人工智能国际治理框架体系。<sup>③</sup>

**三是**人工智能敏捷治理研究深入开展。各国学界普遍认为，在提高社会生产力、赋能治理现代化的同时，人工智能也带来了公共安全风险、隐私侵权、伦理失范等诸多新问题，亟待通过敏捷治理，构建平衡包容的人工智能治理体系。例如，美国学界

---

① The Government Ownership and Oversight of Data in Artificial Intelligence Act(GOOD AI Act)，https://www.govinfo.gov/content/pkg/BILLS-117s3035is/pdf/BILLS-117s3035is.pdf.

② 于洋：《论个人生物识别信息应用风险的监管构造》，载《行政法学研究》2021 年第 6 期。

③ 张兆翔、张吉豫、谭铁牛：《人工智能伦理问题的现状分析与对策》，载《中国科学院院刊》2021 年第 11 期。

相关研究聚焦基于"算法问责"的外部控制模式，欧盟则以"增益用户权利"为核心推进内部控权的算法治理。①

### 3. 国外部分国家与地区人工智能法治应用

2021 年，各国人工智能技术在参与辅助立法、司法执法应用平台建设、法律服务应用方面取得新进展。

一是人工智能技术参与辅助立法的覆盖面逐步扩大。在国外，受新冠肺炎疫情影响，"虚拟议会"成为全球人工智能辅助立法中的典型应用。欧洲议会试行电子邮件投票，② 威尔士议会会议通过 Zoom 举行。③ 公众参与度进一步提升，美国加利福尼亚州圣何塞市利用 Zoom 保证和选民、社区之间的沟通，④ 欧盟启动"欧洲未来会议"数字平台，进一步促进成员国公民建言献策。⑤

二是司法应用平台建设逐步融合拓展。美国联邦司法部门关注人工智能司法平台建设，如全国法院统一应用的下一代案件管理 / 电子案件档案（Next Gen CM/ECF）的建设，并聚焦算法在刑事诉讼程序中的应用；欧洲司法效率委员会（CEPEJ）在全体会议上通过了人工智能司法应用路线图，将未来工作深入至在线争议解决（ODR）的应用；⑥ 日本多地法院相继使用在线庭审系统 Teams 平台，其内容包括面部识别功能，远程加入证据程序功能和屏幕共享功能等。⑦

三是人工智能技术在非暴力犯罪案件侦办中得到广泛应用。美国证券交易委员会（SEC）使用 AnChain.AI 对智能合约进行分析并自动追踪加密货币。⑧ 然而，人脸识

---

① 孙逸啸、郑浩然：《算法治理的域外经验与中国进路》，载《信息安全研究》2021 年第 1 期。

②③ Mckinnon Institude For Political Leadership. Virtual Parliament，https：//mckinnoninstitute.org.au/virtual-parliament/.

④ Office of Emergency Management，Inclusivity at Scale: How the City of San José Uses Zoom to Protect and Connect a Diverse Public，https：//explore.zoom.us/en/customer_stories/the-city-of-san-jose/.

⑤ 新华网：《欧盟启动"欧洲未来会议"数字平台》，http://www.xinhuanet.com/world/2021-04/20/c_1127349327.htm。

⑥ 陈志宏：《欧洲司法效率委员会 2021 年网络司法与人工智能工作路线图及工作计划》，载《中国审判》2021 年第 1 期。

⑦ 陈志宏：《日本法院司法信息化转型之路》，载《中国审判》2020 年第 17 期。

⑧ Identifying and Preventing Crypto Money Laundering Transactions，https：//anchain.ai/2021/11/10/identifying-and-preventing-crypto-money-laundering-transactions/.

别等技术在警察执法中的应用仍存在较多争议。如美国纽约警察局多次在调查中使用由 Clearview AI 软件从网络上抓取的公众照片数据，这一做法因涉嫌规避现有政策限制，而受到广泛批评。[①]

**四是**法律服务领域呈现出全流程、多方位的精细化发展样态。如美国法律服务网站 Ravel Law 可以预测特定法官对某个案例可能的判决结果。[②] DoNotPay 从最初仅提供帮助人们处理停车罚单的自动咨询服务，目前已成为涵盖反骚扰、霸王条款识别等一百多种服务需求的大型平台。[③]

### 4. 国外部分国家与地区人工智能司法案件

2021 年，各国司法机关积极关注人工智能引发的社会风险，全面衡量相关利益，推动数据与算法的司法治理。

**一是**穿透人工智能的技术外观，考证技术面纱后的本质属性与责任来源。即使是新型人工智能产品，也不会"改变基本法律原则的适用范围"。要考虑技术行为的合法性，以合法利益为中心，符合比例原则。

**二是**全面衡量利益和社会影响，突出人工智能技术的社会性，以公共利益为优先。数据价值日益凸显，在保护个体基本权利的同时，也要平衡个体利益与群体利益、公共利益之间的内在张力。妥善界定数据权属以及法律保护，规制互联网科技公司围绕数据和算法的不正当竞争行为。

**三是**公民个人信息遭受侵权的案件的争议焦点，在于违法行为的判断标准以及损害的认定范围。人工智能技术本身算法的准确率高度依赖海量用户数据的训练分析，尤其需要获取大量用户个人信息，以便提供个性化、定制化服务，这些都会导致用户个人信息泄露，并导致损害赔偿诉讼。此外，人工智能易成为犯罪辅助性工具，由于技术的边界不断扩张，相应危害后果也与日俱增。

---

① The NYPD Used a Controversial Facial Recognition Tool，*MIT Technology Review*，https：//www.technologyreview.com/2021/04/09/1022240/clearview-ai-nypd-emails/.

② Daniel Faggella，AI in Law and Legal Practice—A Comprehensive View of 35 Current Applications，https：//www.crunchbase.com/organization/ravel-law.

③ See James Vincent，Legal chatbot firm DoNotPay adds anti-facial recognition filters to its suite of handy tools Theverge，https：//www.theverge.com/2021/4/27/22405570/donotpay-ninja-anti-reverse-image-search-facial-recognition-filter.

### 5. 国外部分国家与地区人工智能法治人才培养

2021 年，各国高校与科研机构为保障本国人工智能国家战略实施，不断加强人工智能法学学科建设，完善人工智能法治课程设置。

**一是**服务保障本国人工智能国家战略实施。美、英、德、法、日、韩、加等国家均加大了对于人工智能研发与人才培养的投入。如日本发布了《DX 时代企业的隐私培养指南 1.0》要求积极培养隐私管理专业人才。[①] 英国发布了首个《国家人工智能战略》，其中培养下一代科技人才以增强创新能力是战略重点布局的内容之一。[②]

**二是**加强人工智能法学学科建设。斯坦福大学、哈佛大学、纽约大学、杜克大学等著名高校均加大了对专门研究大数据与人工智能和法律的研究机构的资金与人才投入。如斯坦福大学"以人为本"人工智能研究所（Stanford Institute for Human-Centered AI，HAI）致力于推动人工智能跨领域合作，让科技以人为本，回归人性，加强对人工智能社会影响力的研究。[③] 上海政法学院为紧跟国家人工智能战略、助力上海人工智能高地建设，加快人工智能法治应用型、复合型人才培养，编写出版了中国首套人工智能法学系列教材。

**三是**完善人工智能法治课程设置。2021 年，防范和规制人工智能带来的风险研究及涉人工智能责任分配问题受到重视，如美国哈佛大学法学院，开设了名为"自动驾驶汽车与法律"课程，研究的主题是：通过对自动驾驶汽车和其他自动驾驶交通工具的案例研究来调查自治系统造成伤害时的责任问题。探索汽车责任的历史基础，讨论人工智能如何使分配法律责任的传统方法复杂化，并研究设计突破固有的道德挑战能够自主作出生死决定的系统。考虑制定规则和法律，以解决在自动驾驶汽车车厢内的

---

[①] 総務省　経済産業省，DX 時代における　企業のプライバシーガバナンスガイドブック ver1.0，https：//www.meti.go.jp/press/2020/08/20200828012/20200828012-1.pdf.

[②] Secretary of State for Digital，Culture，Media and Sport，National AI Strategy，https：//assets.publishing.service.gov.uk/government/uploads/system/uploads/attachment_data/file/1020402/National_AI_Strategy_-_PDF_version.pdf.

[③] Stanford Institute for Human-Centered AI，Building a National AI Reaserch Resource:A Blueprint for the National Reaserch Cloud（2021），https：//hai.stanford.edu/sites/default/files/2021-10/HAI_NRCR_2021_0.pdf.

责任可以跨越其他新兴的，但非常重要的人工智能影响的领域，如医疗保健、金融和工业生产。①

## 三、2022 人工智能法治发展展望

人工智能是未来，法治将伴随其前行。作为未来核心竞争力，谁拥有人工智能，谁拥有世界未来。面对人工智能快速发展及风险与挑战并存的历史新阶段，法律人的责任是深入开展人工智能法治研究，为应对人工智能风险与挑战，构建智能社会法治秩序，提供理论支持和制度供给。

### 1. 人工智能法治服务数字中国建设

建设数字中国，人工智能已成为促进社会数字化转型，保证国家安全和发展的核心技术之一。法学法律界、科技界更深化合作，共同研究通过法律规范授权人工智能、数字化治理试验区、先导区、示范区、创新共同体建设，培育创新土壤，发挥好人工智能法治的制度保障作用，聚焦制造、医疗、交通、金融等先行领域，推动先进技术发展应用。通过持续发布《人工智能法治蓝皮书》《人工智能法治发展指数》和《人工智能法治发展评估报告》，推进人工智能法治的理论体系、制度体系、治理方式与运行机制不断完善，服务科技创新的能力与水平的不断提升。

### 2. 人工智能法治助力新冠肺炎疫情长效防控

为充分发挥人工智能赋能效用，协力抗击新型冠状病毒感染的肺炎疫情，工信部科技司于 2020 年 2 月 4 日发布了《充分发挥人工智能赋能效用　协力抗击新型冠状病毒感染的肺炎疫情》倡议书。据世界卫生组织评估，此次新冠肺炎疫情估计将持续较长时间。② 法学法律界、科技界更应加强合作研究，深入剖析人工智能技术在新冠肺炎疫情防控应用中的特殊性、创新性与风险性，通过明确人工智能在新冠肺炎疫情

---

① Harvard Law School Course Catalog，https：//helios.law.harvard.edu/CourseCatalogs/hls-course-catalog-2020-2021.pdf.

② 锦观新闻：《世界卫生组织突发事件委员评估：新冠疫情预计持续时间较长，需长期应对措施》，https：//www.sohu.com/a/411136331_355475。

防控应用中的范围边界与法律责任，最大限度发挥人工智能在打赢新冠肺炎疫情防控阻击战中的重要作用。

### 3. 关注人工智能法律规则与伦理规范的执行

制度的生命力在于执行。[①] 建立健全保障人工智能健康发展的法律法规与伦理体系，只是初步实现了人工智能治理重点领域的"有法可依"，智能社会法治要落到实处，必须强调人工智能司法、执法与法律服务领域的"有法必依、执法必严、违法必究"，将制度法律与伦理道德真正融入人工智能全生命周期，将抽象的人工智能伦理原则、法律规范真正落地到人工智能行业实践中，落实到人工智能技术、产品和应用中。通过增强全社会的人工智能伦理意识与行为自觉，积极引导负责任的人工智能研发与应用活动，促进人工智能健康发展。[②]

### 4. 提前布局元宇宙时代数字法治规则

2021 年，一个相对于现实世界独立存在和运行的新型数字世界——"元宇宙"骤然升温。在"元宇宙"世界，数据将成为社会和个人财产的核心，成为利益冲突与规则重构的焦点。可以预见，随着"元宇宙"世界应用类型丰富，参与主体多元，数据权益诉求各异，势必造成数据治理体系的建立与数据治理权责的划分更为复杂，如如何增加数据透明度、尊重用户选择权、严格保护个人隐私、限制高风险应用等。应超前布局研究元宇宙技术发展可能涉及的治理与法律问题，进一步完善数字社会法治规则，提升数字社会治理能力。

---

[①] 央视网：《习近平在中共中央政治局第二十四次集体学习时强调　加强反腐倡廉法规制度建设让法规制度的力量充分释放》，https://tv.chinacourt.org/7009.html。

[②] 全国信息安全标准化技术委员会发布《网络安全标准实践指南——人工智能伦理安全风险防范指引》，提出人工智能管理、研发、供应、使用等特定活动的 18 项具体伦理要求，为组织或个人开展人工智能研究开发、设计制造、部署应用等相关活动提供指引。细化落实《新一代人工智能治理原则——发展负责任的人工智能》。

# 人工智能法治发展指数 3.0

《世界人工智能法治蓝皮书》专家组①

2022 年 3 月 18 日

　　人工智能是人类科技的高端成果与智慧的结晶，作为一项现代战略性技术、颠覆性技术，其已成为未来发展的新的核心竞争力。同时，人工智能是一把"双刃剑"，具有技术属性和社会属性高度融合的特征，其在造福人类的同时，也带来了风险与挑战。

　　早在 2018 年 9 月，国家主席习近平在致 2018 世界人工智能大会的贺信中就深刻地指出："新一代人工智能正在全球范围内蓬勃兴起，为经济社会发展注入了新动能，正在深刻改变人们的生产生活方式。把握好这一发展机遇，处理好人工智能在法律、安全、就业、道德伦理和政府治理等方面提出的新课题，需要各国深化合作、共同探讨。"如何应对人工智能可能带来的风险与挑战这一新课题，法治是最佳治理方式——人工智能法治应运而生。构建人工智能法治体系，营造人工智能法治生态，是保障人工智能安全、可靠、可控发展的有效途径。

　　人工智能法治是一个新概念、新理念、新领域，涉及人工智能领域的立法、执

---

① 专家组：崔亚东（上海市法学会党组书记、会长，上海市高级人民法院原党组书记、院长，二级大法官）、张文显（中国法学会学术委员会主任、教授、博士生导师）、薛澜（清华大学苏世民学院院长、人工智能国际治理研究院院长、教授、博士生导师）、叶青（华东政法大学校长、教授、博士生导师）、刘晓红（上海政法学院校长、教授、博士生导师）、王涛（浙江清华长三角研究院院长、教授、博士生导师）、刘宪权（华东政法大学教授、博士生导师）、刘学尧（上海大学教授）、施伟东（上海市法学会党组副书记、专职副会长）、彭辉（上海社科院法学所研究员、博士）、林竹静（上海市人民检察院检察官、博士）、赵玉成（上海市教育报刊总社编辑部副主任）。

法、司法、守法等多方面。因此，人工智能法治研究也随之兴起，其研究的范围涵盖人工智能法治的基础理论、政策规范、体制机制以及人工智能立法、执法、司法、守法等诸多方面。开展人工智能法治研究是人工智能发展的内在要求和时代使命。

为繁荣引领人工智能法治研究，客观、准确、全面反映我国乃至世界人工智能法治发展状况，推动人工智能法治理论建设，《世界人工智能法治蓝皮书》编委会特邀国内外部分人工智能专家组成专家组，于 2020 年制定发布了《人工智能法治发展指数》（以下简称《指数》）的 1.0 版本，2021 年为 2.0 版本（主要变化是新增一级指标人才培养 A7），并依据《指数》对国内人工智能法治发展进行了评估，形成了《中国人工智能法治发展评估报告（2019）》和《中国人工智能法治发展评估报告（2020）》，分别在当年的世界人工智能大会上发布，在国内外产生了积极影响。

随着人工智能产业的发展、智能社会治理需求的增长，人工智能法治研究也在实践中不断深化。为落实国务院《新一代人工智能发展规划》的要求，根据两年《指数》及评估实践情况的探索并咨询了张文显等专家意见，今年初，专家组再次对指数体系进行了适当修改，增强了指数体系对人工智能法治实施状况、公众感受与发展前景的关注，形成了《人工智能法治发展指数 3.0》（以下简称指数 3.0）。

## 一、指数 3.0 调整的主要考量因素

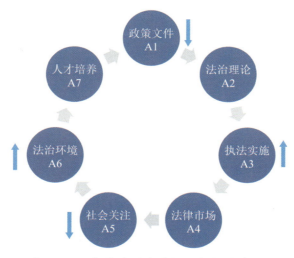

图 1　人工智能法治发展评估指标体系 3.0

1. 指数3.0删去了原一级指标"执法实施A3"下的二级指标"隐私保护B10"。第一，该主观指标问卷调查的对象主要是法律从业人员，[①]此类人群以司法软件的管理者和使用者为主，较少从自身隐私泄露的角度思考相关问题。第二，司法软件收集相关信息基本是从司法和执法本身的要求出发的，司法软件作为官方软件也大多严格遵守有关隐私保护的规定，调查者容易将其他软件隐私泄漏的问题与司法软件相混淆。因此，指数3.0删去了这一项指标，相应地在二级指标"应用感受B17"测评中加强了对该因素的统计，在问卷中单独新增了"您如何看待执法中使用人工智能技术对隐私产生的影响？"这一问题，并在应用感受调查中新增"担心人工智能的使用有泄露隐私的风险"这一选项。

2. 指数3.0下调了一级指标"政策文件A1"的权重，相应提升了一级指标"执法实施A3"的权重。这一调整的主要出发点是从"量"到"质"的重点转向。"政策文件A1"在指数1.0和指数2.0中均是权重最大的一项指标，从实际情况来看，各层级、各领域的法律法规数量持续攀升，这一项的得分情况一直保持优良，相比之下，反映法律法规实施和执行质量的"执法实施A3"一项的得分却长期保持低迷（2020年该项得分最低，仅72.7分），调低前者权重并相应提升后者权重旨在加大对法律法规执行效果的关注。但必须强调的是，权重的相对下降不代表对"政策文件"基础地位的轻视，调整后"政策文件A1"下的两项二级指标依然是权重最大的两项二级指标。

3. 指数3.0下调了一级指标"社会关注A5"的权重，相应提升了一级指标"法治环境A6"的权重，这一调整的主要出发点是从"外"到"内"的重点转向。"社会关注A5"主要反映公众对人工智能法治的外在关注度，"法治环境A6"则重点考察公众对人工智能法治发展的内在感受，随着人工智能法治在社会各阶层关注度的持续高涨，相应的关注热情应该推动法治环境的具体建构，并转化为人民群众良好的内心感受，据此，"法治环境A6"比"社会关注A5"更能实质性地影响人工智能法治的持续发展。考虑到人工智能法治进入高质量发展阶段，为了动态反映各项指标的发展和变化，提升指标体系对人工智能法治发展的贡献，专家组对指标权重作出了上述调整。

---

① 本指数重点关注人工智能在法治领域的运用和法律对人工智能的规制，基于数据可靠性与专业性的考量，有关信息与数据的采集主要面向法官、检察官、律师等法律从业人员。

表 1　人工智能法治发展评估指标体系 3.0 及权重

| 一级指标 | 二级指标 | 主客观 | 测试点 | 评分标准 | 变　迁 |
|---|---|---|---|---|---|
| 政策文件 A1（16.05%） | 法规政策 B1（49.16%） | 客观 | 法规、政策颁布量 | 以人工智能为主要内容的与内容提及人工智能的法规政策数量增减幅度 | 19.45%（1.0）→ 17.25%（2.0）→ 16.05%（3.0） |
| | 判决裁决 B2（50.84%） | 客观 | 涉人工智能司法案件量 | 涉人工智能司法案件增减幅度 | |
| 法治理论 A2（12.48%） | 国家级课题 B3（29.54%） | 客观 | 国家级课题数 | 国家社会科学基金法学类增减幅度（国家社会科学基金法学类） | 13.58%（1.0）→ 12.48%（2.0&3.0） |
| | 省部级课题 B4（22.23%） | 客观 | 省部级课题项目数 | 人工智能法治省部级项目增减幅度（司法部、中国法学会和教育部） | |
| | 论坛研讨决策咨询 B5（21.74%） | 客观 | 论坛数（次数） | 人工智能法治论坛增减幅度 | |
| | 期刊发文 B6（26.49%） | 客观 | 期刊发文量（篇） | 法学及综合性刊物上人工智能法治论文增减幅度 | |
| 执法实施 A3（16.09%） | 政策运用 B7（33.12%） | 主观 | 政策文件实施效果 | 人工智能发展政策性、法律性文件实施效果满意度 | 25.12%（1.0&2.0）→ 33.12%（3.0） |
| | 软件运行 B8（29.07%） | 主观 | 软件运用实施效果 | 人工智能法治应用是否经常出现软件运行错误感受度；是否经常出现算法歧视感受度 | 23.07%（1.0&2.0）→ 29.07%（3.0） |
| | 智慧司法 B9（37.81%） | 主观 | 司法应用水平 | 人工智能司法应用感受度 | 27.91%（1.0&2.0）→ 37.81%（3.0） |
| 法律市场 A4（15.09%） | 企业数量 B10（45.72%） | 客观 | 企业数量增减幅度 | 以"人工智能＋法治"为核心业务企业数量 | 17.09%（1.0）→ 15.09%（2.0&3.0） |
| | 营收能力 B11（54.28%） | 客观 | 营收能力增减幅度 | 以"人工智能＋法治"为核心业务企业营业能力 | |
| 社会关注 A5（14.65%） | 立法关注 B12（35.14%） | 主观 | 立法先行迫切度 | 从国家层面出台规制利用人工智能实施违法犯罪活动和针对人工智能系统实施违法犯罪活动的文件 | 17.35%（1.0）→ 15.35%（2.0）→ 14.65%（3.0） |
| | 政策关注 B13（33.19%） | 主观 | 政策文件关注度 | 对人工智能发展的政策性、法律性文件关注度 | |
| | 论坛关注 B14（31.67%） | 主观 | 法治论坛关注度 | 对以在上海举办的"世界人工智能大会法治论坛"为代表的相关论坛关注度 | |

（续表）

| 一级指标 | 二级指标 | 主客观 | 测试点 | 评分标准 | 变 迁 |
|---|---|---|---|---|---|
| 法治环境 A6（14.32%） | 包容态度 B15（33.56%） | 主观 | 人工智能包容度 | 人工智能发展包容度 | 13.44%（1.0）→ 12.42%（2.0）→ 14.32%（3.0） |
| | 法律规制 B16（32.09%） | 主观 | 人工智能包容度 | 法律对人工智能发展的规制情况 | |
| | 应用感受 B17（34.35%） | 主观 | 人工智能感受度 | 人工智能应用带来感受度 | |
| 人才培养 A7（11.32%） | 学生人数 B18（54.27%） | 客观 | 科技类法律学生人数 | 高校科技、知产法律专业学生人数 | 无（1.0）→ 11.32%（2.0&3.0） |
| | 课程设置 B19（45.73%） | 客观 | 课程开设数量 | 高校人工智能法律相关专业设置、研究机构、课程开设数量 | |

## 二、人工智能法治发展评估指标体系 3.0 的特点

1. 指标体系包含人工智能法治发展全周期，覆盖面广。指数 3.0 的体系框架涉及政策、理论、执法、市场、社会、环境、人才 7 个层面，覆盖面已经比较完备，尤其是在增加"人才培养 A7"之后，能够较好反映人工智能法治发展的整体面貌。同时，出于体系稳定性和评估可比较性的考虑，指数 3.0 维持了指数 2.0 整体的一级指标框架，仅对少数二级指标及权重进行了调整。

2. 指标体系以政策和实施为根基，以市场、公众和环境作中坚，以理论和人才谋未来，层次分明。通过对各一级指标权重的重新分配，"执法实施 A3"已经成为占比最大的一项指标，紧随其后的是"政策文件 A1"，二者构成第一梯队，体现了本指标体系对人工智能法治实施的具体情况以及基础支撑的重点关注。第二梯队是"法律市场 A4""社会关注 A5"以及"法治环境 A6"，其分别体现人工智能法治市场活力、公众关注度以及环境保障，是人工智能法治发展的中坚力量。第三梯队是"法治理论 A2"与"人才培养 A7"，前者为人工智能法治发展提供理论指引，后者为其注入新的活力，保障人工智能法治行稳致远。

3. 提升了客观指标的占比，指标体系更加客观有效。通过删去指数 2.0 中的"隐私保护 B10"，指数 3.0 更加符合问卷调查对象的背景、特点，客观数据指标数量也超过了主观数据指标，使得指标体系能够以更加客观的方式反映人工智能法治发展的状况，更加有效地指引人工智能法治发展的具体方向。

# 中国人工智能法治发展评估报告（2021）

《世界人工智能法治蓝皮书》专家组评估团队 [①]

2022 年 3 月 18 日

自 2020 年以来，《世界人工智能法治蓝皮书》编委会组建专家组，连续两年对我国人工智能法治发展情况进行了评估，并形成了评估报告，分别在当年的世界人工智能大会上发布，受到了社会各界的广泛关注。为了持续反映人工智能法治发展的现实状况，推动人工智能法治研究，助力人工智能向善发展，根据《人工智能法治发展指数 3.0》设定的指标体系、评估办法，专家组评估团队对 2021 年我国人工智能法治发展状况进行了评估。

2021 年，国内新冠肺炎疫情得到有效防控，经济发展复苏，人工智能成为数字经济时代的核心生产力，驱动数字经济纵深发展，云计算、大数据与人工智能融合变革升级，开启业务转型增长新时代。"十四五"规划确立了创新驱动发展战略，提出"瞄准人工智能、量子信息、集成电路、生命健康、脑科学、生物育种、空天科技、深地深海等前沿领域，实施一批具有前瞻性、战略性的国家重大科技项目"，人工智能迎来了新的发展机遇。

---

[①] 专家组评估团队执行主任：彭辉（上海社科院法学所研究员、博士）；评估团队成员：叶青（华东政法大学校长、教授、博士生导师）、刘晓红（上海政法学院校长、教授、博士生导师）、刘学尧（上海大学教授）、董立武（上海市法学会秘书长）、杨寅（上海政法学院教授）、林竹静（上海市人民检察院检察官、博士）、赵玉成（上海教育报刊总社编辑部副主任）、上海社科院法学所研究生团队、上海政法学院研究生团队。

本次评估采用调查问卷和客观测评两种方法进行，在总结吸收前两次评估经验的基础上，本次调查有了以下改进和提升：（1）问卷设计更加贴合指数需求。本次问卷内容更加精简；鉴于调查对象相对固定，本次问卷的题目设计更加专业和具体，直接与指数评测内容相承接。例如，本次问卷直接加入了"目前人工智能领域的立法是否符合人工智能发展与治理的需求？""您是如何看待数据保护、上海数据交易所及公共数据社会化开发利用前景的？"等问题。（2）数据数量与质量有较高提升。加强了对关键词外延词汇和热门词汇的检索和数据核验工作，如"数字经济""算法黑箱"和"合规"等相关词汇也纳入了检索范围，数据更加全面有效。

# 一、测评数据分析

## 1. 主观数据

人工智能作为一项新兴技术，已经开始融入社会生活的方方面面，对公众日常生活产生了巨大而深远的影响。人工智能以及人工智能法治在中国的发展都需要"以人为本"，因此，考察人工智能法治的发展不仅需要关注社会效益的提升，还要关注个体的"主观感受"，只有在公众切实感受和认同人工智能技术的益处与人工智能法治成效的基础上，人工智能法治的发展才能行稳致远。分别分析主客观指标，主要是基于此前的经验，主客观指标往往呈现出较大的差异，而且人工智能法治的完善要首先建立在对社会现实的考察之上。

主观数据采集对象集中于人工智能技术人员、研究者、人工智能法律产品使用者等社会群体中。采集方式主要采用问卷调查。2022年1月4日，上海市法学会向北京、河南、天津、陕西、江苏、山西、吉林、广东、福建、山东、河北、湖北、四川、重庆、黑龙江、甘肃、安徽、贵州、辽宁、云南、内蒙古等省、自治区、市法学会发出调查问卷协助函，截至2022年2月4日回收有效问卷1096份。本次问卷调查呈现以下变化和特点：

（1）问题设计更具针对性。本次问卷中的问题加强了对法官、检察官、律师等法律从业人员的针对性，问题内容更加贴合法律职业的工作实际。例如，问卷新增了对《上海市数据条例》、数据保护、上海数据交易所以及公共数据社会化开发利用前景的态度调查；（2）问卷设计继续紧扣热点。本次问卷对于在新冠肺炎疫情常态化防控中起到关键作用的健康码、行程卡，以及元宇宙等新兴话题都设计了相应调查内容；（3）数据来源更加权威专业。这主要体现在法律职业人员相关指标在样本信息中比重的提升。尤为显著的是，涉人工智能企事业单位人员占比同比增长184.4%，警察、法官、检察官（含法官助理、检察官助理）所占比例也均同比增长超过60%。

表2 问卷调查样本构成

| 类 别 | 基本指标 | 频 数 | 百分比（%） |
|---|---|---|---|
| 年 龄 | 18—25 岁 | 106 | 9.67 |
| | 26—30 岁 | 182 | 16.61 |
| | 31—40 岁 | 376 | 34.31 |
| | 41—50 岁 | 281 | 25.64 |
| | 51—60 岁 | 136 | 12.41 |
| | 60 岁以上 | 15 | 1.37 |
| 职业或身份 | 法官、检察官（含法官助理、检察官助理） | 188 | 17.15 |
| | 警察 | 214 | 19.53 |
| | 其他公务员及事业单位人员 | 314 | 28.65 |
| | 律师、公司法务 | 83 | 7.57 |
| | 涉人工智能企事业单位人员 | 34 | 3.10 |
| | 教师、高校研究人员 | 104 | 9.49 |
| | 学生 | 46 | 4.20 |
| | 其他 | 113 | 10.31 |

## 2. 客观数据

一项指标体系的有效性首先体现在客观指标的构建上，对客观数据的收集力度和数据处理是评测结果专业性的重要保障。人工智能法治发展涉及的政策、理论、法律以及人才四个方面都主要以客观数据的方式来呈现，尤其是对于理论和人才方面，从评测的角度，以客观的方式进行解读更符合其特性，也更容易操作。

本次评估对客观数据来源和处理进行了扩充和优化。一是在除数据来源上保持了 2020 年评估时利用的北大法宝法律法规数据库、中国裁判文书网、天眼查、企业查、国家社会科学基金、司法部、中国法学会、教育部、中国知网、威科法律数据库、地方政府、各级法院、人工智能企业官网外，新增了 Heinonline 数据库、当当网、亚马逊网、京东等图书销售网站、微信公众平台和法学创新网。Heinonline 数据库主要用于统计国内学者在外文期刊上发表的人工智能法治相关文章的情况，当当网、亚马逊网、京东等图书销售网站主要用于统计人工智能相关专著和译著数量，微信公众平台和法学创新网主要用于统计人工智能法治相关论坛数据和信息。二是注重提升数据数量与质量，在多项检索中扩充了"人工智能"和"法治"关键主题词的外延，使数据更加完整。此外，本次评估加强了数据核验工作，如在论文检索过程中排除了一些套用人工智能领域关键词，但主要内容相关度较低的文献。

## 二、总体得分

根据测评：2021 年中国人工智能法治发展评估总体得分为 89.04 分，相较于 2020 年上升 3.6 分，总体处于"较高水平"，已经接近"高水平"。

表 3　人工智能法治建设水平等级

| 人工智能法治建设 | 人工智能法治建设水平数值范围 | 人工智能法治建设水平 |
| --- | --- | --- |
| I | 90 < A ≤ 100 | 高水平 |
| II | 80 < A ≤ 90 | 较高水平 |
| III | 70 < A ≤ 80 | 一般水平 |
| IV | 60 < A ≤ 70 | 较低水平 |
| V | 0 < A ≤ 60 | 很低水平 |

# 中国人工智能法治发展评估报告（2021）

## 三、单项得分

### （一）一级指标、二级指标

与2020年相比，人工智能产业在经济复苏的大背景和产业融合发展的新趋势下稳步发展，重要立法集中推出，一级指标与二级指标的绝大多数得分都实现了上升。

### 1. 一级指标

经综合评估，一级指标得分由高到低如下："政策文件 A1"（98.2）＞"法律市场 A4"（93.8）＞"法治理论 A2"（93.7）＞"人才培养 A7"（91.5）＞"法治环境 A6"（83.2）＞"社会关注 A5"（82.1）＞"执法实施 A3"（81.8）。与2020年相比，排位上没有变化，一级指标得分全部实现了上升。具体变化及原因分析：

第一，政策层面支持力度不断增加，理论层面讨论更加丰富。"政策文件 A1"得分的小幅上升主要来源于相关法律法规（尤其是地方层面法规政策）数量的增加，以及司法机关受理涉及人工智能案件数量的稳步上升。[1]"法治理论 A2"得分的上升主要得益于课题研究数目的显著增长（国家级和省部级的相关课题都同比增长一倍有余）、研讨论坛次数的稳定增长以及期刊发文对该领域的持续关注。

第二，执法实施规范化推进，人工智能法治人才培养初见成效。"执法实施 A3"得分的增长主要得益于执法的逐渐常态化和规范化，司法人员对人工智能应用的熟练度提升，司法软件随着技术等的发展完善进一步智能化、稳定化。"人才培养 A7"得分的大幅增长说明了各大院校对人工智能人才培养的高度重视和持续发力，学生人数大幅提升，课程设置趋于丰富、合理。

第三，法律市场稳中向好，法治环境明显改善。"法律市场 A4"得分在经济复苏的背景下得到了恢复，技术融合的趋势也带了新的业务增长机会，开始转入新的发

---

[1] "人工智能司法案件分析"数据源自中国裁判文书网、威科先行法律信息数据库、LexisNexis、Westlaw、相关国家政府网站以及其他网络公开资料。以"人工智能、无人驾驶、自动驾驶、人脸识别、区块链、算法、大数据、机器人、数据安全、个人信息保护、智造、云计算、芯片、语音识别、图片识别、数据共享、数据采集、数据利用、定向广告、自动化＋网络、自动＋推送"为关键词，我们共收集到49210个案例。相比之下，2020年我们仅收集到29052个案例。

展阶段。"法治环境 A6"得分的上升主要来自人工智能的广泛应用激发了公众对人工智能潜力的认识和期待，一系列重要执法行动提振了公众对人工智能法律规制的信心。

表4　人工智能法治评估一级指标得分及占总分比例

| 一级指标 | 得　分 | 总　分 | 占总分比例（%） |
| --- | --- | --- | --- |
| 政策文件 A1 | 15.77 | 16.05 | 98.2 |
| 法治理论 A2 | 11.69 | 12.48 | 93.7 |
| 执法实施 A3 | 13.17 | 16.09 | 81.8 |
| 法律市场 A4 | 14.16 | 15.09 | 93.8 |
| 社会关注 A5 | 12.03 | 14.65 | 82.1 |
| 法治环境 A6 | 11.92 | 14.32 | 83.2 |
| 人才培养 A7 | 10.36 | 11.32 | 91.5 |

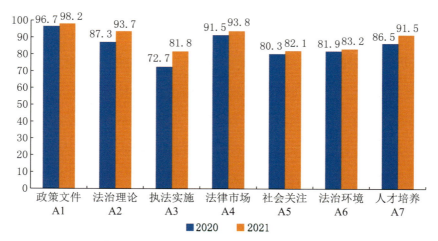

图2　人工智能法治评估一级指标完成度（2020年与2021年）

## 2. 二级指标

### （1）二级指标得分情况

经综合评估，二级指标得分由高到低如下："法规政策 B1"（99.0）＞"企业数量 B10"（98.8）＞"判决裁决 B2"（97.4）＝"期刊发文 B6"（97.4）＞"国家级课题 B3"（94.2）＞"论坛研讨决策咨询 B5"（93.5）＞"课程设置 B19"（92.7）＞"政策运用 B7"（91.3）＞"学生人数 B18"（90.6）＞"营收能力 B11"（89.6）＞"省部级课题 B4"（88.3）＞"包容态度 B15"（86.4）＞"政策关注 B13"（86.3）＞"应用感受 B17"（84.3）＞"立法关注 B12"（81.6）＞"软件运行 B8"（80.3）＞"论坛关注 B14"（78.4）＞"法律规制 B16"（77.6）＞"智慧司法 B9"（74.7）。

二级指标得分表明：法规政策全面创新完善，顶层设计系统加强，基层探索有效落实，理论研究创新深化，企业数量快速增长，营收能力有所提升，法律市场有序发展，政策运用渐入常态，软件运行稳步改善，司法应用愈发深入，政策关注有所下降，论坛关注大幅提升，公众更加包容，法律规制效能转好，学生人数大幅增加，课程设置趋于精细。

表 5　人工智能法治评估二级指标得分及占总分比例

| 二级指标 | 得分 | 总分 | 占总分比例（%） |
| --- | --- | --- | --- |
| 法规政策 B1 | 7.81 | 7.89 | 99.0 |
| 判决裁决 B2 | 7.95 | 8.16 | 97.4 |
| 国家级课题 B3 | 3.48 | 3.69 | 94.2 |
| 省部级课题 B4 | 2.45 | 2.77 | 88.3 |
| 论坛研讨决策咨询 B5 | 2.53 | 2.71 | 93.5 |
| 期刊发文 B6 | 3.23 | 3.31 | 97.4 |
| 政策运用 B7 | 4.87 | 5.33 | 91.3 |
| 软件运行 B8 | 3.75 | 4.68 | 80.3 |
| 智慧司法 B9 | 4.55 | 6.08 | 74.7 |
| 企业数量 B10 | 6.82 | 6.90 | 98.8 |
| 营收能力 B11 | 7.34 | 8.19 | 89.6 |
| 立法关注 B12 | 4.20 | 5.15 | 81.6 |
| 政策关注 B13 | 4.19 | 4.86 | 86.3 |
| 论坛关注 B14 | 3.64 | 4.64 | 78.4 |
| 包容态度 B15 | 4.16 | 4.81 | 86.4 |
| 法律规制 B16 | 3.56 | 4.59 | 77.6 |
| 应用感受 B17 | 4.15 | 4.92 | 84.3 |
| 学生人数 B18 | 5.56 | 6.14 | 90.6 |
| 课程设置 B19 | 4.80 | 5.18 | 92.7 |

（2）二级指标得分变化

第一，显著上升的指标：课题质量与数量显著增加，软件运行体验提升，论坛得到高度关注，人工智能法治相关专业学生人数大幅增加。与 2020 年相比，得分显著上升的是（括号内为上升分数）："省部级课题 B4"（17.4）、"软件运行 B8"（14.8）、"国家级课题 B3"（6.1）、"论坛关注 B14"（7.0）、"学生人数 B18"（5.6）。其中省部级课题数较 2020 年上升了 147.5%，增至 99 项，省部级课题数量如此大规模的增加说明了人工智能开始真正在各级别得到重点的关注。国家级课题数也同比增长了约 107.1%，增至 58 项。这一方面是由于地方政府对人工智能高度重视，积极出台相关政策文件，为相关课题研究提供充足财政支持，充分发挥财政资金的导向作用；另一方面也体现了为人工智能产业发展提供有力保障的法治体系逐渐深化了其理论研究的基础。"软件运行 B8"一项得分的显著增长源于国家对人工智能法治建设的重视，为了响应全面建设"智慧法治"①的号召，各级政府积极引导和激励相关企业持续创新研发，不断提升用户体验，从而为用户提供精细化、针对性的智能法治服务。"论坛关注 B14"一项的得分能有此大幅度的上升主要是因为新冠肺炎疫情得到有效防控后，线下论坛的规模和参与人数均得到提升，同时人工智能法治的研究辐射了更多的领域，吸引了更广泛人群的关注。"学生人数 B18"一项得分的快速上升主要是因为 2021 年开设人工智能专业的院校大幅增长，新增 130 所高校（如清华大学、湖南大学、中山大学等），成为 2021 年高校新增最热门专业。同时，企业对人工智能相关专业的人才需求量也随着产业发展而增大，人工智能产业依然存在不小的人才缺口。

第二，稳定上升的指标：论坛活动持续高质量发展，人工智能企业营收能力有所提升，相关课程设置更加精细。与 2020 年相比，得分稳定上升的有（括号内为上升分数）："论坛研讨决策咨询 B5"（3.1）、"营收能力 B11"（3.9）、"课程设置 B19"（4.5）、"智慧司法 B9"（2.5）、"法律规制 B16"（2.7）。"论坛研讨决策咨询 B5"得分的稳定增长源于两个层面：一方面，国家高度重视人工智能发展前沿问题，支持开展落实活动，有关针对性的论坛也集中举办，如 2021 年 12 月举办的 CNCC2021 "绿色低碳人工智能技术与应用"线上论坛，2021 年 4 月在北京举办的第三届自动驾驶

---

① 《法治中国建设规划（2020—2025 年）》提出"充分运用大数据、云计算、人工智能等现代科技手段，全面建设'智慧法治'，推进法治中国建设的数据化、网络化、智能化"。

技术与法律国际高端论坛，2021 年 7 月在上海举办的世界人工智能大会法治论坛探讨"智能社会的法治秩序"等，吸引了各界的高度关注，产生了广泛的社会影响；另一方面，相比受限于新冠肺炎疫情、大量线下活动被迫取消的 2020 年，经历新冠肺炎疫情影响的一年后，各举办方已能熟练运用"线上 + 线下"的模式开展论坛研讨决策咨询。"营收能力 B11"的得分增加一方面得益于国内新冠肺炎疫情得到良好防控带来的经济复苏，另一方面是人工智能企业开始找到新的业务增长点，技术融合带来了更多的技术应用场景，头部企业商汤科技成功上市，为 AI 赛道的投资提升了信心。"课程设置 B19"一项得分的上升在于各大院校对于人工智能专业的建设开始进入精细化阶段，不少院校都对人工智能专业设立了高规格的培养体系，如西南政法大学和上海政法学院等均设立了独立的人工智能法学院，各大高校有关课程的设置也更加对接社会与科研需求。"智慧司法 B9"得分的上升源于司法工作人员对智能科技产品的熟练运用与依托大数据、云计算等现代科技的司法改革的不断推进，加强智慧法院的建设成为题中之义。人工智能在司法机关的系统运用不仅辅助增强司法的客观性和规范性、提升司法质效，还助力审判资源配置的优化，促进保障社会公平正义。经过 4 年的建设，上海运用"刑事案件智能辅助办案系统"（即 206 系统）办理刑事案件已成常态，截至 2021 年 12 月，上海市公安机关累计录入案件 12.9 万余件，检察院批准逮捕 5.95 万余件，检察院审查起诉 6.85 万余件，法院收案 6.01 万余件、审结 5.44 万余件，刑事案件的办理质量大幅提升，办案瑕疵率几近为零。"法律规制 B16"得分的上升是值得重点关注的。2021 年人工智能领域的一系列重大案件，如滴滴退市、互联网反垄断、人脸识别纠纷第一案等吸引了公众的高度关注，这些与公众生活密切相关的问题得到有效规制一方面体现了司法机关在人工智能领域执法的有效性，另一方面减轻了公众对于人工智能技术持续发展的疑虑。

第三，略微上升的指标：期刊发文与政策运用平稳有序，立法、司法不断取得新成效，企业数量与政策关注略有增长，公众对人工智能更加包容。与 2020 年相比，得分有所上升但并不显著的是（括号内为上升分数）："法规政策 B1"（0.7）、"判决裁决 B2"（1.2）、"期刊发文 B6"（0.1）、"政策运用 B7"（1.7）、"企业数量 B10"（0.5）、"政策关注 B13"（0.6）、"包容态度 B15"（1.7）。"法规政策 B1"一项得分的上升体现在：国家层面，政府支持人工智能发展，不断完善顶层设计，为其指明发展方向，制定战略目标，提供保障措施；地方层面，地方政府及时落实政策覆盖人工智能的新兴应用领域。"判决裁决 B2"一项的得分增长源于两方面：一是人工智能产业发展迅速，市场规模逐年扩大，经济社会高质量发展对技术成果保护需求明显增长；二是涉及前沿技术的新型纠纷大量涌现，侵权行为更易发生。这也意味着事实认定和法律适用的难度将进一步加大，对司法人员的专业素养提出了更高的要求。"期刊发文 B6"一项得分的上升体现了学界对人工智能技术发展在立法、司法、执法等领域带来的问题的持续关注。2021 年，24 本法学 CSSCI 期刊共刊登了 236 篇人工智能法治相关文章，这一数量已达到法学 CSSCI 期刊刊登文章总量的约 10%，考虑到法学研究领域的议题丰富性，这一比例代表我国人工智能法学领域的前沿文献产出接近巅峰，富有活力的学者群体和争鸣氛围已经形成。"政策运用 B7"得分的上升源于不同层级的法律法规、政策文件对人工智能产业发展的有序引导，这体现了"十四五"规划提出的"以数字化助推城乡发展和治理模式创新"要求在法治领域的确切落实。"企业数量 B10"一项的得分已经足够高（98.8），在人工智能新的发展阶段之下，新增企业主要集中在一些新业务领域，给市场带来了新的活力。"政策关注 B13"的得分增幅不大，主要原因是有关政策的调整范围相对集中，而且宣传活动进入平稳期。"包容态度 B15"得分的小幅增长说明人工智能继续渗透到大众日常生活各个方面，日常生活对人工智能的惯性依赖推高了该指标的数值。

第四，公众对立法的关注度和对人工智能应用感受度略有下降。与 2020 年相比，得分下降的有（括号内为下降分数）："立法关注 B12"（1.5）、"应用感受 B17"（1.4）。"立法关注 B12"一项得分的降低与"法规政策 B1"得分的增长产生了一定的矛盾。人工智能技术的复杂性和人工智能立法的专业性使得公众对立法的信息跟进遇到阻碍，这表明，对公众进行人工智能技术及法律法规专业知识普及还需加强。比如，2021 年 4 月 6 日至 2021 年 5 月 10 日，深圳市卫生健康委员会通过深圳政府法制信息网和深圳市卫生健康委员会门户网站对《深圳市卫生健康数据管理办法（征求意见稿）》进行了公开征求意见，从深圳市卫生健康委最后公布的数据来看，仅收到 3 人的反馈。"应用感受 B17"一项得分的降低表明人工智能有关的应用在设计过程中仍然需要加强对用户感受的考量。例如，西安新冠肺炎疫情暴发期间，西安健康码"一码通"系统曾多次崩溃，影响到疫情管控工作。对于人工智能一类新技术，公众需要一定的时间来接受和熟练运用，从而提升感受度，由此才能打开人工智能广泛使用的通途。

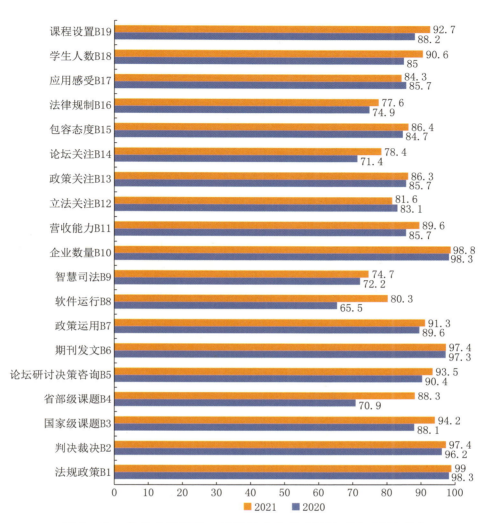

图 3　人工智能法治评估二级指标完成度（2020 年与 2021 年）

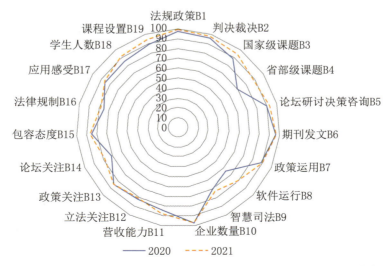

图 4　人工智能法治评估二级指标完成度（2020 年与 2021 年）

### （二）主观指标、客观指标

#### 1. 客观指标得分

经综合评估，客观指标得分由高到低如下："法规政策 B1"（99）＞"企业数量 B10"（98.8）＞"期刊发文 B6"（97.4）＝"判决裁决 B2"（97.4）＞"国家级课题 B3"（94.2）＞"论坛研讨决策咨询 B5"（93.5）＞"课程设置 B19"（92.7）＞"学生人数 B18"（90.6）＞"营收能力 B11"（89.6）＞"省部级课题 B4"（88.3）。客观指标指数（10 项）的平均得分为 94.15，较 2020 年上升 4.35 分。

总体上，从雷达图（如图 5 所示）来看，相较于 2020 年，客观指标所形成的闭环圆圈饱满度显著提升，得益于省部级课题数量的大幅提升，客观指标整体上已经具备较好的周延性。

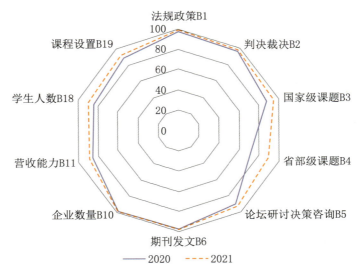

图 5　人工智能法治评估客观指标完成度（2020 年与 2021 年）

#### 2. 主观指标得分

经综合评估，主观指标得分由高到低如下："政策运用 B7"（91.3）＞"政策关注 B13"（86.3）＞"应用感受 B17"（84.3）＞"立法关注 B12"（81.6）＞"软件运行 B8"（80.3）＞"论坛关注 B14"（78.4）＞"法律规制 B16"（77.6）＞"智慧司法 B9"（74.7）。主观指标（9 项）平均得分为 82.3 分，较 2020 年上升 4.8 分。

比较而言，客观指标平均得分比主观指标平均得分高出 11.8 分，这一差距缩减的幅度非常小（2020 年为 12.3 分）。尽管部分主观指标得分大幅上升（如"软件运行 B8"上升了 14.8 分），但总体上主客观指标依然呈现出如此大的差距，说明人工智能法治的发展仍然要加强技术转化过程的用户感受，提升应用质量，重视公众反馈。公众对人工智能的需求与包容除了来自技术本身的先进程度，还来自制度所带来的安全感，对于本评估所重点关注的"人工智能法治"而言，后者更是重中之重。人工智能法治的发展一方面要关注人工智能在法治领域的运用，另一方面更要考量法律对人工智能的良好规制所带来的保障与促进作用。

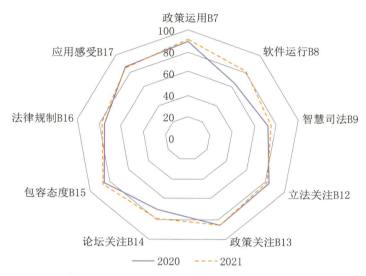

图 6　人工智能法治评估主观指标完成度（2020 年与 2021 年）

### （三）多维指标分析

通过对一级指标与二级指标的纵向分析和对主观指标与客观指标的横向分析，可见 2021 年我国人工智能法治建设态势良好。

从一级指标得分来看，人工智能法律制度层面和理论研究层面的建设将继续引领人工智能法治的发展，法律市场得到了有效恢复，人才培养方面后继有力，人工智能法治整体发展环境稳中向好。为持续改善人工智能法治状况，需要继续关注仍然相对薄弱的执法领域（得分依旧最低），公众感受层面（"社会关注 A5"与"法治环境 A6"两项得分均在 80 分左右）的问题也亟待有效改善。相较于 2020 年的评估结果，此次得分的变化主要基于以下两个方面的原因：一是 2021 年国内新冠肺炎疫情防控态势良好，各地各行业渐次复工复产，经济平稳发展，此前受到疫情严重影响的"法律市场 A4"等指标得分明显转好。二是指数的整体提升主要得益于课题数量的高速增长，执法实施的深入落实，理论研究进入高潮，人才培养也在较短的时间内初见成效，法治环境有效改善，社会公众持续关注。

同时，二级指标周延性得到提升，关键薄弱指标得分显著上升，但同步发展任务仍然紧迫。首先，总体上，评价指标所形成的闭环圆圈饱满度较 2020 年有了较大的改善，不周延性得到了一定程度的缓解。在二级指标评价中，得 90 分以上的有 9 项指标，成为得分最多的区间，80—90 分的有 7 项指标，70—80 分的有 3 项指标，已经不存在得 70 分以下的指标。其次，从雷达图来看，周延性得到提升，这体现在"省部级课题 B4""软件运行 B8"与"论坛关注 B14"三项得分的明显提高，但与此同时，整体的闭环在"软件运行 B8"与"智慧司法 B9"处仍然存在缺陷，说明人工智能技术的具体使用与司法层面的运用仍然存在不足。最后部分相互联系的指标得分的差距在缩减，一定程度上实现了同步发展。"学生人数 B18"与"课程设置 B19"的分差缩减至 2.1 分（2020 年为 3 分），"企业数量 B10"与"营收能力 B11"的分差缩减至 9.2 分（2020 年为 13 分），但"法规政策 B1"与"政策运用 B7"依然有 8.7 分的较大分差，而且上述分差基本都体现为数量发展超过质量提升，理论前进超过具体实践，说明人工智能法治的质量与具体运用有待追赶单纯数量与理论的发展。

主观指标与客观指标两者仍然存在不平衡的问题，主观指标未能同步于客观指标的上升。两类指标之间的不平衡反映出人工智能法治的制度建设得到了良好成效，但此种成效尚未有效传导到人民群众的主观感受中。这一状况的成因具有双重性，一方面，人工智能的技术发展进一步对大众的日常生活全方位渗透，由此产生的新型侵权形式愈发隐微，挑战人工智能法治建设的实效；另一方面，人工智能法治建设的效果需要较长的实践检验才能显现为人民群众的良好感受。

## 四、2021 年人工智能法治发展的热点话题

### 1. 国家强有力支持人工智能法治建设

2021 年，得益于《新一代人工智能发展规划》的支撑，我国人工智能法治发展

具有了坚实的政治基础、正确的思想引领和不竭的前进动力。2021 年，人工智能法治更为关注人工智能"善智与善治"体系，积极推动人工智能与法治的深度融合，聚焦数据治理在打通应用通道、破除行业壁垒、化解信息孤岛方面的进展，积极构建人工智能法治理论、立法、司法、执法与治理的整体布局，引领、规范、促进、保障人工智能安全、可靠、可控、可持续发展。

在数字化转型方面，中央全面深化改革委员会通过的《关于促进人工智能和实体经济深度融合的指导意见》为人工智能服务数字化转型进行了顶层设计；在数字政府方面，例如，《上海市全面推进城市数字化转型"十四五"规划》将治理的数字化转型作为城市数字化建设的重要环节；在数据安全和网络安全层面，我们既要看到《网络安全法》与《数据安全法》在规范层面对人工智能法治的完善，也要意识到国家互联网信息办公室发布的《国家网络空间安全战略》在政策层面对网络治理体系的战略布局。

### 2. 人工智能深度融入新冠肺炎疫情防控和社区治理

人工智能技术助力新冠肺炎疫情防控精细化与基层社区治理数字化。2020 年在新冠肺炎疫情的影响下，指数 2.0 "营收能力 B11" 与 "论坛关注 B14" 明显下降，疫情带来的更多是负面的影响。2021 年新冠肺炎疫情防控进入常态化阶段，日常防控既要外防输入又要内防反弹，需要更强大、更缜密和更高效的监测，预警和调控机制，在这样的要求下，人工智能技术在疫情防控中的助益作用得到进一步凸显，深度融入疫情防控全生命周期中的风险研判、信息预警、应急响应和复工复产乃至事后问责等各个环节。大数据技术的运用使我们对疫情动态的把控更加精准，比如兰州大学研发的全球首个"新冠肺炎疫情全球预测系统"就曾多次精准预测河南省和福建省莆田市等地的疫情走势。智能长臂消毒机器人在商场、学校和医院等多个场合发挥着防止感染和日常防控的作用，基于大数据的"健康码"已经成了日常防控的必备工具，人工智能还在病情诊断和药物研发等方面发挥着重要作用，华中科技大学研究团队运用临床数据训练出的机器学习模型，依据输入病例的 3 个临床特征就能预测重症患者的生存率，准确率达到了 90%。要想更好地利用人工智能技术实现高效的疫情防控，就不得不认真处理这一过程所带来的信息泄露和隐私侵犯等棘手的问题，规范信息处理方式，加大监管惩戒力度，严格落实数据安全和个人信息保护的有关措施。

以新冠肺炎疫情防控为重要契机，人工智能技术在基层社区治理中的广泛运用进一步助推社区治理的数字化转型。疫情防控常态化的主要任务落在基层社区的管理与自治上，在日常防控当中，人工智能技术的运用不仅提升了社区管理的便利度和有效性，还促进了社区管理模式和手段的转变，从以政府为主的单一管理模式向政府、市场、居民多元主体共同治理模式转变，从传统的人工治理手段向大数据和人工智能等技术治理手段转变。比如，利用北京城市大数据研究院与大数据企业北京百分点信息科技有限公司研发的"一区一码"系统，居民通过扫描二维码完成个人信息填报，进出小区时由系统自动分析辅助人工管理，并进行日常的信息收集和监测，大大提升了管控效率。疫情期间，互联网企业还开发出了"无人车配送""无接触式电梯服务"等工具，最大程度降低了因人工接触导致的感染风险。需要注意的是，数字化转型既是提升基层治理法治化水平的关键手段，也是基层治理法治化需要重点防范的对象，要坚持将法治思维贯穿在人工智能技术的利用过程中，完善相关立法，谨防技术漏洞，严格执法，牢守科技以人为本的底线，加强宣传，推动培养公民意识与法治思维。

### 3. 着眼人工智能的个人信息保护法律秩序持续建构

个人信息保护法律秩序持续建构，人工智能规制与激励并重。具有"数字基本法"定位的《个人信息保护法》已于 2021 年 11 月 1 日正式实施，其对个人信息主体进行自动化决策的情形予以特别规定，专门针对算法在社会生活中的不正当运用。次级法规的制定与实施也在 2021 年逐步铺开，如《上海市数据条例》就专门对自动化决策的情形予以规制，同时明确鼓励人工智能产业的发展。个人信息保护法律秩序的持续建构体现在"法规政策 B1"的增长当中，这一增长很大程度上归功于行政立法的激增。与此同时，我们应当认识到法律规范和实际法律秩序之间的距离，个人信息保护的法律规范须融入人工智能的技术逻辑、人民群众的实践逻辑与行政执法的制度逻辑才能发挥良好的效果。

### 4. 人工智能法学教育从建立逐步走向成熟

2021 年人工智能法学教育成果丰硕。2018 年到 2020 年之间，人工智能法学教育从无到有，进展迅速。相关学院、专业纷纷设立，典型项目如上海政法学院和西南政法大学分别设立的人工智能法学院、清华大学法学院建立的"计算法学"方向全日制法律硕士学位项目等。2021 年人工智能法学教育从框架搭建走向师资、课程和教材的进一步扩展和充实，促使"人才培养 A7"的得分进一步上升。

在师资方面，上海政法学院进行了有"人工智能＋法学"背景人才的公开教师招聘，进一步推动人工智能与法学结合的教育发展；同济大学法学院和上海市人工智能社会治理协同创新中心对人工智能法学方向的研究人员进行了招聘；江西理工大学法学院也对法律人工智能方向的专任教师进行了招聘。我国各高校法学院都将人工智能法学人才的引进作为重点工作，为人工智能法学教育提供了坚实的师资储备。

在课程方面，中国社会科学院法学所科技与法研究中心正式推出"人工智能法学"课程，内容包括"人工智能""数字货币""无人驾驶""区块链""人脸识别""AI 与知识产权""量化交易""算法控制""计算机量刑""机器人律师"等系列人工智能热点法律问题；东南大学法学院对其开设的硕士生课程"法律大数据与人工智能导论"进行了升级。各高校法学院的人工智能法学课程在 2021 年逐步走向系统化和精细化，与该年度高频次的人工智能法学讲座等学术活动相结合，凸显了人工智能法学人才的培养实力。

在教材方面，由上海人民出版社、上海政法学院、上海市法学会合作出版的"人工智能法学系列教材"之一《人工智能辅助办案》、之二《人工智能法治应用》面世。该套教材注重对人工智能法学的"基本原理、基本知识、基本体系"的介绍，注重解决人工智能法治领域和实践应用问题；西南政法大学也推出了校级规划教材《人工智能与法律》，该教材涵盖了该新兴领域的基础知识和前沿内容，力求帮助学生及广大读者更好地理解和把握人工智能时代的法律秩序变革与发展图景。

### 5. 法治须对"元宇宙"发展发挥引领和保障作用

人工智能的快速发展不断向法律提出新的要求。"元宇宙"以人工智能技术为关键支撑，尽管这一词汇早在 1992 年的科幻小说《雪崩》中就已出现，但令其备受关注的关键事件是 2021 年 Facebook 改名为 Meta（取自元宇宙的英文 Metaverse），2021 年亦被世界称为"元宇宙元年"。这一新概念同样涉及与互联网等新技术相适应的法律规则等问题。尽管概念多有不同，但元宇宙主要还是一种虚拟世界，在法律上增加这一新维度后，主体、人格乃至行为等概念都会面临冲击，人工智能"脱实向虚"的发展趋势也向法律规制提出了新的要求，由此带来网络平台安全、虚拟资产财产权利规制与风险管控以及网络空间运行监管等方面的法律问题。例如，就在 Meta 开放元宇宙虚拟现实社交媒体的访问平台测试期间，一名女性就曾报告其在虚拟世界遭到了"性骚扰"。

对"元宇宙"的讨论爆发在 2021 年年末，因此指数上的反应并不明显，但"企业数量 B10"一项得分的持续大幅增长说明在人工智能领域还存在着广阔的发展前景，"元宇宙"可能仅仅是其中的一个分支。在人工智能领域，实践往往走在规则前面，法律的规制如何更好地发挥引领和保障作用，必须引起高度重视面对技术的日新月异，法律规则似乎不能等待具体问题出现再寻找应对之策，而要尝试结合时代背景和技术发展趋势对现有规则进行演进和创新性的解释。在这个层面上，"元宇宙"只是智能科技主导下的新事物之一，面对以人工智能为代表的新兴技术的持续发展及其带来的广泛影响，法律需要保持高度的警惕和持续的关注。

## 五、总体评价与发展展望

2021 年我国人工智能法治的总体评价和发展展望可概括如下：

（1）人工智能领域顶层设计与技术发展同步推进。2021 年 3 月我国"十四五"规划提出"打造数字经济新优势"的建设方针并强调了人工智能等新兴数字产业在提高国家竞争力上的重要价值，相比 2020 年，我国在人工智能法治的顶层设计上持续推进。"十四五"规划指出要充分发挥海量数据和丰富应用场景优势，促进数字技术与实体经济深度融合，赋能传统产业转型升级，以数据驱动生产过程优化，催生新产业、新业态、新模式。因应于顶层设计的科学规划，2021 年智能医疗、医疗影像 AI 软件、手术机器人、自动驾驶、AI 芯片等新技术、新应用蓬勃发展，人工智能在大众日常生活中的可见度越来越高，运用场景愈发多元。在这一高度流变的技术和商业图景中，如何在促进人工智能发展的同时，对其负面效应作出精准回应，是当今法治建设面临的巨大挑战。对此，我国应继续在理念引导层面坚持"科技向善"的基本社会价值、政策取向不动摇。

（2）人工智能法治的规范资源与人才资源愈发充沛。人工智能法治发展的主线是

# 中国人工智能法治发展评估报告（2021）

持续进步的人工智能科技与有限的法治资源之间的矛盾。相较于2020年，此种矛盾得到了一定程度缓解。测评结果的多项数据显示，我国在人工智能法治资源的储备方面进步可观。一方面，行政立法的完善充实了人工智能法治的基础性制度资源，缓解了以往监管活动于法无据的困境，人工智能产业的发展具有了相对稳定的制度预期。另一方面，人工智能法治教育从草创走向充实，粗具规模，足以支撑未来数十年人工智能法治发展的人才培养系统。人工智能法治人才的充实又反过来助推了人工智能法治的进一步科学化与理性化，形成良性循环。相应的挑战则包括技术标准供给不足与人工智能法学尚未成熟。高质量的人工智能法治不仅需要正式性规范，还需要技术标准直接指导企业的具体行为。此外，与人工智能法学教育的高歌猛进相比，人工智能法学领域尚未产生学界公认的、体系化的知识结构。在这一势态下，人工智能法治人才的培养要注重研究方法的传授，注重前沿成果的实时更新与传播。

（3）符合人工智能时代的法律文化持续生长。人工智能化的社会催生新的法律文化。测评结果的多项数据显示，社会公众对于人工智能技术的态度愈加审慎，在日常生活中对人工智能技术的依赖程度却有所上升。这一公众感受与行动取向之间的冲突促使了新的法律文化的产生，具体而言，社会公众对人工智能法治发展状况的关注愈发密切。人工智能法治的发展离不开社会公众的群策群力，社会公众的广泛关注已经成为人工智能法治建设的力量来源之一，是增进人工智能法治民主化、科学化的重要推进力。社会大众以其多层次的知识结构和弥散化的监督效应，常常能够对人工智能技术的"黑箱"特性以及人工智能产业不可避免的逐利本质作出有力的回应。同时，我们应当认识到，社会公众对于人工智能技术及法治体系不乏非理性的反应，例如过分夸大人工智能对日常生活的贻害，过分忽略人工智能在增进公共福祉方面的作用，过分轻视个人维权的正向作用。对此，我国应当对公众舆论进行适度引导，提供意见反馈的制度化渠道，进一步扩大社会公众在人工智能立法、决策中的曝光度和参与度，最大程度地打消公众在人工智能法治体系的建构中容易产生的陌生感、怀疑感。

（4）人工智能司法应用稳步有序铺开。人工智能技术发展日新月异，司法应用接纳度不断提升。相比2020年，人工智能司法应用在更大范围内得到推广，在更大程度上得到司法人员的认可和接受。在人工智能司法应用的辅助下，司法活动的效率和可预测性同步提升。同时，人工智能司法应用的研发工作也愈发重视传统司法技艺的智识反哺，在建立计算模型、收集计算数据、设计计算算法等步骤愈发重视司法活动的固有逻辑，逐步实现了法学和计算科学的融合。为了防止人工智能司法对权利人可能造成的损害，学界还积极探讨人工智能技术在司法领域的应用边界，为人工智能司法应用的实质正当性提供了理论资源。机遇与挑战并存，考虑到人工智能技术的风险特性，未来人工智能司法应用的部署决策应当继续保持审慎品质。各方主体应当将法律共同体的知识、人工智能技术的成熟度、社会公众的接受度等一并纳入决策因素，平稳、科学推进人工智能与司法的融合。

# "2021 世界人工智能大会法治论坛" 观点精粹

2021 年 7 月 8 日, 2021 世界人工智能大会在上海举行。7 月 9 日, 由世界人工智能大会组委会办公室指导、上海市法学会主办的"2021 世界人工智能大会法治论坛"在上海世博中心举行（连续四年）。论坛得到了上海市委及市委政法委、最高人民法院、最高人民检察院、中国法学会的高度重视, 上海市委副书记、政法委书记于绍良, 最高人民法院党组成员、副院长杨临萍, 最高人民检察院副检察长张雪樵, 中国法学会党组成员、副会长张苏军等出席论坛并致辞。上海市副市长、市公安局党委书记、局长舒庆, 上海市高级人民法院党组书记、院长刘晓云, 上海市法学会党组书记、会长崔亚东等出席论坛。崔亚东主持论坛开幕式。来自国内部分省区市的法学法律界、科技界专家学者, 上海市政法相关单位主要负责同志及各有关部门负责人, 各法学院校、科研机构的专家学者及各区法学会、团体会员单位代表共 320 余人在现场参加论坛。上海市法学会今日头条、抖音、bilibili、广电云等多家新媒体平台直播论坛实况, 线上流量达 60 万人次。本次论坛的主题为"智能社会的法治秩序"。9 位来自国内外的重量级专家学者, 围绕论坛主题及"数字化转型　智能化治理"等相关话题发表了精彩演讲, 阐述深度见解, 纵论法治未来。

**观点之一: 数字化转型正塑造全新智能社会。** 崔亚东认为, 人类社会正在进入以数字化为主要标志的新阶段, 数字化转型促进智能社会的快速形成。风险丛生、风险叠加、风险度高是智能社会的重要特征。智能社会存在的风险与挑战是当前世界面临的共同问题, 智能社会的治理赤字具有全球化趋势, 需全球一体共同治理、共护安全、共享成果。我国高度重视智能社会法治秩序建设, 相关政策体系、规则体系、技术标准体系、法律法规体系建设快速推进，治理的社会化、法治化、智能化、专业化水平不断提高，智能社会法治秩序的"中国方案"正在形成。

**观点之二：关注人工智能和数据科学的合法性。乔凡尼·科曼德（Giovanni Comandé）认为**，人工智能和数据科学正成为推动社会发展的重要动力。人工智能、数据科学和法律之间的相互作用呈现出两个相互交错的层面。其一，这些技术对法院的司法实践和司法普及产生影响。其二，法律能够并且应当在这些技术的地方治理和全球治理中发挥作用。这一方面说明了人工智能技术在法庭内外对于寻求司法以及法律实施的影响，另一方面，这些技术的设计者、开发者、其结果的使用者需要高度关注新技术产生的法律问题。在第一个层面，一些技术应用在司法系统中既带来了机会也带来了风险。第二个层面，应对这些技术进行必要的规制以便它们为法治服务，而不会挑战甚至威胁法治基础。

**观点之三：人工智能国际治理秩序的框架与路径。薛澜认为**，对于人工智能的发展，应持创新发展理念，"让子弹飞一会儿"。技术发展创新与风险规制两者之间怎么权衡是在价值理念方面需要思考的。人工智能的治理主体是国家，但在法律形成过程中，需要听取各方面的意见，包括企业、社会，它们对技术发展的想法可能不完全一样。在这个过程中，怎样营造一种多元协调、多元参与、协同互动的机制也是我们需要探讨的。人工智能的治理对象包括最底层的数据和算法，此外还有具体的应用场景、对企业和平台的规范。此外，作为治理工具的法律法规是很关键的，是底线，还有其他各种技术标准、行为准则、伦理原则等都需要研究。

**观点之四：实现人工智能与法治之间的调和。安托万·加拉邦（Antoine Garapon）认为**，使人工智能与法治兼容是一个新挑战。人工智能与法治的兼容有两个前提。首先，只有依据事先的集体协议，人工智能才可能扩展到法律。这种协议是法治的基础：人类是唯一可以决定是否以及在多大程度上要将法律决定权委托给可追踪程序的主体。其次，人类需要不断开发新的方法来克服人工智能对公共自由的副作用。例如，人工智能为政治权力，事实上也为任何权力提供了有效的监视工具，保障必须随着监视可能性的增加而增长。

**观点之五：建设可信赖的人工智能。菲利波·法罗西尼（Filippo Fabrocini）认为**，人工智能不是纯粹的技术问题，每当部署一个人工智能解决方案时，不仅仅是在社会环境中部署一个技术系统，还通过将测试本身转化为一种社会崩溃的形式，对社会的结构进行测试。人工智能系统是被设计、实施和使用的人工制品；当看到事情出错时，有责任去观察和谴责，去了解和告知，去重建和改进。由于责任链包括所有人（从研究人员到开发人员、政策制定者和用户）都需要积极努力，为产生适当的社会法律治理采取下一步措施，以确保人工智能技术对社会有益的发展、部署和使用。伦理学家、立法者、社会学家和设计师、技术人员一样，都是建设“有益于社会”的人工智能所必需的。

观点之六：沙箱监管是数字时代法治问题的解决方案。迪诺·希莫纳斯（Deno Himonas）认为，在沙箱监管中，人工智能技术可以在可能已经过时数年甚至数十年的法律限制之外，对真实的数据进行测试。沙箱内的实验结果（无论正面还是负面）为监管机构提供了最稀有的宝藏：经验数据。人工智能会在缩小司法差距方面发挥巨大作用——小到个体通过聊天机器人和文件分析器获取价格低廉甚至免费的帮助，大到企业通过数据分析获取大规模侵权诉讼相关信息。为了确保人工智能可以缩小司法差距，而非阻碍司法，就必须发现这些固有的偏好设置，并予以根除。这就是为什么要严格测试沙箱，确保这项新技术有效且公平地实现其创造初衷：增加民众诉诸法律的机会。

观点之七：新时代人工智能法学需要解决好“时代三问”。刘艳红认为，智能时代法学发展的第一问是“问名”，“人工智能法学”是一个具备高度概括性和时代性的概念，具备成为独特研究领域的潜质。第二问是“问需”，就是人工智能法学到底需要研究什么领域？或者说时代赋予它的核心内涵是什么？至少有“两个维度”即法治实践的智能化、智能技术的法治化；“六大领域”即智慧法治的理论与实践（大数据侦查、智慧检务、智慧法院、司法行政信息化等），司法人工智能的领域理论，智慧法治与中国之治，智能算法的潜在风险及其规制，智能技术归责体系的重构，数据生成、共享与使用规则等；第三问是“问策”，也就是人工智能法学未来的发展。“人工智能法学”的落脚点在于“法学”，因此，应该以“法学”为根本落脚点。

观点之八：信任是人工智能的基石。凯文·沃巴赫（Kevin Werbach）认为，人工智能革命从根本上说是一场治理革命。尽管人工智能如此强大，它也有其局限性和必须直面的问题，从错误到不透明决策，到隐私侵犯，到偏见，再到操纵等。要解决这些挑战，不能只援引法律法规，还应结合技术解决方案。现代人工智能像一个黑箱，要让人工智能变得可控，符合法的规则，成为信任的工具，要不断探索这个黑箱，创造可解释的人工智能，使其符合法律要求。能识别、确定决策的主要原因或是证明不存在被禁止的歧视，还要在三个关键阶段进行运作，即输入、输出与运作中的反馈。

**观点之九：积极推动社会多方参与共治的系统治理机制。邰江丽**认为，中国要在人工智能领域取得大发展，一方面要强调保护个人对个人信息的控制权益，明确对个人信息只能合理使用而不能滥用，切实履行平台对用户个人信息数据的安全保障义务，另一方面也要考虑促进数据产业发展、兼顾社会公共利益，运用"既做大蛋糕又分好蛋糕"的思维，平衡考量相关政策和法律的制定、实施，力争在个人信息保护与产业健康发展、社会公共利益的动态平衡中实现公平正义。

## 附：演讲嘉宾简介

1. **崔亚东**　上海市法学会会长，上海市高级人民法院原院长，二级大法官

演讲题目：《数字时代　智能社会治理》

2. ［意］**乔凡尼·科曼德**（Giovanni Comandé）　意大利比萨圣安娜高等学院教授

演讲题目：《人工智能 / 数据科学在法律中的应用——关注合法性的方法》

3. **薛澜**　清华大学苏世民书院院长、清华大学文科资深教授

演讲题目：《人工智能国际治理秩序的框架与路径》

4. ［法］**安托万·加拉邦**（Antoine Garapon）　巴黎政治学院教授

演讲题目：《人工智能与法治的困境》

5. ［意］**菲利波·法罗西尼**（Filippo Fabrocini）　同济大学设计创意学院教授、可持续人工智能实验室主任

演讲题目：《向可信赖人工智能迈进》

6. ［美］**迪诺·希莫纳斯**（Deno Himonas）　美国犹他州最高法院法官

演讲题目：《数字时代的法治问题——沙箱监管》

7. **刘艳红**　中国政法大学教授

**演讲题目:**《人工智能法学的时代三问》

8. ［美］**凯文·沃巴赫**（Kevin Werbach）　美国宾夕法尼亚大学沃顿商学院教授

**演讲题目:**《人工智能、信任与法治》

9. **邰江丽**　字节跳动中国法务部负责人

**演讲题目:**《人工智能的法律挑战与创新应用》

# 第一部分　人工智能法律与政策

## 一、概　述

本部分收录了 2021 年中国及世界部分国家和地区的人工智能法律与政策资料，[①]并据此对 2021 年中国及世界（部分国家、地区）人工智能法律与政策的发展状况及趋势作分析。[②]

### 1. 中国基本情况

从法律层面看，自 2017 年 7 月 8 日中国出台《新一代人工智能发展规划》以来，人工智能技术创新持续推进、技术迭代升级接连不断，与人工智能相关的法律陆续制定出台。《中华人民共和国民法典》确立了隐私和个人信息保护的基本原则；《中华人民共和国个人信息保护法》明确了个人信息的范围，为数据的利用划清了界限；《中华人民共和国数据安全法》构建起数据安全的屏障，为数据的规范利用和安全流动提供基本准则。各地方政府也积极在立法上跟进，相继出台了数据条例等地方法规，以

---

① 本部分所称"人工智能法律"是指各国家和地区的立法机关、行政机关以及国际组织制定的有关人工智能的具有普遍约束力和强制力的法律、法案、条例、指令等规范性文件。在中国法域下，"人工智能法律"指广义的法律，包含中国各级人大和政府制定的具有法定效力的规范。本部分所称"人工智能政策"是指各国中央政府及其各部门，地方政府制定的有关人工智能的具有政策指导性的发展战略、实施方案等规范性文件，以及国际组织所发布的政策性建议。

② 本部分所称"法律与政策"是指涉及人工智能的"法律"与"政策"的统称。本部分所称"相关法律与政策"是指非以人工智能为主要内容但涉及人工智能的"法律与政策"。本部分所称"专门法律与政策"是指以人工智能为主要内容的"法律与政策"。

保证数据的安全有序流动，赋能数字经济，促进人工智能技术的升级发展。

从政策层面看，中央政府大力推进治理的法治化、数字化、智能化发展，以数字经济、智能制造、智能汽车等为导向，着力打造产业集群和创新示范高地，夯实地区的产业竞争力和产业链供应链的稳固性。各地方以传统优势产业为基础，推动传统产业和政务数字化转型，带动本地新兴产业发展和创新投入。地方政府尤其是中西部地区，也在逐渐推动数字化转型和智能化发展，制定数字经济和智能制造产业提质升级的促进政策，推动人工智能与乡村振兴、农业和生物科技等有机融合和应用。

### 2. 国外基本情况

从法律层面看，世界部分国家和地区立法趋于务实和理性，既在探索针对人工智能的专门立法，也通过对于数据和算法等的规制，间接实施对于人工智能的治理。2021年10月，美国推动立法，提出《政府对人工智能数据的所有权和监督法案》（GOOD AI Act），推动国防部分享其数据，促进美国人工智能创新，同时要求联邦政府建立人工智能工作组，对人工智能系统所涉及的数据进行监管，重点是面部识别数据。2021年4月，欧盟发布关于《人工智能法案》（PAIA）的提案，探索对人工智能进行直接监管的基于风险的方法。

从政策层面看，世界部分国家和地区积极鼓励人工智能的应用和技术的迭代，伦理规则逐渐成为备受关注且普遍认同的重要软法手段。新兴人工智能系统的协作实验和测试可以帮助促进更好、更有凝聚力的监管。2021年9月，英国政府升级《国家人工智能战略》，增加巨额投资，提升英国人工智能技术的世界影响力。2021年10月，北约发布首个《人工智能战略》，加快人工智能的军事应用。美国国家标准与技术研究院正在开发一个人工智能风险管理框架。

## 二、中国人工智能法律与政策

### （一）基本情况

2021年3月11日，第十三届全国人民代表大会第四次会议审议通过的"十四五"规划明确指出："坚持创新在我国现代化建设全局中的核心地位，把科技自立自强作为国家发展的战略支撑，面向世界科技前沿、面向经济主战场、面向国家重大需求、面向人民生命健康，深入实施科教兴国战略、人才强国战略、创新驱动发展战略，完善国家创新体系，加快建设科技强国。"要求加强原创性引领性科技攻关，新一代人工智能被列为科技前沿领域攻关的重要内容。"十四五"规划同时提出，提升城市治理科学化、精细化、智能化水平，推进市域社会治理现代化。运用数字技术推动城市管理手段、管理模式、管理理念创新，精准高效满足群众需求。可见，人工智能在数字化转型、数字中国、数字经济、数字政府、数字社会的建设中将发挥极其重要的作用。

本部分收录汇总了2021年国家和地方发布或生效的涉及人工智能的法律和政策。据公开资料统计，包含国家层面：法律（见表1-1），党中央和国务院政策文件、国家标准（见表1-1），国务院各部委部门规章（见表1-2），部门政策（见表1-3），地方法规（见表1-4），及地方政府政策文件（见表1-5）等。[①] 2021年全年有关人工智能的法律法规、政策规范、技术标准等的出台，为鼓励人工智能技术创新和应用，智能社会治理，引导人工智能安全、有序、健康发展，提供充足的制度供给。

图1-1梳理了自2017年以来，中国人工智能专门政策规范体系。随着人工智能技术的快速迭代和在不同行业应用的加深，国家出台的规范一方面补足和完善发展中存在的制度漏洞或空白，如发布的《新一代人工智能伦理规范》等；同时，也在持续扩充人工智能创新发展试验区和应用先导区的数量和功能布局，通过错位发展、技术先行先试积累经验，再进一步推广应用到其他地区和领域，以实现低成本、低风险、高效、高灵活性的创新发展动态循环。

### （二）国家确保支持与监管双向发力

#### 1. 立法积极回应智能社会法律需求

2021年1月1日，《中华人民共和国民法典》生效实施，其人格权编明确了处理个人信息的原则和条件，为人工智能的应用划定了界限。

---

① 部分规范尚未正式通过，这里收录最新版的草案或者征求意见稿。

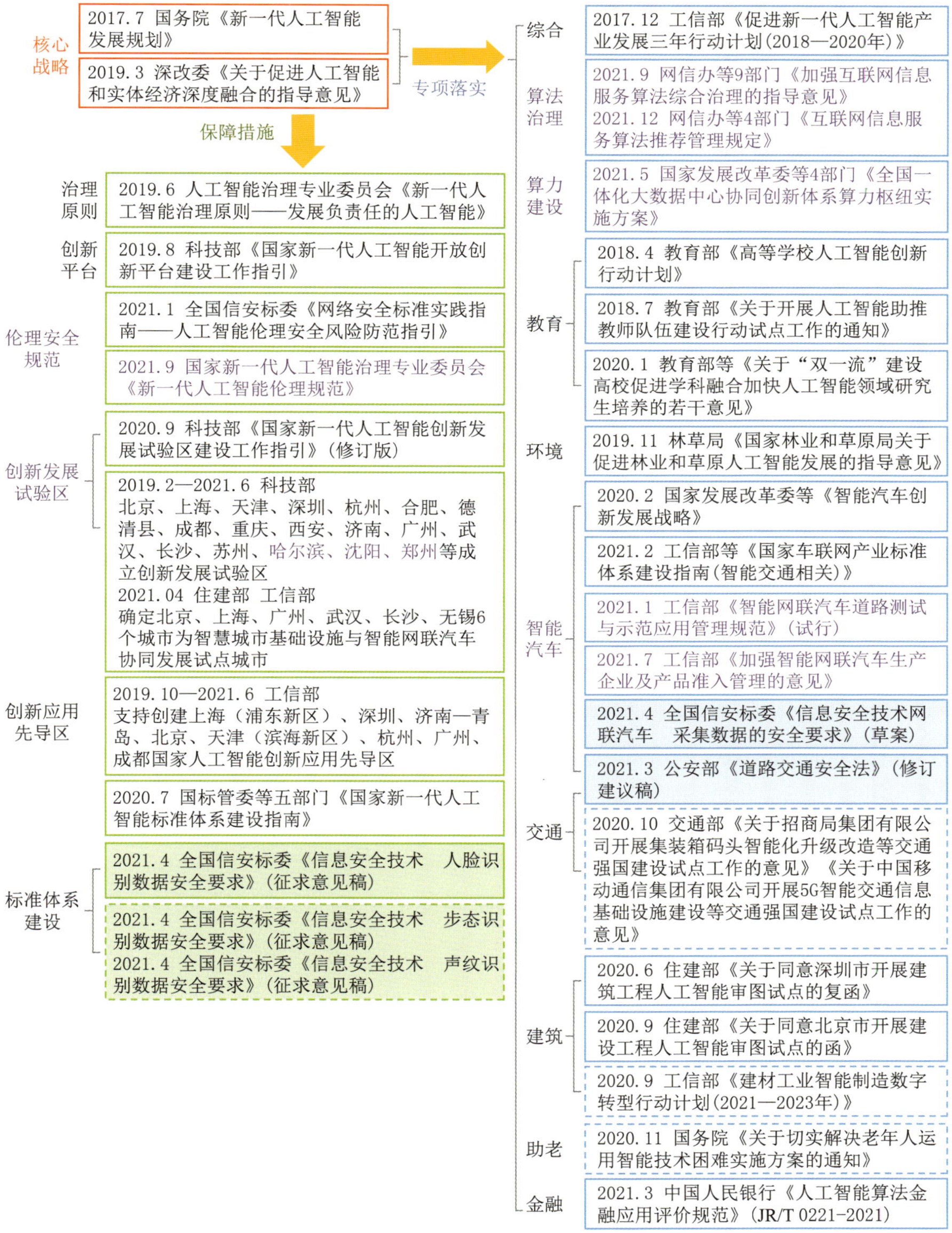

**核心战略**

2017.7 国务院《新一代人工智能发展规划》

2019.3 深改委《关于促进人工智能和实体经济深度融合的指导意见》

**专项落实**

**保障措施**

**治理原则**

2019.6 人工智能治理专业委员会《新一代人工智能治理原则——发展负责任的人工智能》

**创新平台**

2019.8 科技部《国家新一代人工智能开放创新平台建设工作指引》

**伦理安全规范**

2021.1 全国信安标委《网络安全标准实践指南——人工智能伦理安全风险防范指引》

2021.9 国家新一代人工智能治理专业委员会《新一代人工智能伦理规范》

**创新发展试验区**

2020.9 科技部《国家新一代人工智能创新发展试验区建设工作指引》（修订版）

2019.2—2021.6 科技部
北京、上海、天津、深圳、杭州、合肥、德清县、成都、重庆、西安、济南、广州、武汉、长沙、苏州、哈尔滨、沈阳、郑州等成立创新发展试验区
2021.04 住建部 工信部
确定北京、上海、广州、武汉、长沙、无锡6个城市为智慧城市基础设施与智能网联汽车协同发展试点城市

**创新应用先导区**

2019.10—2021.6 工信部
支持创建上海（浦东新区）、深圳、济南—青岛、北京、天津（滨海新区）、杭州、广州、成都国家人工智能创新应用先导区

2020.7 国标管委等五部门《国家新一代人工智能标准体系建设指南》

**标准体系建设**

2021.4 全国信安标委《信息安全技术　人脸识别数据安全要求》（征求意见稿）

2021.4 全国信安标委《信息安全技术　步态识别数据安全要求》（征求意见稿）

2021.4 全国信安标委《信息安全技术　声纹识别数据安全要求》（征求意见稿）

**综合**

2017.12 工信部《促进新一代人工智能产业发展三年行动计划(2018—2020年)》

**算法治理**

2021.9 网信办等9部门《加强互联网信息服务算法综合治理的指导意见》

2021.12 网信办等4部门《互联网信息服务算法推荐管理规定》

**算力建设**

2021.5 国家发展改革委等4部门《全国一体化大数据中心协同创新体系算力枢纽实施方案》

**教育**

2018.4 教育部《高等学校人工智能创新行动计划》

2018.7 教育部《关于开展人工智能助推教师队伍建设行动试点工作的通知》

2020.1 教育部等《关于"双一流"建设高校促进学科融合加快人工智能领域研究生培养的若干意见》

**环境**

2019.11 林草局《国家林业和草原局关于促进林业和草原人工智能发展的指导意见》

**智能汽车**

2020.2 国家发展改革委等《智能汽车创新发展战略》

2021.2 工信部等《国家车联网产业标准体系建设指南(智能交通相关)》

2021.1 工信部《智能网联汽车道路测试与示范应用管理规范》（试行）

2021.7 工信部《加强智能网联汽车生产企业及产品准入管理的意见》

2021.4 全国信安标委《信息安全技术网联汽车　采集数据的安全要求》（草案）

2021.3 公安部《道路交通安全法》（修订建议稿）

**交通**

2020.10 交通部《关于招商局集团有限公司开展集装箱码头智能化升级改造等交通强国建设试点工作的意见》《关于中国移动通信集团有限公司开展5G智能交通信息基础设施建设等交通强国建设试点工作的意见》

**建筑**

2020.6 住建部《关于同意深圳市开展建筑工程人工智能审图试点的复函》

2020.9 住建部《关于同意北京市开展建设工程人工智能审图试点的函》

2020.9 工信部《建材工业智能制造数字转型行动计划(2021—2023年)》

**助老**

2020.11 国务院《关于切实解决老年人运用智能技术困难实施方案的通知》

**金融**

2021.3 中国人民银行《人工智能算法金融应用评价规范》(JR/T 0221-2021)

图1-1　中国人工智能专门政策规范体系 ①

---

① 　紫色字体为本书更新内容，虚线框表示推动智能化发展的人工智能辅助性规范。阴影背景表示该规范处于征求意见或者修订阶段，尚未正式生效。

2021 年 9 月 1 日正式施行的《中华人民共和国数据安全法》，是数据安全保护领域最高位阶的专门法，与《中华人民共和国国家安全法》《中华人民共和国网络安全法》一同构建起中国的网络与信息安全保障法律体系。该法分别从数据安全与发展、数据安全制度、数据安全保护义务、政务数据安全与开放等角度对数据安全保护的义务和相应法律责任加以规定，为人工智能技术研发和迭代过程中的数据保护和合规应用提供了制度指引。

2021 年 11 月 1 日正式施行的《中华人民共和国个人信息保护法》，加强保护个人信息的顶层设计，明确了以"告知—同意"为核心的个人信息处理规则，尤其是对生物识别信息等敏感个人信息处理等作出规制，及时回应社会关注的热点问题。

法律的生命在于施行。自个人信息保护法生效后，国家互联网信息办公室（以下简称网信办）、工业和信息化部（以下简称工信部）、市场监督总局等多部门加大执法力度和针对性，切实宣贯规范个人信息保护的重要性，依法规范和惩戒个人信息处理活动中的违规行为。最高人民法院发布《关于审理使用人脸识别技术处理个人信息相关民事案件适用法律若干问题的规定》，以明确人脸识别技术应用范围，强化个人信息司法保护，促进数字经济健康发展。

## 2. 法治政府建设提升法治治理水平

### （1）政府治理法治化智能化进一步加强

2021 年 8 月 11 日，中共中央、国务院印发了《法治政府建设实施纲要（2021—2025 年）》，该纲要指出：

① 加强重要领域立法。及时跟进研究人工智能、大数据、云计算等相关法律制度。

② 坚持运用互联网、大数据、人工智能等技术手段促进依法行政，着力实现政府治理信息化与法治化深度融合，优化革新政府治理流程和方式，大力提升法治政府建设数字化水平。

③ 加快推进政务数据有序共享。建立健全运用互联网、大数据、人工智能等技术手段进行行政管理的制度规则。

④ 坚持传统服务与智能创新相结合，充分保障老年人基本服务需要。

（2）强化新技术新业态领域法治化保护

2021 年 9 月 22 日，中共中央、国务院印发了《知识产权强国建设纲要（2021—2035 年）》，该纲要强调要：

① 建设面向社会主义现代化的知识产权制度。加快大数据、人工智能、基因技术等新领域新业态知识产权立法。

② 构建响应及时、保护合理的新兴领域和特定领域知识产权规则体系。研究完善算法、商业方法、人工智能产出物知识产权保护规则。

③ 健全便捷高效、严格公正、公开透明的行政保护体系。建设知识产权行政执法监管平台，提升执法监管现代化、智能化水平。

④ 建设便民利民的知识产权公共服务体系。实施知识产权公共服务智能化建设工程，充分利用新技术建设智能化专利商标审查和管理系统。

（3）营商环境法治化智能化进一步落实

2021 年 11 月 25 日，国务院印发了《关于开展营商环境创新试点工作的意见》，要求在确保安全的前提下，探索高精度地图面向智能网联汽车开放使用。深化"互联网＋监管"，加快构建全国一体化在线监管平台，积极运用大数据、物联网、人工智能等技术为监管赋能，探索形成市场主体全生命周期监管链。

## 3. 人工智能伦理安全相关规范发布

2021 年 1 月 5 日，全国信息安全标准化技术委员会发布《网络安全标准实践指南——人工智能伦理安全风险防范指引》，指出了人工智能伦理安全存在的失控性风险、社会性风险、侵权性风险、歧视性风险、责任性风险五方面的风险，并依据法律法规要求及社会价值观，面向研究开发者、设计制造者、部署应用者、用户等不同主体，针对性地给出了安全风险防范措施。

2021 年 9 月 25 日，国家新一代人工智能治理专业委员会发布了《新一代人工智能伦理规范》，明确提出，人工智能各类活动应遵循增进人类福祉、促进公平公正、保护隐私安全、确保可控可信、强化责任担当、提升伦理素养六项基本伦理规范（见图 1-2）；并且对人工智能特定活动提出了应遵守伦理规范的具体要求，包括管理规范、研发规范、供应规范和使用规范共 4 个方面，18 项具体伦理要求（见图 1-3）。

| I. 增进人类福祉 | 坚持以人为本，遵循人类共同价值观，尊重人权和人类根本利益诉求，遵守国家或地区伦理道德。坚持公共利益优先，促进人机和谐友好，改善民生，增强获得感幸福感，推动经济、社会及生态可持续发展，共建人类命运共同体。 |
| --- | --- |
| II. 促进公平公正 | 坚持普惠性和包容性，切实保护各相关主体合法权益，推动全社会公平共享人工智能带来的益处，促进社会公平正义和机会均等。在提供人工智能产品和服务时，应充分尊重和帮助弱势群体、特殊群体，并根据需要提供相应替代方案。 |
| III. 保护隐私安全 | 充分尊重个人信息知情、同意等权利，依照合法、正当、必要和诚信原则处理个人信息，保障个人隐私与数据安全，不得损害个人合法数据权益，不得以窃取、篡改、泄露等方式非法收集利用个人信息，不得侵害个人隐私权。 |
| IV. 确保可控可信 | 保障人类拥有充分自主决策权，有权选择是否接受人工智能提供的服务，有权随时退出与人工智能的交互，有权随时中止人工智能系统的运行，确保人工智能始终处于人类控制之下。 |
| V. 强化责任担当 | 坚持人类是最终责任主体，明确利益相关者的责任，全面增强责任意识，在人工智能全生命周期各环节自省自律，建立人工智能问责机制，不回避责任审查，不逃避应负责任。 |
| VI. 提升伦理素养 | 积极学习和普及人工智能伦理知识，客观认识伦理问题，不低估不夸大伦理风险。主动开展或参与人工智能伦理问题讨论，深入推动人工智能伦理治理实践，提升应对能力。 |

图1-2　人工智能基本伦理规范

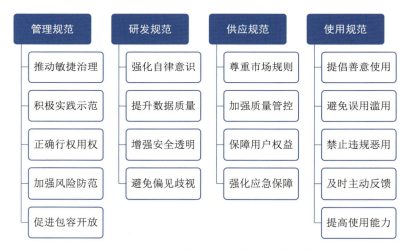

图1-3　人工智能伦理规范的具体要求

### 4. 大力确保人工智能应用基础安全

2021 年 9 月 1 日，国务院发布的《关键信息基础设施安全保护条例》，其与《数据安全法》《网络产品安全漏洞管理规定》同日生效，一并施行。该条例提出，国家对关键信息基础设施实行重点保护，采取措施，监测、防御、处置来源于中华人民共和国境内外的网络安全风险和威胁，保护关键信息基础设施免受攻击、侵入、干扰和破坏，依法惩治危害关键信息基础设施安全的违法犯罪活动。

《关键信息基础设施安全保护条例》明确了：（1）关键信息基础设施的范围和保护工作原则目标；（2）监督管理体制；（3）完善关键信息基础设施认定机制；（4）运营者责任义务具体的要求；（5）主管部门保障和促进措施；（6）法律责任。

该条例与《网络安全法》《网络安全审查办法》等规范有效衔接，在关键信息基础设施保护领域的制度规范体系中具有提纲挈领的作用。人工智能在关键信息基础设施的建设和运营过程中有着广泛的应用，通过行政法规加强各主体的责任，有利于保障人工智能赖以运行的基础设施的平稳运行，进而营造人工智能应用的安全环境，促进其健康发展。

## 5. 做好人才发展衔接及弱势群体保障

### （1）大力推进人工智能在教育领域应用

2021年7月1日，教育部等六部门印发《关于推进教育新型基础设施建设构建高质量教育支撑体系的指导意见》，促进线上线下教育融合发展，推动教育数字转型、智能升级、融合创新，支撑教育高质量发展（见图1-4）。

> **1）平台体系新型基础设施**
>
> - 构建新型数据中心——鼓励区域和高校共享超算资源和人工智能算力资源，提供基础算力工具。提高资源监管效率——把好数字资源准入关，探索人工智能技术支持下的数字教育资源内容审核。利用区块链技术保护知识产权，探索个性化资源购买使用和后付费机制。
>
> **2）智慧校园新型基础设施**
>
> - 推动智能实验室建设，探索实验室安全智能监管和科研诚信大数据监管应用。部署智慧公共设施，升级校园公共安全视频网络，基于人工智能技术实现突发事件的智能预警。
>
> **3）创新应用新型基础设施**
>
> - 开发基于大数据的智能诊断、资源推送和学习辅导等应用，促进学生个性化发展。开发基于人工智能的智能助教、智能学伴等教学应用，实现"人机共教、人机共育"，提高教育教学质量。拓展研训应用，以人工智能助推教师队伍建设。

图1-4 推进教育新型基础设施建设的重点方向

关于人工智能与教育的融合发展，政策支持是多方面的。一是，2021年7月5日，教育部办公厅发布《关于加强社会成人教育培训管理的通知》，要求推进人工智能在教育培训和管理等方面的全流程应用，提高教育培训的便利度和实效性。二是，2021年7月12日，教育部印发《高等学校碳中和科技创新行动计划》，强调加强与人工智能、互联网、量子科技等前沿方向深度融合。三是，2021年7月26日，教育部等九部门联合印发的《中西部欠发达地区优秀教师定向培养计划》，强调要积极利用人工智能等信息技术提升教师培养质量。2021 年 9 月 7 日，《关于实施第二批人工智能助推教师队伍建设行动试点工作的通知》发布，第二批人工智能助推教师队伍建设试点启动，推动教师主动适应信息化、人工智能等新技术变革，积极有效开展教育教学。

（2）化解就业结构矛盾应对智能化冲击

2021 年 8 月 23 日，国务院印发了《"十四五"就业促进规划》，积极应对人工智能等智能化技术应用对就业的影响。重点关注以下三个方面（见图 1-5）。

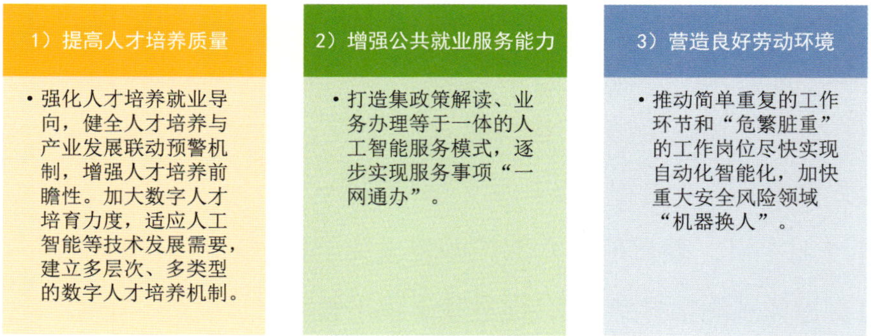

| 1）提高人才培养质量 | 2）增强公共就业服务能力 | 3）营造良好劳动环境 |
| --- | --- | --- |
| • 强化人才培养就业导向，健全人才培养与产业发展联动预警机制，增强人才培养前瞻性。加大数字人才培育力度，适应人工智能等技术发展需要，建立多层次、多类型的数字人才培养机制。 | • 打造集政策解读、业务办理等于一体的人工智能服务模式，逐步实现服务事项"一网通办"。 | • 推动简单重复的工作环节和"危繁脏重"的工作岗位尽快实现自动化智能化，加快重大安全风险领域"机器换人"。 |

图 1-5　回应人工智能影响就业的对策

（3）弥合弱势群体智能化生活中的鸿沟

2021 年 7 月 8 日，国务院印发《"十四五"残疾人保障和发展规划》，强化残疾人事业科技应用、信息化、智能化等基础保障条件（见图 1-6）。

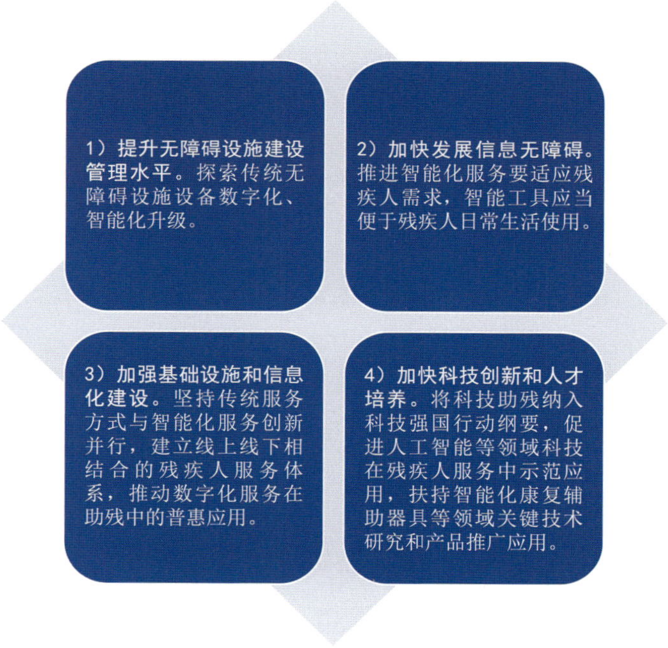

| 1）提升无障碍设施建设管理水平。探索传统无障碍设施设备数字化、智能化升级。 | 2）加快发展信息无障碍。推进智能化服务要适应残疾人需求，智能工具应当便于残疾人日常生活使用。 |
| --- | --- |
| 3）加强基础设施和信息化建设。坚持传统服务方式与智能化服务创新并行，建立线上线下相结合的残疾人服务体系，推动数字化服务在助残中的普惠应用。 | 4）加快科技创新和人才培养。将科技助残纳入科技强国行动纲要，促进人工智能等领域科技在残疾人服务中示范应用，扶持智能化康复辅助器具等领域关键技术研究和产品推广应用。 |

图 1-6　"十四五"残疾人保障水平提升的举措

### 6. 增强基础设施服务人工智能的水平

#### （1）着力推动数据中心建设

2021年7月4日，工信部印发《新型数据中心发展三年行动计划（2021—2023年）》，统筹考虑国家重大区域发展战略，根据能源结构、产业布局、市场发展、气候环境等要素，对国家枢纽节点、省内数据中心、边缘数据中心、老旧数据中心以及海外数据中心进行分类引导，着力推动形成数据中心梯次布局（见图1-7）。

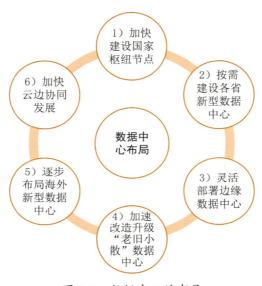

图1-7　数据中心的布局

#### （2）夯实通信网络基础设施

2021年7月5日，工信部等十部门联合印发《5G应用"扬帆"行动计划（2021—2023年）》，提出了八大专项行动：标准体系构建、产业基础强化、信息消费升级、行业应用深化、社会民生服务、网络能力强基、应用生态融通、安全保障提升。

2021年11月1日，工信部发布《"十四五"信息通信行业发展规划》，提出了多项实施路径，其中与人工智能发展有关的路径和举措主要有以下几个方面（见图1-8）。

| 实施路径 | 具体举措 |
|---|---|
| 1）提升人工智能基础设施服务能力 | ·构建面向行业应用的标准化公共数据集，提升公共数据开放共享及赋能水平。打造人工智能算法框架，鼓励企业加快算法框架迭代升级。构建先进算法模型库，打造通用和面向行业应用的人工智能算法平台，加强软件与芯片适配。支持企业、科研机构搭建普惠的人工智能开放创新平台。 |
| 2）强化核心技术研发和创新突破 | ·加强网络智能化攻关，推动 5G 与人工智能技术深度融合，提升网络运维效率，提升服务质量和业务体验。加强云计算中心、物联网、工业互联网、车联网等领域关键核心技术和产品研发，加速人工智能、区块链、数字孪生、虚拟现实等新技术与传统行业深度融合发展。 |
| 3）支持新型城市基础设施建设 | ·推动利用 5G、物联网、大数据、人工智能等技术对传统基础设施（市政、物业、社区、道路、建筑等）进行智能化升级。 |
| 4）提升 IPv6 端到端贯通能力 | ·推动 IPv6 与人工智能、云计算、工业互联网、物联网等融合发展。 |
| 5）大力推进互联网无障碍化普及 | ·加速 5G、人工智能等新技术在导盲、声控、肢体控制、手语翻译等信息无障碍方面的研发和应用，支持教育、医疗、就业、交通等领域设施无障碍功能的智能化改造。 |
| 6）提升数字化疫情防控效能 | ·鼓励企业运用大数据、人工智能、云计算等数字技术，在疫情监测分析、病毒溯源、防控救治、资源调配等方面发挥更大作用。 |
| 7）同步构建融合应用和新型设施网络安全保障体系 | ·同步建立卫星互联网网络安全保障体系，前瞻布局 6G、量子通信、人工智能等新技术安全。 |
| 8）大幅提升农村数字化应用水平 | ·鼓励企业运用云计算、大数据、人工智能等技术，加快在农村生活、生产、社会治理中的融合创新，积极推进电子商务、物流配送、共享出行等应用向农村拓展。 |
| 9）加强信息通信领域国际合作 | ·深化 5/6G、AI、物联网等领域标准、研发、投资和治理规则的国际交流合作。积极参与全球数字治理，围绕法律规则、标准制定、资源管理、网络安全、行业监管等重点议题，为世界贡献中国方案。 |

图 1-8 "十四五"信息通信行业发展涉及人工智能的举措

## 7. 政策促进人工智能多方面融合应用

### （1）推进制造业智能化应用

2021 年 6 月 1 日，工信部等六部门联合发布《加快培育发展制造业优质企业的指导意见》，提出实施智能制造工程、制造业数字化转型行动和 5G 应用创新行动，组织实施国有企业数字化转型行动计划。

（2）鼓励与区块链结合应用

2021 年 5 月 27 日，工信部、网信办印发《关于加快推动区块链技术应用和产业发展的指导意见》，提出要发展基于人工智能的智能合约等新技术，探索利用人工智能技术提升区块链运行效率和价值创造能力。

（3）促进与物联网融合发展

2021 年 9 月 10 日，工信部等八部门联合发布《物联网新型基础设施建设三年行动计划（2021—2023 年）》，强调高端传感器、物联网芯片、物联网操作系统等关键技术水平和市场竞争力要显著提升；物联网与 5G、人工智能、区块链、大数据、IPv6 等技术深度融合应用取得产业化突破（举措如图 1-9 所示）。

> **1）推动技术融合创新**
> - 面向"人工智能＋物联网"，建立"感知终端＋平台＋场景"的智能化服务；面向"区块链＋物联网"，建立感知终端的信用体系，保障数据确权和价值流通。
>
> **2）构建协同创新机制**
> - 探索"专利＋标准＋开源社区"发展模式，激发创新活力。依托基金会、开源社区，聚集开发者和用户资源，共同打造成熟的开源产品和应用解决方案，形成具有国际竞争力的协同创新生态。
>
> **3）加强标准体系建设**
> - 提升我国在国际标准化活动中的贡献度。加强重点标准的实施和评估。
>
> **4）强化安全支撑保障**
> - 加快围绕感知、接入、传输、数据、应用等安全技术的研究。加快物联网领域商用密码技术和产品的应用推广。

图 1-9　推动人工智能产业化应用的措施

## 8. 加强算力枢纽建设和算法安全规制

2021 年 5 月 24 日，国家发展改革委等四部门联合发布《全国一体化大数据中心协同创新体系算力枢纽实施方案》，布局建设全国一体化算力网络国家枢纽节点，发展数据中心集群，引导数据中心集约化、规模化、绿色化发展。国家枢纽节点之间进一步打通网络传输通道，加快实施"东数西算"工程，提升跨区域算力调度水平（见图 1-10）。加强云算力服务、数据流通、数据应用、安全保障等方面的探索实践，发挥示范和带动作用。

| 推动核心技术突破 | • 加大服务器芯片、操作系统、数据库、中间件、分布式计算与存储、数据流通模型等软硬件产品的规模化应用。支持和推广大数据基础架构、分布式数据操作系统、大数据分析等方面的平台级原创技术。组织科研院所、高校、企业、技术社区等力量协同研发和应用关键技术产品，提升大数据全产业链自主创新能力。 |
|---|---|
| 提升算力服务水平 | • 支持政府部门和企事业单位整合内部算力资源，对集群和城区内部的数据中心进行一体化调度。支持在公有云、行业云等领域开展多云管理服务，加强多云之间、云和数据中心之间、云和网络之间的一体化资源调度。支持建设一体化准入集成验证环境，进一步打通跨行业、跨地区、跨层级的算力资源，构建算力服务资源池。 |
| 促进数据有序流通 | • 建设数据共享、数据开放、政企数据融合应用等数据流通共性设施平台，建立健全数据流通管理体制机制。试验多方安全计算、区块链、隐私计算、数据沙箱等技术模式，构建数据可信流通环境，提高数据流通效率。探索数据资源分级分类，研究制定相关规范标准。 |

图 1-10 国家算力枢纽节点建设相关措施

2021 年 9 月 29 日，网信办等九部门联合发布了《关于加强互联网信息服务算法综合治理的指导意见》，明确要从六方面健全算法安全治理机制，从五方面构建算法安全监管体系，在四方面发力促进算法生态规范发展（见图 1-11）。

| 健全算法安全治理机制 | 构建算法安全监管体系 | 促进算法生态规范发展 |
|---|---|---|
| • 加强算法治理规范；<br>• 优化算法治理结构；<br>• 强化统筹协同治理；<br>• 强化企业主体责任；<br>• 强化行业组织自律；<br>• 倡导网民监督参与。 | • 有效监测算法安全风险；<br>• 积极开展算法安全评估；<br>• 有序推进算法备案工作；<br>• 持续推进监管模式创新；<br>• 严厉打击违法违规行为。 | • 树立算法正确导向；<br>• 推动算法公开透明；<br>• 鼓励算法创新发展；<br>• 防范算法滥用风险。 |

图 1-11 算法治理的具体路径

2021 年 12 月 31 日，网信办等四部门联合发布《互联网信息服务算法推荐管理规定》。主要对生产生活中生成合成、个性化推送、排序精选、检索过滤、调度决策常见的这五类算法，在算法应用过程中的风险检测、安全评估、备案管理、伦理审查、违法责任等环节加以规范。从中国数字经济发展实际出发，结合中国的治理经验，向世界提供了一份平台算法治理的中国方案。

## 9. 推动智能汽车安全规范落实落地

2021 年 7 月 30 日，工信部发布《关于加强智能网联汽车生产企业及产品准入管理的意见》，聚焦加强数据和网络安全管理、规范软件在线升级、加强产品管理、明确保障措施等不同环节，提出针对性要求，从而保障智能汽车安全。

2021 年 10 月 1 日起施行的《汽车数据安全管理若干规定（试行）》，对智能网联汽车的数据处理者在开展汽车数据处理活动中应坚持的数据处理原则加以明确，减少对汽车数据的无序收集和违规滥用。国家有关部门依据各自职责做好汽车数据安全管理和保障工作，包括开展数据安全评估、数据出境事项抽查核验、智能网联汽车网络平台建设等工作。因业务需要确需向境外提供重要数据的，汽车数据处理者应当落实数据出境安全评估制度要求，不得超出出境安全评估结论违规向境外提供重要数据，并在年度报告中补充报告相关情况。

### 10. 鼓励新业态新模式的智能化发展

#### （1）人工智能支持双碳目标

2021 年 7 月 15 日，国家发展改革委、能源局印发《加快推动新型储能发展的指导意见》，要求依托大数据、云计算、人工智能、区块链等技术，结合体制机制综合创新，探索智慧能源、虚拟电厂等多种商业模式。

2021 年 7 月 28 日，国家发展改革委等六部门联合发布《关于加强投资数据资源共享　持续深化投资审批"一网通办"的指导意见》。鼓励创新应用人工智能识别技术，通过提取高频需求关键词，找准投资审批服务的热点、堵点、痛点问题，精准获知企业群众办事需求和咨询内容。

#### （2）人工智能支持外贸发展

2021 年 7 月 9 日，国务院发布《关于加快发展外贸新业态新模式的意见》，推广数字智能技术应用，运用数字技术和数字工具，推动外贸全流程各环节优化提升。也强调要提升传统外贸数字化水平，支持企业运用人工智能等先进技术，加强研发设计，开展智能化、个性化、定制化生产。

### （三）地方探索施行治理细化新规范

#### 1. 京津冀地区支持人工智能的深度应用

京津冀地区正在努力构建产业协同发展新格局。以智能网联汽车产业为代表之一，推进协同发展示范，完善以智能网联汽车为核心的京津冀汽车产业生态圈，加快有条件自动驾驶的智能网联汽车研发生产和示范应用，提高自动驾驶功能装备率。

北京市着力促进人工智能的全面应用发展。在体育健康方面，2021 年 6 月 10 日，《关于促进全民健身和体育消费推动体育产业高质量发展的实施意见》发布，提出积极发展智能体育制造业，积极引导体育场馆智能升级。在乡村振兴方面，2021 年 7 月 31 日，发布了《北京市"十四五"时期乡村振兴战略实施规划》，在三方面发力提升智能化水平（见图 1-12），着力建设农业"中关村"。在城市建设方面，以人为本的生活环境也是各地政府的不懈追求。2021 年 8 月 21 日，《北京市城市更新行动计划（2021—2025 年）》发布，强化科技赋能城市建设和更新，打造安全、智能、绿色的人居环境。

| 1）强调建设农业科技创新示范区 | 2）发展智慧农业 | 3）提高乡村治理信息化水平 |
| --- | --- | --- |
| · 聚焦现代种业、高效农业设施、智能装备、数字农业等重点领域，研发一批具有自主知识产权的核心技术。 | · 大力推进应用场景建设，加快人工智能、5G、物联网、北斗、大数据、区块链等新一代信息技术在农业领域应用，推进农业生产经营和管理服务数字化改造。 | · 推动乡村治理智能化、智慧化，构建以人、地、物、组织为核心的全市乡村治理基础信息数据库，搭建互通共享的乡村治理服务管理应用平台。 |

图 1-12 乡村振兴中提升智能化水平的路径

2021 年 7 月 30 日，《北京市关于加快建设全球数字经济标杆城市的实施方案》提出要建设城市数字智能转型示范高地。培育新一代数字化出行、新型数字化健康服务、智能制造、数字金融等新兴产业集群。

2021 年 8 月 20 日，《北京市"十四五"时期优化营商环境规划》明确要在多个方面开展行动（见图 1-13），打造国际一流营商环境高地。2021 年 9 月 1 日，《国家服务业扩大开放综合示范区和中国（北京）自由贸易试验区建设人力资源开发目录

| 法治保障水平大幅提升 | 实施主体多元的知识产权保护 | 切实提高企业开办效率 | 保障劳动力有序流动 |
| --- | --- | --- | --- |
| · 司法审判更加智能高效，建立线上线下审判常态化并行机制，全部民商事案件实现网上审判。 | · 支持智能制造等高精尖领域民营企业、外商投资企业等参加知识产权保险试点。 | · 持续深化企业开办标准化、规范化、智能化、便利化改革，实现网上全程即时办理。 | · 增设人工智能、创意设计、知识产权等职称专业，支持新业态、新职业发展。 |

图 1-13 优化营商环境的具体行动

（2021 年版）》发布，明确了多个重点产业，包括人工智能、集成电路、新一代信息技术、智能装备、节能环保等。

天津市智能制造、智慧城市引领智能化发展。智能制造行业发展是天津提升智能化水平的一个重要抓手。2021 年 6 月 26 日，《天津市制造业高质量发展"十四五"规划》提出要高水平建设国家新一代人工智能创新发展试验区；加快建设人工智能创新应用先导区。加快推动人工智能技术应用，形成一批智能应用试点示范，全力打造人工智能先锋城市。

智慧城市建设助推人工智能的多方面多层次应用。2021 年 12 月 28 日，《天津市智慧城市建设"十四五"规划》发布，具体目标包括以下多个方面（见图 1-14）。规划提出要加快人工智能产业发展，高水平建设国家新一代人工智能创新发展试验区，开展人工智能共性技术、应用技术和战略研究。引育一批人工智能创新性项目和龙头企业，建设相对完善的上下游产业链，形成产业链本地化配套集群，打造有国际竞争力的人工智能新兴产业集群，推动人工智能先锋城市建设。

图 1-14　天津市智慧城市建设的具体目标

坚守科技创新和数字化发展路径，是实现高质量发展的重要基石。2021 年 2 月 27 日，《天津市新型基础设施建设三年行动方案（2021—2023 年）》发布，着力打造具有国际竞争力的创新基础设施集群，建设"超级计算 + 人工智能"先进算力集群体系。2021 年 8 月 8 日，《天津市科技创新"十四五"规划》出台，指出要着力推动关键核心技术攻关（见图 1-15）。

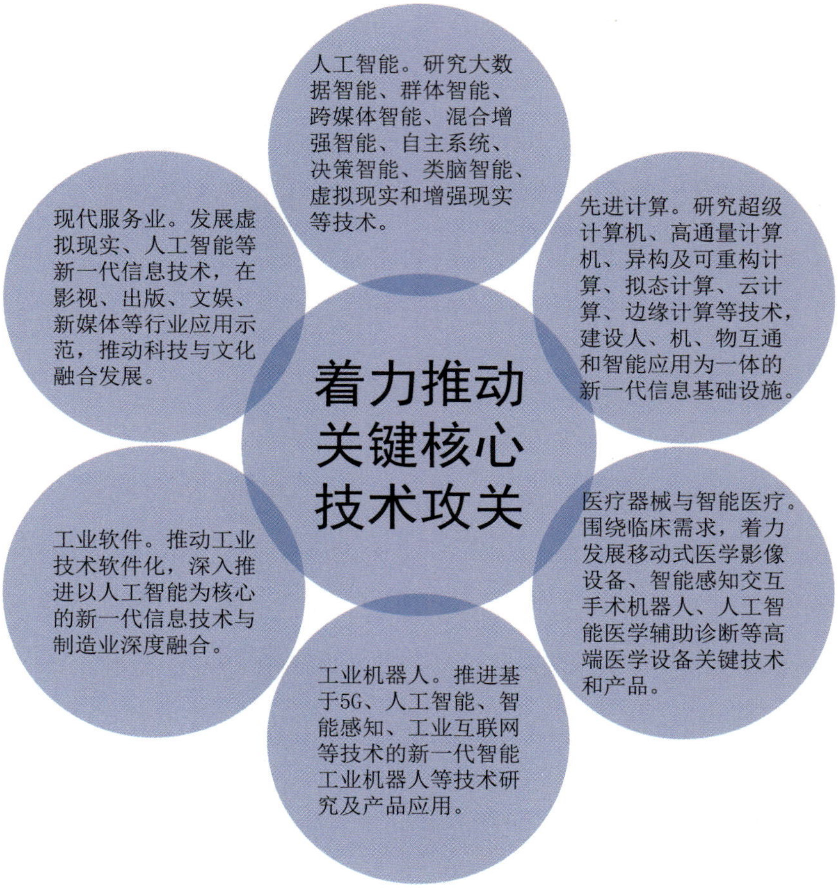

图 1-15 推动关键核心技术攻关的举措

2021 年 8 月 19 日，《天津市加快数字化发展三年行动方案（2021—2023 年）》确立的目标是，到 2023 年，数字化发展整体实力进入全国第一梯队（具体措施主要包含见图 1-16）。

| 发展普惠共享的数字公共服务 | •深化"互联网＋医疗健康"，建立医疗、医药、医保三医联动平台，探索"互联网＋"和"人工智能＋"与医疗服务深度融合。 |
| --- | --- |
| 统筹城乡一体化发展 | •强化农村地区5G、人工智能等新型基础设施建设，加快数字就业、数字养老、数字文旅、数字交通等服务直达乡村。 |
| 打造"城市大脑"中枢系统 | •采用人工智能、5G等新兴技术建设"城市大脑"通用平台，构建"轻量化、集中化、共享化"的城市智能中枢。 |
| 布局算力基础设施 | •打造新型智能化计算设施，加快与量子计算、区块链技术融合发展，建设超大规模人工智能计算与赋能平台，提供多层次智能算力服务。 |

图 1-16 天津市加快数字化发展的具体措施

河北省大力推进法治治理和创新转型升级发展。法治建设是贯彻习近平法治思想，统筹推进智能社会治理的一个重要方面。2021年5月14日，《河北省法治社会建设实施方案（2021—2025年）》指出，要加强人权司法保障，推动大数据、人工智能等科技创新成果同司法工作深度融合，完善"互联网＋诉讼"模式。

2021年11月13日，《河北省科技创新"十四五"规划》提出了一系列加快建设创新型省份和科技强省的具体措施（见图1-17）。2021年11月14日，《河北省建设全国产业转型升级试验区"十四五"规划》指出，要紧抓京津冀协同发展不断深化的机遇，强化产业关联，加快区域性产业链供应链体系完善。该规划明确了发展思路（见图1-18）。

| 增强原始创新能力 | 支撑引领数字经济发展 | 支持医工融合 |
| --- | --- | --- |
| • 聚焦先进制造等省重点产业链关键技术瓶颈和区块链、人工智能、量子信息等前沿和交叉领域，凝练基础科学问题，开展基础科学研究，解决一批关键科学问题，为高质量发展提供基础科学支撑。 | • 以"数字产业化、产业数字化"为主线，发挥数据资源基础作用，推动关键技术研发，提升创新能力，在大数据、人工智能、区块链等现代化数据领域突破一批关键核心技术，形成一批重大创新成果。 | • 支持融合临床数据、影像学诊断技术、人工智能技术、机械制造、计算机大数据分析技术，开展基于5G的全省临床疾病数据信息采集、存储和远程诊疗平台研究，开展神经系统疾病早期诊断——计算机智能软件模型研究，研究开发骨科人工智能机器人。 |

图 1-17 河北省加强科技创新的具体举措

| 一是要发展壮大战略性新兴产业 | 在信息智能方面，加快发展信息智能制造业，以新型显示、集成电路、人工智能、现代通信等为重点，打造一批特色突出、优势明显的电子信息制造业集群，部分领域达到国内领先水平。推动智能软硬件、智能运载工具等领域产品创新及应用，促进大数据、云计算、物联网、人工智能、区块链等技术集成创新和融合应用。 |
| --- | --- |
| 二是要扶植培育高潜力未来产业 | 在应急产业方面，研发壮大一批人工智能、物联网、5G、AR/VR、北斗定位等新一代高技术产品，推进应急产品专业化、系列化、标准化，建立现代应急装备产业体系。在未来产业方面，布局前瞻性产业，以人工智能、新一代互联网、AR/VR、基因技术等为重点，引进培育一批头部企业，推动一批核心技术向产品转化，实现从0到1的突破，协同京津打造前沿产业链。 |
| 三是要补短板强弱项，打造现代化产业链 | 打好关键核心技术攻坚战。围绕人工智能、虚拟现实、区块链、量子技术、生命科学等领域，加强未来产业技术研发。推进供应链智能化发展。引导企业加快物联网、大数据、区块链、5G、人工智能等新兴技术在供应链领域的集成应用。 |

图 1-18 加快区域性产业链供应链体系完善的思路

### 2. 长三角地区积极探索治理和发展新路径

长三角地区的人工智能发展始终走在全国前列。各地积极探索运用科技创新为各行业赋能，提升经济活力，增强市场主体的科技水平和世界竞争力。2021 年 5 月 13 日，《长三角生态绿色一体化发展示范区重大建设项目三年行动计划（2021—2023 年）》发布，围绕规划落地、跨域共建、示范引领、集约用地等方面，提出原则要求。各地方紧随国家要求，制定政策落实具体的协同发展行动。例如，《浙江省科技创新发展"十四五"规划》指出，要加快长三角科创共同体建设，聚焦集成电路、人工智能等重点领域，协同开展关键核心技术攻关。《江苏省"十四五"新型基础设施建设规划》提出要协调推进新型基础设施在长三角一体化发展，提升辐射全国的工业互联网创新发展引领能力。

上海市人工智能应用与治理走在前列。上海市不断培育壮大科技创新与智能制造集群，多方面举措全方位推进数字化转型。2021 年 9 月 29 日，《上海市建设具有全球影响力的科技创新中心"十四五"规划》发布，瞄准人工智能前沿，加快多个重点领域核心技术攻关（见图 1-19）。此外，针对数字时代智慧城市建筑需求，规划要求建立深度融合人工智能、5G 等前沿信息技术的数字基础设施。2021 年 10 月 25 日，《上海市全面推进城市数字化转型"十四五"规划》发布。明确重点工作是，逐步实现城市可视化、可验证、可诊断、可预测、可学习、可决策、可交互的"七可"能力，具体而言要落实四方面的工作（见图 1-20）。

2021 年 11 月 25 日，上海市第十五届人民代表大会常务委员会第三十七次会议审议通过了《上海市数据条例》。该条例结合上海市本地的产业发展特点，聚焦数据

| 加强基础研究前瞻布局 | 组织实施基础前沿重大战略项目 | 三大重点领域核心技术攻关 |
| --- | --- | --- |
| • 1）脑科学与类脑人工智能。保持上海脑科学与类脑研究国际领先优势，支撑实现脑启发人工智能颠覆性技术，带动脑健康、类脑智能产业革命。<br>• 2）干细胞与再生医学。探索人工智能赋能生命制造、神经制造与脑生命更新工程化新方向。<br>• 3）核心算法与未来计算。推进现代算法应用，发展新型算法，在人工智能、现代密码学、高性能计算、量子计算、物理器件与计算等算法问题上取得突破。增强人工智能算法的实用性、新型计算系统的高性能与安全性。 | • 1）国家重大战略项目。推进实施脑科学与类脑研究、新一代人工智能、量子通信与量子计算机等"科技创新 2030——新一代人工智能重大项目"。<br>• 2）市级科技重大专项。面向集成电路、生物医药、人工智能等重点领域，集中优势资源力量，加快前瞻布局。 | • 加快集成电路、生物医药、人工智能三大重点领域核心技术攻关。其中人工智能方面，要开展人工智能基础理论研究，组织人工智能关键共性技术攻关，建立国际领先的人工智能理论与技术体系，打造标杆性创新生态试验区。重点方向：<br>• 1）基础理论。<br>• 2）共性技术。<br>• 3）社会治理。 |

图 1-19　上海创新中心建设重点攻关领域

| | |
|---|---|
| 1) 完善城市AIoT基础设施 | 完善城市AIoT基础设施。集成发展新一代感知、网络、算力等数字基础设施，研究建设城市资源标识解析系统，提供城市资源全面AIoT化（人工智能＋物联网）的统一规范，加快实现城市"物联、数联、智联"。 |
| 2) 打造高端低碳算力集群 | 实施计算增效计划，构建高性能计算体系，构建人工智能加速器体系，推动建设内容、网络、存储、计算四位一体的边缘计算资源池。 |
| 3) 强化数字城市公共技术供给 | 搭建城市智算公共平台，强化公共算力调度保障，提升人工智能相关技术供给能力。 |
| 4) 形成城市数字安全动态防护体系 | 围绕人工智能、物联网、区块链等新技术的全生命周期，构建新技术风险评估体系，全面促进信息技术应用创新。 |

图 1-20　上海市全面推进城市数字化转型的工作重点

权益保障、数据流通利用、数据安全管理等重要问题，强调在保障安全的前提下，最大程度促进数据流通和开发利用、赋能数字经济和社会发展。《上海市数据条例》的制定和实施，对于提升数据的安全保障水平和数据流动性，助力人工智能产业更强劲的发展起到了积极的作用。具体而言，有三方面特点（见图 1-21）。《上海市数据条例》建立公共数据授权运营机制，探索在一定期限和范围内以市场化方式运营公共数据，促进公共数据分类分级管理、合法合规开放，有助于促进数字经济的发展。

授权第三方运营公共数据，提高公共数据利用水平

建设国家级数据交易所，为数据流通提供高效服务

制定低风险跨境流动数据目录，促进数据跨境流动

图 1-21　《上海市数据条例》的特点

与此同时，上海数据交易所也在同日揭牌成立。上海数据交易所明确数据产品在挂牌前都由专业机构进行合规审核，保证数据交易主体、数据来源、数据产品等各方面都满足合规要求，聚焦确权难、定价难、互信难、入场难、监管难等关键共性难题，着力建构系列创新体系，以助力全国数据要素市场发展"上海模式"的形成。上海市还探索建设临港新片区"离岸数据中心"，支持浦东新区培育国际化数据产业、建设行

业性数据枢纽、打造基础设施和平台，这有利于促进重大产业链供应链数据互联互通。

上海市努力推动金融与人工智能相互融合相互促进。2021年7月28日，《上海国际金融中心建设"十四五"规划》指出要进一步提升上海国际金融中心能级。支持集成电路、人工智能等产业借助资本市场加快发展；支持人工智能等一体化融合基础设施、智能化终端基础设施等新型基础设施建设；支持加强监管科技运用，探索基于大数据、人工智能、区块链等技术的科技监管和智能监管。此外，上海市也在探索推进人工智能相关规范建立。2021年7月6日，《关于推进本市新一代人工智能标准体系建设的指导意见》提出，要初步建立系统高效、科学合理的标准化工作机制，形成适应上海市人工智能赋能产业创新发展和城市管理需求的标准体系。

浙江省坚持引领人工智能和数字经济发展。2021年6月10日，《浙江省新型贸易发展"十四五"规划》提出，要探索建设数字治理体系，构建与新型贸易发展相适应的多元治理机制。2021年6月16日，《浙江省数字经济发展"十四五"规划》提出要建成具有全球影响力的数字科技创新中心。聚焦"互联网+"科创高地建设，在人工智能、未来网络、智能感知等领域自主创新取得重大突破（具体举措如图1-22所示）。

| 坚持加快数字产业化，培育建设世界级数字产业集群 | 坚持打造合作共赢的开放发展格局 | 浙江坚持构建数字生态，激发主体创新活力 |
|---|---|---|
| • 1）加快建设数字科技创新中心。谋划建设人工智能、量子传感、工业互联网等重大科学装置及验证平台。推进省级以上产业创新中心、制造业创新中心、技术创新中心、工程研究中心建设。<br>• 2）加强数字科技基础研究和关键核心技术攻关。聚焦智能计算、新一代智能芯片、量子科技等重大科学问题和人工智能、集成电路、智能计算、区块链等关键核心技术，深入实施基础研究专项和产业关键核心技术攻坚工程，形成一批标志性创新成果。<br>• 3）做优新兴产业。发展云计算、大数据、人工智能、物联网、区块链、虚拟现实等新兴产业。推进"5G＋工业互联网""5G＋虚拟现实／增强现实（VR/AR）"、人工智能物联网（AIoT）、"区块链＋物联网"等融合创新产业化，构建"硬件＋软件＋平台＋服务"产业生态。 | • 1）推进数字长三角建设。对接上海全球科创中心建设，打造长三角数字科技合作攻关对接平台；加快数字基础设施一体化布局，打造长三角国家级区域数据中心集群、工业互联网一体化发展示范区；探索跨区域数据流动，推动长三角政务服务"一网通办"和应用场景一体化创新。<br>• 2）扩大"一带一路"数字经济国际合作。深入实施全球精准合作，鼓励参与"数字丝绸之路"建设，支持数字技术、产品、服务全球化协作。参与全球数字经济发展规则和标准体系建设，探索构建全球数字贸易规则体系，探索开展人工智能、区块链等领域伦理准则研究。<br>• 3）强化全省区域协调发展。围绕环杭州湾建设具有全球影响力的数字产业集群，打造世界级数字湾区；鼓励各地加快数字经济特色布局，形成"一湾引领、双城联动、全域协同"发展格局。 | • 1）建设国家级重大平台。推进国家新一代人工智能创新发展试验区和国家人工智能创新应用先导区建设。<br>• 2）打造全国领先的人工智能、区块链服务平台。推进国家新一代人工智能开放创新平台建设，搭建新一代高性能人工智能开源框架、公共计算、数据开放等平台，强化软硬一体人工智能算力支持，提升通用组件和工具、开发环境等技术供给能力，拓展行业应用。迭代完善区块链技术架构，支持底层平台建设部署，构建区块链开放生态。 |

图 1-22　浙江省数字科技创新中心建设具体举措

浙江省坚持鼓励科技创新，促进人工智能迭代。2021 年 3 月 1 日，《关于加强技术创新中心体系建设的实施意见》提出多项涉及智能化发展的重点建设举措（见图 1-23）。2021 年 6 月 11 日，《浙江省科技创新发展"十四五"规划》要求加快"城市大脑"等人工智能开放平台建设，推动人工智能等技术在制造、农业、交通等重大场景中的应用，加强乡村振兴科技支撑。2021 年 7 月 2 日，《浙江省全球先进制造业基地建设"十四五"规划》出台，提出多项举措（见图 1-24）。

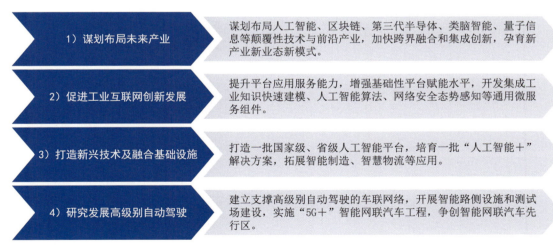

**1）加快重大创新成果转化**

在各类政府招标投标、技术改造投资、智能制造、智能化改造、产业链协同创新和科技研发等项目中，对购置使用首台套产品的，在同等条件下予以优先支持。

**2）促进国内外高层次科技合作**

依托技术创新中心加强长三角创新资源整合，在集成电路、生物医药、人工智能等重点领域联合开展关键核心技术攻关。

**3）支撑创新型产业集群建设**

发挥对区域创新的辐射带动作用，形成智能物联、集成电路、网络通信等世界级数字经济产业集群和高端装备、生物医药、新材料等创新型产业集群等。

图 1-23　浙江省智能化发展的重点建设举措

**1）谋划布局未来产业**
谋划布局人工智能、区块链、第三代半导体、类脑智能、量子信息等颠覆性技术与前沿产业，加快跨界融合和集成创新，孕育新产业新业态新模式。

**2）促进工业互联网创新发展**
提升平台应用服务能力，增强基础性平台赋能水平，开发集成工业知识快速建模、人工智能算法、网络安全态势感知等通用微服务组件。

**3）打造新兴技术及融合基础设施**
打造一批国家级、省级人工智能平台，培育一批"人工智能＋"解决方案，拓展智能制造、智慧物流等应用。

**4）研究发展高级别自动驾驶**
建立支撑高级别自动驾驶的车联网络，开展智能路侧设施和测试场建设，实施"5G＋"智能网联汽车工程，争创智能网联汽车先行区。

图 1-24　浙江省先进制造业基地建设的举措

浙江省在社会治理过程中积极应用人工智能。在政务数字化转型的背景下，坚持政府服务的数字化、智能化。2021 年 5 月 28 日，《浙江省市场监管"十四五"规划》发布，指出要强化"数字化＋综合监管"，实施数字化市场监管机制。2021 年 6 月 4 日，《浙江省数字政府建设"十四五"规划》要求创新全域智慧的协同治理体系，提升智能安全的技术支撑体系。对于小微企业的帮扶，也注重其数字化、智能化发展。2021年4月12日，《浙江省小微企业三年成长计划（2021—2023年）》提出要推动数字化改造。

人才是技术创新和发展的原动力，服务和保障人才发展是无限创新活力的重要保障。2021年6月15日，《浙江省人才发展"十四五"规划》提出要以系统方法推进高效能人才治理。要突出数字赋能，全面推进人才工作数字化改革，加强人才信息保护，切实保障人才信息安全。要打造科技创新人才队伍，实施关键核心技术攻关人才引培行动。

江苏省继续提升制造业服务业智能化水平。2021年7月19日，《江苏省"十四五"现代服务业发展规划》提出，要聚焦人工智能基础理论、原创算法、高端芯片和生态系统等产业薄弱环节，推进人工智能开发框架、算法库、工具集等研发突破。建立人工智能重点企业培育库，重点培育一批龙头企业和"独角兽"企业。构建人工智能产品和服务评估体系，鼓励企业积极参与国家标准和规范制定。2021年8月10日，《江苏省"十四五"新型基础设施建设规划》明确，"十四五"时期，信息基础设施均衡发展能力要达到国内领先水平，一体化大数据中心协同创新体系初见成效，人工智能和区块链基础设施有效赋能产业发展（见图1-25）。2021年8月16日，

| | |
|---|---|
| 深入发展人工智能 | • 依托人工智能龙头和骨干企业，建设人工智能基础技术开发平台、应用性支撑平台和创新创业服务平台，在重点领域率先开展人工智能创新应用。强化人工智能技术攻关，围绕人工智能专用芯片、神经网络、深度学习、机器学习、算法与软件、工业机器视觉、智能感知等领域，突破一批制约产业发展的重大技术瓶颈。 |
| 积极创建智能计算中心 | • 鼓励人工智能创新资源丰富、发展基础较好的区域，围绕"算力、数据、算法"研发与应用，以人工智能产业集聚为依托，使用人工智能计算架构，构建公共算力基础设施，面向人工智能应用场景提供算力服务、数据服务和算法服务，推进政府机构使用公共算力。 |
| 构建高标准新型养老基础设施 | • 拓展人工智能、物联网、云计算、大数据等新一代信息技术和智能硬件等产品在养老服务领域深度应用，切实解决老年人在运用智能技术方面遇到的困难，推广健康养老新产品、新模式。 |
| 构建智慧教育基础设施 | • 建设"5G＋智慧教育""人工智能＋教育"示范工程，探索开展"5G＋全息互动教学""5G＋虚拟仿真课堂/实验室""人工智能＋智慧教室"等智慧教育试点。 |
| 提升新型基础设施供给侧能力 | • 优化新型基础设施技术供给，聚焦高端芯片、操作系统、人工智能关键算法、传感器等关键领域，推进基础理论、基础算法、基础材料等研发突破与迭代应用。布局建设高水平新型基础设施数字产业集聚区，培育一批旗舰型新型基础设施企业。 |

图1-25　江苏省人工智能赋能产业发展的具体举措

《江苏省"十四五"制造业高质量发展规划》指出要培育新兴数字产业集群。突破机器学习、深度学习、知识图谱构建等理论与算法，重点研发人工智能芯片、机器视觉、语音识别、推理与决策等关键技术，布局开源代码托管平台、算力共享平台等公共技术服务平台。

江苏省也注重发展数字经济，支持人工智能创新应用和科技创新重大突破。2021年8月10日，《江苏省"十四五"数字经济发展规划》指出，要在人工智能、高性能计算等领域突破一批关键技术，建成一批国家级、省级数字科技创新载体（见图1-26）。2021年9月2日，《江苏省"十四五"科技创新规划》强调要加快突破产业关键核心技术。前瞻部署类脑计算芯片与系统、决策智能与计算、通用人工智能、高级机器学习、人机接口、AI推理框架等关键技术；以重要应用场景为驱动，研究攻克人工智能核心算法、计算机视觉与机器视觉、自然语言处理与智能语音等关键技术；以"智能+"创新应用为突破口，加快推进智能软硬件等智能产品研发，打造全国人工智能技术创新引领区和产业发展战略高地。

| 强化成果转化公共服务支撑 | 大力引培高端数字人才 | 做大做强新兴数字产业 | 推进数字产业集群化发展 | 建设支撑有力的新技术基础设施 |
|---|---|---|---|---|
| 加快建设新一代人工智能开放创新平台、决策智能与计算平台、数字产品检验检测平台等公共技术服务平台，积极推动大数据领域的骨干企业搭建开源共享的创新平台。 | 聚焦高端芯片等基础领域，及大数据、区块链、人工智能等前沿领域，优化高水平数字人才引进政策和管理方式，加大国际一流人才和旗舰团队的引进力度。提升高校数字人才培养能力，建立产学研联合培养机制，加强高端数字人才的自主培养。 | 围绕人工智能、区块链、大数据、5G、工业互联网、云计算、北斗卫星等新兴产业，加强企业分类培育引导，发展一批旗舰型数字企业。 | 围绕人工智能、区块链、车联网等新兴领域培育一批特色产业集群，以龙头企业为引领，以产业链为纽带，不断完善技术创新、成果转化、检测认证、应用示范、人才培养、产融合作等区域数字产业集群生态。 | 大力发展多层级人工智能平台，形成涵盖基础技术开发平台、应用性支撑平台和创业创新服务平台的人工智能发展支撑体系，提供高水平可普及的技术开发、开源代码托管、安全防护处置等人工智能服务能力。 |

图1-26　江苏省促进人工智能关键技术创新的举措

安徽省紧跟长三角步伐，推动人工智能应用。2021年4月21日，《安徽省国民经济和社会发展第十四个五年规划和2035年远景目标纲要》提出了多项措施助力人工智能技术创新（见图1-27）、产业集群构建和生态培育。加快大数据、人工智能等技术在政务监管、公共服务、新型基础设施建设、协同创新体系构建等过程中的应用，提升发展的核心竞争力。2021 年 2 月 5 日，《中国（安徽）自由贸易试验区专项推进行动计划方案》指出要重点发展高端制造、集成电路、人工智能、量子信息等产业，重点推进建设国家新一代人工智能创新发展试验区，促进大数据、人工智能等技术与实体经济、制造业的系列化融合应用等 13 项工作任务。

| 建设具有全球影响力的合肥综合性国家科学中心 | 明确关键核心技术攻坚方向 | 优化提升产业链供应链 | 构筑产业体系新支柱 | 加快推动数字产业化 |
| --- | --- | --- | --- | --- |
| • 其中之一是人工智能研究院。聚焦脑认知、类脑智能、计算智能、芯片与系统、科技伦理等方向，布局建设"一院多中心"，争创国家级人工智能研究平台，建成具有国际影响力的人工智能创新高地。 | • 实施人工智能科技重大专项行动。重点开展基础理论研究，多模态大数据融合的智能人机交互技术、智能语音与自然语言处理关键技术研发，基于深度学习的计算机视觉新方法研究。 | • 立足产业特色优势、配套优势和部分领域先发优势，锻造新型显示、人工智能、工业机器人等产业链供应链长板，打造新兴产业链。 | • 大力发展新一代信息技术、人工智能、智能网联汽车、高端装备制造、数字创意等十大新兴产业。重点培育新型集成电路、智能网联汽车、人工智能等5个世界级战略性新兴产业集群。 | • 着力建设合肥国家新一代人工智能创新发展试验区，实施人工智能产业创新工程、"人工智能+"应用示范工程，做大做强"中国声谷"。 |

图 1-27　安徽省促进人工智能关键技术创新的举措

人工智能人才培育也是发展的重要环节。2021 年 5 月 24 日，教育部和安徽省联合出台的《推动结构优化　建设高质量高等教育体系共同行动方案》明确，安徽省将围绕人工智能、智能网联汽车等十大新兴产业，建立新兴交叉学科专业发展引导机制。

### 3. 粤港澳大湾区紧随国家政策创造发展新动能

广东省积极推进粤港澳大湾区数字化、智能化发展与既有产业融合，着力打造人工智能产业体系。2021 年 4 月 23 日，《广东省人民政府关于加快数字化发展的意见》提出专门举措，打造人工智能产业开放创新体系。支持广州市、深圳市推进国家新一代人工智能创新发展试验区和国家人工智能创新应用先导区建设。促进人工智能与各产业深度融合，培育发展人工智能辅助医疗、智能网联汽车、智能无人机（船）、智能机器人等智能终端产业。提出多项举措促进人工智能的研发和应用（见图 1-28）。

| 开展数字关键核心技术"强基筑魂"行动 | 在大数据、云计算、人工智能、区块链等新技术领域开展基础理论、核心算法及关键共性技术研究。 |
|---|---|
| 夯实以国家实验室为引领的创新能力支撑 | 加快建设人工智能与数字经济省实验室。 |
| 推动数字技术创新生态发展 | 鼓励龙头企业围绕人工智能、区块链、先进计算等重点领域，构建开放、融合、具有引领发展能力的创新生态。 |
| 构建面向未来的先进算力基础设施 | 布局建设智能计算中心等新型高性能计算平台，提供人工智能算力支撑。 |
| 深入挖掘社会数据价值 | 探索建立医疗数据共享方式和制度，支持医疗机构和人工智能企业利用医疗数据开展科研与医疗服务创新。 |
| 打造世界级软件与信息服务产业集群 | 加快培育信息安全产业，围绕互联网、大数据和云计算、人工智能、工业互联网和车联网等重点安全领域，完善提升产业链。 |

图 1-28　广东省促进人工智能创新应用的举措

深圳市引领大湾区智能社会治理发展趋势。2021 年 6 月 29 日，深圳市第七届人民代表大会常务委员会第二次会议审议通过了《深圳经济特区数据条例》。该条例共七章一百条，内容涵盖了个人数据、公共数据、数据要素市场、数据安全等方面，是国内数据领域首部基础性、综合性立法。着力平衡发展数字经济与保护个人数据、数据开发利用与数据安全之间的关系，构建数据治理的具体制度（如图 1-29 所示），力求在确保数据安全，保护个人数据的基础上，最大程度激发、释放数据作为生产要素的经济价值。

| 推动公共数据安全、开放利用 | • 就公共数据开放确立了分类分级、需求导向、安全可控的原则，要求公共数据应当在法律、法规允许范围内最大限度开放。 |
|---|---|
| 合理限制生物识别数据的处理 | • 对处理生物识别数据作出了较处理其他数据更加严格的规定，要求处理生物识别数据时，除该生物识别数据为处理个人数据目的所必需，且不能为其他非生物识别数据所替代的情形外，应当同时提供处理其他非生物识别数据的替代方案。 |
| 首次确立了数据领域的公益诉讼制度 | • 规定人民检察院和法律、法规规定的组织可以就违规处理数据致使国家利益或者公共利益受到损害的行为，依法提起民事公益诉讼。 |

图 1-29　《深圳经济特区数据条例》的特点

2021年9月6日，中共中央、国务院发布《全面深化前海深港现代服务业合作区改革开放方案》，支持香港经济社会发展、提升粤港澳合作水平、构建对外开放新格局（见图1-30）。

打造全面深化改革创新试验平台，推进现代服务业创新发展

· 推动现代服务业与制造业融合发展，促进"互联网＋"、人工智能等服务业新技术新业态新模式加快发展。

加快科技发展体制机制改革创新

· 聚焦人工智能、健康医疗、金融科技、智慧城市、物联网、能源新材料等港澳优势领域，大力发展粤港澳合作的新型研发机构，创新科技合作管理体制，促进港澳和内地创新链对接联通，推动科技成果向技术标准转化。

创新合作区治理模式

· 开展政务服务流程再造，推进服务数字化、规范化、移动化、智能化。

图1-30　方案提出的智能化发展具体举措

数据治理是规范人工智能应用的重要环节，2021年8月3日，《深圳市首席数据官制度试点实施方案》发布，统筹推进首席数据官（CDO）制度试点相关工作。明确首席数据官职责范围（见图1-31），建立首席数据官工作机制。

图1-31　首席数据官的职责范围

### 4. 成渝地区落实创新应用和产业集群构建

成渝地区是西南地区重要的制造业中心和经济发展中心，国家高度重视两地发展，希望两地的数字化、智能化发展，能够带动西南地区整体水平的提升。2021年6月7日，国家发展改革委、交通部联合印发《成渝地区双城经济圈综合交通运输发展规划》，加快推动成渝地区双城经济圈综合交通运输体系高质量发展。该规划指出，要加快人工智能、大数据等与交通运输深度融合，推动交通运输成为新科技示范应用的重要场景，提升智能化水平。提升绿色智能安全发展水平，打造全国智能交通发展高地。构建基于北斗、物联网等先进技术的智能交通系统，推动智慧城市基础设施和智能网联汽车协同发展。

重庆市注重数据经济在智能化发展中的作用，2021年11月23日，《重庆市数字经济"十四五"发展规划（2021—2025年）》要求加快建设人工智能计算中心，积极构建人工智能数据资源、模型库、算法库、标准数据集和开放平台，夯实人工智能创新发展"算法＋算力＋数据"基础。加快推动智能感知等人工智能技术在制造、教育、政务、医疗等重点行业的融合应用（见图1-32）。

| 加快完善信息基础设施体系 | 聚力构建新技术基础设施 | 促进数据顺畅融通，建立数据要素交易监管机制 | 集群化发展集成电路产业 |
|---|---|---|---|
| • 建设全国一体化算力网络国家枢纽节点，合理布局建设面向各类科学计算、工程计算领域超算中心，打造集算法开发、服务支持、运营保障、资源配置于一体的超级计算资源集聚高地。 | • 加快开放数据集、开源技术支撑平台、数据开放与安全检测平台建设，构建"算法＋算力＋数据"人工智能基础设施体系，助推国家新一代人工智能创新发展试验区建设。 | • 明确数据采集、脱敏、应用、监管规则，强化对原始数据、脱敏化数据、模型化数据和人工智能数据的动态管理。 | • 聚焦功率半导体器件、人工智能及物联网芯片、5G通信芯片等重点产业，发展集成电路设计产业。 |

图1-32　重庆市促进人工智能产业融合的举措

2021年2月10日，《重庆市国民经济和社会发展第十四个五年规划和二〇三五年远景目标纲要》提出要实施战略性新兴产业集群发展工程。加快大数据、人工智能、集成电路等重点产业培育发展，打造一批具有全国影响力的数字产业集群，打造国内领先的人工智能创新高地（见图1-33）。2021年7月19日，《重庆市制造业高质量发展"十四五"规划（2021—2025年）》提出要建设具有全国影响力的战略性新兴产业集群（见图1-34）。值得一提的是农业领域，重庆市也大力推进研发创新和应用，着力攻克一批农业科技基础前沿和关键核心技术，力争实现农业关键核心技术突破。

图 1-33　重庆市打造人工智能创新高地具体措施

| 智能网联汽车 | 医疗器械 | 推动新场景新产品相互促进 |
| --- | --- | --- |
| 深化互联网、大数据、人工智能等技术在汽车领域应用，推动汽车从单纯交通工具向移动智能终端和数字空间转变，构建国际一流的智能网联汽车产业生态。 | 加快推动大数据分析、智能机器人等技术在诊疗设备中深度应用，加大 AI 影像、医疗机器人、"互联网＋个人及家用医疗检测设备"等产品研发制造企业引育力度。 | 结合"智造重镇""智慧名城"建设，系统探索互联网、大数据、人工智能、5G、北斗等新一代信息技术在经济社会发展各领域融合应用。 |

图 1-34　战略性新兴产业集群建设思路

四川省也在积极落实国家数字化、智能化发展要求。2021 年 12 月 31 日，《关于建立健全养老服务综合监管制度的实施意见》提出要推行"互联网＋监管"，创新多形式监管手段，提升综合监管能力。

### 5. 中西部等地区数字化智能化逐步试点展开

中西部的数字化、智能化发展是全国实现高质量发展的重要一环。2021 年 7 月 22 日，中共中央、国务院发布《关于新时代推动中部地区高质量发展的意见》，为推动中部地区高质量发展提供更多政策支持（见图 1-35）。

湖北省深耕光电科技研发，提升光电产业创新活力，强化智能化发展路径。2021 年 2 月 4 日，《光谷科技创新大走廊发展战略规划（2021—2035 年）》出台，提出一系列举措，推进创新突破，强化竞争优势。2021 年 9 月 24 日，《湖北省科技创新

| 做大做强先进制造业 | 提高关键领域自主创新能力 | 推动先进制造业和现代服务业深度融合 |
| --- | --- | --- |
| • 建设智能制造、新材料、新能源汽车、电子信息等产业基地。深入实施制造业重大技术改造升级工程，重点促进河南食品轻纺、山西煤炭、江西有色金属、湖南冶金、湖北化工建材、安徽钢铁有色等传统产业向智能化、绿色化、服务化发展。 | • 主动融入新一轮科技和产业革命，提高关键领域自主创新能力，以科技创新引领产业发展，将长板进一步拉长，不断缩小与东部地区尖端技术差距，加快数字化、网络化、智能化技术在各领域的应用。 | • 依托产业集群建设一批工业设计中心和工业互联网平台，推动大数据、物联网、人工智能等新一代信息技术在制造业领域的应用创新。 |

图 1-35　国家支持中西部智能化发展的政策措施

"十四五"规划》提出要打造具有全球竞争力的光电子信息、先进制造、人工智能等科技创新高地，营造一流的科技创新生态环境。加快建设国家新一代人工智能创新发展试验区，争建国家人工智能开放创新平台，争创国家人工智能创新应用先导区。

湖北省以新基建带动智能制造产业提升。[①] 2021 年 9 月 4 日，《湖北省新型基础设施建设"十四五"规划》提出多项措施（见图 1-36）完善基建，为人工智能等

| | |
| --- | --- |
| 1）统筹部署算力基础设施 | 加快建设大型超大型数据中心，提升全省数据存储计算能力。推进智能计算基础设施布局，提升数据中心多任务负载能力和海量异构数据计算能力，推动传统数据中心向人工智能计算中心演进，持续推动武汉人工智能计算中心能力提升。 |
| 2）加快人工智能平台建设 | 积极构建人工智能标准测试数据集、行业训练资源库，增加基础语音、视频图像、文本对话等公共训练数据量及工业、医疗、金融、交通等领域的行业数据量。鼓励骨干企业建立人工智能基础数据资源和重点领域数据资源共享平台，探索建立安全、合规、高效的数据共享开放体系。 |
| 3）打造便民智慧医疗设施 | 推进智慧医院建设，推动省级、市级人工智能医疗影像云和人工智能辅助诊疗平台建设，提升医联体内成员的影像筛查和辅助诊疗能力。探索利用人工智能技术对医疗资源进行智能化调度，提高资源调度效率。 |
| 4）完善双线融合智慧教育设施 | 推进智慧校园和智慧教育平台建设。推进基于人工智能的个性化精准化教学应用，提高教师课堂教学质量和学生学习效率。 |
| 5）加快重点创新平台布局 | 支持建设武汉人工智能计算中心、加速器与质子刀、量子导航与探测等一批前沿交叉科技创新平台。 |

图 1-36　湖北省新型基础设施建设思路

---

① 　新基建，是指新型基础设施建设，下同。

先进技术发展提供基础硬件支撑。2021 年 10 月 29 日，《湖北省制造业高质量发展"十四五"规划》提出要培育壮大人工智能特色产业集群。建设若干一流的人工智能开放创新平台，在智能核心算法、智能芯片、机器学习等关键领域攻克一批核心技术，开发一批标志性产品，孵化一批创新型企业。2021 年 11 月 2 日，《关于全面推进数字湖北建设的意见》提出，要围绕算力、算法、数据、安全等数字技术新赛道，大力发展一系列新兴产业，推动自动驾驶等人工智能技术的集成创新与应用落地。

湖北省也在加快数字化和数字经济发展。2021 年 2 月 2 日，《关于推进基层政务服务"一网通办"的指导意见》要求坚持改革创新，树立"互联网＋"思维，加大云计算、大数据、人工智能、区块链等信息技术在政务服务领域的应用力度，创新服务模式和治理方式。2021 年 10 月 17 日，《湖北省数字经济发展"十四五"规划》发布，将从多个方面加大人工智能的研发和应用，助力数字经济发展（如图 1-37）。

| 1）建成具有全国影响力的数字科技创新中心 | 2）加快大数据中心高水平建设 | 3）推动人工智能相关产业高端化 | 4）促进服务业数字化转型 |
| --- | --- | --- | --- |
| • 在新一代信息技术等领域攻克一批关键核心技术，在光通信、新型显示、人工智能等领域建成一批重点实验室、产业创新中心、技术创新中心、制造业创新中心等引领全省数字化转型的创新平台，科技成果转化效率显著提高。 | • 推动大数据中心智能化发展，集成人工智能（AI）算法、模型和开发平台，为多元用户提供便捷、普惠和通用的算力、模型和数据服务。 | • 加快人工智能应用场景开放，围绕装备制造、智能网联、电子器件等湖北省优势产业，打造具有国际竞争力的智能产业。 | • 利用人工智能技术，创新人工智能诊疗、智能居家养老、智慧出行、沉浸式文旅体验、虚拟仿真实验教学等智能服务体系。 |

图 1-37 湖北省促进人工智能研发和应用的举措

此外，在生物科技和农业方面，湖北省也积极探索人工智能融合应用路径。2021 年 9 月 16 日，《湖北省生物产业发展"十四五"规划》提出，要推动类脑人工智能技术发展，发展类脑计算与脑机智能，加强脑解析与脑模拟、神经接口与脑接口、类脑芯片与计算平台等技术开发。2021 年 11 月 4 日，《湖北省推进农业农村现代化"十四五"规划》提出，要提高乡村治理智能化水平，加强大数据、人工智能等技术在乡村治理、农业发展中的应用。

河南省也在积极试点推进数字化智能化发展。2021 年 4 月 2 日，《河南省国民经济和社会发展第十四个五年规划和二〇三五年远景目标纲要》指出，要加强新型计算基础设施建设，推进人工智能、区块链等基础设施建设，搭建公共算力等服务平台。

实施人工智能助推教师队伍建设计划，提升教师教书育人能力素质。2021 年 4 月 7 日，《河南省推进新型基础设施建设行动计划（2021—2023 年）》提出要加快信息技术基础设施建设（见图 1-38）。

| 在人工智能方面 | 在智能汽车方面 | 在智能建造方面 | 在智慧农业方面 |
| --- | --- | --- | --- |
| ·建设全线国产化、自主可控智能计算中心，打造一批公共数据资源库、标注数据库、训练数据库、开源训练数据集等基础平台，完善智能算力基础设施。 | ·建设全省统一的智能网联汽车云控平台，开展中原科技城自动驾驶公交线路示范应用。支持郑州市创建国家新一代人工智能创新发展试验区。 | ·加快推动新一代信息技术与建筑工业化技术协同发展，建造全过程加大BIM（建筑信息模型）、物联网、大数据、云计算、人工智能等新技术的集成与创新应用。 | ·推动大数据、人工智能、5G、物联网、北斗等技术在现代农业中的应用，加强种植、养殖全产业链智慧化建设，打造一批智慧田园、智慧果（菜、茶）园、智慧牧场、智慧渔场。 |

图 1-38　河南省新型基础设施建设助力人工智能发展的举措

西北地区适应数字化转型和智能化发展的步伐也在不断迈进。2021 年 10 月 27 日，《陕西省数字政府建设"十四五"规划》要求全面建设纵向贯通、横向协同、覆盖全省的数字政府体系（有关举措见图 1-39），推动大数据、人工智能等技术的广泛应用，确保数字政府建设迈入全国先进行列。

| |
| --- |
| 通过建设"经济和税则运行监测""两链融合创新数字化平台"等9项重点工程，加强财政、金融、公共资源交易等领域数字化应用，助推经济高质量发展。 |
| 通过建设"互联网＋监管""食品安全监管"等8项重点工程，强化监管合力，实现政府监管领域全覆盖，形成"大平台支撑、大数据慧治、大系统融合、大服务惠民、大监管共治"的市场监管新格局。 |
| 通过建设"一体化政务服务平台"等13项重点工程，构建线上线下融合的政务服务体系，优化营商环境，培育和激发市场主体活力，推进公共服务智慧均等发展。 |
| 通过建设"基层综合治理""公安大数据智能化"平台等7项重点工程，提升综合治理数字化、社会治安立体化和智能化防控水平，切实保障人民群众生命财产安全。 |
| 通过建设"数字秦岭""智慧黄河"等7项重点工程，建立生态环境数字化治理体系，促进数字技术广泛植入生产生活，形成集约节约、循环高效、普惠共享的绿色低碳发展新格局。 |
| 通过建设"秦政通"一体化协同办公体系，推进政府内部业务流程整合优化，强化数字赋能，全面提升政务运行数字化、智能化、科学化水平。 |

图 1-39　陕西省发展数字经济的思路

山东省紧跟周边科学发展趋势，大力发展数字经济。2021 年 4 月 2 日，《数字山东 2021 行动方案》提出，要深化济南—青岛人工智能创新应用先导区、济南国家新一代人工智能创新发展试验区建设，加快建设"中国算谷"，推动组建山东未来网络研究院。

### （四）中国积极参与人工智能全球治理

中国高度重视与世界各国及国际组织进行的有关人工智能治理的交流与合作，积极奉献"中国方案"，分享经验与成果。

2021 年 8 月 24 日，在中非互联网发展与合作论坛上，中国发起"中非携手构建网络空间命运共同体倡议"（倡议要点见图 1-40），得到与会 14 个非洲国家及非盟委员会的支持。

| | |
|---|---|
| **推进信息基础设施建设** | • 携手提升信息基础设施建设、运营与服务水平。支持5G、物联网、工业互联网建设、应用和发展，打造新的经济增长动能，助力经济恢复与发展。 |
| **促进数字产业融合与经济转型升级** | • 鼓励数字技术与传统产业融合发展，提升数字化、网络化、智能化水平，促进经济转型升级。 |
| **加强关键信息基础设施保护** | • 加强在预警防范、信息共享、应急响应等方面的合作，积极开展关键信息基础设施保护的经验交流。反对利用信息技术破坏他国关键信息基础设施或窃取重要数据。 |
| **加强数据安全管理和个人信息保护** | • 规范数据收集、存储、使用、加工、传输、提供、公开、删除等行为，保障个人信息权益，开展数据安全和个人信息保护及相关规则、标准的国际交流合作，推动符合《联合国宪章》宗旨的个人信息保护规则标准国际互认。<br>• 要求企业不得在信息技术设备中预设后门、恶意代码等，不得利用提供产品、服务的便利条件窃取数据。中方欢迎非方支持和参与《全球数据安全倡议》。 |
| **深化打击网络犯罪、网络恐怖主义国际合作** | • 对网络犯罪开展生态化、链条化打击整治，进一步完善打击网络犯罪与网络恐怖主义的机制建设。支持并积极参与联合国打击网络犯罪全球性公约谈判。有效协调各国立法和实践，合力应对网络犯罪和网络恐怖主义威胁。 |

图 1-40 "中非携手构建网络空间命运共同体倡议"的要点

2021 年 11 月 1 日，中国正式提出申请加入《数字经济伙伴关系协定》（DEPA）。[①]

---

① 《数字经济伙伴关系协定》（DEPA）由新加坡、新西兰和智利三国于 2020 年 6 月签署，旨在加强三国间数字贸易合作并建立相关规范的数字贸易协定。

该协定以电子商务便利化、数据转移自由化、个人信息安全化为主要内容，并就加强人工智能、金融科技等领域的合作进行了规定。

2021年11月22日，《中国—东盟建立对话关系30周年纪念峰会联合声明——面向和平、安全、繁荣和可持续发展的全面战略伙伴关系》发布。中国将与东盟各国紧密合作，探讨《东盟数字总体规划2025》与《中国—东盟关于建立数字经济合作伙伴关系的倡议》及其行动计划对接，加强在数字经济、智慧城市、人工智能、电子商务、大数据、5G应用、数字转型、网络和数据安全等领域开展合作。

2021年11月29日至30日，在中非合作论坛第八届部长级会议上，与会各方通过《中非合作论坛——达喀尔行动计划（2022—2024）》。该行动计划明确，非方支持中方发起的"中非携手构建网络空间命运共同体倡议"，双方将制定并实施"中非数字创新伙伴计划"。积极探讨和促进云计算、大数据、人工智能、物联网、移动互联网等新技术应用领域合作。中方愿与非洲国家分享智慧城市建设经验。

2021年12月3日，在中国—拉美和加勒比国家共同体论坛第三届部长会议上，中国及拉美和加勒比国家共同体成员国，共同制定了《中国—拉共体成员国重点领域合作共同行动计划（2022—2024）》。协议各方将加强互利合作，推动政府、企业和研究机构在数字基建、通信设备、5G、大数据、云计算、人工智能、物联网、智慧城市及其他双方共同感兴趣的领域开展合作，探讨共建联合实验室。

表1 国家总体层面（不含国务院各部门）涉及人工智能的法律与政策规范（按发布日期序）

| 规范 | 序号 | 发布日期 | 发布主体 | 规范名称 | 主要涉及领域（关键词） |
|---|---|---|---|---|---|
| 法律 | 1 | 2020.05.28 | 全国人大常委会 | 中华人民共和国民法典 | 个人信息安全、隐私保护 |
| | 2 | 2021.06.10 | 全国人大常委会 | 中华人民共和国数据安全法 | 数据安全、数据利用、数据跨境 |
| | 3 | 2021.08.20 | 全国人大常委会 | 中华人民共和国个人信息保护法 | 个人信息安全、隐私保护 |
| 政策 | 4 | 2021.01.11 | 中共中央 | 法治中国建设规划（2020—2025年） | 智慧法治、法治治理、科技创新应用 |
| | 5 | 2021.02.01 | 中办 国办 | 建设高标准市场体系行动方案 | 智能市场 |
| | 6 | 2021.02.10 | 国务院 | 关于贯彻实施《政府督查工作条例》进一步加强和规范政府督查工作的通知 | 政务服务、监督检查 |

（续表）

| 规范 | 序号 | 发布日期 | 发布主体 | 规范名称 | 主要涉及领域（关键词） |
|---|---|---|---|---|---|
| 政<br><br><br><br><br><br><br><br><br><br><br><br><br>策 | 7 | 2021.02.24 | 中共中央国务院 | 国家综合立体交通网规划纲要 | 智慧交通 |
| | 8 | 2021.03.24 | 中办　国办 | 关于进一步深化税收征管改革的意见 | 税收征管数字化 |
| | 9 | 2021.04.02 | 国务院 | 关于切实加强水库除险加固和运行管护工作的通知 | 信息化管理、安全防控 |
| | 10 | 2021.04.09 | 国务院 | 中国反对拐卖人口行动计划（2021—2030年） | 社会治理、科技创新应用 |
| | 11 | 2021.04.23 | 中共中央国务院 | 关于支持浦东新区高水平改革开放打造社会主义现代化建设引领区的意见 | 产业集群、科技创新应用 |
| | 12 | 2021.04.27 | 国务院 | 关于全面加强药品监管能力建设的实施意见 | 人工智能医疗、智慧监管 |
| | 13 | 2021.05.24 | 国务院 | 深化医药卫生体制改革2021年重点工作任务 | 全民健康、科技创新应用 |
| | 14 | 2021.06.03 | 国务院 | 全民科学素质行动规划纲要（2021—2035年） | 智慧科普 |
| | 15 | 2021.06.04 | 国务院 | 深化"证照分离"改革进一步激发市场主体发展活力 | 智慧监管 |
| | 16 | 2021.07.02 | 国务院 | 关于加快发展外贸新业态新模式的意见 | 外贸数字化 |
| | 17 | 2021.07.06 | 中办　国办 | 关于依法从严打击证券违法活动的意见 | 执法监管 |
| | 18 | 2021.07.16 | 国务院 | 关于完善科技成果评价机制的指导意见 | 科技创新应用、评价工具 |
| | 19 | 2021.07.21 | 国务院 | 关于"十四五"残疾人保障和发展规划 | 科技创新、人才培养 |
| | 20 | 2021.07.22 | 中共中央国务院 | 关于新时代推动中部地区高质量发展的意见 | 先进制造、现代服务 |
| | 21 | 2021.07.24 | 中办　国办 | 关于进一步减轻义务教育阶段学生作业负担和校外培训负担的意见 | 监督管理、科技创新应用 |
| | 22 | 2021.08.12 | 中共中央国务院 | 法治政府建设实施纲要（2021—2025年） | 数字法治、法治政府、数字政务、行政监管 |
| | 23 | 2021.08.21 | 国务院 | 关于支持北京城市副中心高质量发展的意见 | 科技创新应用 |
| | 24 | 2021.08.23 | 国务院 | 关于"十四五"就业促进规划 | 人才培育、公共服务、风险管控 |

（续表）

| 规范 | 序号 | 发布日期 | 发布主体 | 规范名称 | 主要涉及领域（关键词） |
|---|---|---|---|---|---|
| 政<br><br><br><br><br><br><br><br>策 | 25 | 2021.09.05 | 中共中央 国务院 | 横琴粤澳深度合作区建设总体方案 | 智能制造 |
| | 26 | 2021.09.06 | 中共中央 国务院 | 全面深化前海深港现代服务业合作区改革开放方案 | 管理体制创新、科技创新应用 |
| | 27 | 2021.09.08 | 国务院 | 中国妇女发展纲要和中国儿童发展纲要 | 健康管理 |
| | 28 | 2021.09.22 | 中共中央 国务院 | 关于完整准确全面贯彻新发展理念做好碳达峰碳中和工作的意见 | 绿色发展 |
| | 29 | 2021.09.22 | 中共中央 国务院 | 知识产权强国建设纲要（2021—2035 年） | 知识产权保护、新领域新业态立法 |
| | 30 | 2021.09.23 | 国务院 | "十四五"全民医疗保障规划 | 医疗卫生服务 |
| | 31 | 2021.09.29 | 国务院 | 全国一体化政务服务平台移动端建设指南 | 政务服务、平台建设 |
| | 32 | 2021.10.08 | 中共中央 国务院 | 黄河流域生态保护和高质量发展规划纲要 | 战略性新兴产业、先进制造、新基建 |
| | 33 | 2021.10.09 | 国务院 | "十四五"国家知识产权保护和运用规划 | 知识产权保护、科技创新应用 |
| | 34 | 2021.10.10 | 中共中央 国务院 | 国家标准化发展纲要 | 技术标准、基础设施 |
| | 35 | 2021.10.19 | 中办　国办 | 关于进一步加强生物多样性保护的意见 | 生物多样性保护、监测管理 |
| | 36 | 2021.10.19 | 中办　国办 | 关于推动现代职业教育高质量发展的意见 | 职业教育、人才培育 |
| | 37 | 2021.10.21 | 中共中央 国务院 | 成渝地区双城经济圈建设规划纲要 | 数字经济、农业科技 |
| | 38 | 2021.10.22 | 中办　国办 | 关于推动城乡建设绿色发展的意见 | 城乡基础设施、智能网联汽车、绿色发展 |
| | 39 | 2021.10.31 | 国务院 | 关于开展营商环境创新试点工作的意见 | 智慧监管 |
| | 40 | 2021.11.15 | 国务院 | 关于进一步贯彻实施《中华人民共和国行政处罚法》的通知 | 执法监管 |
| | 41 | 2021.11.26 | 国务院 | "十四五"冷链物流发展规划 | 智慧冷链、智慧仓储 |
| | 42 | 2021.12.12 | 国务院 | "十四五"数字经济发展规划 | 数字经济、云网协同、算网融合、算力统筹、基础设施智能升级、数字产业化、智慧共享、政府数字化治理 |

（续表）

| 规范 | 序号 | 发布日期 | 发布主体 | 规范名称 | 主要涉及领域（关键词） |
|---|---|---|---|---|---|
| 政策 | 43 | 2021.12.21 | 国务院 | 要素市场化配置综合改革试点总体方案 | 数据采集标准化 |
| 标准 | 44 | 2021.08.04 | 全国信息安全标准化技术委员会 | 信息安全技术　机器学习算法安全评估规范 | 机器学习、算法安全 |
| | 45 | 2021.10.19 | 全国信息安全标准化技术委员会 | 信息安全技术　汽车采集数据的安全要求 | 汽车数据、数据安全 |

附本书第一部分缩略词对照表

| 缩略词 | 完整表述 | 缩略词 | 完整表述 |
|---|---|---|---|
| 中办 | 中共中央办公厅 | 民航局 | 中国民用航空局 |
| 国办 | 国务院办公厅 | 人社部 | 人力资源和社会保障部 |
| 发展改革委 | 国家发展和改革委员会 | 生态部 | 生态环境部 |
| 工信部 | 工业和信息化部 | 食药监局 | 国家食品药品监督管理总局 |
| 国标委 | 国家标准化管理委员会 | 市场监管总局 | 国家市场监督管理总局 |
| 国开行 | 国家开发银行 | 网信办 | 国家互联网信息办公室 |
| 国资委 | 国有资产监督管理委员会 | 文旅部 | 文化和旅游部 |
| 交通部 | 交通运输部 | 银保监会 | 中国银行保险监督管理委员会 |
| 科技部 | 科学技术部 | 住建部 | 住房和城乡建设部 |

表2　涉及人工智能的部门规章（按发布日期序）

| 序号 | 发布日期 | 发布主体 | 规范名称 | 主要涉及领域（关键词） |
|---|---|---|---|---|
| 1 | 2021.04.23 | 网信办等七部门 | 网络直播营销管理办法（试行） | 人工智能治理 |
| 2 | 2021.07.27 | 工信部等三部门 | 智能网联汽车道路测试与示范应用管理规范（试行） | 智能网联汽车、交通安全 |
| 3 | 2021.08.16 | 网信办等五部门 | 汽车数据安全管理若干规定（试行） | 汽车数据、数据安全、智能网联汽车 |
| 4 | 2021.09.25 | 国家新一代人工智能治理专业委员会 | 新一代人工智能伦理规范 | 人工智能安全、伦理 |
| 5 | 2021.12.17 | 公安部 | 机动车登记规定（公安部令第164号） | 智能网联汽车 |
| 6 | 2021.12.21 | 生态部 | 企业环境信息依法披露管理办法 | 环境监测、监督检查 |
| 7 | 2021.12.31 | 网信办等四部门 | 互联网信息服务算法推荐管理规定 | 算法治理、信息安全 |

表 3　国家各部委发布的涉及人工智能的政策及标准规范（按发布日期序）

| 序号 | 发布日期 | 发布主体 | 规范名称 | 主要涉及领域（关键词） |
|---|---|---|---|---|
| 1 | 2021.01.01 | 教育部 | 设立教育部教育信息化战略研究基地（北京、西北） | 智慧教育、人工智能教育应用 |
| 2 | 2021.01.05 | 全国信息安全标准化技术委员会 | 网络安全标准实践指南——人工智能伦理安全风险防范指引 | 人工智能伦理、安全风险、社会治理 |
| 3 | 2021.01.21 | 教育部 | 普通高等学校本科教育教学审核评估实施方案（2021—2025 年） | 监督检查 |
| 4 | 2021.01.29 | 交通部 | 服务构建新发展格局的指导意见 | 交通、新基建、产业链 |
| 5 | 2021.02.09 | 住建部等六部门 | 加强窨井盖安全管理的指导意见 | 新基建、监督检查 |
| 6 | 2021.02.20 | 工信部 | 支持创建北京、天津（滨海新区）、杭州、广州、成都国家人工智能创新应用先导区 | 人工智能创新应用 |
| 7 | 2021.02.22 | 交通部 | 加强和规范交通运输事中事后监管三年行动方案（2021—2023 年） | 交通、监管 |
| 8 | 2021.03.19 | 科技部 | 关于支持苏州市建设国家新一代人工智能创新发展试验区的函 | 人工智能、实体经济 |
| 9 | 2021.03.19 | 科技部 | 关于支持长沙市建设国家新一代人工智能创新发展试验区的函 | 科技创新应用、制造业转型、科技伦理 |
| 10 | 2021.03.19 | 住建部等部门 | 关于加强瓶装液化石油气安全管理的指导意见 | 监督检查、安全治理 |
| 11 | 2021.03.23 | 发展改革委等六部门 | 深入组织实施创业带动就业示范行动 | 科技创新应用、新业态、人工智能平台 |
| 12 | 2021.03.23 | 国家烟草专卖局 | 12313 烟草市场监管服务热线整合建设实施方案 | 人工智能平台 |
| 13 | 2021.03.23 | 自然资源部 | 开展 2021 年卫片执法工作 | 监督检查、社会治理 |
| 14 | 2021.03.29 | 外交部 | 中阿数据安全合作倡议 | 数据安全、国际合作 |
| 15 | 2021.03.30 | 食药监局 国标委 | 关于进一步促进医疗器械标准化工作高质量发展的意见 | 人工智能医疗 |
| 16 | 2021.04.06 | 住建部等十六部门 | 关于加快发展数字家庭提高居住品质的指导意见 | 数字家庭 |
| 17 | 2021.04.07 | 发展改革委 商务部 | 关于支持海南自由贸易港建设放宽市场准入若干特别措施的意见 | 科技成果转化 |
| 18 | 2021.04.09 | 国标委 | 2021 年全国标准化工作要点 | 信息技术体系、标准 |
| 19 | 2021.04.09 | 银保监会 | 2021 年进一步推动小微企业金融服务高质量发展 | 产业链、供应链、平台建设 |
| 20 | 2021.04.15 | 文旅部 国开行 | 关于进一步加大开发性金融支持文化产业和旅游产业高质量发展的意见 | 产业数字化 |

（续表）

| 序号 | 发布日期 | 发布主体 | 规范名称 | 主要涉及领域（关键词） |
|---|---|---|---|---|
| 21 | 2021.04.26 | 农业农村部 | 关于全面推进农业农村法治建设的意见 | 农业农村、法治建设、监管 |
| 22 | 2021.04.30 | 教育部　财政部 | 实施中小学幼儿园教师国家级培训计划（2021—2025年） | 人工智能教育应用、智能培训 |
| 23 | 2021.05.08 | 农业农村部 | 社会资本投资农业农村指引（2021年） | 智慧农业 |
| 24 | 2021.05.10 | 自然资源部 | 关于促进地质勘查行业高质量发展的指导意见 | 地质勘查、灾害防治 |
| 25 | 2021.05.16 | 国家文物局等 | 深化"博物馆在移动"合作 | 数字馆藏、数字展品、科技创新应用 |
| 26 | 2021.05.19 | 国家市场监督管理总局 | 关于加强重点领域信用监管的实施意见 | 智慧监管、监督管理 |
| 27 | 2021.05.21 | 文旅部 | 关于加强旅游服务质量监管提升旅游服务质量的指导意见 | 文旅服务 |
| 28 | 2021.05.24 | 生态部 | 环境信息依法披露制度改革方案 | 环境监测、监督检查 |
| 29 | 2021.05.24 | 发展改革委等四部门 | 全国一体化大数据中心协同创新体系算力枢纽实施方案 | 算力基础设施、数据安全 |
| 30 | 2021.05.25 | 民政部 | 关于进一步推进儿童福利机构优化提质和创新转型高质量发展的意见 | 远程教育、远程医疗 |
| 31 | 2021.05.27 | 工信部　网信办 | 关于加快推动区块链技术应用和产业发展的指导意见 | 智能合约、人工智能训练 |
| 32 | 2021.06.01 | 交通运输部等 | 关于加强铁路沿线安全环境治理工作的意见 | 科技创新应用、监测管理、安全保障 |
| 33 | 2021.06.07 | 银保监会 | 开展银行业保险业"内控合规管理建设年"活动 | 合规管理 |
| 34 | 2021.06.18 | 民政部　发展改革委 | "十四五"民政事业发展规划 | 社会治理、社区服务、现代服务、养老服务、人工智能平台、新基建、人工智能创新应用 |
| 35 | 2021.07.04 | 工信部 | 新型数据中心发展三年行动计划（2021—2023年） | 数据中心、产业链、算力生态体系 |
| 36 | 2021.07.05 | 工信部等十部门 | 5G应用"扬帆行动计划（2021—2023年） | 智慧水利 |
| 37 | 2021.07.07 | 农业农村部 | 关于加快发展农业社会化服务的指导意见 | 智慧农业 |
| 38 | 2021.07.09 | 网信办等三部门 | 深入推进互联网协议第六版（IPv6）规模部署和应用2021年工作安排 | 新基建、网络安全 |

（续表）

| 序号 | 发布日期 | 发布主体 | 规范名称 | 主要涉及领域（关键词） |
|---|---|---|---|---|
| 39 | 2021.07.12 | 教育部 | 高等学校碳中和科技创新行动计划 | 交叉学科建设 |
| 40 | 2021.07.15 | 发展改革委国家能源局 | 关于加快推动新型储能发展的指导意见 | 人工智能创新应用 |
| 41 | 2021.07.21 | 水利部 | 关于加强水利行业监督工作的指导意见 | 水利、监督检查 |
| 42 | 2021.07.21 | 教育部等六部门 | 关于推进教育新型基础设施建设构建高质量教育支撑体系的指导意见 | 算力基础设施、智慧公共设施、智能教育、安全管理、监督检查 |
| 43 | 2021.07.22 | 农业农村部司法部 | 培育农村学法用法示范户实施方案 | 农村普法教育 |
| 44 | 2021.07.27 | 海关总署 | "十四五"海关发展规划 | 科技创新应用、监督管理 |
| 45 | 2021.07.27 | 国家市场监督管理总局等六部门 | 关于开展企业开办标准化规范化试点工作的通知 | 政务服务 |
| 46 | 2021.07.30 | 工信部 | 加强智能网联汽车生产企业及产品准入管理的意见 | 智能网联汽车、交通安全 |
| 47 | 2021.08.06 | 中国人民银行等五部门 | 促进债券市场信用评级行业健康发展 | 信用管理、金融治理 |
| 48 | 2021.08.17 | 文旅部等七部门 | 关于进一步推动文化文物单位文化创意产品开发的若干措施 | 科技创新应用 |
| 49 | 2021.08.26 | 交通部 | 关于东南大学开展交通基础设施数字化与长效服役技术研发等交通强国建设试点工作的意见 | 交通基础设施建设 |
| 50 | 2021.08.26 | 交通部 | 关于交通运输部天津水运工程科学研究院开展海底悬浮隧道关键技术研究等交通强国建设试点工作的意见 | 水运交通、智能化试验 |
| 51 | 2021.08.26 | 交通部　科技部 | 关于科技创新驱动加快建设交通强国的意见 | 智能交通、自动驾驶 |
| 52 | 2021.09.01 | 银保监会 | 金融服务乡村振兴创新示范区建设工作 | 乡村治理、普惠金融 |
| 53 | 2021.09.03 | 工信部等四部门 | 关于加强产融合作推动工业绿色发展的指导意见 | 智能制造、绿色发展、智能微电网 |
| 54 | 2021.09.07 | 教育部 | 实施第二批人工智能助推教师队伍建设行动试点工作 | 人工智能教育应用、智能培训 |
| 55 | 2021.09.10 | 工信部等八部门 | 物联网新型基础设施建设三年行动计划（2021—2023年） | 技术融合创新 |
| 56 | 2021.09.10 | 国家市场监督管理总局 | 关于进一步深化改革促进检验检测行业做优做强的指导意见 | 科技创新应用、检验检测 |

（续表）

| 序号 | 发布日期 | 发布主体 | 规范名称 | 主要涉及领域（关键词） |
|---|---|---|---|---|
| 57 | 2021.09.15 | 教育部 | 国家义务教育质量监测方案（2021年修订版） | 教育、监督检查 |
| 58 | 2021.09.15 | 人社部等六部门 | 专业技术人才知识更新工程实施方案 | 人工智能教育培训 |
| 59 | 2021.09.17 | 海关总署 | 国家"十四五"口岸发展规划 | 口岸信息化、科技创新应用、政务服务 |
| 60 | 2021.09.17 | 网信办等九部门 | 关于加强互联网信息服务算法综合治理的指导意见 | 算法治理、信息安全 |
| 61 | 2021.09.29 | 人社部　工信部 | 颁布集成电路工程技术人员等7个国家职业技术技能标准 | 人才培育、职业发展 |
| 62 | 2021.09.29 | 网信办等八部门 | 国家智能社会治理实验基地名单 | 智能社会治理 |
| 63 | 2021.09.30 | 国家粮食和物资储备局 | 在全国范围内推行"证照分离"改革全覆盖有关工作 | 智慧监管、监督管理 |
| 64 | 2021.10.08 | 人社部 | 专业技术人才知识更新工程数字技术工程师培育项目实施办法 | 人才培育、职业发展 |
| 65 | 2021.10.08 | 银保监会 | 关于进一步丰富人身保险产品供给的指导意见 | 数字化转型 |
| 66 | 2021.10.08 | 国家市场监督管理总局等六部门 | 关于进一步发挥质量基础设施支撑引领民营企业提质增效升级作用的意见 | 政务服务 |
| 67 | 2021.10.12 | 人社部 | 深入学习贯彻习近平总书记在中央人才工作会议上重要讲话精神 | 人才培育、职业发展 |
| 68 | 2021.10.13 | 发展改革委 | 关于推动生活性服务业补短板上水平　提高人民生活品质若干意见 | 人工智能创新应用 |
| 69 | 2021.10.17 | 国资委 | 关于进一步深化法治央企建设的意见 | 数字化转型、监督检查 |
| 70 | 2021.10.26 | 交通部 | 关于甘肃省开展大敦煌交旅融合发展等交通强国建设试点工作的意见 | 智能网联汽车、智能建造、智慧城市 |
| 71 | 2021.10.26 | 交通部 | 关于交通运输部公路科学研究院开展公路基础设施延寿与绿色建养技术研发应用等交通强国建设试点工作的意见 | 交通安全风险评估 |
| 72 | 2021.10.26 | 交通部 | 关于长安大学开展公路基础设施智能感知技术研发与应用等交通强国建设试点工作的意见 | 交通风险智能监测 |
| 73 | 2021.10.27 | 国家市场监督管理总局 | 关于促进市场监管系统计量技术机构深化改革和创新发展的指导意见 | 科技创新应用 |
| 74 | 2021.10.27 | 中国人民银行等五部门 | 关于规范金融业开源技术应用与发展的意见 | 金融科技创新 |

（续表）

| 序号 | 发布日期 | 发布主体 | 规范名称 | 主要涉及领域（关键词） |
|---|---|---|---|---|
| 75 | 2021.11.01 | 工信部 | "十四五"信息通信行业发展规划 | 通信网络、数据和算力、基础设施、新基建、疫情防控、科技创新应用、智能监管、数据安全治理、应急管理、农村数字化、国际合作 |
| 76 | 2021.11.03 | 教育部 | 全国教育系统开展法治宣传教育的第八个五年规划（2021—2025年） | 人工智能教育应用、教育普法 |
| 77 | 2021.11.08 | 人社部等五部门 | 关于推进新时代人力资源服务业高质量发展的意见 | 人才培育、职业发展、社会服务 |
| 78 | 2021.11.12 | 国家烟草专卖局 | 深化"证照分离"改革进一步激发市场主体发展活力实施方案 | 监督管理 |
| 79 | 2021.11.13 | 科技部 | 关于支持哈尔滨建设国家新一代人工智能创新发展试验区的函 | 科技创新应用、人工智能生态构建 |
| 80 | 2021.11.13 | 科技部 | 关于支持沈阳建设国家新一代人工智能创新发展试验区的函 | 科技创新应用、产业集群 |
| 81 | 2021.11.13 | 科技部 | 关于支持郑州建设国家新一代人工智能创新发展试验区的函 | 科技创新应用、人工智能治理 |
| 82 | 2021.11.14 | 网信办 | 网络数据安全管理条例（征求意见稿） | 数据安全 |
| 83 | 2021.11.17 | 网信办 | 网信系统法治宣传教育第八个五年规划（2021—2025年） | 科技创新应用、网络法治 |
| 84 | 2021.11.22 | 外交部 | 中国-东盟建立对话关系30周年纪念峰会联合声明——面向和平、安全、繁荣和可持续发展的全面战略伙伴关系 | 数字经济、智慧城市、国际合作 |
| 85 | 2021.11.25 | 交通部 | 关于加强"十四五"期全国航道养护与管理工作的意见 | 智慧航道 |
| 86 | 2021.11.26 | 银保监会 | 关于银行业保险业支持高水平科技自立自强的指导意见 | 风险管理 |
| 87 | 2021.11.27 | 国资委 | 关于推进中央企业高质量发展做好碳达峰碳中和工作的指导意见 | 绿色发展 |
| 88 | 2021.11.29 | 水利部 | 大力推进智慧水利建设的指导意见 | 智慧水利、人才培育 |
| 89 | 2021.12.02 | 外交部 | 中非应对气候变化合作宣言 | 人工智能创新应用、绿色发展、国际合作 |
| 90 | 2021.12.02 | 外交部 | 中非合作论坛——达喀尔行动计划（2022—2024） | 人工智能创新应用、数字经济、国际合作 |

（续表）

| 序号 | 发布日期 | 发布主体 | 规范名称 | 主要涉及领域（关键词） |
|---|---|---|---|---|
| 91 | 2021.12.04 | 水利部 | 关于高起点推进雄安新区节约用水工作的指导意见 | 节水管控 |
| 92 | 2021.12.07 | 退役军人事务部 司法部 | 关于加强退役军人法律援助工作的意见 | 便民服务 |
| 93 | 2021.12.07 | 外交部 | 中国—拉共体成员国重点领域合作共同行动计划（2022—2024） | 科技创新应用、数据安全、国际合作、社会治理 |
| 94 | 2021.12.13 | 民航局 | 关于促进公共航空危险品运输高质量发展的指导意见 | 供应链安全 |
| 95 | 2021.12.13 | 国家市场监督管理总局 | 法治市场监管建设实施纲要（2021—2025 年） | 智慧监管、监督管理 |
| 96 | 2021.12.14 | 外交部 | 中国规范人工智能军事应用的立场文件 | 人工智能伦理、军事应用、安全治理、国际合作 |
| 97 | 2021.12.14 | 国家铁路局 | "十四五"铁路科技创新规划 | 智能铁路、科技创新应用 |
| 98 | 2021.12.21 | 工信部等八部门 | "十四五"智能制造发展规划 | 智能制造、科技创新应用 |
| 99 | 2021.12.21 | 工信部等 十五部门 | "十四五"机器人产业发展规划 | 科技创新应用 |
| 100 | 2021.12.21 | 国家统计局 | "十四五"时期统计现代化改革规划 | 信息化建设 |
| 101 | 2021.12.21 | 国家铁路局 | "十四五"铁路标准化发展规划 | 铁路标准化、智能铁路、科技创新应用 |
| 102 | 2021.12.22 | 工信部等九部门 | "十四五"医药工业发展规划 | 人工智能医疗、医药研发 |
| 103 | 2021.12.26 | 交通部 财政部 | 进一步加强农村公路技术状况检测评定工作 | 农村公路检测 |
| 104 | 2021.12.27 | 网信办 | "十四五"国家信息化规划 | 信息技术产业、要素资源配置、安全风险管控、算力设施建设、科技创新应用、信息化标准体系、数字产业升级、产业数字化、智能制造、智能社会治理、营商环境、智慧监管、应急管理、智慧养老 |
| 105 | 2021.12.29 | 国家市场监督管理总局等五部门 | 关于加强国家现代先进测量体系建设的指导意见 | 测量技术、科技创新应用、人才培育 |
| 106 | 2021.12.30 | 民政部 | "十四五"民政信息化发展规划 | 政务服务、人工智能平台、数据开放 |
| 107 | 2021.12.30 | 工信部 | 制造业质量管理数字化实施指南（试行） | 智能制造、数字化管控 |

表 4 人工智能相关地方法规（按发布日期序）

| 序号 | 发布日期 | 发布主体 | 规 范 名 称 |
|---|---|---|---|
| 1 | 2020.11.27 | 吉林省人大常委会 | 吉林省促进大数据发展应用条例 |
| 2 | 2020.12.24 | 浙江省人大常委会 | 浙江省数字经济促进条例 |
| 3 | 2021.02.22 | 江苏省人大常委会 | 中国（江苏）自由贸易试验区条例 |
| 4 | 2021.03.01 | 十堰市人大常委会 | 十堰市恐龙地质遗迹保护条例 |
| 5 | 2021.03.26 | 安徽省人大常委会 | 安徽省大数据发展条例 |
| 6 | 2021.04.02 | 湖北省人大常委会 | 湖北省地方金融条例 |
| 7 | 2021.04.08 | 江苏省人大常委会 | 江苏省地方金融条例 |
| 8 | 2021.04.16 | 河北省人大常委会 | 河北省信息化条例 |
| 9 | 2021.06.01 | 安徽省人大常委会 | 安徽创新型省份建设促进条例 |
| 10 | 2021.06.24 | 黄冈市人大常委会 | 黄冈市养老服务促进条例 |
| 11 | 2021.07.06 | 深圳市人大常委会 | 深圳经济特区数据条例 |
| 12 | 2021.07.14 | 深圳市人大常委会 | 深圳经济特区人工智能产业促进条例（草案） |
| 13 | 2021.07.30 | 天津市人大常委会 | 天津市节约用水条例 |
| 14 | 2021.07.30 | 天津市人大常委会 | 天津市推进北方国际航运枢纽建设条例 |
| 15 | 2021.07.30 | 浙江省人大常委会 | 浙江省标准化条例 |
| 16 | 2021.08.03 | 广东省人大常委会 | 广东省数字经济促进条例 |
| 17 | 2021.09.27 | 天津市人大常委会 | 天津市促进智能制造发展条例 |
| 18 | 2021.09.27 | 天津市人大常委会 | 天津市乡村振兴促进条例 |
| 19 | 2021.09.30 | 合肥市人大常委会 | 合肥市科技创新条例 |
| 20 | 2021.09.30 | 山东省人大常委会 | 山东省大数据发展促进条例 |
| 21 | 2021.09.30 | 浙江省人大常委会 | 浙江省人民代表大会常务委员会关于网络虚假信息治理的决定 |
| 22 | 2021.09.30 | 浙江省人大常委会 | 浙江省中医药条例 |
| 23 | 2021.11.22 | 滁州市人大常委会 | 滁州市优化营商环境条例 |
| 24 | 2021.11.25 | 上海市人大常委会 | 上海市数据条例 |
| 25 | 2021.11.29 | 天津市人大常委会 | 天津国家自主创新示范区条例 |
| 26 | 2021.12.15 | 福建省人大常委会 | 福建省大数据发展条例 |
| 27 | 2021.12.23 | 安徽省人大常委会 | 安徽省人力资源市场条例 |
| 28 | 2021.12.28 | 河南省人大常委会 | 河南省数字经济促进条例 |

表5　人工智能相关地方规章及规范性文件（按发布日期序）

| 序号 | 省/市 | 市/区 | 发布日期 | 发布主体 | 规范名称 |
|---|---|---|---|---|---|
| 1 | 安徽省 | | 2021.01.23 | 安徽省人民政府 | 中国（安徽）自由贸易试验区专项推进行动计划方案 |
| 2 | | | 2021.02.20 | 安徽省人民政府 | 安徽省国民经济和社会发展第十四个五年规划和2035年远景目标纲要 |
| 3 | | | 2021.05.26 | 教育部 安徽省人民政府 | 推动结构优化建设高质量高等教育体系共同行动方案 |
| 4 | | | 2021.09.07 | 安徽省人民政府 | 体育强省建设方案 |
| 5 | | | 2021.09.30 | 安徽省人民政府 | 安徽省实施《中华人民共和国动物防疫法》办法 |
| 6 | | | 2021.10.26 | 安徽省人民政府 | 安徽省知识产权保护办法 |
| 7 | 北京市 | 北京市 | 2021.02.05 | 北京市人民政府 | 2021年市政府工作报告重点任务清单 |
| 8 | | | 2021.02.09 | 北京经济技术开发区商务金融局 | 中国（北京）自由贸易试验区高端产业片区 亦庄组团实施方案 |
| 9 | | | 2021.02.18 | 北京市经济和信息化局 | 北京市数字经济领域"两区"建设工作方案 |
| 10 | | | 2021.03.05 | 北京市大数据工作推进小组 | 北京市"十四五"时期智慧城市发展行动纲要 |
| 11 | | | 2021.03.24 | 中共北京市委 北京市人民政府 | 关于构建现代环境治理体系的实施方案 |
| 12 | | | 2021.03.31 | 北京市政务公开领导小组办公室 | 北京市2021年政务公开工作要点 |
| 13 | | | 2021.03.31 | 中共北京市委　北京市人民政府 | 关于全面推进乡村振兴加快农业农村现代化的实施方案 |
| 14 | | | 2021.04.17 | 北京市教育委员会 | 关于推进互联网基础教育的工作方案 |
| 15 | | | 2021.04.21 | 北京市规划和自然资源委员会等四部门 | 关于开展老旧厂房更新改造工作的意见 |
| 16 | | | 2021.06.10 | 北京市人民政府 | 关于促进全民健身和体育消费推动体育产业高质量发展的实施意见 |
| 17 | | | 2021.06.22 | 北京市财政局 | 北京市"十四五"时期公共财政发展规划 |
| 18 | | | 2021.06.23 | 北京市广播电视局 | 关于加强广播电视网络视听公共服务体系建设的实施意见（2021年—2025年） |
| 19 | | | 2021.07.01 | 北京市人民政府行政审批制度改革办公室 | 关于深化"证照分离"改革进一步激发市场主体发展活力的工作方案 |
| 20 | | | 2021.07.01 | 中国人民银行营业管理部 | 进一步完善北京民营和小微企业金融服务体制机制行动方案（2021—2023年） |

（续表）

| 序号 | 省/市 | 市/区 | 发布日期 | 发布主体 | 规范名称 |
|------|-------|-------|----------|----------|----------|
| 21 | | | 2021.07.07 | 北京市科学技术委员会中关村科技园区管理委员会 | 中关村国家自主创新示范区促进科技金融深度融合创新发展支持资金管理办法 |
| 22 | | | 2021.07.07 | 北京市科学技术委员会中关村科技园区管理委员会 | 中关村国家自主创新示范区促进科技金融深度融合创新发展支持资金管理办法实施细则（试行） |
| 23 | | | 2021.07.08 | 北京市教育委员会 | 北京市中小学教师信息技术应用能力提升工程2.0推进指导方案 |
| 24 | | | 2021.07.08 | 北京市人民政府 | 北京市加快医药健康协同创新行动计划（2021—2023年） |
| 25 | | | 2021.07.22 | 北京市经济和信息化局 | 加快新型基础设施建设支持试点示范推广项目的若干措施 |
| 26 | | | 2021.07.30 | 中共北京市委北京市人民政府 | 加快建设全球数字经济标杆城市的实施方案 |
| 27 | 北京市 | 北京市 | 2021.07.31 | 北京市人民政府 | 北京市"十四五"时期乡村振兴战略实施规划 |
| 28 | | | 2021.08.11 | 北京市人民政府 | 北京市"十四五"时期高精尖产业发展规划 |
| 29 | | | 2021.08.12 | 北京市人民政府 | 北京市"十四五"时期商业服务业发展规划 |
| 30 | | | 2021.08.20 | 北京市人民政府 | 北京市"十四五"时期优化营商环境规划 |
| 31 | | | 2021.08.30 | 北京市经济和信息化局 | 北京市"新智造100"工程实施方案（2021—2025年） |
| 32 | | | 2021.08.31 | 北京市药品监督管理局 | 北京市"十四五"时期药品安全及高质量发展规划 |
| 33 | | | 2021.09.10 | 北京市城市管理综合行政执法局 | 北京市城市管理综合执法分类分级执法工作管理规定（试行） |
| 34 | | | 2021.09.28 | 北京市商务局等五部门 | 北京市关于促进数字贸易高质量发展的若干措施 |
| 35 | | | 2021.10.15 | 北京市民政局 | 北京市"十四五"时期民政事业发展规划 |
| 36 | | | 2021.11.03 | 中共北京市委北京市人民政府 | 北京市"十四五"时期国际科技创新中心建设规划 |
| 37 | | | 2021.11.10 | 北京市发展和改革委员会 | 北京市"十四五"时期现代服务业发展规划的通知 |
| 38 | | | 2021.11.10 | 北京市老龄工作委员会 | 北京市"十四五"时期老龄事业发展规划 |

（续表）

| 序号 | 省/市 | 市/区 | 发布日期 | 发布主体 | 规范名称 |
|---|---|---|---|---|---|
| 39 | 北京市 | 北京市 | 2021.11.18 | 北京市教育委员会 北京市财政局 | 北京市中学教师开放型在线辅导计划（试行） |
| 40 | | | 2021.11.19 | 北京市教育委员会 | 北京高等教育本科人才培养质量提升行动计划（2022—2024年） |
| 41 | | | 2021.11.19 | 北京市商务局 | 北京市专业服务业助力"走出去"发展若干措施 |
| 42 | | | 2021.11.20 | 北京市人民政府 | 北京市培育和激发市场主体活力持续优化营商环境实施方案 |
| 43 | | | 2021.11.28 | 北京市人民政府 | 北京市"十四五"时期生态环境保护规划 |
| 44 | | | 2021.11.29 | 中关村科技园区管理委员会 | "十四五"时期中关村国家自主创新示范区发展建设规划 |
| 45 | | | 2021.12.07 | 中共北京市委教育工作委员会 北京市教育委员会等十六部门 | 北京市学习型城市建设行动计划（2021—2025年） |
| 46 | | | 2021.12.12 | 北京市人民政府 | 关于加强极端天气风险防范应对工作的若干措施 |
| 47 | | | 2021.12.17 | 北京市教育委员会 | 北京研究生教育质量提升行动计划（2022—2024年） |
| 48 | | | 2021.12.21 | 北京市人民政府 | "十四五"时期健康北京建设规划 |
| 49 | | | 2021.12.22 | 北京市教育委员会 | 北京高校科研创新发展行动计划（2022—2024年） |
| 50 | | | 2021.12.24 | 中共北京市委教育工作委员会等九部门 | 北京市落实《教育部等六部门加强新时代乡村教师队伍建设的意见》的工作方案 |
| 51 | | 顺义区 | 2021.02.02 | 北京市顺义区人民政府 | 顺义区推进中国（北京）自由贸易试验区建设实施方案的通知 |
| 52 | | 海淀区 | 2021.03.08 | 北京市海淀区商务局 | 促进中国（北京）自由贸易试验区科技创新片区海淀组团产业发展的若干支持政策 |
| 53 | | 海淀区 | 2021.03.22 | 北京市海淀区人民政府 | 北京市海淀区国民经济和社会发展第十四个五年规划和二〇三五年远景目标纲要 |
| 54 | | 平谷区 | 2021.03.29 | 北京市平谷区人民政府 | 平谷区国民经济和社会发展第十四个五年规划和二〇三五年远景目标纲要 |
| 55 | | 密云区 | 2021.06.02 | 北京市密云区人民政府 | 北京市密云区国民经济和社会发展第十四个五年规划和二〇三五年远景目标纲要 |
| 56 | | 大兴区 | 2021.06.12 | 北京市大兴区人民政府办公室 | 大兴区数字经济创新发展三年行动计划（2021—2023年） |

（续表）

| 序号 | 省/市 | 市/区 | 发布日期 | 发布主体 | 规范名称 |
|---|---|---|---|---|---|
| 57 | 北京市 | 通州区 | 2021.08.09 | 北京市通州区人民政府办公室 | 北京城市副中心（通州区）国民经济和社会发展第十四个五年规划和二〇三五年远景目标纲要区级任务分工方案的通知 |
| 58 | 广东省 | 深圳市 | 2021.04.23 | 广东省人民政府 | 加快数字化发展的意见 |
| 59 | | | 2021.05.29 | 广州市工信局 | 广州人工智能与数字经济试验区产业导则 |
| 60 | | | 2021.02.10 | 深圳市人民政府 | 深圳市多功能智能杆基础设施管理办法 |
| 61 | | | 2021.02.18 | 深圳市人民政府 | 进一步促进科技成果产业化若干措施 |
| 62 | | | 2021.02.18 | 深圳市人民政府 | 推动制造业高质量发展坚定不移打造制造强市若干措施 |
| 63 | | | 2021.08.09 | 深圳市人民政府 | 深圳市首席数据官制度试点实施方案 |
| 64 | | | 2021.08.12 | 深圳市人民政府 | 复制推广中国（广东）自由贸易试验区深圳前海蛇口片区第六批改革创新经验 |
| 65 | | | 2021.09.29 | 深圳市工业和信息化局 | 深圳市工业和信息化局企业技术改造项目扶持计划操作规程 |
| 66 | 河北省 | | 2021.04.28 | 河北省人民政府 | 进一步加强水库除险加固和运行管护工作 |
| 67 | | | 2021.04.29 | 河北省人民政府 | 关于建立健全绿色低碳循环发展经济体系的实施意见 |
| 68 | | | 2021.05.14 | 河北省委 | 河北省法治社会建设实施方案（2021—2025年） |
| 69 | | | 2021.06.30 | 河北省人民政府 | 关于促进养老托育服务健康发展的实施意见 |
| 70 | | | 2021.06.30 | 河北省人民政府 | 贯彻落实习近平总书记在两院院士大会中国科协第十次全国代表大会上重要讲话精神进一步做好科技创新工作的意见 |
| 71 | | | 2021.06.30 | 河北省人民政府 | 关于持续深化"证照分离"改革进一步激发市场主体发展活力实施方案 |
| 72 | | | 2021.08.26 | 河北省人民政府 | 关于《河北省综合立体交通网规划纲要》的实施意见 |
| 73 | | | 2021.08.27 | 河北省交通运输厅等单位 | 加强铁路沿线安全环境治理工作实施意见 |
| 74 | | | 2021.09.03 | 河北省发展和改革委员会等十三部门 | 关于加快推动全省制造服务业高质量发展的实施意见 |
| 75 | | | 2021.10.14 | 河北省人民政府 | 河北省文化和旅游发展"十四五规划" |
| 76 | | | 2021.10.15 | 河北省人民政府 | 关于加快发展外贸新业态新模式的实施意见 |

（续表）

| 序号 | 省/市 | 市/区 | 发布日期 | 发布主体 | 规范名称 |
|---|---|---|---|---|---|
| 77 | 河北省 | | 2021.10.26 | 河北省人民政府 | 河北省就业促进"十四五规划" |
| 78 | | | 2021.11.04 | 教育部 河北省人民政府 | 关于提升区域职业教育发展动能打造品质保定的实施意见 |
| 79 | | | 2021.11.13 | 河北省人民政府 | 河北省科技创新"十四五规划" |
| 80 | | | 2021.11.14 | 河北省人民政府 | 河北省建设全国产业转型升级试验区"十四五规划" |
| 81 | | | 2021.11.14 | 河北省人民政府 | 河北省建设全国现代商贸物流重要基地"十四五规划" |
| 82 | | | 2021.11.15 | 河北省人民政府 | 河北省建设京津冀生态环境支撑区"十四五规划" |
| 83 | | | 2021.12.03 | 河北省人民政府 | 河北省气象事业发展"十四五规划" |
| 84 | | | 2021.12.07 | 河北省人民政府 | 河北省"十四五知识产权保护和运用规划" |
| 85 | | | 2021.12.16 | 河北省发展和改革委员会等五部门 | 关于破解瓶颈制约助推数字经济健康发展的若干政策 |
| 86 | | | 2021.12.20 | 河北省人民政府 | 推动生活性服务业补短板上水平提高人民生活品质行动方案（2022—2025年） |
| 87 | | | 2021.12.22 | 河北省人民政府 | 河北省妇女发展规划（2021—2030年）和河北省儿童发展规划（2021—2030年） |
| 88 | | | 2021.12.27 | 河北省人民政府 | 完善科技成果评价机制的实施意见 |
| 89 | | | 2021.12.29 | 河北省人民政府 | 河北省消防事业发展"十四五规划" |
| 90 | 河南省 | | 2021.01.07 | 教育部 河南省人民政府 | 关于深化职业教育改革推进技能社会建设的意见 |
| 91 | | | 2021.01.15 | 河南省人民政府 | 关于促进服装产业高质量发展的实施意见 |
| 92 | | | 2021.02.08 | 河南省人民政府 | 明确政府工作报告提出的2021年重点工作责任单位 |
| 93 | | | 2021.02.24 | 河南省人民政府 | 河南省加快医学教育创新发展实施方案 |
| 94 | | | 2021.04.02 | 河南省人民政府 | 河南省国民经济和社会发展第十四个五年规划和二〇三五年远景目标纲要 |
| 95 | | | 2021.04.07 | 河南省人民政府 | 河南省推进新型基础设施建设行动计划（2021—2023年） |
| 96 | | | 2021.04.22 | 河南省人民政府 | 河南省2021年国民经济和社会发展计划 |
| 97 | | | 2021.04.23 | 河南省人民政府 | 河南省突发公共卫生事件应急办法 |
| 98 | | | 2021.05.18 | 河南省人民政府 | 关于推进周口国家农业高新技术产业示范区建设的若干意见 |

（续表）

| 序号 | 省/市 | 市/区 | 发布日期 | 发布主体 | 规范名称 |
|---|---|---|---|---|---|
| 99 | 河南省 | | 2021.07.11 | 河南省人民政府 | 河南省"证照分离"改革全覆盖实施方案 |
| 100 | | | 2021.07.19 | 河南省人民政府 | 关于加强城市与建筑风貌管理的实施意见 |
| 101 | | | 2021.07.24 | 河南省人民政府 | 新兴产业投资引导基金创业投资引导基金实施方案和考核评价办法（试行） |
| 102 | | | 2021.08.26 | 河南省人民政府 | 河南省进一步优化政务服务便民热线实施方案 |
| 103 | | | 2021.08.26 | 河南省人民政府 | 河南省实验室建设管理办法（试行） |
| 104 | | | 2021.10.09 | 河南省人民政府 | 河南省"十四五"防震减灾规划 |
| 105 | | | 2021.10.15 | 河南省人民政府 | 河南省先进制造业集群培育行动方案（2021—2025 年） |
| 106 | | | 2021.11.18 | 河南省人民政府 | 关于提升高校科技创新能力的实施意见 |
| 107 | | | 2021.11.20 | 河南省人民政府 | 加强放权赋能改革后续工作 |
| 108 | | | 2021.12.01 | 河南省人民政府 | 河南省钢铁行业"十四五"转型升级实施方案 |
| 109 | | | 2021.12.04 | 河南省人民政府 | 关于加快建设体育强省的实施意见 |
| 110 | | | 2021.12.16 | 河南省人民政府 | 河南省"十四五残疾人保障和发展规划" |
| 111 | | | 2021.12.24 | 河南省人民政府 | 把兰考县纳入郑开同城化进程打造全国县域治理"三起来"样板总体方案及3个专项规划和行动方案 |
| 112 | | | 2021.12.25 | 河南省人民政府 | 河南省促进天使风投创投基金高质量发展实施方案<br>河南省数字经济和生物医药新材料政府引导基金设立方案 |
| 113 | 湖北省 | | 2021.01.01 | 湖北省人民政府 | 湖北省实施《中华人民共和国中小企业促进法》办法 |
| 114 | | | 2021.01.06 | 湖北省人民政府 | 加快全省医学教育创新发展实施方案 |
| 115 | | | 2021.01.07 | 湖北省人民政府 | 关于加强和规范事中事后监管的实施意见 |
| 116 | | | 2021.01.17 | 湖北省人民政府 | 关于推进基层政务服务"一网通办"的指导意见 |
| 117 | | | 2021.01.21 | 湖北省人民政府 | 支持中国（湖北）自由贸易试验区深化改革创新若干措施 |
| 118 | | | 2021.01.21 | 湖北省人民政府 | 关于进一步提升上市公司质量的实施意见 |
| 119 | | | 2021.02.04 | 湖北省人民政府 | 光谷科技创新大走廊发展战略规划（2021—2035 年） |
| 120 | | | 2021.02.07 | 湖北省人民政府 | 湖北省政务新媒体管理办法（试行） |

（续表）

| 序号 | 省/市 | 市/区 | 发布日期 | 发布主体 | 规范名称 |
|---|---|---|---|---|---|
| 121 | | | 2021.02.22 | 湖北省发改委 | 2021年全省国民经济和社会发展计划报告 |
| 122 | | | 2021.03.25 | 湖北省人民政府 | 推动公共卫生和医疗服务补短板若干措施 |
| 123 | | | 2021.04.09 | 湖北省人民政府 | 湖北省制造业产业链链长制实施方案（2021—2023年） |
| 124 | | | 2021.04.28 | 湖北省人民政府 | 《湖北省实施〈中华人民共和国中小企业促进法〉办法》贯彻实施工作方案 |
| 125 | | | 2021.05.17 | 湖北省人民政府 | 湖北省推动多式联运高质量发展三年攻坚行动方案（2021—2023年） |
| 126 | | | 2021.06.16 | 湖北省人民政府 | 培育壮大农业产业化龙头企业工作方案 |
| 127 | | | 2021.08.05 | 湖北省人民政府 | 加强水库除险加固和运行管护工作 |
| 128 | | | 2021.08.13 | 湖北省人民政府 | 《湖北省地方金融条例》贯彻实施工作方案 |
| 129 | | | 2021.09.04 | 湖北省人民政府 | 湖北省新型基础设施建设"十四五规划" |
| 130 | | | 2021.09.16 | 湖北省人民政府 | 湖北省生物产业发展"十四五规划" |
| 131 | 湖北省 | | 2021.09.22 | 湖北省人民政府 | 湖北省科技创新"十四五规划" |
| 132 | | | 2021.09.30 | 湖北省人民政府 | 湖北省推进农业农村现代化"十四五规划" |
| 133 | | | 2021.10.01 | 湖北省人民政府 | 实施"才聚荆楚"工程促进高校毕业生就业创业若干措施 |
| 134 | | | 2021.10.01 | 湖北省人民政府 | 湖北省新型城镇化规划（2021—2035年）和湖北省"十四五"推进新型城镇化建设实施方案 |
| 135 | | | 2021.10.04 | 湖北省人民政府 | 关于全面推进数字湖北建设的意见 |
| 136 | | | 2021.10.11 | 湖北省人民政府 | 湖北省城乡人居环境建设"十四五规划" |
| 137 | | | 2021.10.17 | 湖北省人民政府 | 湖北省数字经济发展"十四五规划" |
| 138 | | | 2021.10.19 | 湖北省人民政府 | 湖北·汉襄宜国家科技成果转移转化示范区建设方案 |
| 139 | | | 2021.10.29 | 湖北省人民政府 | 湖北省服务业发展"十四五规划" |
| 140 | | | 2021.10.29 | 湖北省人民政府 | 湖北省制造业高质量发展"十四五规划" |
| 141 | | | 2021.11.02 | 湖北省人民政府 | 湖北省应急体系"十四五规划" |
| 142 | | | 2021.11.04 | 湖北省人民政府 | 湖北省进一步深化"证照分离"改革实施方案 |

（续表）

| 序号 | 省/市 | 市/区 | 发布日期 | 发布主体 | 规范名称 |
|---|---|---|---|---|---|
| 143 | | | 2021.11.05 | 湖北省人民政府 | 湖北省自然资源保护与开发"十四五规划" |
| 144 | | | 2021.11.14 | 湖北省人民政府 | 湖北省生态环境保护"十四五规划" |
| 145 | | | 2021.11.19 | 湖北省人民政府 | 关于完善科技成果评价机制的实施意见 |
| 146 | | | 2021.11.23 | 湖北省人民政府 | 湖北省"十四五就业促进规划" |
| 147 | 湖北省 | | 2021.11.23 | 湖北省人民政府 | 湖北省教育事业发展"十四五规划" |
| 148 | | | 2021.11.27 | 湖北省人民政府 | 湖北省林业发展"十四五规划" |
| 149 | | | 2021.12.18 | 湖北省人民政府 | 湖北省消防救援事业发展"十四五规划" |
| 150 | | | 2021.12.25 | 湖北省人民政府 | 湖北省药品安全及促进医药产业高质量发展"十四五规划" |
| 151 | | | 2021.12.25 | 湖北省人民政府 | 湖北省妇女发展规划（2021—2030年）和湖北省儿童发展规划（2021—2030年） |
| 152 | | | 2021.12.25 | 湖北省人民政府 | 湖北省水安全保障"十四五规划" |
| 153 | | | 2021.12.31 | 湖北省人民政府 | 湖北省医疗保障事业发展"十四五规划" |
| 154 | | | 2021.02.05 | 江苏省人民政府 | 江苏高水平大学建设方案（2021—2025年） |
| 155 | | | 2021.02.09 | 江苏省人民政府 | 关于促进畜牧业高质量发展的实施意见 |
| 156 | | | 2021.02.26 | 江苏省人民政府 | 推动江苏医学教育创新发展实施方案 |
| 157 | | | 2021.03.29 | 江苏省人民政府 | 关于2020年度法治政府建设情况的报告 |
| 158 | | | 2021.05.10 | 江苏省人民政府 | 江苏省以新业态新模式引领新型消费加快发展实施方案 |
| 159 | | | 2021.05.29 | 江苏省人民政府 | 关于进一步加快推进铁路发展的意见 |
| 160 | 江苏省 | | 2021.06.29 | 江苏省人民政府 | 江苏省深化"证照分离"改革进一步激发市场主体发展活力实施方案 |
| 161 | | | 2021.07.19 | 江苏省人民政府 | 江苏省"十四五"现代服务业发展规划 |
| 162 | | | 2021.08.01 | 江苏省人民政府 | 江苏省"十四五"现代物流业发展规划 |
| 163 | | | 2021.08.03 | 江苏省人民政府 | 江苏省"十四五"消费促进规划 |
| 164 | | | 2021.08.09 | 江苏省人民政府中国气象局办公室 | 江苏省"十四五"气象发展规划 |
| 165 | | | 2021.08.09 | 江苏省人民政府 | 南京江北新区"十四五"发展规划 |
| 166 | | | 2021.08.10 | 江苏省人民政府 | 江苏省"十四五"数字经济发展规划 |
| 167 | | | 2021.08.10 | 江苏省人民政府 | 江苏省"十四五"新型基础设施建设规划 |
| 168 | | | 2021.08.13 | 江苏省人民政府 | 江苏省"十四五"新型城镇化规划 |

（续表）

| 序号 | 省/市 | 市/区 | 发布日期 | 发布主体 | 规范名称 |
|---|---|---|---|---|---|
| 169 | | | 2021.08.16 | 江苏省人民政府 | 江苏省"十四五"制造业高质量发展规划 |
| 170 | | | 2021.08.24 | 江苏省人民政府 | 江苏省"十四五"社会消防救援事业发展规划 |
| 171 | | | 2021.08.25 | 江苏省人民政府 | 江苏省"十四五"医疗保障发展规划 |
| 172 | | | 2021.08.27 | 江苏省人民政府 | 江苏省"十四五"知识产权发展规划 |
| 173 | | | 2021.08.31 | 江苏省人民政府 | 江苏省"十四五"金融发展规划 |
| 174 | | | 2021.08.31 | 江苏省人民政府 | 江苏省"十四五"数字政府建设规划 |
| 175 | | | 2021.09.03 | 江苏省人民政府 | 江苏省"十四五"养老服务发展规划 |
| 176 | | | 2021.09.06 | 江苏省人民政府 | 江苏省"十四五"粮食流通和物资储备发展规划 |
| 177 | | | 2021.09.10 | 江苏省人民政府 | 江苏省"十四五"应急管理体系和能力建设规划 |
| 178 | | | 2021.09.10 | 江苏省人民政府 | 江苏省"十四五"综合防灾减灾规划 |
| 179 | 江苏省 | | 2021.09.12 | 江苏省人民政府 | 江苏省"十四五"科技创新规划 |
| 180 | | | 2021.09.16 | 江苏省人民政府 | 关于促进全省生物医药产业高质量发展的若干政策措施 |
| 181 | | | 2021.09.17 | 江苏省人民政府 | 江苏省"十四五"安全生产规划 |
| 182 | | | 2021.09.25 | 江苏省人民政府 | 江苏省"十四五"残疾人事业发展规划 |
| 183 | | | 2021.09.26 | 江苏省人民政府 | 关于推进医疗保障基金监管制度体系改革的实施意见 |
| 184 | | | 2021.09.28 | 江苏省人民政府 | 江苏省"十四五"生态环境保护规划 |
| 185 | | | 2021.09.30 | 江苏省人民政府 | 江苏省"十四五"卫生健康发展规划 |
| 186 | | | 2021.10.12 | 江苏省人民政府 | 江苏省"十四五"高质量就业促进规划 |
| 187 | | | 2021.10.15 | 江苏省人民政府 | 江苏省"十四五"文化和旅游发展规划 |
| 188 | | | 2021.11.06 | 江苏省人民政府 | 江苏省"十四五"新能源汽车产业发展规划 |
| 189 | | | 2021.11.23 | 江苏省人民政府 | 江苏省全民科学素质行动规划（2021—2035年） |
| 190 | | | 2021.12.11 | 江苏省人民政府 | 江苏省"十四五"公共服务规划 |
| 191 | | | 2021.12.11 | 江苏省人民政府 | 江苏省贯彻中国反对拐卖人口行动计划（2021—2030年）实施意见 |
| 192 | | | 2021.12.18 | 江苏省人民政府 | 江苏省公共数据管理办法（省政府令第149号） |

（续表）

| 序号 | 省/市 | 市/区 | 发布日期 | 发布主体 | 规范名称 |
|------|-------|-------|---------|---------|---------|
| 193 | 江苏省 | | 2021.12.20 | 江苏省人民政府 | 江苏省广播电视公共服务实施办法（省政府令第153号） |
| 194 | | | 2021.12.20 | 江苏省人民政府 | 江苏省无障碍环境建设实施办法（省政府令第150号） |
| 195 | | | 2021.12.27 | 江苏省人民政府 | 关于建立健全职工基本医疗保险门诊共济保障机制的实施意见 |
| 196 | 山东省 | | 2021.04.22 | 山东省人民政府 | 数字山东2021行动方案 |
| 197 | 上海市 | | 2021.01.07 | 上海市人民政府 | 上海市浦东新区"一业一证"改革试点实施方案 |
| 198 | | | 2021.01.24 | 上海市卫生健康委员会 上海市中医药管理局 | 上海市进一步加快中医药传承创新发展三年行动计划（2021—2023年） |
| 199 | | | 2021.01.30 | 上海市人民政府 | 关于本市加快医学教育创新发展的实施意见 |
| 200 | | | 2021.02.07 | 上海市人民政府 | 上海市加快新能源汽车产业发展实施计划（2021—2025年） |
| 201 | | | 2021.02.23 | 上海市人民政府 | 关于本市"十四五"加快推进新城规划建设工作的实施意见 |
| 202 | | | 2021.03.15 | 上海市发展和改革委员会等 | 临港新片区高质量社会服务体系建设规划 |
| 203 | | | 2021.03.30 | 上海市人民政府 | 嘉定新城"十四五规划"建设行动方案 |
| 204 | | | 2021.03.31 | 上海市人民政府 | 青浦新城"十四五规划"建设行动方案 |
| 205 | | | 2021.04.06 | 上海市人民政府 | 法治上海建设规划（2021—2025年） |
| 206 | | | 2021.04.14 | 上海市人民政府 | 南汇新城"十四五规划"建设行动方案 |
| 207 | | | 2021.04.16 | 上海市人民政府 | "十四五"新城产业发展专项方案 |
| 208 | | | 2021.04.20 | 上海市人民政府 | 关于促进本市生物医药产业高质量发展的若干意见 |
| 209 | | | 2021.04.23 | 中共中央 国务院 | 关于支持浦东新区高水平改革开放打造社会主义现代化建设引领区的意见 |
| 210 | | | 2021.05.06 | 上海市人民政府 | 上海市2021—2023年生态环境保护和建设三年行动计划 |
| 211 | | | 2021.05.14 | 上海市人民政府 | 关于加快推进上海全球资产管理中心建设的若干意见 |
| 212 | | | 2021.06.01 | 上海市人民政府 | 上海市无障碍环境建设与管理办法 |

（续表）

| 序号 | 省/市 | 市/区 | 发布日期 | 发布主体 | 规范名称 |
|---|---|---|---|---|---|
| 213 | | | 2021.06.04 | 上海市人民政府 | 上海市市场监管现代化"十四五规划" |
| 214 | | | 2021.06.09 | 上海市人民政府 | 上海市"十四五时期"深化世界著名旅游城市建设规划 |
| 215 | | | 2021.06.17 | 上海市人民政府 | 上海市服务业发展"十四五规划" |
| 216 | | | 2021.06.18 | 上海市人民政府 | 上海市青少年发展"十四五规划" |
| 217 | | | 2021.06.23 | 上海市人民政府 | 上海国际航运中心建设"十四五规划" |
| 218 | | | 2021.06.24 | 上海市人民政府 | 上海市战略性新兴产业和先导产业发展"十四五规划" |
| 219 | | | 2021.06.28 | 上海市市场监督管理局 | 关于同意上海市人工智能标准化技术委员会组建方案的批复 |
| 220 | | | 2021.06.28 | 中共上海市委 | 关于厚植城市精神彰显城市品格全面提升上海城市软实力的意见 |
| 221 | 上海市 | 闵行区 | 2021.06.29 | 闵行区人民政府 | 关于加快推进大学科技园高质量发展、打造"环高校科创带的实施方案" |
| 222 | | | 2021.07.05 | 上海市人民政府 | 上海市先进制造业发展"十四五规划" |
| 223 | | | 2021.07.05 | 上海市人民政府 | 上海市卫生健康发展"十四五规划" |
| 224 | | | 2021.07.06 | 上海市经信委市场监管局 | 关于推进本市新一代人工智能标准体系建设的指导意见 |
| 225 | | | 2021.07.08 | 上海市人民政府 | 上海市张江科学城发展"十四五规划" |
| 226 | | | 2021.07.08 | 上海市经济信息化委等四部门 | 上海新一代人工智能算法创新行动计划 |
| 227 | | | 2021.07.09 | 上海市人民政府 | 上海市残疾人事业发展"十四五规划" |
| 228 | | | 2021.07.18 | 上海市人民政府 | 上海市气象服务保障"十四五规划" |
| 229 | | | 2021.07.22 | 上海市人民政府 | 中国（上海）自由贸易试验区临港新片区发展"十四五规划" |
| 230 | | | 2021.07.23 | 上海市人民政府 | 关于促进本市高新技术产业开发区高质量发展的实施意见 |
| 231 | | | 2021.07.26 | 上海市人民政府 | 上海市教育发展"十四五规划" |
| 232 | | | 2021.07.28 | 上海市人民政府 | 上海国际金融中心建设"十四五规划" |
| 233 | | | 2021.07.30 | 上海市人民政府 | 全力打响"上海服务品牌 加快构筑新时代上海发展战略优势三年行动计划"（2021—2024年） |
| 234 | | | 2021.07.30 | 上海市人民政府 | 全力打响"上海制造品牌 加快迈向全球卓越制造基地三年行动计划"（2021—2024年） |

（续表）

| 序号 | 省/市 | 市/区 | 发布日期 | 发布主体 | 规范名称 |
|---|---|---|---|---|---|
| 235 | 上海市 | | 2021.07.31 | 上海市人民政府 | 虹桥国际开放枢纽中央商务区"十四五规划" |
| 236 | | | 2021.09.09 | 上海市委宣传部 市司法局 | 在我市开展法治宣传教育的第八个五年规划（2021—2025年） |
| 237 | | | 2021.09.18 | 上海市人民政府 | 关于本市加快发展外贸新业态新模式的实施意见 |
| 238 | | | 2021.09.18 | 上海市人民政府 | 上海市全民健身实施计划（2021—2025年） |
| 239 | | | 2021.09.29 | 上海市人民政府 | 上海市建设具有全球影响力的科技创新中心"十四五规划" |
| 240 | | | 2021.10.13 | 上海市人民政府 | 上海市科技领域市与区财政事权和支出责任划分实施方案 |
| 241 | | | 2021.10.24 | 上海市人民政府 | 上海市全面推进城市数字化转型"十四五规划" |
| 242 | | | 2021.10.26 | 中国银保监会 上海市人民政府 | 关于推进上海国际再保险中心建设的指导意见 |
| 243 | | | 2021.11.26 | 上海市卫生健康委员会 上海市中医药管理局 | 上海市中医药发展"十四五规划" |
| 244 | | | 2021.12.13 | 上海市人民政府 | 上海法治政府建设规划（2021—2026年） |
| 245 | | | 2021.12.27 | 上海市经济和信息化委员会 | 上海市人工智能产业发展"十四五规划" |
| 246 | | | 2021.12.27 | 上海市人民政府 | 关于推进上海市公立医院高质量发展的实施方案 |
| 247 | | | 2021.12.31 | 上海市人民政府 | 上海市知识产权保护和运用"十四五规划" |
| 248 | | 宝山区 | 2021.04.01 | 宝山区人民政府 | 宝山区加快建设上海科创中心主阵地 促进产业高质量发展政策 |
| 249 | | 黄浦区 | 2021.06.01 | 黄浦区人民政府 | 关于进一步促进外资研发中心的实施意见 |
| 250 | | 闵行区 | 2021.07.16 | 闵行区人民政府 | 关于推进智能制造与工业互联网促数字化转型的政策意见 |
| 251 | | | 2021.11.10 | 闵行区人民政府 | 关于支持关键核心技术自主创新的实施意见 |
| 252 | | 浦东新区 | 2021.08.03 | 浦东新区人民政府 | 浦东新区推进张江科学城创新发展实施意见 |

（续表）

| 序号 | 省/市 | 市/区 | 发布日期 | 发布主体 | 规范名称 |
|---|---|---|---|---|---|
| 253 | 上海市 | 浦东新区 | 2021.08.03 | 浦东新区人民政府 | 上海市张江科学城专项发展资金管理办法 |
| 254 | | 普陀区 | 2021.09.28 | 上海市普陀区商务委员会等六部门 | 普陀区加快发展生命健康产业实施意见 |
| 255 | | 松江区 | 2021.05.17 | 松江区人民政府 | 松江新城"十四五规划"建设行动方案 |
| 256 | 四川省 | | 2021.12.02 | 四川省人民政府 | 无障碍环境建设管理办法 |
| 257 | | | 2021.12.31 | 四川省人民政府 | 关于建立健全养老服务综合监管制度的实施意见 |
| 258 | 天津市 | | 2021.01.05 | 教育部 天津市人民政府 | 关于深化产教城融合打造新时代职业教育创新发展标杆的意见 |
| 259 | | | 2021.01.20 | 天津市人民政府 | 天津市稳住外贸外资基本盘推进外贸创新发展若干措施 |
| 260 | | | 2021.02.27 | 天津市人民政府 | 天津市新型基础设施建设三年行动方案（2021—2023年） |
| 261 | | | 2021.04.15 | 天津市人民政府 | 关于同意设立中日（天津）健康产业发展合作示范区的批复 |
| 262 | | | 2021.05.28 | 天津市人民政府 | 天津市2021年食品安全监督管理计划 |
| 263 | | | 2021.05.28 | 天津市人民政府 | 天津海河教育园区管理规定 |
| 264 | | | 2021.06.04 | 天津市人民政府 | 关于全面推进生活垃圾分类工作的实施方案 |
| 265 | | | 2021.06.25 | 天津市人民政府 | 天津市水安全保障"十四五规划" |
| 266 | | | 2021.06.26 | 天津市人民政府 | 天津市制造业高质量发展"十四五规划" |
| 267 | | | 2021.07.15 | 天津市人民政府 | 贯彻落实《天津市服务业扩大开放综合试点总体方案》任务分工 |
| 268 | | | 2021.07.20 | 天津市人民政府 | 天津市深化"证照分离"改革进一步激发市场主体发展活力工作方案 |
| 269 | | | 2021.08.03 | 天津市人民政府 | 天津市社会消防事业发展"十四五规划" |
| 270 | | | 2021.08.08 | 天津市人民政府 | 天津市科技创新"十四五规划" |
| 271 | | | 2021.08.10 | 天津市人民政府 | 天津市应急管理"十四五规划" |
| 272 | | | 2021.08.11 | 天津市人民政府 | 天津市加快发展新型消费实施方案 |

（续表）

| 序号 | 省/市 | 市/区 | 发布日期 | 发布主体 | 规范名称 |
|---|---|---|---|---|---|
| 273 | 天津市 | | 2021.08.12 | 天津市人民政府 | 天津市综合交通运输"十四五规划" |
| 274 | | | 2021.08.19 | 天津市人民政府 | 天津市加快数字化发展三年行动方案（2021—2023年） |
| 275 | | | 2021.09.09 | 天津市人民政府 | 天津市金融业发展"十四五规划" |
| 276 | | | 2021.11.25 | 天津市人民政府 | 天津市"十四五"残疾人保障和发展规划 |
| 277 | | | 2021.12.24 | 天津市人民政府 | 天津市贯彻落实《中国反对拐卖人口行动计划（2021—2030年）》实施方案 |
| 278 | | | 2021.12.28 | 天津市人民政府 | 天津市智慧城市建设"十四五规划" |
| 279 | 浙江省 | | 2021.03.01 | 浙江省人民政府 | 关于加强技术创新中心体系建设的实施意见 |
| 280 | | | 2021.03.03 | 浙江省人民政府 | 浙江省深入实施促进经济高质量发展"凤凰行动计划"（2021—2025年） |
| 281 | | | 2021.04.12 | 浙江省人民政府 | 浙江省小微企业三年成长计划（2021—2023年） |
| 282 | | | 2021.05.06 | 浙江省人民政府 | 浙江省重大建设项目"十四五规划" |
| 283 | | | 2021.05.14 | 浙江省人民政府 | 浙江省社会信用体系建设"十四五规划" |
| 284 | | | 2021.05.28 | 浙江省人民政府 | 浙江省市场监管"十四五规划" |
| 285 | | | 2021.06.04 | 浙江省人民政府 | 浙江跨境电子商务高质量发展行动计划 |
| 286 | | | 2021.06.04 | 浙江省人民政府 | 浙江省数字政府建设"十四五规划" |
| 287 | | | 2021.06.08 | 浙江省人民政府 | 浙江省金融业发展"十四五规划" |
| 288 | | | 2021.06.09 | 浙江省人民政府 | 浙江省国资国企改革发展"十四五规划" |
| 289 | | | 2021.06.10 | 浙江省发展改革委商务厅 | 浙江省新型贸易发展"十四五规划" |
| 290 | | | 2021.06.10 | 浙江省发展改革委通信管理局 | 浙江省信息通信业发展"十四五规划" |
| 291 | | | 2021.06.10 | 浙江省人民政府 | 浙江省公共服务"十四五规划" |
| 292 | | | 2021.06.11 | 浙江省人民政府 | 浙江省妇女发展"十四五规划"和浙江省儿童发展"十四五规划" |
| 293 | | | 2021.06.11 | 浙江省人民政府 | 浙江省科技创新发展"十四五规划" |
| 294 | | | 2021.06.15 | 浙江省发展改革委省委组织部 | 浙江省人才发展"十四五规划" |
| 295 | | | 2021.06.16 | 浙江省人民政府 | 浙江省数字经济发展"十四五规划" |
| 296 | | | 2021.06.17 | 浙江省人民政府 | 浙江省综合交通运输发展"十四五规划" |

（续表）

| 序号 | 省/市 | 市/区 | 发布日期 | 发布主体 | 规范名称 |
|---|---|---|---|---|---|
| 297 | 浙江省 | | 2021.07.02 | 浙江省人民政府 | 浙江省全球先进制造业基地建设"十四五规划" |
| 298 | | | 2021.01.26 | 重庆市人民政府 | 推介一批区县政务服务典型经验做法 |
| 299 | | | 2021.02.03 | 重庆市人民政府 | 2021年市政府工作报告目标任务分解方案 |
| 300 | | | 2021.02.09 | 重庆市人民政府 | 重庆市推动交通强国建设试点实施方案（2021—2025年） |
| 301 | | | 2021.02.10 | 重庆市人民政府 | 重庆市国民经济和社会发展第十四个五年规划和二〇三五年远景目标纲要 |
| 302 | | | 2021.03.09 | 重庆市人民政府 | 关于加快推进气象事业高质量发展的意见 |
| 303 | | | 2021.03.18 | 重庆市人民政府 | 关于深入开展爱国卫生运动的实施意见 |
| 304 | | | 2021.03.22 | 重庆市人民政府 | 促进生产经营稳定发展若干措施 |
| 305 | | | 2021.03.31 | 重庆市人民政府 | 重庆市人民政府2021年立法工作计划 |
| 306 | | | 2021.04.01 | 重庆市人民政府 | 推进医疗保障基金监管制度体系改革的实施意见 |
| 307 | 重庆市 | | 2021.04.15 | 重庆市人民政府 | 促进生产经营稳定发展若干措施 |
| 308 | | | 2021.04.20 | 重庆市人民政府 | 支持制造业高质量发展若干政策措施 |
| 309 | | | 2021.04.27 | 重庆市人民政府 | 重庆市筑牢长江上游重要生态屏障"十四五建设规划"（2021—2025年） |
| 310 | | | 2021.04.30 | 重庆市人民政府 | 关于培育发展"巴渝新消费"的实施意见 |
| 311 | | | 2021.04.30 | 重庆市人民政府 | 重庆市深化"证照分离"改革进一步激发市场主体发展活力实施方案的通知 |
| 312 | | | 2021.05.14 | 重庆市人民政府 | 支持科技创新若干财政金融政策 |
| 313 | | | 2021.05.14 | 重庆市人民政府 | 重庆市2021年深化"放管服"改革优化营商环境实施方案 |
| 314 | | | 2021.05.18 | 重庆市人民政府 | 重庆市推进邮政快递业"两进一出"工程全国试点工作实施方案 |
| 315 | | | 2021.05.20 | 重庆市人民政府 | 促进农业机械化发展若干政策举措 |
| 316 | | | 2021.06.11 | 重庆市人民政府 | 重庆市防震减灾"十四五规划"（2021—2025年） |

（续表）

| 序号 | 省/市 | 市/区 | 发布日期 | 发布主体 | 规范名称 |
|---|---|---|---|---|---|
| 317 | | | 2021.06.30 | 重庆市人民政府 | 重庆市深化"证照分离"改革进一步激发市场主体发展活力实施方案的通知 |
| 318 | | | 2021.07.09 | 重庆市人民政府 | 重庆市国民经济和社会发展第十四个五年规划和二〇三五年远景目标纲要重大项目 |
| 319 | | | 2021.07.19 | 重庆市人民政府 | 重庆市制造业高质量发展"十四五规划"（2021—2025年） |
| 320 | | | 2021.08.04 | 重庆市人民政府 | 重庆市服务业扩大开放综合试点工作方案 |
| 321 | | | 2021.08.10 | 重庆市人民政府 | 重庆市深化生活垃圾分类工作实施方案 |
| 322 | | | 2021.08.13 | 重庆市人民政府 | 重庆市工业互联网创新发展行动计划（2021—2023年） |
| 323 | | | 2021.08.13 | 重庆市人民政府 | 重庆市推动制造业高质量发展重点专项实施方案 |
| 324 | | | 2021.08.18 | 重庆市人民政府 | 重庆市2021年度新能源汽车推广应用工作方案 |
| 325 | 重庆市 | | 2021.08.24 | 重庆市人民政府 | 重庆市促进养老托育服务健康发展实施方案 |
| 326 | | | 2021.08.24 | 重庆市人民政府 | 重庆市推进农业农村现代化"十四五规划"（2021—2025年） |
| 327 | | | 2021.08.27 | 重庆市人民政府 | 进一步深化税收征管改革实施方案 |
| 328 | | | 2021.09.03 | 重庆市人民政府 | 重庆市切实加强水库除险加固和运行管护工作实施方案 |
| 329 | | | 2021.09.13 | 重庆市人民政府 | 重庆市全面融入共建"一带一路"加快建设内陆开放高地"十四五规划"（2021—2025年） |
| 330 | | | 2021.09.18 | 重庆市人民政府 | 重庆市社会信用体系建设"十四五规划"（2021—2025年） |
| 331 | | | 2021.10.09 | 重庆市人民政府 | 重庆市综合交通运输"十四五规划"（2021—2025年） |
| 332 | | | 2021.10.11 | 中共重庆市委重庆市人民政府 | 重庆市综合立体交通网规划纲要（2021—2035年） |
| 333 | | | 2021.10.11 | 重庆市人民政府 | 重庆两江新区国民经济和社会发展第十四个五年规划和二〇三五年远景目标纲要 |
| 334 | | | 2021.10.18 | 重庆市人民政府 | 支持邮政快递业服务经济高质量发展若干意见 |

（续表）

| 序号 | 省/市 | 市/区 | 发布日期 | 发布主体 | 规范名称 |
|---|---|---|---|---|---|
| 335 | | | 2021.11.04 | 重庆市人民政府 | 关于新时代推动革命老区振兴发展的实施意见 |
| 336 | | | 2021.11.10 | 重庆市人民政府 | 重庆市教育事业发展"十四五规划"（2021—2025年） |
| 337 | | | 2021.11.11 | 重庆市人民政府 | 关于提升制造业产业链供应链现代化水平的实施意见 |
| 338 | | | 2021.11.12 | 重庆市人民政府 | 重庆市商务发展"十四五规划"（2021—2025年） |
| 339 | | | 2021.11.19 | 重庆市人民政府 | 重庆市"互联网+督查"平台政务咨询投诉管理暂行办法 |
| 340 | | | 2021.11.22 | 重庆市人民政府 | 重庆市知识产权保护和运用"十四五规划"（2021—2025年） |
| 341 | | | 2021.11.22 | 重庆市商务委员会 | 商务发展"十四五规划" |
| 342 | 重庆市 | | 2021.11.23 | 重庆市人民政府 | 重庆市数字经济"十四五"发展规划（2021—2025年） |
| 343 | | | 2021.11.25 | 重庆市人民政府 | 重庆市消防救援事业发展"十四五规划"（2021—2025年） |
| 344 | | | 2021.11.26 | 重庆市人民政府 | 关于全面提升我市高校科技创新能力的意见 |
| 345 | | | 2021.12.01 | 重庆市人民政府 | 重庆市全民科学素质行动规划纲要实施方案（2021—2025年） |
| 346 | | | 2021.12.10 | 重庆市人民政府 | 关于贯彻落实国家标准化发展纲要的实施意见 |
| 347 | | | 2021.12.13 | 重庆市人民政府 | 重庆市内陆国际物流分拨中心建设实施方案（2021—2025年） |
| 348 | | | 2021.12.13 | 重庆市商务委员会 | 重庆市大型商品交易市场发展"十四五规划" |
| 349 | | | 2021.12.16 | 重庆市人民政府 | 重庆市数据治理"十四五规划"（2021—2025年） |
| 350 | | | 2021.12.16 | 重庆市商务委员会等八部门 | 关于推动蚕桑丝绸产业高质量发展的意见 |
| 351 | 陕西省 | | 2021.10.27 | 陕西省人民政府 | 陕西省数字政府建设"十四五"规划 |
| 352 | 甘肃省 | | 2021.9.21 | 甘肃省人民政府 | 甘肃省"十四五"数字经济创新发展规划 |

# 三、国外人工智能法律与政策

## （一）基本概况

### 1. 法律层面：探索人工智能的治理路径

近几年人工智能的快速迭代和应用扩展，引发了一系列问题，各国和地区都在积极探索治理的思路和路径。以欧盟法为代表的立法，直面人工智能可能导致的风险，欧盟推出了《人工智能法案》，尝试基于风险分级的思路，对不同级别和应用领域的行为给予分别的监督和管控。以美国法为代表的立法，则更加关注技术创新带来的优势，美国推出《国家人工智能倡议法案》等多部法案，增加科研投入和应用推广，尤其是在军事领域的深度应用，促进人工智能的快速迭代，巩固科技领先地位。同时美国也关注人工智能的安全问题，推动制定了《人工智能能力和透明度法案》，以提升政府人工智能系统透明度。此外，新加坡等国家和地区，也在修改或制定法律，放松管制和构建发展框架，鼓励人工智能的发展。

### 2. 政策层面：鼓励人工智能的创新应用

世界各主要国家和地区的政策也可以概括为促进和监管两个方面。一方面，由于 2021 年新冠肺炎疫情的反复，一些国家和地区及时出台政策鼓励人工智能创新和应用，以期带动经济发展和提升治理效能。英国升级《国家人工智能战略》，加大资金投入，确保人工智能的发展带动英国繁荣和地位提升。俄罗斯升级《俄罗斯联邦国家安全战略》，准备利用人工智能等先进技术促进经济增长和信息安全发展。另一方面，政府当局也在寻求对技术安全性、可靠性的监管。美国发布《人工智能：联邦机构和其他实体的问责框架》，确保人工智能系统长期的可靠性。联合国教科文组织发布《人工智能伦理建议书》，希望世界各国在发展人工智能的同时，遵守伦理准则，尊重人的尊严和基本自由，确保人工智能健康发展、造福人类。此外，也有地区尝试跨越式应用探索。北约发布首个《北约人工智能战略》，鼓励以合理的方式在国防、军事和安全领域使用人工智能技术，以遏制对手的威胁。

## （二）法律与政策

### 1. 欧洲探索人工智能监管的进一步方法

在欧盟，2021 年 4 月 21 日，欧盟委员会公布了《人工智能法案》（PAIA）的提案，[①] 该法案通过基于风险的方法对人工智能进行了监管。拟议的法案完全禁止人工智能的某些用途，同时要求对高风险应用程序进行更详细的监管，并对有限风险应用程序提出某些透明度要求。该提案还包括执行规则，例如成员国有义务指定国家监管机构和建立欧洲人工智能委员会。该提案是人工智能监管中需要讨论的主要议题的一个很好的例子。

2021 年 6 月 21 日，欧洲数据保护委员会（EDPB）和欧洲数据保护监管机构（EDPS）发布了一项联合意见，呼吁全面禁止"任何使用人工智能自动识别可公开访问的人类特征的行为"，例如在任何情况下识别面部、步态、指纹、DNA、语音、击键和其他生物特征或行为信号的行为。

在该意见中，EDPB 和 EDPS 对欧盟委员会（EC）提议的人工智能法规的基于风险的方法表示欢迎，并强调它具有重要的数据保护含义。该意见还指出，EDPS 经由欧盟人工智能法规指定为监管欧盟机构的主管当局和市场监督机构，其作用应进一步明确。值得注意的是，该意见还建议"禁止人工智能系统使用生物识别技术根据种族、性别、政治或性取向或《欧盟基本权利宪章》第 21 条禁止歧视的其他理由将个人归类为集群"。

此外，EDPB 和 EDPS 指出，"认为使用人工智能来推断自然人的情绪是非常不可取的，应该被禁止，除非非常具体的情况，例如出于某些健康目的，其中患者情绪识别是重要的事，应禁止将人工智能用于任何类型的社交评分"。

2021 年 10 月 6 日，欧洲议会通过决议，呼吁全面禁止在公共场合进行大规模面部识别，对人工智能面部识别技术的监管进一步收紧。实际上，对人脸识别技术的规范和管理早已成为国内外的共同难题。此次决议呼吁全面禁止在公共场所进行自动面部识别，并对警方使用人工智能进行的预测性警务活动实施严格限制措施。决议还呼吁禁止使用私人面部识别数据库，并表示基于行为数据的预测性，警务活动也应该被取缔。此外，

---

[①] See Proposal for a Regulation Laying down Harmonised Rules on Artificial Intelligence（Artificial Intelligence Act），COM（2021）206 final（2021），https：//eur-lex.europa.eu/legal-content/EN/TXT/? uri=CELEX:52021PC0206.

决议还希望禁止试图根据公民的行为或个性，对公民的信用进行评分的社会评分系统。

对于远程生物特征监测的人工智能技术，委员会在报告中呼吁：

> "通过立法和非立法手段，必要时通过侵权诉讼，禁止出于执法目的的生物识别数据处理，包括通过面部图像识别，在公共场所进行大规模监视。
>
> 无论 AI 如何建议，最终必须由人来定夺。"

此次决议还针对人工智能算法强调了人类监督，以防止人工智能的歧视——尤其是在执法和过境检查方面的应用。欧洲议会同意，无论人工智能辅助系统的建议如何，最终的决定必须始终由人类作出，并表示由人工智能驱动的系统监控的对象必须能够获得补救。欧洲议会议员指出，这类系统已被证明会错误识别少数族裔群体、LGBT 人群、老年人和女性。算法应该透明、可追溯并有充分的记录。公共部门应尽可能使用开源软件，以提高透明度。欧洲议会议员还认为一项有争议的欧盟资助的研究项目——基于面部表情分析结果的智能测谎仪项目（iBorderCtrl）应该停止，该项目此前被用于自动化边境管理系统。决议还呼吁禁止人工智能协助司法决策，这可能会巩固和扩大刑事司法系统中的系统性偏见。

在法国，生物识别技术也在被严格限制。2021 年 8 月 18 日，法国数据保护机构（CNIL）发布关于使用生物识别设备（特别是手形识别系统）监控的意见。该意见特别指出，学生或未成年人的法定监护人的同意是必要的，并且应该可以自由拒绝使用该系统。此外，在开始与系统相关的处理活动之前，学校要通知数据主体，即学生及其法定监护人，并征求数据主体的明确同意，例如发送表格以供签署和退回，提供勾选框或类似的声明。此外还要求除处理活动、确定保留期限和实施数据安全措施绝对必要的数据外，学校不得收集个人数据。

在德国，政府支持一个多年的项目，以促进协作开发自动驾驶汽车安全和性能的模拟测试方法；后续项目正在进行中，国际技术社区参与了相关讨论。2021 年 7 月 12 日，德国还通过了《自动驾驶法》，[①] 这是德国首部允许在常规交通中使用 SAE 定义的

---

① See Gesetz zur Änderung des Straßenverkehrsgesetzes und des Pflichtversicherungsgesetzes—Gesetz zum autonomen Fahren, *Bundesgesetzblatt Teil I. Nr. 48 vom*, https://perma.cc/LAW7-G4BU.

第 4 级自动驾驶的国家法律，① 尽管该法律要求其只有在当局指定的情况下才可使用，并要求车辆应受到人类监督。该法律为德国在设计自动驾驶汽车技术方面，提供了一些法律上的明确性和优势。该法律规定了全国自动驾驶汽车审批流程的三个步骤；列出制造商的义务和数据处理要求；并且，由于自动驾驶功能不再需要人在操作过程中驾驶车辆，该法律引入了"技术监督员"的角色，以确保其符合当前的国际法规。

欧盟尚不存在专门用于批准自动驾驶汽车的立法框架。然而，现有的欧盟立法在很大程度上适用于自动驾驶汽车，例如 2018 年更新的 2007/46/EC 框架指令，② 自 2020 年起用于批准机动车辆。2021 年 11 月，欧盟提出一份关于自动驾驶系统的欧盟实施法案草案，③ 这意味着欧盟委员会朝着塑造整个欧盟自动驾驶汽车的未来迈出了重要的第一步。该法案提出了一个统一的欧洲监管框架，用于在欧盟成员国的公共道路上部署 4 级和 5 级自动驾驶汽车。

此外，欧盟委员会于 2019 年成立了一个独立专家组，就无人驾驶汽车引发的伦理问题提供建议，旨在自动驾驶汽车在欧盟安全部署之前解决一系列技术、监管和社会挑战。该专家组 2020 年发布的报告提出了 20 条建议，涵盖道德困境，树立责任文化以及通过公众参与促进数据、算法和人工智能素养等内容。对道德原则的关注可以指导自动驾驶汽车网络安全、监管和其他政策的演变。欧洲公民参与自动驾驶汽车倡议的早期阶段，并就可信来源的自动驾驶汽车安全和网络安全进行沟通，将是建立信任和塑造公众对风险和机遇的看法的重要步骤。

英国未来在人工智能领域的投资将进一步加大，以使英国的人工智能发展获得全球性领先地位。2021 年 9 月 22 日，英国政府人工智能办公室发布升级版的《国家人工智能战略》，以通过该战略的实施，将人工智能的巨大潜力转化为英国的更大的增

---

① SAE，前身为汽车工程师协会，制定了业界最常被引用的用于定义和标记驾驶自动化程度的规则之一。SAE 目前描述了 6 个级别的驾驶自动化，范围从 0 级（无驾驶自动化）到 5 级（完全驾驶自动化）。See Driving Automation Systems for On-Road Motor Vehicles，https：//www.sae.org/standards/content/j3016_202104/.

② See Directive 2007/46/EC of the European Parliament and of the Council，https：//eur-lex.europa.eu/legal-content/EN/TXT/?uri=CELEX%3A32007L0046.

③ See https：//circabc.europa.eu/sd/a/4664e8a3-0634-4430-8035-9fc07d99b2bf/Com%20Impl%20act%20AD%20V4.1.pdf.

长、繁荣和社会效益，并带头将人工智能应用到 21 世纪最大的挑战中。该升级版战略，确定了短、中、长期战略计划（见图 1-41）。

| 一是短期（未来3个月） | 二是中期（下一个6至12个月） | 三是长期（未来12个月及以后） |
| --- | --- | --- |
| ·公布英国数据伦理与创新中心（CDEI）人工智能保障路线图；<br>·根据《数据：新方向磋商》确定数据保护在更广泛的人工智能治理中的角色；<br>·公布国防部在使用人工智能时的方法细节；<br>·开发国际人工智能活动的方式。 | ·就治理和监管人工智能发布关于支持创新的国家立场的白皮书；<br>·完成对算法透明度的深入分析并制定一个跨政府标准；<br>·试点"人工智能标准中心"协调英国参与全球人工智能标准化工作；<br>·建立中长期人工智能监测扫描功能，提高政府的人工智能安全意识。 | ·与利益相关者探讨开发人工智能技术标准参与工具包，以支持人工智能生态系统参与全球人工智能标准化工作；<br>·与全球合作伙伴共同应对研发挑战，利用海外发展援助将人工智能置于全球伙伴关系的核心；<br>·与阿兰·图灵研究所合作，更新公共部门的人工智能道德和安全指南；<br>·与国家安全、国防和领先研究人员合作，了解公共部门的哪些行动可以安全推进人工智能并减轻灾难性风险。 |

图 1-41　英国国家人工智能战略不同时期战略计划

英国在人工智能方面的许多成功都得到了 2017 年产业战略的支持，该战略阐述了政府使英国成为全球人工智能创新中心的愿景。2018 年 4 月，英国政府和国内人工智能生态系统成员达成了一项近 10 亿英镑的人工智能部门交易，以提升英国作为开发人工智能技术领导者的全球地位。升级版的国家人工智能战略建立在英国的优势之上，同时也代表了英国人工智能迈出新的一步，即认识到人工智能在提高私营和公共部门的弹性、生产力增长和创新方面的力量。英国将如何为未来十年做好准备，主要建立在对未来十年的三个假设之上（见图 1-42）：

图 1-42　英国国家人工智能战略的三个假设

因此，英国国家人工智能战略的目的（如图 1-43 所示）。

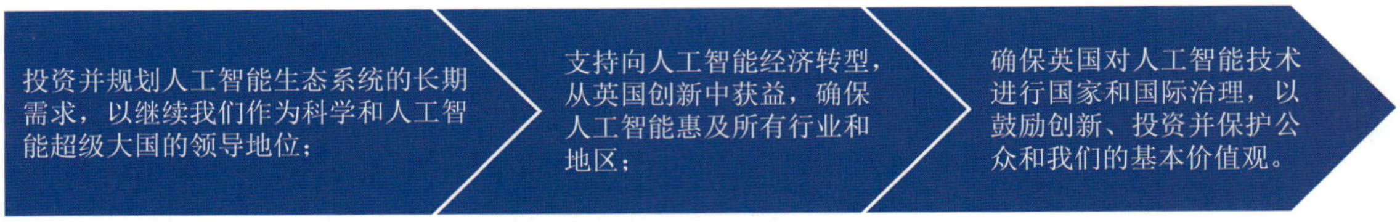

| 投资并规划人工智能生态系统的长期需求，以继续我们作为科学和人工智能超级大国的领导地位； | 支持向人工智能经济转型，从英国创新中获益，确保人工智能惠及所有行业和地区； | 确保英国对人工智能技术进行国家和国际治理，以鼓励创新、投资并保护公众和我们的基本价值观。 |

图 1-43　英国国家人工智能战略的目的

英国国家人工智能战略制定了实现三大支柱的短期、中期和长期计划。人工智能办公室位于数字、文化、媒体和体育部以及商业、能源和工业战略部之下，将负责全面实施该战略，监测进展情况，并推动该战略在政府、工业、学术界和民间社会的实施。此外，升级版的《国家人工智能战略》概述了英国政府如何设想与数据和创新相关的各种磋商和政策，努力为人工智能创造一个有利于创新的环境。

### 2. 美国支持人工智能研发应用以确保领先地位

#### （1）推进人工智能创新确保竞争优势地位

2021 年 1 月 1 日，特朗普总统签署了 2021 财年的《国防授权法案》（NDAA），其中包括《2020 年国家人工智能倡议法案》。该法案设立了国家人工智能计划，要求在联邦政府范围内制定一项协调计划，以加速人工智能研究和应用，支持美国的经济繁荣、国家安全和提高人工智能的领导地位。除了创建该计划外，该法案内容还包括成立国家人工智能研究资源特别工作组，召集来自学术界、政府和行业的技术专家小组，对建立国家人工智能研究资源工作组（NAIRR）的可行性和可取性进行评估并提出建议。

2021 年 6 月 8 日，美国参议院通过了《美国创新与竞争法案》，[1] 旨在通过向美国科学和技术领域投资超过 2000 亿美元，提高美国对中国的技术竞争能力。未来五年的技术创新，将人工智能、机器学习和自主可控列为"关键技术重点领域"。800 亿美元专门用于人工智能、机器人和生物技术的研究。在其他各种计划和活动中，该法案在国家科学基金会（NSF）中设立了一个技术与创新理事会，支持科学研究、开发渠道、创建赠款，旨在促进私营公司与研究型大学之间的协议，以鼓励技术突破。

---

[1]　See S.1260，117th Cong（2021）.

该法案还包括被标记为"人工智能特定条款"的条款，旨在"鼓励机构的人工智能相关计划和举措，以提高美国的竞争力"，同时确保人工智能部署"与美国的价值观，包括保护隐私、公民权利和公民自由"相协调。人工智能特定条款要求管理和预算办公室（OMB）主任制定在政府中使用人工智能的原则和政策时，要同时考虑人工智能国家安全委员会（NSCAI）报告、2020 年 12 月 3 日"促进联邦政府使用可信赖的人工智能"的行政命令以及各机构间委员会和专家的意见。

### （2）设立职能部门研究发展的路线和计划

2021 年 6 月 10 日，白宫科技政策办公室（OSTP）和国家科学基金会（NSF）根据 NDAA 的要求成立了工作组。工作组将制定协调路线图和实施计划，以建立和维持 NAIRR——一个为研究人员提供计算资源、高质量数据集、教育工具和用户支持的国家研究云平台，以提升人工智能研发的机会。路线图和实施计划还包括治理和监督模型、技术能力以及对隐私和公民自由的评估等内容。工作组将向国会提交两份报告，2022 年 5 月的临时报告和 2022 年 11 月的最终报告，以介绍其调查结果、结论和建议。[1] 信息征求（RFI）将发布在联邦公报中，以收集公众对 NAIRR 制定和实施的意见。

2021 年 6 月 10 日，拜登政府还宣布成立国家人工智能咨询委员会，其任务是就与人工智能相关的各种主题提供建议，包括美国经济竞争力和领导力的现状，人工智能的研发和商业应用。[2] 此外，咨询委员会将评估国家人工智能计划的管理、协调和活动，以及社会、道德、法律、安全和安保事项等考虑因素。RFI 将发布在联邦公报中，以征集专家的提名，针对这些问题提出建议，收集包括来自劳工、教育、研究、初创企业等方面的意见。

### （3）国防部引领以落实负责任的人工智能

2021 年 5 月 26 日，在题为《在国防部实施负责任的人工智能》的备忘录中，国

---

[1] 工作组组成来自公共部门、私营部门和学术界，包括 Defined Crowd 首席执行官丹妮拉·布拉加（Daniela Braga）、谷歌云人工智能主管安德鲁·摩尔（Andrew Moore）和斯坦福大学的李飞飞。OSTP 人工智能助理主任林恩·帕克（Lynne Parker）将与 NSF 高级顾问欧文·吉安坎达尼（Erwin Gianchandani）共同主持这项工作。

[2] The White House Press Release, The Biden Administration Launches the National Artificial Intelligence Research Resource Task Force, https://www.whitehouse.gov/ostp/news-updates/2021/06/10/the-biden-administration-launches-the-national-artificial-intelligence-research-resource-task-force/.

防部副部长凯瑟琳·希克斯（Kathleen Hicks）呼吁将负责任的人工智能原则纳入国防部的人工智能要求和采购流程。该备忘录概述了国防部在整个部门实施"负责任的人工智能"的六个"基本原则"（见图 1-44），重申了国防部的人工智能道德原则，并确认这些基本原则应用于国防部任何能力范围的人工智能，包括人工智能支持的自主系统。该备忘录指示联合人工智能中心（JAIC）协调国防部的负责任的人工智能战略。"负责任的人工智能"将成为国防部采购人工智能和机器学习能力以及研发资助工作的重要考虑因素。

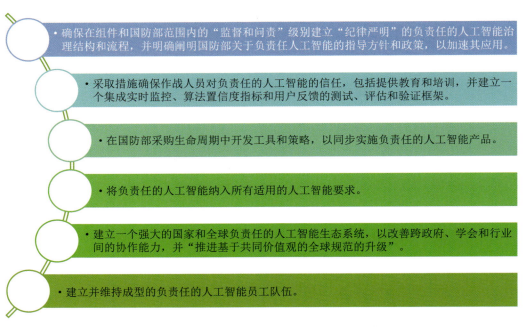

图 1-44　美国国防部"负责任的人工智能"的基本原则

国防部正在寻求利用人工智能和其他尖端技术，如高超音速和量子计算，为美国军队开辟作战优势。有迹象表明，人工智能的联邦市场正在增长。拜登政府提议的 2022 财年国防预算为 7150 亿美元，其中包括 8.74 亿美元的人工智能投资。国防部表示，其人工智能工作目前已超过 600 项，比 2021 财年的工作量增加了约 50%。

（4）促进和保障人工智能和算法的透明度

2021 年 5 月 19 日，参议员罗伯·波特曼和马丁·海因里希提出了两党合作的《人工智能能力和透明度法案》（AICT）。[①]AICT 将为政府的人工智能系统提供更高的

---

① 　See S. 1705，117th Cong（2021）.

透明度，主要基于人工智能国家安全委员会（NSCAI）于 2021 年 4 月颁布的建议。AICT 将在国防部、能源部和情报部门内部设立一名首席数字招聘官，以确定数字人才的需求并招聘人员，并建议国家科学基金会（NSF）建立人工智能安全和人工智能伦理的重点领域，作为建立新的联邦资助的国家人工智能研究机构的一部分。

AICT 伴随着《军事人工智能法案》（AIM）。[①]AIM 旨在实施 NSCAI 提出的与军队技术员工相关的建议，其改进了针对初级军官和国防部领导层的人工智能和新兴技术主题的教育和培训，以便军队可以更好地利用人工智能。AICT 将在国防部内设立一个试点人工智能开发和原型设计基金，其旨在为军队的作战需求开发人工智能技术，并将为国防部制定一项资源计划，以实现开发、测试、部署和更新人工智能驱动的应用程序。

2021 年 5 月 27 日，参议员爱德华·马基和国会议员松井·多丽丝提出了《2021 年算法正义和在线平台透明度法案》，[②] 以禁止有害算法，增加网站内容放大和审核实践的透明度，并以委托的方式对整个国民经济中的歧视性算法流程进行跨政府调查。该法案将禁止在线平台上基于种族、年龄、性别、能力和其他受保护特征进行歧视性算法处理。此外，该法案将建立算法的安全性和有效性标准，要求在线平台以通俗易懂的语言向用户描述算法过程，并保留这些过程的详细记录以供 FTC 审查。

### （5）加强人工智能应用中数据与隐私保护

2021 年 6 月 17 日，参议员克尔斯滕·吉利布兰德提出了《2021 年数据保护法案》，[③] 该法案将创建一个独立的联邦机构来保护消费者数据和隐私。该机构的主要重点是保护与收集、使用和处理个人数据有关的个人隐私。该法案将"自动决策系

---

① See S. 1776, 117th Cong.（2021）.

② See S. 1896，117th Cong（2021）；see also Press Release，Senator Markey，Rep. Matsui Introduce Legislation to Combat Harmful Algorithms and Create New Online Transparency Regime，https：//www.markey.senate.gov/news/press-releases/senator-markey-rep-matsui-introduce-legislation-to-combat-harmful-algorithms-and-create-new-online-transparency-regime.

③ See S. 2134，117th Cong（2021）；see also Press Release，Office of U.S. Senator Kirsten Gillibrand，Press Release，Gillibrand Introduces New And Improved Consumer Watchdog Agency To Give Americans Control Over Their Data，https://www.gillibrand.senate.gov/news/press/release/gillibrand-introduces-new-and-improved-consumer-watchdog-agency-to-give-americans-control-over-their-data.

统"定义为"一种计算过程，包括从机器学习、统计或其他数据处理或人工智能技术中衍生出来的，可以作出决策或促进人类决策"。此外，"自动化决策系统处理"是一种"高风险数据实践"，需要在部署后进行影响评估和对系统开发设计的风险评估，包括对实践的详细描述、设计、方法、训练数据、目的以及任何多元的影响和隐私损害。然而，立法也鼓励在利用中保障人工智能安全。例如 2021 年 6 月 22 日，众议院通过《消费者安全技术法案》。[①] 该法案要求消费品安全委员会制定一项试点计划，利用人工智能探究消费者安全问题，例如伤害趋势、产品危害、产品召回或禁止进口等问题。

2021 年 7 月，美国统一法律委员会（ULC）通过了《统一个人数据保护法》（UPDPA），[②] 该法案是一项旨在统一州隐私立法的示范法案。经过最终修订后，该法案于 2022 年 1 月被州立法机构引入。UPDPA 在形式和实质上与美国乃至国际上现有的隐私和数据保护法不同。该法案将为个人提供更少、更有限的访问或以其他方式控制数据的权利，并对假名数据提供了广泛的豁免。UPDPA 缩小了适用范围，仅适用于"记录系统"中"持有"的个人数据，该数据用于检索有关个人数据主体的记录，以进行个性化沟通或决策实践。该法案的核心内容是对"兼容""不兼容"和"禁止"的数据实践作出了实用区分，超越了基于数据实践有利于／不利于数据主体的可能性的纯粹同意模型。

### （6）强化保护严格限制生物识别信息滥用

2021 年 6 月 15 日，参议员爱德华·马基、杰夫·默克利、伯尼·桑德斯、伊丽莎白·沃伦和罗恩·怀登和众议员普拉米拉·贾亚帕尔、阿雅娜·普莱斯利和拉希达·特莱布重新引入《面部识别和生物识别技术暂停法案》，[③] 该法案将禁止机构使用

---

① See H.R. 3723, 117th Cong（2021）.

② 自 2019 年以来，ULC 致力于起草州隐私法范本。ULC 最初成立于 1892 年，其使命是"为各州提供无党派立场、精心构思和起草的立法，提高州成文法的清晰度和稳定性"。随着时间的推移，它的许多立法工作都非常有影响力并在美国成为法律。例如，ULC 于 1952 年起草了《统一商法典》。最近，ULC 起草的《数字资产统一信托访问法》（2014—2015）已在至少 46 个州采用。

③ See S., 117th Cong.（2021）; see also Press Release, Senators Markey, Merkley Lead Colleagues on Legislation to Ban Government Use of Facial Recognition, Other Biometric Technology, https://www.markey.senate.gov/news/press-releases/senators-markey-merkley-lead-colleagues-on-legislation-to-ban-government-use-of-facial-recognition-other-biometric-technology.

面部识别技术和其他由联邦实体实施的生物识别技术，包括语音识别、门禁识别和其他不可变物理特征的识别，并阻止联邦资金用于生物识别监控系统。尽管类似的法案在上届国会两院都提出过，但在国会审议中没有取得进展。

该立法得到了美国公民自由联盟（ACLU）和许多其他民权组织的认可，其还为违反该法案（由州检察长强制执行）使用生物特征数据的个人提供了私人诉讼权，并试图通过将联邦拨款资金的接收与本地化生物识别技术禁令结合起来，来限制当地实体使用生物识别技术。任何违反该法案规定收集的生物识别数据，都将被禁止在司法程序中使用。

2021 年 10 月 21 日，美国国土安全与政府事务委员会（HSGA）颁布《政府对人工智能数据的所有权和监督法案》（GOOD AI Act），以期保护联邦承包商通过人工智能技术处理的信息。法案要求对联邦人工智能系统所涉及的数据进行监管，重点针对面部识别数据，并要求联邦政府建立人工智能工作组，以对政府承包商能否负责任地使用人工智能技术所收集的生物识别数据进行监管。法案主要内容见图 1-45。

1) 行政管理和预算局（OMB）应当成立一个由联邦政府各部门专家组成的人工智能卫生工作组。

2) 该工作组的任务为制定解决方案并进行落实，以保证 AI 服务合同所要求的数据和系统的安全。

3) 明确联邦政府是 AI 技术所收集信息的最终所有者，任何承包商不得任意挪用、出售或以其他方式滥用这些数据。

图 1-45 《政府对人工智能数据的所有权和监督法案》对人工智能的监管措施

值得注意的是，战略与国际研究中心的网络安全研究员詹姆斯表示，"法案的关注点应在于公民的真正需求，即一个真正的隐私法案和更多关于网络安全强制性要求的行动"。因此，该法案的出台，一定程度上有助于确保联邦承包商正确、合理使用人工智能技术，并对利用该技术收集的信息加以严密保护。因此既满足了公众所求，也可使国家受益。

### （7）出台问责框架探索设立专门治理机构

2021 年 6 月，美国政府问责局（GAO）发布报告《人工智能：联邦机构和其他实体的问责框架》，确定了有助于确定联邦机构和其他参与人工智能系统设计、开发、部署和持续监控的实体的责任和负责任的人工智能使用的关键实践。[①] 该报告指出，由于政府机构寻求监管人工智能时面临的特殊挑战，例如对专业知识的需求、由于人工智能系统的商业采购导致的对关键信息的获取受限，以及对人工智能系统如何作出决策的理解有限等，因此有些实践是必要的。该报告确定了监管的四个重点领域（见图 1-46），以确保人工智能系统长期的可靠性和相关性。

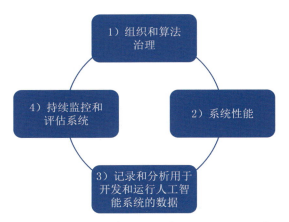

图 1-46　美国政府问责局报告中确定的重点监管领域

GAO 确定的主要监控实践，与寻求为基于人工智能的系统实施治理和合规计划并制定评估系统性能指标的组织和公司密切相关。GAO 的报告指出，监控是一个重要工具，主要原因有二：一是有必要持续分析人工智能模型的性能并记录结果以确定结果是否符合预期；二是当系统正缩减或扩展时，或者适用法律、程序目标和运营环境随时间而变化时，监控是系统运行的关键。

2021 年 9 月 8 日，美国商务部宣布成立国家人工智能咨询委员会（NAIAC）。NAIAC 将就与人工智能相关的各种问题向总统和国家人工智能倡议办公室（NAIIO）提供建议，包括提供国家人工智能倡议，但不限于图 1-47 所示的相关建议。委员会主席将设立一个与人工智能在执法事务方面的发展有关的委员会小组，称为人工智能和执法委员会小组。委员会小组将就与偏见、数据安全、适应性和法律标准相关的问题向总统提供建议。

---

① U.S. Government Accountability Office，Artificial Intelligence: An Accountability Framework for Federal Agencies and Other Entities，Highlights of GAO-21-519SP，https：//www.gao.gov/products/gao-21-519sp.

1）美国在人工智能领域的竞争力和领导地位的现状。

2）审查在实施该倡议方面取得的进展，包括该倡议实现其既定目标和指标的程度。

3）与人工智能和美国劳动力相关的问题。

4）如何利用该倡议的资源来简化和加强政府各个领域的运营，包括医疗保健、网络安全、基础设施和灾难恢复。

5）该倡议是否充分解决了道德、法律、安全、安保和其他适当的社会问题。

6）在人工智能研究活动、标准制定和国际法规兼容性方面与盟友进行国际合作的机会。

7）人工智能如何为美国不同的地理区域增加机会，包括城市、部落和农村社区。

图 1-47　NAIAC 人工智能倡议的要求

### 3. 俄罗斯新版国家安全战略强调人工智能

2021 年 7 月 3 日，俄罗斯发布新版《俄罗斯联邦国家安全战略》，信息安全成为保障国家安全的九大优先方向之一。在国家安全观的指引下，俄罗斯对网络空间新的威胁进行了分析，并确定实施 16 项举措以确保信息安全，确保俄罗斯在信息领域的主权。结合既有的网络空间安全总体部署，通过使用包括人工智能技术和量子计算在内的先进技术改进确保信息安全的手段和方法，俄罗斯未来的网络安全建设将进一步提升其对抗国内外风险的能力，并对网络空间战略稳定和国际秩序的重构产生深远影响。

世界经济的衰退和全球秩序的分化，让俄罗斯对网络空间威胁展开了新一轮评估，确定了 7 项威胁事件，按攻击技术实现难度和对国家安全的危害程度划分如图 1-48 所示。

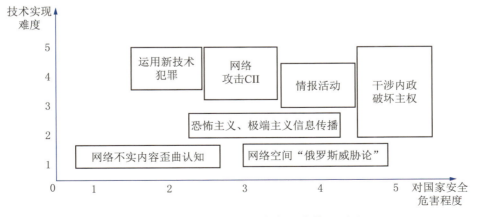

图 1-48　俄罗斯国家安全危害程度等级划分

　　针对上述威胁，俄罗斯在《俄罗斯联邦国家安全战略》中明确提出，确保信息安全的目的是加强俄罗斯在信息领域的主权，是对其国家安全观的坚持。为实现这一目标，俄罗斯决定采取 16 项举措，其中包括：一是优先使用俄罗斯自有产品，提高俄罗斯信息基础设施的安全性及稳定性；二是开发网络安全威胁感知系统；三是利用人工智能、量子计算等先进技术促进信息安全发展；四是展开多方合作（见图 1-49）。

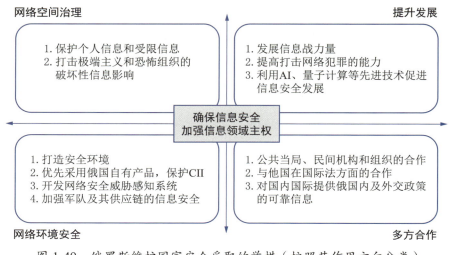

图 1-49　俄罗斯维护国家安全采取的举措（按照其作用方向分类）

　　新冠肺炎疫情给全球经济及安全造成巨大冲击。俄罗斯结合时代背景和内外环境的变化，对国家安全进行了新的审视和定义，并积极通过人工智能等技术应对此时的威胁和挑战，全面加强信息安全建设。在既有的网络空间整体部署基础上，俄罗斯的网络空间建设得更加务实坚定，将对全球网络空间治理能力的提升以及网络空间国际秩序的构建产生深远影响。

### 4. 日本制度落实科技创新规划促人工智能发展

**（1）2021 年进入《第六期科学技术创新基本计划》**

　　1995 年开始实施的《科学技术基本法》，旨在规划日本的科学技术政策。《科学技术基本法》规定，日本"科学技术基本计划"将以每 5 年修改一次的频率保证其先进性和实时性。近年来日本人口老龄化问题日趋严重，数字技术发展日新月异，科技领域的国际竞争逐渐进入白热化阶段，日本政府已经深刻认识到其基础研究的水平和能力与欧美相比存在一定差距。为了支持科技研究人员、保障研究经费，营造良好的科研环境，实现科技立国，日本国会于 2020 年决定将人文社科研究和创新研究一并纳入科学技术规划对象，并将《科学技术基本法》更名为《科学技术创新基本法》。①
在该法的规划之下，日本于 2021 年 4 月正式进入《第六期科学技术创新基本计划》
（以下简称《第六期计划》）阶段。《第六期计划》最重要的时代议题在于新冠肺炎疫
情下的科技民生和全球气候挑战下的可持续发展；最重要的发展主题在于如何稳步推
进"社会 5.0"计划，实现"现实世界"和"虚拟世界"的高度融合；最重要的技术
发展方向定位于超级计算机、量子计算和人工智能等数据技术，以及生物医药、清洁
能源等与日本老龄化社会与可持续发展息息相关的技术领域。

　　为切实推进《第六期计划》，日本政府设置了由内阁总理大臣直接领导的"战略
创新创造项目"（SIP），作为《第六期计划》实施的司令塔，直接领导政策制定、预算
分配、项目选定及评价等工作。② 具体包括设计建立农业、交通基建等各领域的全国
数据共享系统，智慧城市规划指南，智慧城市建筑参考体系。此外，日本还全面修订
《高度信息通信网络社会形成基本法》（IT 法），于 2021 年 9 月新设了隶属于内阁领导
的数字厅，统筹规划具体的项目实施工作。

### （2）《第六期计划》的重点发力方向

　　日本政府在《第六期计划》③中明确承诺，政府将确保直接投资 30 兆日元支持相
关研究项目，并力争吸引 120 兆日元的官民投资总金额用于支持科学研究。同时，日
本将研究领域分为了着力于眼前本土需求的 SIP 和着眼于人类中长期问题的"登月"
项目。SIP 主要包括活用大数据、AI 技术的空间建设项目，物理空间的数据处理平台
项目，自动驾驶系统及服务项目，综合材料开发系统下的材料革命，"社会 5.0"概念
下的光·量子技术，智能生物产业及农业基础技术，人工智能诊疗系统研发，智慧物
流服务等着眼于日本老龄化社会服务及数字社会转型问题的项目。"登月"项目则包
括超早期疾病预防研究，构建帮助人类从身体、大脑、空间和时间限制中解放的社会
研究，自主学习及行动的智能机器人研究，以地球环境再生为目标的可持续资源循环

---

① 日本内阁府：「科学技術基本法の見直しの方向性について」https：//www8.cao.go.jp/cstp/tyousakai/
seidokadai/4kai/sanko2.pdf（最終訪問日は 2022 年 3 月 25 日）。

② 日本内阁府　科学技術・イノベーション推進事務局：「戦略的イノベーション創造プログラム
SIP 概要」，（最終訪問日は 2022 年 3 月 7 日）。

③ イノベーション基本計画」2021 年 3 月 26 日閣議決定。

研究，支持日本国民"健康人生 100 年"概念的医疗介护系统研究等旨在攻克人类未来问题、培育日本诺贝尔奖的基础性研究。据日本内阁府公开资料，2021 年日本已划定 800 亿日元预算用于资助"登月"项目，最长资助期为 10 年。[①]

在可持续发展议题上，菅义伟内阁于 2021 年 4 月表示，为达成 2050 年实现碳中和的目标，日本将以 2013 年的二氧化碳排放量为基准，于 2030 年实现二氧化碳减排 46%，并向减排 50% 发起挑战。为了达成这一目标，日本政府将"绿色成长战略"定义为促进"经济—环境良好循环"的产业政策，并寄期望于绿色产业摆脱新冠肺炎疫情阴霾下的经济发展困境，提出在国民的社会生活上建立"脱碳社会"，在产业结构上建立"循环经济"，在经济构成上建立"分散型社会"的社会转型目标。此外，以应对全球变暖的大时代背景为基点，从政府预算、税制、制度标准化改革和国际合作等多个角度鼓励民间企业积极投入绿色能源事业。在海上风力产业、水素产业、汽车及电池产业、资源循环产业等 14 个产业领域上设定了发展目标和解决方案。同时，日本政府积极引导将大数据、人工智能与超级计算机等"社会 5.0"重点研发技术投入相关的绿色产业发展项目之中。例如，利用超级计算机构建气候模型，以精准预测气候变化程度与影响；利用大数据技术预测台风、地震、海啸等自然灾害影响，规划解决方案；构建公共数据共享联通网络，用于暴雨、地震等大型自然灾害中的统筹救援工作。特别值得关注的是，日本在超级计算机领域表现突出，理化研究所从 2014 年开始启动研发的超级计算机"富岳"实现了世界最高水准的计算能力，并在 2020 年 6 月和 11 月举行的世界超级计算机排名中蝉联世界第一，成为世界首个在四个性能评价领域均排名首位的超级计算机。2020 年"富岳"的一部分开始用于新冠肺炎疫情的研究和防控工作。[②]

### （3）《第六期计划》中的"以人为本"色彩

为迎合被定为日本国策的"社会 5.0"计划，《第六期计划》显示出了浓重的"以人为本"色彩。日本内阁在《第五期科学技术基本计划》中首次提出建立万物互联

---

① 内閣府　科学技術・イノベーション推進事務局　未来革新研究推進担当「ムーンショット型研究開発制度の概要」，2022 年 2 月。

② 日本文部科学省『令和 2 年版科学技術白書』https：//www.mext.go.jp/b_menu/hakusho/html/hpaa 202001/detail/1427221.html（最終訪問日は 2022 年 3 月 25 日）。

的"社会 5.0"概念之后，于 2018 年正式亮出了建立"以人为本的 AI 社会原则"口号，提出日本应从"人的教育及认知""社会系统支持""产业结构""技术创新支持环境""统治管理"五个方面做好十足的准备。同时，AI 社会应遵循七大原则，即以人为本、AI 教育普及、个人信息保护、注重系统安全、确保行业公平竞争、明确说明责任所在、坚持创新。① 为了从真正意义上达到"科技服务于人"的技术发展目标，则必须促进文理学科的充分交流与互融。因此，《第六期计划》突破了以往单纯强调自然科学发展的思路局限，将人文社科类研究也纳入了计划范围之内，旨在促进文理融合的研究发展。例如，在文部省项目的资助下融合脑科学、心理学、法哲学等学科，开展有关贫富差距认知模式的社会学研究；福冈县福冈市组织医疗机构、大学、福利机构和非盈利社会团体，针对老年认知障碍患者群体开展艺术共创活动，并借助画像解析技术分析艺术干预效果；融合伦理学、法学和社会学研究者共同开展如何将自动驾驶技术与日本传统价值观有机结合，促进国民对自动驾驶技术和自动驾驶车辆的接纳；将 3D 印刷技术等先进的数字技术与古典艺术结合，开展"克隆文化遗产"项目，对外展出已遭严重损坏或不便于展出实物的文化遗产艺术；② 总务省为迎接 2025 年的日本国际博览会开启"全球交流计划"，研究开发可以应对商务场景和国际会议场景下的即兴辩论翻译任务的人工智能系统。

在人才储备上，虽然近年来日本获诺贝尔奖的捷报频出，但日本政府在《第六期计划》中表现出了鲜明的危机意识。第一，在尖端人才培养上，计划指出近年来日本科研领域面临众多问题：因科研类岗位经济待遇较差，博士课程的学生数量缩水严重；从被引用率和专利申请率来看，优秀论文的数量和质量呈下滑趋势；年轻研究者难以得到稳定的工作机会，导致科研类职业吸引力较差；女性研究者比例较小，导致研究者群体多样性较差；国际合作较少，导致科研具有日本国内内循环趋势。对此，日本于 2020 年 1 月制定了"研究力强化及青年研究者支援政策"，着力提高研究

---

① 2019 年 3 月 29 日版本日本内阁最终报告书，https：//www8.cao.go.jp/cstp/aigensoku.pdf#search='%E4%BA%BA%E9%96%93%E4%B8%AD%E5%BF%83%E3%81%AE%E7%A4%BE%E4%BC%9A%E5%8E%9F%E5%89%87'。

② 日本文部科学省『令和 2 年版科学技术白書　第一部第二章社会课题解决に向けた总合的な「知」の创出と活用』https：//www.mext.go.jp/b_menu/hakusho/html/hpaa202001/detail/1427221.html（最终访问日は 2022 年 3 月 25 日）。

者待遇，国立大学及国立研究机构制度改革，提高经费预算及研究者使用自由度，简化研究经费报销流程等具体措施。第二，在各个领域的 AI 人才培养上，日本政府全面推进全社会数字化转型的决心也显然可见。日本政府于 2019 年 6 月发布"2019 人工智能战略"计划，内阁府提出"不论文理，保证每年约 25 万人规模的大学、大专毕业生习得自身专业领域内的数理数据分析、人工智能技术应用基础能力"目标。在此计划之下，文部科学省联合经济产业省召集了高校、国立研究机构及产业界的专家学者，于 2021 年研究制定了"数理、数据科学、AI 教育项目认定制度（应用基础篇）"，为未来日本全领域的数字化转型打造充分的人才储备军。

### 5. 巴西制定人工智能战略和规范明确权利义务

2021 年 4 月，与巴西联邦政府有联系的科学技术和创新部提出了《巴西人工智能战略》（BSAI/EBIA），[①] 旨在为该国制定该领域的发展计划。该战略文件将指导巴西行政部门制定鼓励研究、创新和开发人工智能解决方案的行动，以及为建设更美好的未来而认真、合乎道德地使用人工智能。BSAI/EBIA 的建立汇集了多元化和部门性的愿景，并广泛吸收考虑国际经验。

BSAI/EBIA 确立了多项目标（见图 1-50）。该战略文件作为制定涉及人工智能的法律的参考，详细阐述了 9 个核心主题和 74 项战略行动。需要强调的是，由于建立和规范与人工智能相关的技术政策的透明度至关重要，这意味着为公民提供对公共行政部门和私营部门进行社会控制的保证。除了 BSAI/EBIA，巴西还在建立 8 个人工智

图 1-50　巴西人工智能战略确立的目标

---

① 　See Estratégia Brasileira para a Inteligência Artificial，https：//antigo.mctic.gov.br/mctic/export/sites/institucional/inovacao/paginas/politicasDigitais/Inteligencia/Arquivo/Consultoria-IA-Produtos-I-e-II.pdf.

能中心。[①] 同样，值得一提的是《2020 第 21 号法案》，该法案确立了在巴西使用人工智能的原则、权利和义务。

巴西众议院于 2021 年 9 月 29 日批准的《2020 第 21 号法案》(PL21/2020)，[②] 规定了制定巴西使用人工智能的规则，旨在确立公权力部门、公司、各种实体和个人使用人工智能的权利和义务，为巴西人工智能的开发和使用建立一套法律框架。目前，巴西联邦参议院正在分析此事。

《2020 第 21 号法案》确立了人工智能的原则、权利、义务和治理工具。其基础包括尊重人权、平等、多元化、非歧视、自由企业和隐私。该文件基于对人工智能工作原理的披露，强调了透明度在使用人工智能时的重要性。然而，值得注意的是，该法案也不能幸免受批评。在一些法律条款的规定中，可以看出其具有通用性并缺乏技术基础。[③] 规定得过于宽泛，对于个人数据的保护，甚至对于道德维护以及公司和政府对人工智能的应用可能都没有用处。由于人工智能技术的使用可能对个人和群体的生活造成严重影响，因此有必要制定强有力的有效监管，而不仅仅依靠一条不完全适用于现实的法律。

该法案另一项创新是要求创建《人工智能影响报告》，这是一份由人工智能代理编写的文件，其中包含对技术的描述、对风险的管理和遏制措施。政府可能会要求公开发布该报告，政府也可能会建议人工智能企业采用相应标准和改进技术。该法案还明确，公共当局鼓励在公共服务中采用人工智能，最好以自由和开放的形式，支持该领域的研究，培训人们适应新技术现实，并创建治理机制。

### 6. 新加坡修订版权法放松数据挖掘和数据利用

2021 年 7 月 6 日，新加坡将《版权法案》提交议会审议修正，通过使版权法与当前技术，特别是内容的创建、分发和使用方式保持同步，加强新加坡的版权制度。

---

[①]　See Estratégia Brasileira de Inteligência Artificial，https：//www.gov.br/governodigital/pt-br/estrategias-e-politicas-digitais/estrategia-brasileira-de-inteligencia-artificial.

[②]　See PL n.21/2020.（2020），https：//www.camara.leg.br/proposicoesWeb/prop_mostrarintegra?cod teor=1853928.

[③]　Pablo Nogueira. *Projeto de marco legal da IA no Brasil é pouco consistente e pode ser inútil*, *dizem especialistas*.（2021），https：//jornal.unesp.br/2021/07/29/projeto-de-marco-legal-da-ia-no-brasil-e-pouco-consistente-e-pode-ser-inutil-dizem-especialistas/.

该法案最突出的特点之一是版权所有者权利的新例外，即"计算数据分析例外"。该例外在合法访问（例如不绕过付费墙）的情况下将允许版权作品用于计算数据分析，例如情感分析、文本和数据挖掘或训练机器学习，而无需征求每个版权所有者的许可，但须遵守某些条件和保障措施。

法案中定义的计算数据分析包括：（1）用于识别、提取和分析工作或记录中的信息或数据的计算机程序；（2）工作或记录作为一种信息或数据类型的示例，以改进与该类型信息或数据相关的计算机程序的功能。访问大量数据是人工智能技术发展所固有的属性，这一新的例外将允许开发人员通过访问更多必要的数据来训练人工智能算法并通过使用网络爬虫和其他类似技术来收集大数据，而不会存在侵权风险。

### 7. 国际各类组织协议对人工智能的不同态度

人工智能作为推进社会发展的创新技术和赋能技术深刻影响着社会进步和全球变革，技术促进发展的同时也给社会治理带来了根本性挑战，如安全、隐私、公平、可信、问责以及人工智能长远迭代对人类造成的潜在生存风险。全球不同的国家和地区、政府间组织、学术机构、产业界等已经发布了多份关于人工智能的发展倡议、伦理与治理原则，尽管内容不尽相同，但是其都希望人工智能治理能够达成全球共识。

#### （1）联合国教科文组织发布人工智能伦理建议

2021 年 11 月 17 日第 41 届联合国教科文组织大会期间，包括中国在内的 193 个教科文组织会员国集体通过了《人工智能伦理建议书》。同年 11 月 24 日，第 41 届联合国教科文组织大会正式采纳了该《人工智能伦理建议书》，这是关于人工智能伦理的首份全球性规范文书。

《人工智能伦理建议书》的核心是价值观、伦理原则及相关的政策建议、监测与评估。其中价值观主要涉及 4 项内容；伦理原则主要涉及 10 个方面；政策建议部分的主要内容涵盖 11 个方面（见图 1-51）；最后对监测与评估进行了建议和说明。

《人工智能伦理建议书》在价值观和伦理原则方面囊括了针对现代人工智能（作为信息处理工具和赋能技术的人工智能）伦理考虑的最重要方面，并一定程度体现了全球不同文化融合的包容性思想。其中"在和平、公正与互联的社会中共生"的价值观充分体现了来自亚洲和非洲等国专家的共同愿景与贡献；此部分强调"人工智能

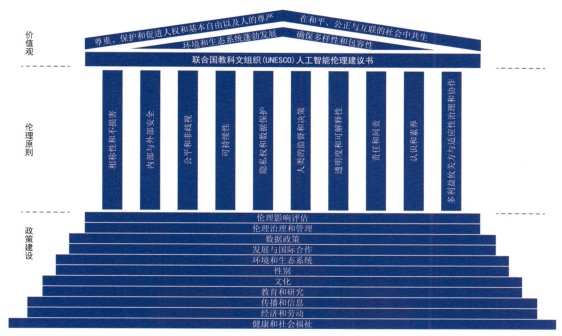

图 1-51　《人工智能伦理建议书》的价值观、伦理原则及政策建议

系统在整个生命周期内都有可能为所有生物之间及其与自然环境之间的相互关联作出贡献"。

### （2）国际证监会组织发布人工智能学习使用指南

2021 年 9 月 7 日，国际证监会组织发布了《人工智能和机器学习使用指南》。随着人工智能（AI）[1]与机器学习（ML）[2]的数据可用性及其计算能力的逐渐提高，二者被广泛应用于金融服务领域，它们在一定程度上改变了公司的商业模式。一方面，市场中介机构和资产管理人使用 AI 和 ML 的确会提高公司的执行速度，降低投资者的投资服务成本；另一方面，这两种技术在使用过程中可能会催生或放大某种风险，从而降低金融市场效率，导致消费者权益受损，金融市场中 AI 和 ML 的使用与控制已

---

[1]　人工智能一词最早于 1956 年由数据科学家约翰·麦卡锡提出，其定义为"制造智能机器的科学工程"，简言之就是研究让计算机模仿人类决策以解决问题的方法。人工智能包括学习、推理、规划、感知、语言理解和机器人等内容。目前，它在金融服务业中处于逐步普及阶段，普及过程中产生的风险给法律、道德、经济和监管等多个方面带来了严峻的挑战。

[2]　机器学习是人工智能的一个子集或应用，它专注于计算机程序的开发，旨在从经验中习得结论，而无需明确的编程。ML 算法可分为三类：有监督学习、无监督学习和强化学习。这些类别可在不同的场景中应用，根据可用数据的类型与提供反馈所需的人为干预水平作出场景选择。深度学习要求对计算系统进行多层次的单元训练，其灵感来源于人脑结构。

成为全球监管焦点。

　　AI 和 ML 的风险主要集中于六个方面（见图 1-52）。国际证监会组织给出了企业使用 AI 和 ML 的意见指南，以协助国际证监会组织成员监督市场中介机构和资产管理人对 AI 和 ML 的使用情况。意见指南包括六项具体措施，明确了市场中介机构和资产管理者使用 AI 和 ML 的预期行为标准。该指南虽没有强制约束力，但国际证监会组织号召组织成员在本国监管和法律框架下仔细思考这些措施，注重措施与现实情况的相称性。

图 1-52　人工智能和机器学习的风险

### （3）北约发布首个人工智能战略以加速应用

　　2021 年 10 月 21 日，北约防长发布了首个《北约人工智能战略》（An Artificial Intelligence Strategy for NATO），旨在通过增强关键人工智能技术水平和政策调整来加速人工智能的采用，鼓励以合理的方式在国防和安全领域使用人工智能技术，并遏制国家和非国家行为者恶意使用人工智能技术的威胁。该战略概述了如何以受保护和合乎道德的方式将人工智能应用于国防和安全领域。因此，根据国际法和北约的价值观制定了负责任地使用人工智能技术的标准，还解决了对手使用人工智能带来的威胁，及如何与人工智能创新社区建立信任合作的问题。

　　《北约人工智能战略》提出了六项使用合理人工智能技术进行防御所需符合的原

则（见图 1-53）。

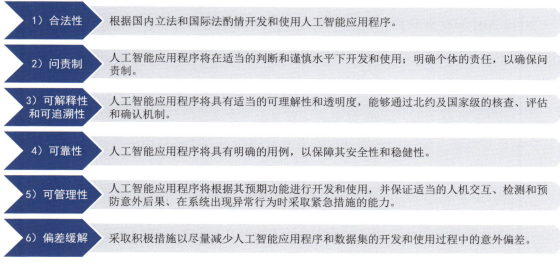

| | 1）合法性 | 根据国内立法和国际法酌情开发和使用人工智能应用程序。 |
| | 2）问责制 | 人工智能应用程序将在适当的判断和谨慎水平下开发和使用；明确个体的责任，以确保问责制。 |
| | 3）可解释性和可追溯性 | 人工智能应用程序将具有适当的可理解性和透明度，能够通过北约及国家级的核查、评估和确认机制。 |
| | 4）可靠性 | 人工智能应用程序将具有明确的用例，以保障其安全性和稳健性。 |
| | 5）可管理性 | 人工智能应用程序将根据其预期功能进行开发和使用，并保证适当的人机交互、检测和预防意外后果、在系统出现异常行为时采取紧急措施的能力。 |
| | 6）偏差缓解 | 采取积极措施以尽量减少人工智能应用程序和数据集的开发和使用过程中的意外偏差。 |

图 1-53　北约提出的使用人工智能进行防御的原则

在标准方面，北约将进一步与相关的国际人工智能标准制定机构合作，帮助促进军民标准在人工智能标准方面的一致性。

除了数据和人工智能之间的相互关系外，确保北约在人工智能方面的努力与其他新兴和颠覆性技术（如自治、生物技术和量子计算）之间的一致性也至关重要。此外，该战略还将整合数据分析、图像和网络防御等领域，以适应更为复杂的安全环境，强调成员国在"跨大西洋防务与安全"人工智能相关事宜上的协作与合作的必要性，以有效避免人工智能领域的漏洞对成员国关键基础设施及网络防御安全造成影响。

**（4）七国集团设计符合数据保护的人工智能**

2021 年 9 月 17 日，加拿大隐私专员办公室在与七国集团（G7）国家数据保护和隐私管理机构、经济合作与发展组织及世界经济论坛等机构，就数据和隐私保护讨论后发布公报。强调新出现的数据保护挑战及加强国际合作的必要性，并确定：

① 隐私与竞争交叉——跨监管合作以支持强大的全球数字经济。加强 G7 数据保护和隐私当局与其国内竞争同行之间在数字市场监管方面的合作。在 G7 数据保护和隐私当局之间分享经验和情报，以促进共识、制定规范和促进实际行动，相互服务于保护个人权利和维持竞争性数字市场的目标。倡导在全球隐私和竞争论坛与网络上加

强数据保护和隐私当局与竞争监管机构之间的合作，包括召开全球隐私大会（GPA）和进行国际竞争网络之间的更密切对话。

② 设计符合数据保护的人工智能。数据保护和隐私当局必须在基于数据的人工智能治理中发挥主导作用，应建设性地影响人工智能系统的发展，并创建一个保护人权、民主、公共利益和个人自由的框架，同时为创新和进步创造空间。

③ 重新设计数字时代的补救措施。分享有关哪些监管补救措施在特定情况下最有效的信息和经验。倡导立法者确保监管补救措施跟上技术变革的步伐，并在各司法管辖区之间保持足够的平等。

④ 制定个人数据跨境传输框架和 G7 数据保护机构之间的合作。交流新兴技术和创新治理方面的经验和做法，旨在促进 G7 当局之间的可互操作监管方法。确定 G7 当局之间加强执法合作的机会，首先是就跨司法管辖区的法律框架和执法实践达成共识，包括其域外适用范围。

# 第二部分　人工智能法治理论研究 [①]

## 一、概　述

开展人工智能法治理论研究旨在整合法学、哲学、伦理学、管理学、社会学等相关学科力量，推动人工智能法治体系、制度体系、实施体系建设，为人工智能安全、可靠、可控、健康发展发挥引导、规范、促进作用。本部分研究重点围绕人工智能法治理论研究的热点问题，通过对 2021 年全年人工智能法治的研究著作、科研项目、研究论坛、研究论文、国外研究等方面情况的归纳分析，展现 2021 年中国乃至世界人工智能法治研究的现状。

总体而言，2021 年，随着《中华人民共和国数据安全法》(以下简称《数据安全法》) 和《中华人民共和国个人信息保护法》(以下简称《个人信息保护法》) 的颁布，人工智能法治进入新的研究阶段。学界对于人工智能法治的研究呈现出"专项 + 综合"的特点。例如，因新法颁布而引起热议的人工智能运用中的个人信息保护问题和数据安全问题；又如人工智能运用中的算法规制问题、对平台经济的法律规制展开研究的平台责任问题；还有社会数字化治理问题、大数据证据规则问题、区块链应用的

---

[①] 本部分数据来源说明：1. 人工智能法治研究著作的分析数据，主要来自当当网、京东、亚马逊等图书销售网站。2. 人工智能法治科研项目的分析数据，主要来自国家社会科学基金项目数据库、司法部官网、中国法学会官网以及教育部官网。3. 人工智能法治研究论坛的分析数据，主要来自百度搜索引擎、微信公众平台、法学创新网中的法治论坛栏目。4. 人工智能法治研究论文的分析数据，主要来自中国知网数据库。5. 人工智能法治国外研究的分析数据，主要来自 Web of Science 数据库。

监管归责问题、司法大数据运用的智慧司法问题等。

在研究专著方面。专著作为最系统的学术研究成果，通常在理论上或实验上有其重要意义。本部分编者通过当当网、亚马逊、京东等图书销售网站的关键词检索，从专著出版社、专著作者和专著内容三方面逐一进行分析，并与 2019 年、2020 年的相关数据形成对比，梳理总结得出 2021 年人工智能法治研究著作的基本概况。

在科研项目方面。科研项目指开展科学技术研究时的一系列独特的、复杂的并相互关联的活动，有着明确的目标或目的，必须在特定的时间、预算、资源限定内，依据规范完成。在本部分，编者选取了 2021 年度国家社会科学基金课题立项名单、司法部 "2021 年国家法治与法学理论研究项目立项课题"、中国法学会 "2021 年度部级法学研究课题立项名单" 以及教育部 "2021 年人文社会科学研究一般项目立项公示" 四份数据作为样本进行分析，通过数据对比，对人工智能法治科研项目的数目、层次特点和机构分布分别展开研究。

在研究论坛方面。研究论坛通常由主办方提供学术交流的平台，以演讲、圆桌会议、报告、论文等形式进行思想的碰撞与融合。本部分编者通过百度、微信公众平台、相关官方论坛网站对 2021 年人工智能法治研究论坛进行统计与梳理，分别就研究论坛的举办时间地点、论坛举办单位、论坛主题等内容与近几年的统计数据进行对比，总结得出 2021 年人工智能法治研究论坛的整体特点。

在研究论文方面。研究论文是对某个科学领域中的学术问题进行研究后形成的理论文章。为分析学界在文献方面的发展情况，在本部分中，编者对期刊数据进行基础建库、数据核验、数据处理，最终形成较为全面、科学的基础数据库和核心数据库。按关键词、刊物、作者、机构、地区、发文量、文章被引量对数据进行整合，并且通过对比往年数据，以核心作者、法学类核心期刊、研究机构、发文区域、高频热点问题等为轴点展开立体性、系统性分析。

在国外研究方面。本部分编者主要以 Web of Science 作为数据获取渠道，以 "robot" 和 "law" 作为并列主题词进行索引，搜索得出 2021 年人工智能法治外文文献数据库。从热点研究方向、作者分布以及地域分布三个部分分析比较了近年来国外人工智能法治研究的变化，以及 2021 年国内外相关领域研究方向与层次内容的不同，以求发现 2021 年国外人工智能法治理论研究情况的特点。

# 二、中国人工智能法治理论研究

## （一）人工智能法治研究重点问题分析

### 1. 人工智能应用与个人信息保护

个人信息保护问题是人工智能运用过程中衍生出的权利保护问题，信息社会的到来凸显保障个人信息权的必要性。目前，关于人工智能运用的个人信息保护问题主要聚焦于以下两个方面：

**一是个人信息权益的构造。**从理论上深刻揭示个人信息权益的权利和利益构造，对于正确理解我国《个人信息保护法》的价值取向，保护个人信息权益，界定个人信息处理者相关财产权益的性质，促进国家机关依法依规处理个人信息及开放公共数据，都具有重要意义。张新宝认为，个人信息权益的构造，包括内部构造和对外部其他主体相关权益的支配关系两个部分，由个人信息保护法治的价值取向所决定。[1]

**二是个人信息保护的义务规制与制度构建。**在数字时代，个人信息国家保护义务意味着国家不仅应履行尊重私人生活、避免干预个人安宁的消极义务，还应通过积极保护，支援个人对抗个人信息处理中尊严减损的风险。王锡锌认为，"个人信息受保护权"通过强调国家保护义务及其落实，更有利于个人信息保护的目标实现。[2]

### 2. 人工智能应用与数据安全

云计算、大数据和人工智能等新技术发展和应用带来新的风险与挑战，数据安全问题就是其中之一。我国《数据安全法》标志着我国将数据安全保护的政策要求，通过法律文本的形式进行明确和强化，体现了数据确权对完善我国市场经济体制的重要性。2021 年对人工智能运用的数据安全问题研究主要可概括为以下三个方面：

**一是数据安全的法律规制与革新。**数字经济时代数据大规模的流动、聚合和分析带来了新风险，信息安全和网络安全范式已经不足以应对，维护数据安全亟需范式革新。刘金瑞认为，应基于以数据风险管控为中心的数据安全范式，以重要数据安全为

---

① 张新宝：《论个人信息权益的构造》，载《中外法学》2021 年第 5 期。
② 王锡锌：《个人信息国家保护义务及展开》，载《中国法学》2021 年第 1 期。

核心管控国家数据安全风险，并以重要数据为抓手构建国家数据安全管理制度。①

**二是数据爬取的演变发展及正当性论证**。如何妥当划定数据爬取正当性及其边界，不但关乎各方权益，更关乎网络空间数据流通的大局。许可认为，应跳出数据权属的无穷论争，在承认数据爬取作为一项法律权益的前提下，运用权益权衡的方法，发现社会伤害最小的法律规则。②

**三是数据流通的困境解决**。数据是数字经济时代的核心生产要素，数据只有流通才能产生更高的附加值。杨琴认为，数据权属及数据激励机制是数据流通的关键。③《数据安全法》中确立的"数据安全自由流动原则"是中国智慧的重要贡献。④ 当然，"数据安全自由流动原则"尚待具体化，最终将建立安全、自由的全球数据治理新秩序。

### 3. 人工智能应用与算法规制

算法规制问题是近年来网络法研究的另一核心问题，人工智能算法在互联网与科技企业中的广泛运用，已经直接对人们的生活产生了影响。目前学界对人工智能运用的算法规制问题讨论主要聚焦于以下两个方面：

**一是算法化主体的适格论证**。在算法时代，组织的边界呈现出动态的、柔性的新特征。陈吉栋认为，随着区块链与智能合约技术的发展与应用场景的增加，算法化主体将会有更多的应用。但法律介入算法化主体的调整面临不少困境，以致缺少法律监管成为算法化主体的自身"优势"。⑤

**二是算法歧视与算法正义的探讨**。反歧视立法是私主体权利意识觉醒之后要求公平对待并争取权利和实现权利的结果，更多体现为对公权力的限制。曹博认为，承认算法歧视在根源上与传统歧视具有同质性是进行分类的前提，复现型算法歧视、加剧型算法歧视及新增型算法歧视是在比对算法决策与传统决策的技术上实现的类型化整合。⑥

---

① 刘金瑞：《数据安全范式革新及其立法展开》，载《环球法律评论》2021 年第 1 期。
② 许可：《数据爬取的正当性及其边界》，载《中国法学》2021 年第 2 期。
③ 杨琴：《数字经济时代数据流通利用的数权激励》，载《政治与法律》2021 年第 12 期。
④ 许可：《自由与安全：数据跨境流动的中国方案》，载《环球法律评论》2021 年第 1 期。
⑤ 陈吉栋：《算法化"主体"：组织抑或契约？》，载《东方法学》2021 年第 5 期。
⑥ 曹博：《算法歧视的类型界分与规制范式重构》，载《现代法学》2021 年第 4 期。

### 4. 人工智能应用与平台责任

平台责任问题一直被动地停留在事后的严格责任或者间接责任式的归责模式，平台责任追究的社会效果与法律效果均不尽如人意。2021年对人工智能运用的平台责任问题主要集中于两个方面：

**一是网络平台的保护义务规定与新型责任承担。** 人工智能时代的平台监管，既应符合平台底层的技术逻辑，也应符合主客观相一致、责罚相适应的法律原则。张凌寒认为，应将平台责任的理论基础深化至平台底层逻辑——算法层面，使平台责任独立化，并通过建立平台算法备案制度来事前固定问责点，解决监管滞后与监管机理不清的问题。① 近年来，新型网络犯罪和犯罪手段层出不穷，形成上、下游相互协作的链条化模式，"网络黑灰产"应运而生。针对新型网络犯罪，刘宪权认为，个人信息的泄露是黑灰产业链中从事诸多后续犯罪行为的源头，更是网络黑灰产业结构的核心。②

**二是数字平台反垄断规制的路径选择。** 由于缺乏有效监管，平台的公共性异化造成竞争扭曲进而导致垄断。对此，张晨颖提出，有必要革新反垄断制度，建立以"滥用公共性"为底层逻辑的规则，以促进创新，保护平台相关者的合法权利。③

### 5. 人工智能应用与社会数字化治理

随着信息、数字技术的发展和普及，人类生活进入以大数据、物联网、人工智能为主要标志的数字文明时代，数字技术将在人类生活诸多方面产生重大影响。2021年对人工智能运用于社会治理研究主要聚焦于以下两个方面：

**一是数字技术与社会治理的结合问题。** 数字技术与社会治理的结合具有可行性，但也存有问题。潘静指出大数据时代信息监管的艰巨性、复杂性对现有执法范式及资源配置提出了全新要求，个人信息安全需要优化治理方式。④ 由此可见，数字技术与社会化治理的结合问题仍待解决。

**二是运用数字化治理中存在的弊端分析。** 张欣认为，我国目前的人工智能技术

① 张凌寒：《网络平台监管的算法问责制构建》，载《东方法学》2021年第3期。
② 刘宪权：《网络黑灰产上游犯罪的刑法规制》，载《国家检察官学院学报》2021年第1期。
③ 张晨颖：《公共性视角下的互联网平台反垄断规制》，载《法学研究》2021年第4期。
④ 潘静：《个人信息的声誉保护机制》，载《现代法学》2021年第2期。

标准制定程序的科学性和代表性有待完善，标准框架结构制定现状不甚合理，与相关法律衔接融合不畅。[①] 陈茂先和林娟指出，数字时代的少数领导越来越依靠数字说话、决策、治理，实际上是简单思维之下的"数字依赖症"，是被数字引入"数字陷阱"。[②]

### 6. 人工智能应用与大数据证据规则

我国现行电子数据证据制度着眼于收集提取和审查判断两个视角，围绕证据的真实性、完整性、合法性、关联性设计了相关规则。目前对大数据证据规则在人工智能运用中的研究主要围绕以下两个方面进行：

一是大数据证据在法庭适用中的困境。元轶指出大数据证据的局限性体现在其数据处理过程的隐秘性，包括其数据挖掘、数据碰撞等大数据分析方法存在的模糊性等问题，以及大数据证据存在的证据偏在、检验困难等问题。[③]

二是大数据证据规则的完善。面对大数据证据规则的困境，有的学者认为应当立法完善，有的学者提出确保大数据证据可信度的具体方法。刘品新指出，区块链证据在厘清涉众复杂案件事实、运用海量异构证据办案与提升智慧司法探索水平等方面独具价值。[④] 林喜芬认为，关于大数据证据的法律定位及运用规则，应回归到证据方法的概念，对基于算法模型的大数据分析宜采取专家辅助人提供检验意见和出庭接受质证的方法。[⑤]

### 7. 区块链应用与监管归责

区块链技术在促进信息服务行业发展的同时，亦存在被不法分子用来传播有害信息的风险。目前学界对区块链应用的监管归责问题主要聚焦于以下两方面：

一是区块链技术对责任认定的影响。区块链技术的发展给现有的刑事责任及民法典网络侵权责任认定带来挑战。李佳伦认为，尽管区块链技术具有灵活便捷、成本低、效率高、可存证等诸多优势，但技术支持下的信任机制仍值得怀疑，明确对"去中心化"的驯化是历史必然趋势。[⑥]

---

① 张欣：《我国人工智能技术标准的治理效能、路径反思与因应之道》，载《中国法律评论》2021 年第 5 期。

② 陈茂先、林娟：《数字化时代推进社会治理须走出"数字陷阱"》，载《领导科学》2019 年第 23 期。

③ 元轶：《证据制度循环演进视角下大数据证据的程序规制——以神示证据为切入》，载《政法论坛》2021 年第 3 期。

④ 刘品新：《论区块链证据》，载《法学研究》2021 年第 6 期。

⑤ 林喜芬：《大数据证据在刑事司法中的运用初探》，载《法学论坛》2021 年第 3 期。

⑥ 李佳伦：《区块链信任危机及其法律治理》，载《法学评论》2021 年第 3 期。

二是元宇宙领域内的监管问题。在日渐智能化的社会中，元宇宙相关技术的快速发展与广泛应用，也在个人信息保护方面产生了新的问题。王德夫提出应摆脱元宇宙相关产品虚拟性或沉浸式体验所带来的"平行世界""虚拟世界"等应用宣传方面的干扰，将个人信息保护的重点落实到具体的自然人。应运用元宇宙所创造的客观技术条件和精神支持，促进社会创新与整体进步。①

### 8．大数据应用与智慧司法

人工智能技术的司法应用，开启了从"接近正义"迈向"可视正义"的历史进程，引发了司法运行机制的深刻变革。智慧司法进入了全面应用的阶段，也产生了新的实践问题。2021年司法大数据运用中的智慧司法问题主要集中在以下三个方面：

一是智慧司法的变革及内在限制。司法人工智能有其内在限度。马长山认为，算法面对复杂疑难案件，能够促进形式正义，却很难实现实质正义。因此发挥人工智能对司法的优化重塑效应，应与对人工智能的风险防范同步进行，更好地实现"可视正义"。②

二是智慧司法的法理反思。智慧司法的法理反思直面实践问题背后的本质，从本体论视角批判性分析法律代码化、审判模式重塑和审判权嬗变等困境。魏斌从方法论视角反思了"同案同判"、道德推理和价值判断、法律预测等法律方法的功能替代效应，并从技术视角反思智慧司法自身面临的大数据挖掘难题、算法偏见和其他技术瓶颈。③

三是完善智慧司法的具体措施。推进"智慧司法"建设是近年来的热点问题。宋晓晖认为，我们应当立足国家层面，在构建法律知识图谱的基础上，建立司法大数据规范与共享体系，以实现司法大数据更加高效、准确、科学地建设和运用。④

### （二）人工智能法治研究专著分析

专著作为最系统的学术研究成果，通常在理论或实验上有重要意义。通过统计2021年国内外关于人工智能法治研究的专著出版情况（见图2-1），并与2019年度和2020年度的相关数据形成对比，对人工智能法治研究专著部分进行详细分析。以下数

---

① 王德夫：《元宇宙领域的个人信息保护新挑战与法律应对》，载《中国市场监管研究》2021年第11期。
② 马长山：《司法人工智能的重塑效应及其限度》，载《法学研究》2020年第4期。
③ 魏斌：《智慧司法的法理反思与应对》，载《政治与法律》2021年第8期。
④ 宋晓晖：《"智慧司法"基础设施建设路径探析》，载《人民论坛》2020年第31期。

据均来自当当网、亚马逊网、京东等图书销售网站。我们以"人工智能"和"法治"作为两大主题关键词，分别将其外延词汇排列组合后，检索出 2021 年国内出版人工智能法治专著共计 113 本，其中国外译著有 11 本，占比约十分之一。近四年，国外译著占比呈直线下降趋势，不难看出我国学术界对人工智能法治的热度正极速增长。

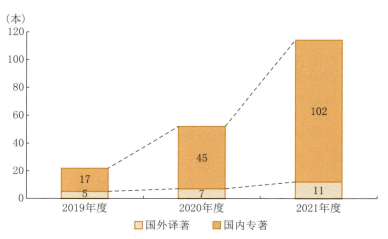

图 2-1　2019、2020、2021 年人工智能法治专著数量对比图

2021 年我们对人工智能法治专著的关键词再次进行了扩充。"人工智能"主题关键词的外延如下：新业态、人脸识别、个人信息、App、信息保护、数据安全、电子数据、网络空间、信息安全、数据交易、智能化、算法透明 / 黑箱、数字时代、大数据、智能、人工智能、数字经济、数字人权、平台区块链、科技、智慧、远程、自动、数据爬虫、数据挖潜、数据信托、元宇宙等。

"法治"主题关键词的外延包括：法治、法制法规、法律、法学、法律实务、法学研究、法治发展、法律解析、安全规制、应用法律、法律规制、合规指引与规则解析、治理、司法、社会治理等。

### 1. 出版社的关注度不断提升

#### （1）高校出版社数量明显增加

2021 年出版人工智能法治专著的出版社数目明显增加，已增至 40 个出版社。从出版社类别上来看，仍然分为高校出版社、地方出版社和专业出版社三大类。其中高校出版社共有 13 个，占比约四分之一。相比于 2020 年的数据统计，除北京大学出版社、清华大学出版社、上海交通大学出版社、中国政法大学出版社等高校出版社，新增加了 9 所高校出版社。

表 2-1　2021 年出版人工智能法治专著出版社汇总（本）

| 序号 | 出版社名称 | 出版数目 | 序号 | 出版社名称 | 出版数目 |
|---|---|---|---|---|---|
| 1 | 上海人民出版社 | 11 | 22 | 北京大学出版社 | 1 |
| 2 | 法律出版社 | 11 | 23 | 中国金融出版社 | 1 |
| 3 | 中国法制出版社 | 11 | 24 | 中国财富出版社 | 1 |
| 4 | 知识产权出版社 | 9 | 25 | 中共中央党校出版社 | 1 |
| 5 | 人民法院出版社 | 9 | 26 | 化学工业出版社 | 1 |
| 6 | 人民邮电出版社 | 5 | 27 | 经济科学出版社 | 1 |
| 7 | 社会科学文献出版社 | 5 | 28 | 科学技术文献出版社 | 1 |
| 8 | 电子工业出版社 | 4 | 29 | 商务印书馆 | 1 |
| 9 | 机械工业出版社 | 4 | 30 | 上海交通大学出版社 | 1 |
| 10 | 元照出版有限公司 | 4 | 31 | 上海科学技术出版社 | 1 |
| 11 | 科学出版社 | 3 | 32 | 上海社会科学院出版社 | 1 |
| 12 | 中国政法大学出版社 | 3 | 33 | 武汉大学出版社 | 1 |
| 13 | 清华大学出版社 | 2 | 34 | 西安交通大学出版社 | 1 |
| 14 | 人民出版社 | 2 | 35 | 西南财经大学出版社 | 1 |
| 15 | 浙江大学出版社 | 2 | 36 | 中国科学技术大学出版社 | 1 |
| 16 | 中国人民公安大学出版社 | 2 | 37 | 中央民族学院出版社 | 1 |
| 17 | 中国社会科学出版社 | 2 | 38 | 中国人民大学出版社 | 1 |
| 18 | 中山大学出版社 | 1 | 39 | 中信出版社 | 1 |
| 19 | 海天出版社 | 1 | 40 | 中译出版社 | 1 |
| 20 | 中国农业出版社 | 1 | 总计 | | 113 |
| 21 | 中国科学技术出版社 | 1 | | | |

**（2）老牌出版社仍位居前列，中国法制出版社排入前三**

如图 2-2 所示，上海人民出版社、法律出版社、中国法制出版社等三家出版社，在 2021 年出版的人工智能法治专著最多，达到 33 本，约占 2021 年全年出版的专著数量的 30%。与 2020 年的数据相比，上海人民出版社和法律出版社连续两年占据出版数量前位。上海人民出版社历史悠久，是一家综合性出版社。法律出版社在 2021 年共出版 11 本人工智能法治领域的专著，较 2020 年减少了 4 本，但整体而言出版数目仍排在前列。

中国法制出版社在 2020 年仅出版《数据保护：合规指引与规则解析》1 本专著，今年由于《数据安全法》《个人信息保护法》等新法相继出台，相关学者、专家的法律解读也随之增加，加之已出版的专著的作者，又根据新法规定内容进行了全新修订。在此背景下，今年中国法制出版社共出版 11 本专著，与上海人民出版社和法律出版社持平。

图 2-2　2020 年度、2021 年度（出版数目前 17）出版人工智能法治专著的出版社相关专著出版情况

### （3）出版社地理分布广

从出版社地理分布（图 2-3）来看，北京和上海仍为出版人工智能法治专著的出版社的主要所在地。北京和上海作为全国的政治、文化、经济中心，教育基础扎实，学术氛围浓厚，因此近年来，北京和上海在人工智能法治专著出版领域，一直保持前

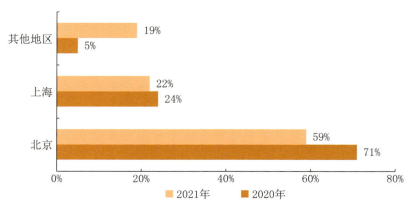

图 2-3　近两年出版人工智能法治专著的出版社地理分布情况对比

列。2021 年，除北京、上海以外的其他地区的出版社占比上升显著，由 5% 上升至 19%。更多地区也已展开人工智能法治的相关研究，我国对人工智能法治的研究已不再局限于头部地区，全国各地相关领域学者共同探讨推进人工智能法治的发展是趋势所向。

### 2. 作者身份多样性逐步凸显

#### （1）以非自然人身份参与编撰

除多人合著专著外，还存在着部分以课题组、研究院等非自然人身份参与编撰的作者。中国人民大学出版社于 2021 年 3 月出版的《人工智能》一书由腾讯研究院和中国信息通信研究院互联网法律研究中心共同完成。两者的合作能够充分利用前者的技术支持和案例数据，以及后者的法律方面相关专业知识，达到合作共赢的效果。再如《探路智慧社会：人工智能赋能社会治理》的作者之江实验室，之江实验室人工智能社会试验研究中心依托之江实验室的技术储备，围绕科技与人类社会耦合发展关系问题开展研究。可以看出，2021 年人文社会科学交叉研究人工智能法治的趋势明显。

#### （2）法学大家广泛参与专著编撰

人工智能法治专著的作者中包括了许多国内外著名的法学家。如马长山，是华东政法大学教授、博士研究生导师，《华东政法大学学报》主编、数字法治研究院院长。他在 2021 年出版的《迈向数字社会的法律》一书中，从数字时代的法学变革、数字时代的法律变革与权利保护、人工智能应用的法律规制、数字社会的智慧治理四个层面提出应通过积极回应和探索来解决全新的问题，为塑造数字时代的法治秩序提供根本保证。再比如《世界人工智能法治蓝皮书（2021）》和《人工智能辅助办案》的主编崔亚东，现任上海市法学会党组书记、会长。《世界人工智能法治蓝皮书（2021）》一书中汇集了 2020 年度国内外人工智能法治发展的战略、政策、法律、重大理论研究、实际应用项目、典型司法案例等方面的最新资料。

国外译著中，作者多为人工智能领域的专业学者。如《机器人伦理学》的第一作者帕特里克·林是斯坦福大学法学院互联网与社会中心研究员、应用哲学与公共伦理中心研究员，加州州立理工大学圣路易斯-奥比斯波分校伦理和新兴科学小组的负责人。《代码2.0·网络空间中的法律》的作者劳伦斯·莱斯格，曾担任第七巡回法院理查德·波斯纳法官和安东尼·斯卡利亚法官的助理，现任哈佛大学法学院罗伊·福尔曼讲席教授、美国艺术与科学学院院士、美国哲学协会成员。他是斯坦福大学网络与社会研究中心的创始人，是全球最负盛名的网络法律专家之一。

### 3. 内容范围覆盖面不断拓宽

2021 年，人工智能方面的技术研究得到了进一步拓展，相关法治领域的研究也更加深入，从而专著涉及的内容也有所增加。如表 2-2 所示，专著内容涉及：数字治理、区块链、算法安全、智慧法院、智慧社会 / 社区、人工智能赋能、大数据、数据法学、信息保护、数字政府、智慧城市、云计算、机器人、数据交易等多个领域。

2021 年人工智能法治国内外研究专著可以大致分为：人工智能法治相关领域发展情况报告、理论研究与法学教材、实务应用指南、法律解读、国外译著五部分。

### （1）发展情况报告——更新相关领域最新研究情况

在相关领域发展情况报告中，陈甦、田禾主编的《法治蓝皮书：中国法院信息化发展报告 No.5（2021）》全面总结了法院信息化的进展，重点研究司法大数据、人工智能、机器学习、区块链等理论和实践前沿问题。李季主编的《中国数字政府建设报告》重点梳理并总结了数字时代背景下，我国各地区各部门将数字技术广泛应用于政务服务和社会治理等方面的实践，为新阶段提升中国数字政府建设水平提供借鉴和参考。

### （2）理论研究——多角度推进人工智能法治的学术知识

在理论研究方面，李玉华主编的《数据法学（第一卷）》围绕与数据相关的基础理论、法律运行机制、传统法学概念等与原理的挑战、个人信息保护等展开论述。分别由崔亚东、杨华主编的《人工智能辅助办案》和《人工智能法治应用》被列为"人工智能法学系列教材"。《人工智能辅助办案》详细介绍了"智能辅助办案系统"这一中国司法体制改革的创新成果。《人工智能法治应用》全景式地介绍了人工智能法治应用的理论基础、国内外实践现状、技术特征、当前面临的挑战与应对以及未来的发展趋势。

### （3）实务应用指南——为司法领域提供指引方向

在实务应用指南方面，由我国台湾地区元照出版有限公司出版的《大数据与法律实务指南》，以实务为导向，旨在为公司企业日常处理大数据业务的安全性规则提供方向与指引。由杨万明主编、最高人民法院研究室编著的《最高人民法院审理使用人脸识别技术处理个人信息案件司法解释理解与适用》，旨在帮助广大法官和社会各界正确理解与适用该司法解释，妥善解决审判实践中遇到的新情况新问题。

（4）法律解读——围绕《数据安全法》和《个人信息保护法》而展开

在法律解读方面，因《个人信息保护法》于 2021 年 11 月 1 日正式施行，诸多学者对此进行了法律解读。如程啸编著的《个人信息保护法理解与适用》，以《个人信息保护法》的法条内容为蓝本，结合我国《民法典》关于个人信息的相关规定，逐条、深入、细致地阐释法律条文的涵义及适用要点。

（5）国外译著——进行人工智能与法治的综合研究

国外译著中，日本的弥永真生和宍户常寿编著的《人工智能与法律的对话3》，该书分别对人工智能与知识产权、刑事司法、刑事责任、民事责任、行政限制以及人工智能的国际动向等问题进行了阐述。由德国的塞巴斯蒂安·洛塞、莱纳·舒尔茨和德克·施陶登迈尔主编的《数据交易：法律·政策·工具》，从数据的法律、政策及数据的可移植性和转换性的角度出发，分析数据的法律框架并探讨大数据合同的可行性及在数字经济中数据保护与个人隐私的关系。

表 2-2　2021 年人工智能法治领域研究专著一览表

| 序号 | 出版时间 | 书　名 | 作　者 | 出版社 |
|---|---|---|---|---|
| 1 | 2021 年 1 月 | 数据安全实操指南——不可不知的个人隐私侵犯陷阱 | ［新加坡］凯文·谢泼德森<br>［新加坡］威廉·丘<br>［澳］琳恩·博客索尔　著<br>任德华　译 | 中信出版社 |
| 2 | 2021 年 2 月 | 数字治理：数字时代的治理现代化 | 张建锋　编著 | 电子工业出版社 |
| 3 | 2021 年 2 月 | 现实扭曲力场：AI 时代的律师智慧 | 谭万潇　著 | 法律出版社 |
| 4 | 2021 年 2 月 | 个人信息保护国际比较研究（第二版） | 个人信息保护课题组　著 | 中国金融出版社 |
| 5 | 2021 年 2 月 | 区块链与法律：程序码之治 | ［法］普里马韦拉·德·菲利皮<br>［美］亚伦·赖特　著<br>王延川　译 | 元照出版有限公司 |
| 6 | 2021 年 3 月 | 人工智能算法安全与安全应用 | 张小松　刘小垒　牛伟纳　著 | 科学出版社 |

（续表）

| 序号 | 出版时间 | 书 名 | 作 者 | 出版社 |
|---|---|---|---|---|
| 7 | 2021年3月 | 人工智能时代的超思考法 | ［日］野口悠纪雄 著 柳小花 译 | 化学工业出版社 |
| 8 | 2021年4月 | 区块链数字货币合规指南 | 王伟 著 | 法律出版社 |
| 9 | 2021年3月 | 健康大数据产业发展与隐私规制 | 王忠 等 著 | 社会科学文献出版社 |
| 10 | 2021年3月 | 人工智能治理：场景、原则与规则 | 周辉 著 | 中国社会科学出版社 |
| 11 | 2021年3月 | 迈向数字社会的法律 | 马长山 著 | 法律出版社 |
| 12 | 2021年3月 | 人工智能 | 腾讯研究院 中国信通院互联网法律研究中心 | 中国人民大学出版社 |
| 13 | 2021年3月 | 创新与规制的边界：科技创新的政策法律调控之道 | 戈峻 刘维 著 | 法律出版社 |
| 14 | 2021年4月 | 智慧法院体系工程概论 | 许建峰 孙福辉 陈奇伟 著 | 人民法院出版社 |
| 15 | 2021年4月 | 智慧法院标准体系和评价体系 | 孙福辉 主编 黄国栋 王晓燕 副主编 | 人民法院出版社 |
| 16 | 2021年4月 | 智慧法院建设实践与探索（上海篇） | 茆荣华 主编 陈昶 曹红星 顾全 副主编 | 人民法院出版社 |
| 17 | 2021年4月 | 智慧法院优秀案例选编 | 孙福辉 主编 黄国栋 王晓燕 副主编 | 人民法院出版社 |
| 18 | 2021年4月 | 互联网司法实践与探索（杭州互联网法院） | 杜前 主编 官家辉 侍孝祥 副主编 互联网法院 互联网法治研究院（杭州） 编 | 人民法院出版社 |
| 19 | 2021年4月 | 有限实名网络环境下的个人信息保护 | 周伟良 李亚平 柳剑晗 著 | 电子工业出版社 |
| 20 | 2021年4月 | 隐私计算理论与技术 | 李凤华 李晖 牛犇 著 | 人民邮电出版社 |
| 21 | 2021年4月 | 数权法3.0：数权的立法前瞻 | 大数据战略重点实验室 著 连玉明 主编 | 社会科学文献出版社 |
| 22 | 2021年4月 | 动态数据与动态安全：大数据时代个人信息的刑法保护进路 | 于冲 著 | 中国法制出版社 |
| 23 | 2021年4月 | 法理（2020·第6卷第2辑）：法哲学、法学方法论与人工智能 | 舒国滢 主编 | 商务印书馆 |
| 24 | 2021年4月 | 人工智能时代新型民事法律责任规则研究 | 董彪 著 | 中国政法大学出版社 |

（续表）

| 序号 | 出版时间 | 书名 | 作者 | 出版社 |
|---|---|---|---|---|
| 25 | 2021年5月 | 探路智慧社会：人工智能赋能社会治理 | 之江实验室 编著 | 中国科学技术出版社 |
| 26 | 2021年5月 | 技术侦查中个人信息保护的法理研究 | 田芳 著 | 法律出版社 |
| 27 | 2021年5月 | 法治蓝皮书：中国法院信息化发展报告No.5（2021） | 陈甦 田禾 主编<br>吕艳滨 执行主编<br>胡昌明 副主编 | 社会科学文献出版社 |
| 28 | 2021年5月 | 大数据监控社会中的隐私权保护：基于美欧实践的观察 | 张衡 著 | 上海人民出版社 |
| 29 | 2021年5月 | 数据大爆炸时代的网络安全与信息保护研究 | 徐君卿 翁正秋 著 | 中国农业出版社 |
| 30 | 2021年5月 | 人工智能时代公共安全风险治理 | 惠志斌 李佳 等 著 | 上海社会科学院出版社 |
| 31 | 2021年5月 | 权力之治：人工智能时代的算法规制 | 张凌寒 著 | 上海人民出版社 |
| 32 | 2021年6月 | 数字政府建设（2021新版） | 中国行政体制改革研究会 组织编写 | 人民出版社 |
| 33 | 2021年6月 | 智能城市治理 | 饶玉柱 著 | 电子工业出版社 |
| 34 | 2021年6月 | 开源云计算：部署、应用、运维 | 王薇薇，康楠，张雪松 等 著 | 机械工业出版社 |
| 35 | 2021年6月 | 区块链安全理论与实践 | ［美］萨钦·S.谢蒂<br>［美］查尔斯·A.坎胡亚<br>［美］洛朗·L.吉拉 编<br>栾浩 姚凯 周苏静 译 | 清华大学出版社 |
| 36 | 2021年6月 | 数据大泄漏：隐私保护危机与数据安全机遇 | ［美］雪莉·大卫杜夫 著<br>马多贺 陈凯 周川 译 | 机械工业出版社 |
| 37 | 2021年6月 | 个人信息保护纠纷理论释解与裁判实务 | 丁宇翔 著 | 中国法制出版社 |
| 38 | 2021年6月 | 数字法治：数字经济时代的法律思维 | 高艳东 王莹 主编<br>陆青 连斌 副主编 | 人民法院出版社 |
| 39 | 2021年6月 | 互联网经济时代企业数据的利用与知识产权保护 | 叶敏 主编 | 中国人民公安大学出版社 |
| 40 | 2021年6月 | 人工智能法理基础 | 王莹 编著 | 西安交通大学出版社 |

（续表）

| 序号 | 出版时间 | 书　名 | 作　者 | 出版社 |
|---|---|---|---|---|
| 41 | 2021 年 6 月 | 机器人伦理学 | ［美］帕特里克·林<br>［美］凯斯·阿布尼<br>［美］乔治·A 贝基　主编<br>薛少华　仵婷　译 | 人民邮电<br>出版社 |
| 42 | 2021 年 6 月 | 人工智能的法律回应<br>——从权利法理到致害责任 | 韩旭至　著 | 法律出版社 |
| 43 | 2021 年 6 月 | 大数据、人工智能与妇女工作权 | 陆海娜　著 | 知识产权<br>出版社 |
| 44 | 2021 年 6 月 | 人工智能侵权责任法律问题研究——以医疗人工智能及自动驾驶汽车为例 | 王轶晗　乔欣悦　钟芷馨　著 | 西南财经大学<br>出版社 |
| 45 | 2021 年 6 月 | 机器人也是人：人工智能时代的法律 | John Frank Weaver　著<br>郑志峰　译 | 元照出版有限<br>公司 |
| 46 | 2021 年 6 月 | 人工智能与相关法律议题 | 陈志雄　杨哲铭　李崇僖　著 | 元照出版有限<br>公司 |
| 47 | 2021 年 7 月 | 知识产权＋互联网：知识产权服务新业态 | 顾金焰　孔军民　古赟　李晓翠<br>著 | 科学出版社 |
| 48 | 2021 年 7 月 | 全球网络空间安全战略与政策研究（2020—2021） | 葛自发　孙立远　胡英　编著 | 人民邮电<br>出版社 |
| 49 | 2021 年 7 月 | 数字货币与日常生活 | 李晶　著 | 上海人民<br>出版社 |
| 50 | 2021 年 7 月 | 网络安全与个人信息保护法律实务 | 丁振赣　主编 | 海天出版社 |
| 51 | 2021 年 7 月 | 数字法学论——原则、路径与架构 | 赵骏　魏斌　主编 | 浙江大学<br>出版社 |
| 52 | 2021 年 7 月 | 欧盟《通用数据保护条例》及其合规指南 | 王敏　译 | 武汉大学<br>出版社 |
| 53 | 2021 年 7 月 | 大数据＋医疗：科学时代的思维与决策 | 动脉网蛋壳研究院　编著 | 机械工业<br>出版社 |
| 54 | 2021 年 7 月 | 论人工智能生成物的著作权保护 | 朱梦云　著 | 知识产权<br>出版社 |
| 55 | 2021 年 7 月 | 人工智能的知识产权法挑战与应对 | 李宗辉　著 | 知识产权<br>出版社 |
| 56 | 2021 年 8 月 | 智慧城市：大数据、互联网时代的城市治理（第 5 版） | 金江军　著 | 电子工业<br>出版社 |

（续表）

| 序号 | 出版时间 | 书　名 | 作　者 | 出版社 |
|---|---|---|---|---|
| 57 | 2021 年 8 月 | 变轨：数字经济及其货币演进 | 周子衡　著 | 中译出版社 |
| 58 | 2021 年 8 月 | 迈向新时代的智慧社会：中国智慧城市发展战略研究 | 王世福　张振刚　著 | 科学出版社 |
| 59 | 2021 年 8 月 | 人工智能三驾马车——大数据、算力和算法 | 张云泉　方娟　贾海鹏　陈建辉编著 | 科学技术文献出版社 |
| 60 | 2021 年 8 月 | 消费者个人信息权保护：公私兼济模式向场景风险模式的转型 | 罗娟　著 | 法律出版社 |
| 61 | 2021 年 8 月 | 社交媒体隐私权研究：新信息性隐私权（二） | 张民安　主编<br>林泰松　副主编 | 中山大学出版社 |
| 62 | 2021 年 8 月 | 数字化时代的科际法学 | 孙笑侠　杨晓畅　主编 | 法律出版社 |
| 63 | 2021 年 8 月 | 大数据安全　技术与管理 | 王瑞民　主编<br>史国华　李娜　副主编 | 机械工业出版社 |
| 64 | 2021 年 8 月 | 数据法学（第一卷） | 李玉华　主编 | 中国人民公安大学出版社 |
| 65 | 2021 年 8 月 | 大数据与法律实务指南 | 林怡芳　陈秋华　主编<br>赵彦清　黄俊凯　译 | 元照出版有限公司 |
| 66 | 2021 年 8 月 | 理性机器人：人工智能未来法治图景 | ［英］瑞恩·艾伯特　著<br>张金平　周睿隽　译<br>彭诚信　主编 | 上海人民出版社 |
| 67 | 2021 年 8 月 | 数据交易：法律·政策·工具 | ［德］塞巴斯蒂安·洛塞等　编<br>曹博　译<br>彭诚信　主编 | 上海人民出版社 |
| 68 | 2021 年 8 月 | 新科技革命、人工智能与知识产权制度的完善 | 尹锋林　著 | 知识产权出版社 |
| 69 | 2021 年 8 月 | 世界人工智能法治蓝皮书（2021） | 崔亚东　主编 | 上海人民出版社 |
| 70 | 2021 年 9 月 | 法定数字货币研发趋势与应用实践 | 金钊　曾燕　等　著 | 中国社会科学出版社 |
| 71 | 2021 年 9 月 | 中华人民共和国个人信息保护法重点解读与案例解析 | 刘新宇　编著 | 中国法制出版社 |
| 72 | 2021 年 9 月 | 数字中国：数字化建设与发展 | 刘兴亮　王斌　主编 | 中共中央党校出版社 |

（续表）

| 序号 | 出版时间 | 书　名 | 作　者 | 出版社 |
|---|---|---|---|---|
| 73 | 2021 年 9 月 | 大数据侦查实践 | 李双其　等　著 | 知识产权出版社 |
| 74 | 2021 年 9 月 | 中华人民共和国数据安全法释义 | 龙卫球　主编 | 中国法制出版社 |
| 75 | 2021 年 9 月 | 中华人民共和国个人信息保护法释义 | 龙卫球　主编 | 中国法制出版社 |
| 76 | 2021 年 9 月 | 欧洲法院个人数据保护典型案例述评 | 张燕　何雨歌　编著 | 上海交通大学出版社 |
| 77 | 2021 年 9 月 | 机器之心：法律文本的主题学习 | 张扬武　著 | 中国政法大学出版社 |
| 78 | 2021 年 10 月 | 人工智能赋能智慧社区 | 王维莉　等　著 | 上海科学技术出版社 |
| 79 | 2021 年 10 月 | 商业银行争议解决前沿问题专题解读与实务指引 | 蒋琪　主编 | 法律出版社 |
| 80 | 2021 年 10 月 | 图书馆信息资源安全：基于云计算环境下 | 黄国彬　著 | 知识产权出版社 |
| 81 | 2021 年 10 月 | 互联网司法的探索实践与理论前沿（一） | 北京互联网法院　著 | 人民法院出版社 |
| 82 | 2021 年 10 月 | App 个人信息保护治理实践 | 中国信息通信研究院　著 | 人民邮电出版社 |
| 83 | 2021 年 10 月 | 个人信息保护案例评析 | 曹博　王琳琳　姬蕾蕾　等　著　彭诚信　主编 | 上海人民出版社 |
| 84 | 2021 年 10 月 | 个人信息保护法与日常生活 | 何渊　主编 | 上海人民出版社 |
| 85 | 2021 年 10 月 | 第三届"信用法治·韶山论坛"优秀论文集 | 谭曼　顾敏康　主编 | 法律出版社 |
| 86 | 2021 年 10 月 | 极限与基线：司法人工智能的应用之路 | 陈敏光　著 | 中国政法大学出版社 |
| 87 | 2021 年 10 月 | 人工智能伦理导引 | 陈小平　主编 | 中国科学技术大学出版社 |
| 88 | 2021 年 10 月 | 大数据背景下金融信息安全的刑法保护 | 田刚　著 | 中央民族学院出版社 |
| 89 | 2021 年 10 月 | 大数据时代个人信息保护体系构建研究 | 章宁　等　著 | 经济科学出版社 |
| 90 | 2021 年 11 月 | 智慧社区大数据 | 周晓芳　叶伙荣　等　编著 | 上海科学技术出版社 |

（续表）

| 序号 | 出版时间 | 书　名 | 作　者 | 出版社 |
|---|---|---|---|---|
| 91 | 2021 年 11 月 | 人工智能时代的治理转型：挑战、变革与未来 | 何哲　著 | 知识产权出版社 |
| 92 | 2021 年 11 月 | 互联网仲裁行业发展蓝皮书（2021） | 零壹财经·零壹智库　著 | 中国财富出版社 |
| 93 | 2021 年 11 月 | 区块链技术在智慧城市中的应用 | 谢俊峰　谢人超　刘江　秦董洪　杨华　著 | 人民邮电出版社 |
| 94 | 2021 年 11 月 | 中华人民共和国个人信息保护法实务指南 | 王磊　主编 | 中国法制出版社 |
| 95 | 2021 年 11 月 | 最高人民法院审理使用人脸识别技术处理个人信息案件司法解释理解与适用 | 杨万明　主编　郭锋　副主编　最高人民法院研究室　编著 | 人民法院出版社 |
| 96 | 2021 年 11 月 | 《中华人民共和国个人信息保护法》释义 | 张新宝　主编 | 人民出版社 |
| 97 | 2021 年 11 月 | 最高人民法院审理使用人脸识别技术处理个人信息案件司法解释理解与适用 | 杨万明　主编　郭峰　副主编　最高人民法院研究室　编著 | 人民法院出版社 |
| 98 | 2021 年 11 月 | 个人信息保护立法研究 | 中国信息通信研究院互联网法律研究中心　编著 | 中国法制出版社 |
| 99 | 2021 年 11 月 | 中华人民共和国个人信息保护法条文解读与法律适用 | 江必新　李占国　主编 | 中国法制出版社 |
| 100 | 2021 年 11 月 | 中华人民共和国个人信息保护法理解适用与案例解读 | 张平　主编 | 中国法制出版社 |
| 101 | 2021 年 11 月 | 个人信息保护法理解与适用 | 程啸　著 | 中国法制出版社 |
| 102 | 2021 年 11 月 | 信息时代刑事法治现代化探索 | 浙江大学刑法研究所　编 | 浙江大学出版社 |
| 103 | 2021 年 11 月 | 个人信息保护法条文解读与适用要点 | 孙莹　主编　赵精武　副主编 | 法律出版社 |
| 104 | 2021 年 11 月 | 代码 2.0 网络空间中的法律 | ［美］劳伦斯·莱斯格　著　李旭　沈伟伟　译 | 清华大学出版社 |
| 105 | 2021 年 11 月 | 人工智能与法律的对话 3 | ［日］弥永真生　［日］宾户常寿　著　郭美蓉　李鲜花　郑超　等　译　彭诚信　主编 | 上海人民出版社 |
| 106 | 2021 年 11 月 | 人工智能法治应用 | 杨华　主编　彭辉　陈吉栋　吴惟予　黄一帆　余圣琪　副主编 | 上海人民出版社 |

（续表）

| 序号 | 出版时间 | 书　名 | 作　者 | 出版社 |
|---|---|---|---|---|
| 107 | 2021 年 11 月 | 人工智能辅助办案 | 崔亚东　主编<br>杨华　刘江　曹红星　吴海鋈<br>吴涛　副主编 | 上海人民<br>出版社 |
| 108 | 2021 年 11 月 | 人工智能法学研究（第 4 辑）：<br>智慧司法的发展与规则 | 岳彩申　侯东德　主编<br>张建文　副主编 | 社会科学文献<br>出版社 |
| 109 | 2021 年 11 月 | 数据保护：合规指引与规则<br>解析（第二版） | 刘新宇　主编 | 中国法制<br>出版社 |
| 110 | 2021 年 12 月 | 中国数字政府建设报告<br>（2021） | 李季　主编<br>王益民　执行主编 | 社会科学文献<br>出版社 |
| 111 | 2021 年 12 月 | 新业态、新领域发明专利申<br>请检索及创造性解析 | 邹斌　主编<br>董方源　慈丽雁　副主编 | 知识产权<br>出版社 |
| 112 | 2021 年 12 月 | 云计算与政府治理能力现代<br>化——以黔西南州为例 | 毛善君　等　编著 | 北京大学<br>出版社 |
| 113 | 2021 年 12 月 | 人工智能法学简论 | 孙建伟　袁曾　袁苇鸣　著 | 知识产权<br>出版社 |

### （三）人工智能法治科研项目分析

科研项目是指开展科学技术研究时的一系列独特的、复杂的并相互关联的活动，有着明确的目标或目的，必须在特定的时间、预算、资源限定内，依据规范完成。

科研项目包括国家各级政府成立基金支撑的纵向科研项目（课题）、来自企事业单位的横向科研合作开发项目（课题）和学院自筹科研项目（课题）。纵向课题的项目经费也可反映出该课题的受重视程度。故而本部分数据编者选自 2021 年度国家社会科学基金课题立项名单和省部级人工智能领域课题立项情况。[①] 省部级课题是由各省行政部门等单位，根据国家科研计划下达的科研项目，编者选取了司法部、法学会和教育部的法学类课题进行研究。

为使得研究数据更加全面，编者采取了"人工智能"外延词汇作为关键词，如：大数据、算法透明、算法黑箱、数据爬虫、数据挖潜、数据垄断、元宇宙、生物识别、用户画像、数据社会、数据人权、数字贸易治理、数据信托等。

---

①　分别通过国家社会科学基金项目数据库、司法部官网、中国法学会官网以及教育部官网进行检索得出数据。

## 1. 课题研究数目增幅显著

### （1）国家社会科学基金项目中法学类课题总量增幅显著

通过对国家社会科学基金项目数据库中法学类立项课题的统计，2021年国家社会科学基金法学类立项总数为326项，其中属于人工智能法治领域的有58项，占比达到17.79%。人工智能法治研究立项数比2020年多了一倍，较2019年多了三倍多（见表2-3）。

表2-3　2019—2021年国家社科基金法学类课题立项（项）

| 年　份 | 2019年 | 2020年 | 2021年 |
| --- | --- | --- | --- |
| 法学立项总数 | 343 | 349 | 326 |
| 人工智能法治研究立项数 | 14 | 28 | 58 |
| 占　比 | 4.08% | 8.02% | 17.79% |

近年来，人工智能法治相关的课题研究数目呈直线上升趋势，这与我国对科技创新重视程度不断提升的大环境密切相关。人工智能被提到国家战略层面，国家及各地方政府也发布多项政策法规以支持人工智能产业的发展与应用。因此，2021年人工智能法治领域的科研项目数量较往年而言，增速较快。涉及知识产权、经济法、民法、刑法等多个不同的法学方向。

除此之外，在其他非法学立项项目中，通过关键词检索，搜索到37项与人工智能法治相关的立项项目。具体数据如下表2-4所示：

表2-4　2021年国家社会科学基金人工智能法治领域立项情况一览表

| 序号 | 标　题 | 负责人 | 机构 | 项目层次 | 所在学科 |
| --- | --- | --- | --- | --- | --- |
| 1 | 用工组织形式数字化变革的法律应对研究 | 王　茜 | 上海工程技术大学 | 青年项目 | 法学 |
| 2 | 文本和数据挖掘的著作权合理使用制度研究 | 何　蓉 | 中南财经政法大学 | 青年项目 | 法学 |
| 3 | 数字时代下格式条款的强制性内容管制体系研究 | 王俣璇 | 北京交通大学 | 青年项目 | 法学 |
| 4 | 智慧司法背景下犯罪嫌疑人社会风险的大数据评估 | 周　翔 | 浙江大学 | 青年项目 | 法学 |

（续表）

| 序号 | 标 题 | 负责人 | 机构 | 项目层次 | 所在学科 |
|---|---|---|---|---|---|
| 5 | 网络安全信息共享的法律保障研究 | 方 婷 | 西北大学 | 青年项目 | 法学 |
| 6 | 新发展格局下数字税立法原理研究 | 程 前 | 南开大学 | 青年项目 | 法学 |
| 7 | 数据不正当竞争行为司法规制的实证研究 | 陈耿华 | 西南政法大学 | 青年项目 | 法学 |
| 8 | 数字经济时代反垄断法实施难点问题研究 | 朱静洁 | 云南财经大学 | 青年项目 | 法学 |
| 9 | 数字经济时代资本无序扩张的竞争法规制研究 | 胡国梁 | 江西财经大学 | 青年项目 | 法学 |
| 10 | 民法典中隐私权与个人信息的协同保护研究 | 金 耀 | 宁波大学 | 青年项目 | 法学 |
| 11 | 民事类案"算法"的程序法理 | 曹云吉 | 天津大学 | 青年项目 | 法学 |
| 12 | 刑事合规视野下智能技术单位的刑事责任研究 | 席 若 | 南京财经大学 | 青年项目 | 法学 |
| 13 | 数字政府时代算法行政的程序法治问题研究 | 李 芹 | 河北大学 | 青年项目 | 法学 |
| 14 | 数字经济与数据治理中少数群体权利保障研究 | 江秋伟 | 广东工业大学 | 青年项目 | 法学 |
| 15 | 信息处理者的安全保障义务研究 | 苏成慧 | 西南政法大学 | 青年项目 | 法学 |
| 16 | 数据要素确权的法律供给研究 | 文禹衡 | 湘潭大学 | 青年项目 | 法学 |
| 17 | 智慧司法中法律推理与法律解析的融合路径研究 | 魏 斌 | 浙江大学 | 青年项目 | 法学 |
| 18 | 数字人权的司法保障机制研究 | 高一飞 | 浙江工商大学 | 青年项目 | 法学 |
| 19 | 智慧社会信用体系法治完善研究 | 赵园园 | 上海政法学院 | 一般项目 | 法学 |
| 20 | 促进数据开放利用的著作权制度优化研究 | 华 劼 | 同济大学 | 一般项目 | 法学 |
| 21 | 数字资产信托法律问题研究 | 陈雪萍 | 中南民族大学 | 一般项目 | 法学 |
| 22 | 数字化犯罪参与的归责模式研究 | 秦雪娜 | 北京理工大学 | 一般项目 | 法学 |
| 23 | 数据治理公私合作的法律规制研究 | 徐玖玖 | 中国社会科学院法学研究所 | 一般项目 | 法学 |
| 24 | 国际经贸协定中跨境数据流动例外条款研究 | 孙志煜 | 贵州大学 | 一般项目 | 法学 |
| 25 | 我国参与数字货币背景下的国际货币治理变革研究 | 陈 欣 | 厦门大学 | 一般项目 | 法学 |
| 26 | 算法规制中的劳动者权益保障机制研究 | 吴文芳 | 上海财经大学 | 一般项目 | 法学 |

（续表）

| 序号 | 标　　题 | 负责人 | 机构 | 项目层次 | 所在学科 |
|---|---|---|---|---|---|
| 27 | 算法控制下网约劳动者权益保障困境与制度创新研究 | 邹开亮 | 华东交通大学 | 一般项目 | 法学 |
| 28 | 法定数字货币发行与运行制度规则构建研究 | 巫文勇 | 江西财经大学 | 一般项目 | 法学 |
| 29 | 大数据时代金融数据安全法律保护研究 | 刘　辉 | 郑州大学 | 一般项目 | 法学 |
| 30 | 开放银行数据共享法律问题研究 | 赵　吟 | 西南政法大学 | 一般项目 | 法学 |
| 31 | 国家安全视域下金融数据跨境流动的法律规制研究 | 郭德香 | 郑州大学 | 一般项目 | 法学 |
| 32 | 数据要素市场化配置改革的财税法治保障研究 | 李晓辉 | 厦门大学 | 一般项目 | 法学 |
| 33 | 平台反垄断理论问题研究 | 孟雁北 | 中国人民大学 | 一般项目 | 法学 |
| 34 | 数字经济时代平台企业滥用数据优势的反垄断法规 | 马其家 | 对外经济贸易大学 | 一般项目 | 法学 |
| 35 | 数字平台反垄断行政执法与法院司法衔接的理论与实践研究 | 冯　博 | 天津财经大学 | 一般项目 | 法学 |
| 36 | 数字经济时代个人信息的反垄断法保护研究 | 张占江 | 上海财经大学 | 一般项目 | 法学 |
| 37 | 第三方支付平台对反垄断法的挑战及其应对研究 | 李　青 | 安徽工业大学 | 一般项目 | 法学 |
| 38 | 网络数据知识产权保护与治理研究 | 刘　斌 | 中国计量大学 | 一般项目 | 法学 |
| 39 | 大型网络平台的知识产权治理义务拓展研究 | 胡朝阳 | 东南大学 | 一般项目 | 法学 |
| 40 | 互联网企业数据合规义务研究 | 李延舜 | 河南大学 | 一般项目 | 法学 |
| 41 | 敏感个人信息保护法律问题研究 | 陈龙江 | 海南大学 | 一般项目 | 法学 |
| 42 | 类型化视角下的个人信息私法保护研究 | 杨惟钦 | 云南大学 | 一般项目 | 法学 |
| 43 | 公私法交融视域下个人信息保护的法律责任体系 | 姚　佳 | 中国社会科学院法学研究所 | 一般项目 | 法学 |
| 44 | 民法典中隐私与个人信息的二元保护模式研究 | 吕炳斌 | 南京大学 | 一般项目 | 法学 |
| 45 | 人工智能自主行为的私法规制研究 | 张志坚 | 江西理工大学 | 一般项目 | 法学 |
| 46 | 智能合约风险防范的私法问题研究 | 吴　烨 | 兰州大学 | 一般项目 | 法学 |
| 47 | 数据使用中相关者利益冲突私法化解路径研究 | 余筱兰 | 上海交通大学 | 一般项目 | 法学 |
| 48 | 政务数据资源权利制度构建研究 | 王思锋 | 西北大学 | 一般项目 | 法学 |

（续表）

| 序号 | 标　　题 | 负责人 | 机构 | 项目层次 | 所在学科 |
|---|---|---|---|---|---|
| 49 | 数据要素市场化背景下政府数据开放的权益配置与模式研究 | 李海敏 | 华北电力大学（保定） | 一般项目 | 法学 |
| 50 | 数字社会私权力宪法规制研究 | 丁　玮 | 哈尔滨工程大学 | 一般项目 | 法学 |
| 51 | 人脸识别的法律治理框架研究 | 何　渊 | 上海交通大学 | 一般项目 | 法学 |
| 52 | 法律论证的人工智能建模研究 | 王　彬 | 南开大学 | 一般项目 | 法学 |
| 53 | 智慧法院建设中智能裁量模型及其风险防范机制研究 | 张　妮 | 四川大学 | 一般项目 | 法学 |
| 54 | 电子数据区块链存证研究 | 谢登科 | 吉林大学 | 一般项目 | 法学 |
| 55 | 人工智能研发与应用风险治理的财税法协同机制研究 | 胡元聪 | 西南政法大学 | 重点项目 | 法学 |
| 56 | 大数据与刑事司法的内生冲突及其双向调和研究 | 王禄生 | 东南大学 | 重点项目 | 法学 |
| 57 | 自动化行政中算法决策的法律控制 | 齐延平 | 北京理工大学 | 重点项目 | 法学 |
| 58 | 智慧司法背景下案件事实的分层论证 | 资　琳 | 中南财经政法大学 | 重点项目 | 法学 |
| 59 | 大数据时代完善坚持正确导向的舆论引导工作机制 | 常宴会 | 阳光学院 | 青年项目 | 马列·科社 |
| 60 | 大数据支持下网络谣言智慧治理机制及运行策略研究 | 夏志杰 | 上海工程技术大学 | 一般项目 | 管理学 |
| 61 | 大数据介入突发公共卫生事件治理的逻辑、困境与对策研究 | 孙　敏 | 浙江万里学院 | 一般项目 | 管理学 |
| 62 | 大数据支持下网络谣言的智慧治理问题研究 | 刘凤鸣 | 山东师范大学 | 一般项目 | 管理学 |
| 63 | 突发公共事件大数据通证的用户隐私安全研究 | 王　峰 | 吉林大学 | 一般项目 | 图书馆·情报与文献学 |
| 64 | 大数据背景下个人生物识别信息的法律保护研究 | 宋素红 | 北京师范大学 | 重点项目 | 新闻学与传播学 |
| 65 | 大数据背景下新时代超大城市治理体系与治理能力 | 唐晓彬 | 对外经济贸易大学 | 重点项目 | 统计学 |
| 66 | 人工智能时代的人——技伦理共同体研究 | 贾璐萌 | 天津大学 | 青年项目 | 哲学 |
| 67 | 人工智能生成内容的著作权立法研究 | 陶　乾 | 中国政法大学 | 一般项目 | 新闻学与传播学 |
| 68 | 人工智能出版物著作权保护模式选择及制度创新研究 | 焦和平 | 西北政法大学 | 一般项目 | 新闻学与传播学 |

（续表）

| 序号 | 标　题 | 负责人 | 机构 | 项目层次 | 所在学科 |
|---|---|---|---|---|---|
| 69 | 人工智能时代加强和创新社会治理研究 | 邹会聪 | 湖南涉外经济学院 | 一般项目 | 马列·科社 |
| 70 | 区块链共识机制对全球治理规则制定的启示研究 | 杨　昊 | 中国政法大学 | 青年项目 | 国际问题研究 |
| 71 | 区块链嵌入全民健身公共服务治理的实践机制与路径研究 | 韩　松 | 四川大学 | 一般项目 | 体育学 |
| 72 | 区块链生态赋能的"个性化推荐—隐私悖论"平衡机制研究 | 刘海鸥 | 燕山大学 | 一般项目 | 图书馆·情报与文献学 |
| 73 | 区块链中用户数据的合规利用与隐私风险研究 | 康海燕 | 北京信息科技大学 | 一般项目 | 图书馆·情报与文献学 |
| 74 | 数据要素市场化背景下基于区块链的科学数据可信共享与服务研究 | 魏银珍 | 黄冈师范学院 | 一般项目 | 图书馆·情报与文献学 |
| 75 | 区块链技术赋能互联网广告数据治理研究 | 姜智彬 | 上海外国语大学 | 一般项目 | 新闻学与传播学 |
| 76 | 数字广告流量造假的区块链智能合约治理研究 | 柳庆勇 | 三峡大学 | 一般项目 | 新闻学与传播学 |
| 77 | 智能推荐中算法感知对网络舆论的影响及治理机制 | 晏齐宏 | 北京交通大学 | 青年项目 | 新闻学与传播学 |
| 78 | 算法治理视域下政府数字化转型的实践困境及其破解机制研究 | 王中原 | 复旦大学 | 青年项目 | 政治学 |
| 79 | 算法治理的技术哲学研究 | 兰立山 | 中共中央党校（国家行政学院） | 青年项目 | 哲学 |
| 80 | 智能算法推荐的意识形态风险治理研究 | 张　林 | 电子科技大学 | 青年项目 | 马列·科社 |
| 81 | 互联网平台企业算法责任的风险形成机理与协同治理路径研究 | 李文博 | 浙江师范大学 | 一般项目 | 管理学 |
| 82 | 大数据算法视角下市场歧视的量化测算与规制策略 | 陈立中 | 华中师范大学 | 一般项目 | 理论经济 |
| 83 | 用主流价值导向驾驭"算法"全面提高舆论引导能力研究 | 万欣荣 | 中山大学 | 一般项目 | 马列·科社 |
| 84 | 人工智能产业中的算法劳动与劳动关系研究 | 贾文娟 | 上海大学 | 青年项目 | 社会学 |
| 85 | 智能化武装行动国际规制及中国主张研究 | 居　梦 | 湖北工业大学 | 青年项目 | 国际问题研究 |
| 86 | 广告产业智能化发展中的数据垄断问题研究 | 周立春 | 商丘师范学院 | 一般项目 | 新闻学与传播学 |

（续表）

| 序号 | 标　　题 | 负责人 | 机构 | 项目层次 | 所在学科 |
|---|---|---|---|---|---|
| 87 | 智能时代农村老人数字融入的困境及改善路径研究 | 乔同舟 | 华中农业大学 | 一般项目 | 新闻学与传播学 |
| 88 | 智能媒体时代舆论极化的表现、规律及其治理研究 | 杨　洸 | 深圳大学 | 一般项目 | 新闻学与传播学 |
| 89 | 算法驱动下网络文艺的智能化创新与社会影响研究 | 赵丽瑾 | 西北师范大学 | 一般项目 | 中国文学 |
| 90 | 智能技术背景下老年人社会排斥及长效治理机制研究 | 汪玲萍 | 常州大学 | 一般项目 | 社会学 |
| 91 | 基层社会治理数字化智能化研究 | 杜伟泉 | 南京邮电大学 | 一般项目 | 社会学 |
| 92 | 基层社会治理智能化的风险防范机制研究 | 刘　玮 | 湖南农业大学 | 一般项目 | 社会学 |
| 93 | 数字化智能化背景下我国城市总体安全研究 | 庄国波 | 南京邮电大学 | 一般项目 | 政治学 |
| 94 | 农村社会矛盾综合治理智能化的机制创新研究 | 符少辉 | 湖南农业大学 | 重点项目 | 政治学 |
| 95 | 智能环境的伦理治理研究 | 顾世春 | 沈阳建筑大学 | 一般项目 | 哲学 |

（2）省部级课题中人工智能法治愈发受重视

　　通过对司法部"国家法治与法学理论研究项目立项课题"、中国法学会"2021年度部级法学研究课题立项名单"以及教育部"人文社会科学研究一般项目立项公示"进行汇总统计后（见图2-4），得出2021年省部级课题中属于人工智能法治研究的有99项。具体情况如表2-5所示：

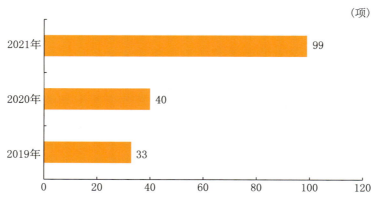

图2-4　近3年省部级课题人工智能法治领域立项数对比图

表 2-5　2021 年省部级课题人工智能法治领域立项情况一览表

| 序号 | 标　　题 | 负责人 | 机　　构 | 项目层次 | 所在学科 |
|---|---|---|---|---|---|
| 1 | 平台经济竞争公平法治体系研究 | 李世刚 | 复旦大学 | 重点课题 | 法学 |
| 2 | 人工智能产品侵权责任问题研究 | 李迪昕 | 沈阳师范大学 | 一般课题 | 法学 |
| 3 | RCEP 中数字经济规则及其争端解决机制研究 | 袁达松 | 北京师范大学 | 一般课题 | 法学 |
| 4 | 数字经济对劳动法的挑战及其应对研究 | 战东升 | 西南政法大学 | 一般课题 | 法学 |
| 5 | 数字经济背景下《反垄断法》理论与实践路径研究 | 宁立志 | 武汉大学 | 一般课题 | 法学 |
| 6 | RCEP 中的数字经济规则及其争端解决机制研究 | 陈咏梅 | 西南政法大学 | 一般课题 | 法学 |
| 7 | 信息公平视域下"数字弱势群体"权益法律保障研究 | 宋保振 | 上海对外经贸大学 | 青年课题 | 法学 |
| 8 | 互联网内容治理中的平台责任研究 | 邱遥堃 | 华东政法大学 | 青年课题 | 法学 |
| 9 | 大数据时代个人行踪轨迹信息保护研究 | 连雪晴 | 中国海洋大学 | 青年课题 | 法学 |
| 10 | 自动化行政裁量模型及其风险防范机制研究 | 查云飞 | 浙江大学 | 青年课题 | 法学 |
| 11 | 数据犯罪治理的"民行刑"衔接路径研究 | 熊　波 | 华东政法大学 | 青年课题 | 法学 |
| 12 | 智慧侦查场景中的个人信息保护研究 | 张　可 | 中国政法大学 | 青年课题 | 法学 |
| 13 | 个人数据权属配置法律制度研究 | 谭　玲 | 西南政法大学 | 青年课题 | 法学 |
| 14 | 企业数据保护的司法困境与破解之道 | 姬蕾蕾 | 上海交通大学凯原法学院 | 青年课题 | 法学 |
| 15 | 数据交易的民法规制 | 金　晶 | 中国政法大学 | 青年课题 | 法学 |
| 16 | 重大公共安全事件下个人信息处理限度研究 | 吕双全 | 宁波大学 | 青年课题 | 法学 |
| 17 | 解释论视角下的个人信息权益研究 | 王　苑 | 清华大学法学院 | 青年课题 | 法学 |
| 18 | 平台企业数据滥用的反垄断法制研究 | 袁　野 | 中南民族大学 | 青年课题 | 法学 |
| 19 | 互联网视听节目监管法律制度研究 | 龙　俊 | 福建师范大学 | 青年课题 | 法学 |
| 20 | 数字经济增值税立法问题研究 | 余鹏峰 | 江西财经大学 | 青年课题 | 法学 |
| 21 | 人脸识别法律规制中的场景正义与同意伦理研究 | 姜　野 | 河北师范大学 | 专项任务课题 | 法学 |
| 22 | 数字治理法治化研究 | 孙庆春 | 山东师范大学 | 专项任务课题 | 法学 |

（续表）

| 序号 | 标　题 | 负责人 | 机　构 | 项目层次 | 所在学科 |
|---|---|---|---|---|---|
| 23 | "逆数字化"风险下的基层政府应急管理体系建设研究 | 张玉洁 | 广州大学 | 专项任务课题 | 法学 |
| 24 | 数字治理在公共法律服务中的适用研究 | 廖丽环 | 福州大学 | 专项任务课题 | 法学 |
| 25 | 人脸识别技术应用的法律规制研究 | 杨帆 | 扬州大学 | 专项任务课题 | 法学 |
| 26 | 大数据时代司法治理效能提升路径研究 | 宋菲 | 聊城大学 | 专项任务课题 | 法学 |
| 27 | 数据要素市场化配置的法律保障研究 | 刘薇 | 广东财经大学 | 专项任务课题 | 法学 |
| 28 | 人工智能主体性建构的责任路径研究 | 郑文革 | 南京航空航天大学 | 专项任务课题 | 法学 |
| 29 | 人权保障视阈中的算法权力规制研究 | 洪丹娜 | 华南理工大学 | 专项任务课题 | 法学 |
| 30 | 智慧社会建设背景下应急征用法律机制研究 | 高鲁嘉 | 浙江工业大学 | 专项任务课题 | 法学 |
| 31 | 人工智能时代自动驾驶汽车涉及的刑法问题研究 | 王德政 | 成都大学 | 专项任务课题 | 法学 |
| 32 | 大数据时代刑事印证模式转型及规则完善 | 杨继文 | 华东政法大学 | 专项任务课题 | 法学 |
| 33 | 智慧侦查背景下的大数据证据使用禁止规则研究 | 孙明泽 | 山东科技大学 | 专项任务课题 | 法学 |
| 34 | 人工智能生成物的知识产权法律问题研究 | 李冬梅 | 首都经济贸易大学 | 专项任务课题 | 法学 |
| 35 | 类型化视角下互联网平台垄断行为的法律治理 | 张帆 | 电子科技大学 | 专项任务课题 | 法学 |
| 36 | 国际数字税征收权分配的中国方案研究 | 张海飞 | 常州大学 | 专项任务课题 | 法学 |
| 37 | 中美跨境数据流动的规则博弈及中国对策 | 魏求月 | 北京理工大学 | 专项任务课题 | 法学 |
| 38 | 数字经济时代跨境平台垄断规制的三维策略研究 | 魏婷婷 | 西安建筑科技大学 | 专项任务课题 | 法学 |
| 39 | 数字社会治理机制问题研究：优化营商环境的视角 | 张瀚 | 华南理工大学 | 一般课题 | 法学 |
| 40 | 数据治理 | 陆卫民 | 上海市第一中级人民法院 | 一般课题 | 法学 |

（续表）

| 序号 | 标　　题 | 负责人 | 机　　构 | 项目层次 | 所在学科 |
|---|---|---|---|---|---|
| 41 | 法治视域下重大行政决策社会稳定风险评估的"大数据＋风险沟通"模式优化研究 | 王祯军 | 辽宁师范大学 | 一般课题 | 法学 |
| 42 | 数字经济时代税收征管法修改研究——基于涉税数据的视角 | 沈　斌 | 华中师范大学 | 一般课题 | 法学 |
| 43 | 新业态知识产权保护的类型化及规则研究 | 卢结华 | 佛山科学技术学院 | 一般课题 | 法学 |
| 44 | 新业态知识产权保护法律问题研究 | 刘　鑫 | 中南财经政法大学 | 一般课题 | 法学 |
| 45 | 数字时代个人信息刑法治理的合宪性控制研究 | 刘振华 | 东南大学法学院 | 青年调研课题 | 法学 |
| 46 | 平台企业数据行为的反垄断法规制研究 | 袁　野 | 中南民族大学 | 青年调研课题 | 法学 |
| 47 | 数字法治视阈下循证量刑模式的确证与构造 | 崔仕绣 | 上海政法学院 | 自选课题 | 法学 |
| 48 | 超越被遗忘权：我国个人信息删除权的体系构造 | 张　猛 | 沈阳师范大学 | 自选课题 | 法学 |
| 49 | 数字社会治理下"同意规则"的适用研究 | 廖丽环 | 福州大学 | 自选课题 | 法学 |
| 50 | 数字社会治理中法律的缺位问题及其应对 | 吴　锐 | 西安交通大学 | 自选课题 | 法学 |
| 51 | 大数据侦查中网络服务提供者的角色定位及义务研究 | 李延舜 | 河南大学法学院 | 自选课题 | 法学 |
| 52 | 基于互联网平台的数字社会治理路径研究 | 林海伟 | 中国政法大学 | 自选课题 | 法学 |
| 53 | 老年人数字化生活权保障的国家义务研究 | 朱　军 | 河南大学法学院 | 自选课题 | 法学 |
| 54 | 老年人数字融入的法权建构及制度回应 | 刘　建 | 中国农业大学 | 自选课题 | 法学 |
| 55 | 人工智能风险防控的私法问题研究 | 吴　烨 | 兰州大学 | 自选课题 | 法学 |
| 56 | 数字经济新业态背景下网络诈骗犯罪的认定规则研究 | 郑　洋 | 北京理工大学 | 自选课题 | 法学 |
| 57 | 智能医疗新技术新业态的叠加型风险防控及融合型立法路径研究 | 任　颖 | 广东外语外贸大学 | 自选课题 | 法学 |
| 58 | 个人生物识别信息的法律属性与规范构造研究 | 崔　丽 | 沈阳师范大学 | 自选课题 | 法学 |

（续表）

| 序号 | 标　　题 | 负责人 | 机　　构 | 项目层次 | 所在学科 |
|---|---|---|---|---|---|
| 59 | 人工智能辅助量刑的司法适用及其风险防控研究 | 张玉洁 | 广州大学 | 自选课题 | 法学 |
| 60 | 人脸识别技术风险防控法律问题研究 | 付微明 | 重庆邮电大学 | 自选课题 | 法学 |
| 61 | 算法代理歧视及其规制研究 | 陈　曦 | 深圳大学 | 自选课题 | 法学 |
| 62 | 平台企业自我优待行为垄断风险防控法律问题研究 | 陈肖盈 | 华东政法大学 | 自选课题 | 法学 |
| 63 | 新业态下著作权法的规范构造与司法创新研究 | 陶　乾 | 中国政法大学 | 自选课题 | 法学 |
| 64 | 数据产品的知识产权刑法保护研究 | 刘双阳 | 东南大学法学院 | 自选课题 | 法学 |
| 65 | 大数据新业态知识产权保护法律问题研究 | 李　艳 | 西北政法大学 | 自选课题 | 法学 |
| 66 | 新业态知识产权保护对象法律问题研究 | 祝雅柠 | 大连海事大学 | 自选课题 | 法学 |
| 67 | 新业态知识产权保护法律问题研究——以电子商务知识产权保护为例 | 陈　星 | 广西民族大学 | 自选课题 | 法学 |
| 68 | 个人信息保护视角下数据安全的刑法保护研究 | 李　婕 | 安徽大学 | 自选课题 | 法学 |
| 69 | 数据本地化法律规制的反思与完善 | 唐彬彬 | 中国人民公安大学 | 自选课题 | 法学 |
| 70 | 人脸识别相关犯罪的司法实证分析与法律风险应对——以 154 份裁判文书为研究对象 | 李思远 | 上海大学 | 自选课题 | 法学 |
| 71 | 数字平台算法默示共谋的违法性认定研究 | 曾　迪 | 西南政法大学 | 自选课题 | 法学 |
| 72 | 平台反垄断问题研究：从超级平台并购初创企业展开 | 承　上 | 深圳大学 | 自选课题 | 法学 |
| 73 | 平台反垄断问题研究 | 徐则林 | 安徽大学 | 自选课题 | 法学 |
| 74 | 平台经济领域差别待遇行为的反垄断法适用研究 | 郝俊淇 | 中国社会科学院 | 自选课题 | 法学 |
| 75 | 数字货币法律监管制度的体系构建研究 | 安柯颖 | 北京外国语大学 | 规划基金项目 | 法学 |
| 76 | 国际视域下我国数字货币犯罪防控法律机制完善研究 | 师秀霞 | 铁道警察学院 | 规划基金项目 | 法学 |

（续表）

| 序号 | 标　题 | 负责人 | 机　构 | 项目层次 | 所在学科 |
|---|---|---|---|---|---|
| 77 | 新发展理念视域下人工智能安全发展的刑法保障研究 | 皮　勇 | 同济大学 | 规划基金项目 | 法学 |
| 78 | 智能汽车的数据商业化利用法律问题研究 | 张韬略 | 同济大学 | 规划基金项目 | 法学 |
| 79 | 智能裁判系统设计中"知识整理"理论与实证研究 | 吴旭阳 | 厦门大学 | 规划基金项目 | 法学 |
| 80 | 人脸识别风险的法律规制研究 | 彭飞荣 | 中国计量大学 | 规划基金项目 | 法学 |
| 81 | 数字税立法路径选择与制度构建研究 | 乔博娟 | 北京航空航天大学 | 青年基金项目 | 法学 |
| 82 | 数据要素下超级平台数据垄断的法律规制研究 | 付新华 | 北京交通大学 | 青年基金项目 | 法学 |
| 83 | 智慧警务时代生物识别信息应用与保护研究 | 姚永贤 | 北京警察学院 | 青年基金项目 | 法学 |
| 84 | 政府数据开放利用机制研究 | 宋　烁 | 北京科技大学 | 青年基金项目 | 法学 |
| 85 | 人工智能视域下数字隐私权的法律问题研究 | 何　帅 | 北京邮电大学 | 青年基金项目 | 法学 |
| 86 | 医疗人工智能临床应用的法律规制研究 | 李润生 | 北京中医药大学 | 青年基金项目 | 法学 |
| 87 | 跨境数据流动规制研究 | 文　铭 | 重庆邮电大学 | 青年基金项目 | 法学 |
| 88 | 人工智能伦理危机下的数字人权与算法治理研究 | 张　园 | 河北地质大学 | 青年基金项目 | 法学 |
| 89 | 公共数据市场化配置法治保障机制研究 | 赵加兵 | 河南财经政法大学 | 青年基金项目 | 法学 |
| 90 | 数字经济时代反垄断法必需设施理论的类型化适用研究 | 孙瑜晨 | 中国政法大学 | 青年基金项目 | 法学 |
| 91 | 数据要素市场化配置机制法律问题研究 | 王　磊 | 北京理工大学 | 自筹经费项目 | 法学 |
| 92 | 数字赋能与乡村治理能力现代化转型研究 | 杜金沛 | 华南农业大学 | 规划基金项目 | 社会学 |
| 93 | 人工智能助推网络舆情治理的逻辑与进路研究 | 张玉容 | 西安工程大学 | 规划基金项目 | 新闻学与传播学 |
| 94 | 地方政府数据开放政策实施效果、影响因素及路径优化研究 | 温芳芳 | 浙江财经大学 | 青年基金项目 | 图书馆、情报与文献学 |

（续表）

| 序号 | 标　　题 | 负责人 | 机　　构 | 项目层次 | 所在学科 |
|---|---|---|---|---|---|
| 95 | 全球数据主权博弈背景下健全我国数据跨境流动规则体系研究 | 张心源 | 郑州大学 | 青年基金项目 | 图书馆、情报与文献学 |
| 96 | 人工智能视域下社区矫正对象再犯风险的动态评估体系研究 | 马　皑 | 中国政法大学 | 规划基金项目 | 交叉学科／综合研究 |
| 97 | 大数据警务算法规制研究 | 张全涛 | 重庆警察学院 | 青年基金项目 | 交叉学科／综合研究 |
| 98 | 智慧司法视域下案情知识图谱的可解释性构建方法研究 | 尹　华 | 广东财经大学 | 青年基金项目 | 交叉学科／综合研究 |
| 99 | 智慧化治理经验引入乡村伦理治理的创新机制研究 | 费雪莱 | 湖北中医药大学 | 青年基金项目 | 交叉学科／综合研究 |

### （3）省部级课题内容丰富

2021 年的人工智能法治领域省部级课题内容与 2021 年国家社会科学基金项目内容相比，更加多元化。经过对标题高频关键词的统计发现（见图 2-5），标题含"平台""人工智能"和"信息"的最多。

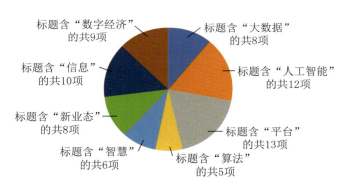

图 2-5　2021 年省部级课题人工智能法治研究高频关键词

### 2. 课题研究层次日渐丰富

### （1）国家社会科学基金项目

国家社会科学基金项目共有重大项目、重点项目、一般项目、青年项目、西部项目、后期资助项目和中华学术外译项目 7 个类别的立项资助项目类别。

人工智能法治研究在国家社会科学基金重点项目中实现"零的突破"。根据对 2021 年国家社会科学基金项目类别的梳理得出，法学科研项目都集中于重点项目、一般项目和青年项目三大类。2021 年国家社会科学基金法学类立项重点项目共 26 项，一般项目共 212 项，青年项目 88 项。人工智能法治领域（见表 2-6），重点项目共 4 项，一般项目共 36 项，青年项目共 18 项。非法学类项目中，重点项目共 3 项，一般项目有 25 项，青年项目共 9 项。总体而言，国家社会科学基金项目中人工智能法治领域仍以一般项目和青年项目为主。与 2020 年的数据相比，重点项目中法学类项目由 0 项增至 4 项，非法学类项目由 1 项增至 3 项，尽管重点项目数量仍较少，但已有不错的进展，在申请难度较大的情况下，2021 年人工智能法治正被逐步重视。

表 2-6　2021 年国家社会科学基金项目人工智能法治领域项目类别一览表

| 类　　别 | 重点项目 | 一般项目 | 青年项目 |
| --- | --- | --- | --- |
| 法学类项目 | 4 | 36 | 18 |
| 非法学类项目 | 3 | 25 | 9 |

### （2）省部级课题

省部级课题方面，在司法部、中国法学会和教育部的省部级课题中，人工智能法治领域相关课题情况各不相同。

① 中国法学会部级课题中青年调研课题比重达到 100%。中国法学会 2021 年度部级法学研究课题立项名单中，重大课题 1 项、重点课题 9 项、一般课题 31 项、青年调研课题 2 项、基础研究重点激励课题 2 项、西部课题 1 项、自选课题 125 项。其中人工智能法治领域的一般课题共 6 项，青年调研课题共 2 项，自选课题共 28 项。值得注意的是，2021 年中国法学会的部级法学研究课题立项名单中，人工智能法治领域无重大课题和重点课题，但仅有的两项青年调研课题均为人工智能法治相关课题。中国法学会的青年调研课题，为有研究能力和意愿的博士生提供系统开展研究和调研的条件及经费，鼓励法学青年接触实践、深入实践，从我国实践出发研究问题、分析问题并提出对策建议。这也正体现了人工智能法治作为新兴学科，需要年轻力量发挥作用。

② 教育部课题申报积极。在教育部人文社会科学研究一般项目立项名单中，人工智能法治相关的课题共 25 项，其中法学类共 17 项，规划基金项目共 6 项，青年基金项目共 10 项，自筹经费项目共 1 项；非法学类相关的课题共 8 项，其中规划基金项目共 3 项，青年基金项目共 5 项。总体来看，青年基金项目总数达 15 项，占比为

60%，规划基金项目共 9 项，占比为 36%。与 2020 年相比，各类项目占比基本维持不变，2021 年新增 1 项自筹经费项目，为王磊主持研究的"数据要素市场化配置机制法律问题研究"（见表 2-7）。

表 2-7  2020 年与 2021 年教育部人工智能法治领域课题立项情况对比

| 年份<br>项目类别 | 2020 年 | | 2021 年 | |
|---|---|---|---|---|
| | 项目数 | 占比 | 项目数 | 占比 |
| 青年基金项目 | 12 | 63.16% | 15 | 60% |
| 规划基金项目 | 7 | 36.84% | 9 | 36% |
| 自筹经费项目 | 0 | 0 | 1 | 4% |

③ 司法部课题中重点课题有所突破。2021 年司法部发布的国家法治与法学理论研究项目立项课题中，重点课题共 7 项，一般课题共 29 项，青年课题共 28 项，专项任务课题共 73 项。其中人工智能法治领域，重点课题有 1 项，一般课题有 2 项，青年课题共 14 项，专项任务课题共 18 项。如图 2-6 所示，与 2020 年的数据进行对比可以看出，各项课题的数量均有所增长。其中，2020 年无人工智能法治相关重点课题，在 2021 年，出现了 1 项人工智能法治课题。是李世刚主持的"平台经济竞争公平法治体系研究"，体现了司法部对人工智能法治的重视程度正在不断提升。

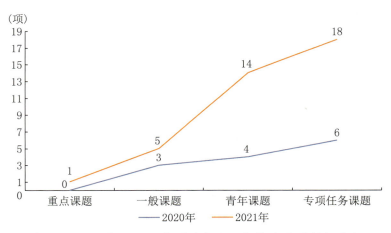

图 2-6  2020 年、2021 年司法部人工智能法治课题数对比

总体而言，2021 年省部级课题与 2020 年相比，在重点课题方面有所突破，其他课题的数量也得到了提升。重大课题和重点课题有着足够大的规模和经费作为支撑，

因此申请难度大。但人工智能法治拥有着交叉学科的特性和创新性，且科学意义重大，具有较好的应用前景。与重大课题和重点课题的基本要求相契合。可以预见的是，在今后，人工智能法治领域的课题将会有进一步的突破。

### 3. 课题研究机构强者恒强

通过对国家社会科学基金数据库和包括司法部、中国法学会、教育部在内的省部级法学课题中2021年度人工智能法治领域课题立项名单进行梳理归纳总结，得出人工智能法治领域课题研究机构的分布有以下特点。

#### （1）研究机构集中于华东、华北地区

2021年人工智能法治领域科研项目的研究机构已完全覆盖全国各大地区，华北地区和华东地区仍为研究机构的主要集中地区（见图2-7）。因为华北、华东地区的高校多，尤其是上海市和北京市各大高校师资力量雄厚，学术氛围强，课题立项数也相对较多。值得注意的是，2021年华中地区的占比由2020年的4.6%增至14%。主要原因为湖北省中包括中南民族大学、中南财经政法大学、华中师范大学等9所高校都积极参与了人工智能法治的课题研讨。

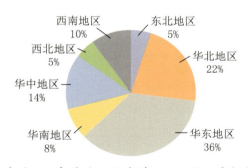

图2-7 各地区人工智能法治领域科研项目的研究机构分布情况

#### （2）主要研究机构仍为高校

如表2-8所示，2021年人工智能法治领域课题的研究机构主要仍为全国各高校，政法类院校立项数目较多。如2021年度中国政法大学和西南政法大学各立国家级和省部级人工智能法治领域课题8项，华东政法大学共立4项。其他综合性大学如北京理工大学、东南大学等，所属法学院获得的国家级和省部级人工智能法治领域课题也较多。北京理工大学共有5项立项课题，东南大学共有4项立项课题。

表 2-8　2021 年人工智能法治领域课题研究机构（2 项及以上）分布情况

| 序号 | 高　校 | 立项数目 | 序号 | 高　校 | 立项数目 |
|---|---|---|---|---|---|
| 1 | 中国政法大学 | 8 | 24 | 四川大学 | 2 |
| 2 | 西南政法大学 | 8 | 25 | 上海政法学院 | 2 |
| 3 | 北京理工大学 | 5 | 26 | 上海工程技术大学 | 2 |
| 4 | 华东政法大学 | 4 | 27 | 上海大学 | 2 |
| 5 | 东南大学 | 4 | 28 | 上海财经大学 | 2 |
| 6 | 中南民族大学 | 3 | 29 | 山东师范大学 | 2 |
| 7 | 中南财经政法大学 | 3 | 30 | 宁波大学 | 2 |
| 8 | 中国社会科学院法学研究所 | 3 | 31 | 南开大学 | 2 |
| 9 | 郑州大学 | 3 | 32 | 南京邮电大学 | 2 |
| 10 | 浙江大学 | 3 | 33 | 兰州大学 | 2 |
| 11 | 同济大学 | 3 | 34 | 吉林大学 | 2 |
| 12 | 沈阳师范大学 | 3 | 35 | 华中师范大学 | 2 |
| 13 | 深圳大学 | 3 | 36 | 华南理工大学 | 2 |
| 14 | 上海交通大学 | 3 | 37 | 湖南农业大学 | 2 |
| 15 | 厦门大学 | 3 | 38 | 广州大学 | 2 |
| 16 | 江西财经大学 | 3 | 39 | 广东财经大学 | 2 |
| 17 | 河南大学法学院 | 3 | 40 | 复旦大学 | 2 |
| 18 | 北京交通大学 | 3 | 41 | 福州大学 | 2 |
| 19 | 重庆邮电大学 | 2 | 42 | 对外经济贸易大学 | 2 |
| 20 | 中国计量大学 | 2 | 43 | 电子科技大学 | 2 |
| 21 | 西北政法大学 | 2 | 44 | 常州大学 | 2 |
| 22 | 西北大学 | 2 | 45 | 北京师范大学 | 2 |
| 23 | 天津大学 | 2 | 46 | 安徽大学 | 2 |

### （四）人工智能法治研究论坛分析

　　研究论坛通常是由主办方提供学术交流的平台，以演讲、圆桌会议、报告、论文等形式进行思想的碰撞与融合。研究论坛不仅能够促进相关领域人士之间的交流与研讨，还能够拓宽学术思路与领域，对学术研究发展有着极其重要的意义。

　　在本部分中，编者选取"人工智能""数字（经济）""（大）数据""数据安全""区块链""智慧""个人信息""算法""智能汽车""数据垄断""法制法规""司法""理论""法益""规制""法律解析"等进行排列组合，作为关键词进行检索。通过百度搜索引擎、微信公众平台、法学创新网的法治论坛一栏中进行检索，[①] 得出 2021 年 1 月至 2021 年 12 月间国内举办人工智能法治领域研究论坛共计 110 场。如图 2-8 所示，近四年来，人工智能法治研究论坛的数量急速增长，这与全球新冠肺炎疫情这一大背景，以及我国政策鼓励支持人工智能发展分不开。

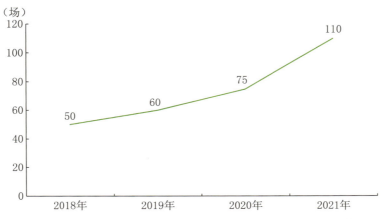

图 2-8　2018—2021 年度人工智能法治研究论坛数量统计

### 1. 研究论坛数量增加、时间分布均匀

2021 年人工智能法治研究论坛每月均有举办，从 4 月开始每月至少举办 6 场论坛。从图 2-9 可知，论坛集中于下半年。2021 上半年共举办 37 场论坛，下半年共举

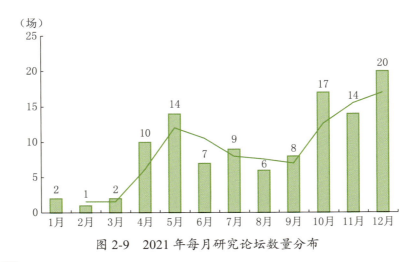

图 2-9　2021 年每月研究论坛数量分布

---

① 百度搜索引擎为国内最大、使用最广的搜索引擎之一；微信公众平台，为目前最为广泛使用的通信平台，许多论坛通过微信公众平台发布最新消息；法学创新网，为中国法学创新讲坛的官方网站，法治论坛一栏收录了国内最新法学论坛的相关报道。编者通过以上渠道进行检索，以求尽可能获取更全、更新的论坛数据。

办 73 场论坛。年初和年中因有寒暑假，较少论坛选择在这两个时间段进行。2021 年 4—5 月和 10—12 月均为论坛举办高峰期，12 月更是达到一个月举办 20 场论坛。主要是因为年底各地举行相关年会，并对当年的相关问题进行总结与展望。

与 2020 年人工智能法治领域研究论坛数量分布相比（见图 2-10），2021 年受新冠肺炎疫情影响较小，并未出现因疫情而未举办论坛的情况。且大多论坛主办方已成熟掌握"线上 + 线下"的论坛模式。论坛的成功举办有助于对本领域最新的研究成果进行展示，并充分进行思想碰撞，积极推动人工智能法治的发展。

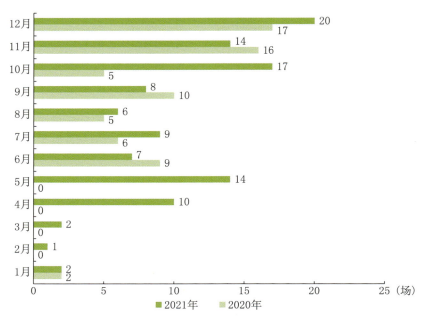

图 2-10　2020 年、2021 年人工智能法治研究论坛举办时间对比

### 2. 研究论坛举办地域渐广

考虑到因新冠肺炎疫情，绝大部分研究论坛都采用了"线上 + 线下"同步进行的模式，因此编者在统计时按照 2020 年的惯例，将论坛主办方所在地作为论坛的举办地，针对多方单位联合主办的情况则分别进行计数。

### （1）研究论坛集中于北京市、上海市两地

在 110 场人工智能法治研究论坛中，共有主办方 181 个。如图 2-11 所示，论坛主要集中于北京市、上海市两地。共有 85 个主办方来自北京市，占比高达 46.07%；共有 36 个主办方来自上海市，占比约 20.22%。

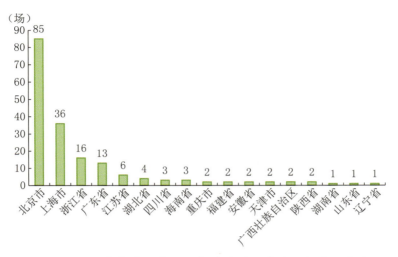

图 2-11　2021 年各省区市人工智能法治研究论坛数量百分比

### （2）二、三线城市人工智能法治研究论坛逐渐增多

如表 2-9 所示，除北京市、上海市两地以外，浙江省、广东省、江苏省等地也紧随其后。其中，浙江省包括了杭州市、宁波市等城市，共举办 16 场论坛。在 2020 年浙江省仅杭州市举办了人工智能法治研究论坛，2021 年温州市、嘉兴市等城市也已开始承办论坛。

2021 年人工智能法治研究论坛的举办地域呈现多元化趋势，除北京市、上海市、杭州市等一线城市外，更多的二、三线城市均开始举办论坛。可以看出，在国家政策的推动下，全国人工智能法治的学术氛围都很浓厚。人工智能法治研究论坛的举办，能够进一步促进知识交流，并启迪创新思维。

表 2-9　2021 年各省区市人工智能法治研究论坛数量

| 地区 | 北京市 | 上海市 | 浙江省 | 广东省 | 江苏省 | 湖北省 |
|---|---|---|---|---|---|---|
| 数据 | 85 | 36 | 16 | 13 | 6 | 4 |
| 地区 | 四川省 | 海南省 | 重庆市 | 福建省 | 安徽省 | 天津市 |
| 数据 | 3 | 3 | 2 | 2 | 2 | 2 |
| 地区 | 广西壮族自治区 | 陕西省 | 湖南省 | 山东省 | 辽宁省 | |
| 数据 | 2 | 2 | 1 | 1 | 1 | |

### 3. 举办单位在创新突破中提质增效

在本部分中，编者统计梳理了 2021 年人工智能法治研究论坛的各主办、承办、协办单位，由于举办论坛会耗费大量的人力物力，因此目前论坛大多涉及多方单位，此处将涉及论坛举办的单位都作为举办单位进行统计分析。对于举办两次及以上的单位，将分别计数。

如表 2-10 所示，2021 年人工智能法治研究论坛共有举办单位 277 个，编者将统计所得单位大致划分为 11 个大类，分别是：高等院校、法学会、公司企业、研究院所、期刊杂志社、政府机关（机构）、协会、司法机关、行业联盟、律所 / 律协、学会，其余数量较少的归为"其他"一类。

表 2-10　2021 年各单位参与举办研究论坛数量

| 单位 | 高等院校 | 法学会 | 公司企业 | 研究院所 | 期刊杂志社 | 政府机关（机构） |
|---|---|---|---|---|---|---|
| 数量 | 62 | 14 | 30 | 50 | 16 | 31 |
| 单位 | 协会 | 司法机关 | 行业联盟 | 律所 / 律协 | 学会 | 其他 |
| 数量 | 11 | 18 | 6 | 13 | 2 | 24 |

根据图 2-12 和图 2-13，并与往年相关数据进行对比后，总结出以下特点：

（1）高等院校、研究院所占比优势明显

2021 年高等院校仍为人工智能法治论坛的主要举办单位，数量达到 62 所，占比约 22%；研究院所次之，共有 50 个研究院所参与人工智能法治研究论坛的举办，占比约 18%。从原因分析，首先，高等院校和研究院所有大量的学生群体、学者和学术专家，他们是人工智能法治研究的中坚力量。2021 年高等院校大多以其学校下设的"法律科学研究中心""治理研究基地""研究院"等形式参与论坛的举办。其次，高等院校和研究院所往往能获得相关领域的最新信息，能对新出现的问题及时展开讨论与研究。

（2）政府机关（机构）、公司企业举办人工智能法治研究论坛比重增加

2021 年，参与人工智能法治研究论坛举办的政府机关（机构）共有 31 个，公司企业共有 30 个，均占比达到 11%，仅次于高校和研究院所。与 2020 年相比，政府机关（机构）举办论坛的数量和比重均有所上升。由于 2021 年十三届全国人大常委会先后颁布了《数据安全法》和《个人信息保护法》两部新法，政府机关（机构）积极响应，组织学习新法，并举办研讨会。往年政府机关（机构）主要以指导的形式参与

论坛，2021年这一形式同样存在，如2021年11月在北京举办的"首届中国网络文明大会　数据与算法论坛"，是在中央网信办、教育部和中国科学院三方共同指导下完成的，其中中央网信办和教育部作为政府部门在论坛举办中起到了指导引领作用。除指导工作外，在2021年，政府机关（机构）还主办或承办了部分人工智能法治研究论坛。如2021年12月在广东省广州市举办的"2021世界智能汽车大会平行分论坛4"以"多规并行，数据安全与法规标准完善车联网"为主题，该论坛是由国家发展和改革委员会国际合作中心、广州市人民政府、亚洲数据集团共同主办的。

与2020年相比，公司企业举办人工智能法治研究论坛的数量增加了3个，占比增加了2%。2021年增加了许多初次尝试举办人工智能法治论坛的公司企业。如中国华录集团有限公司与中国网络空间安全协会于2021年12月在北京共同主办了"首届中央企业数字化转型峰会数字化转型下的网络安全"分论坛。

### （3）不同主体联合举办论坛为主要趋势

2021年举办的110场人工智能法治研究论坛中，仅12场论坛是由单位独立举办的，因此多家单位共同举办论坛是主要趋势。而从共同举办的单位可以发现，跨领域、跨地区的联合举办更为普遍。比如，由浙江省法学会与浙江省高级人民法院主办、杭州市与华东政法大学共建的互联网法治研究院（杭州）承办的"法治护航数字经济高质量发展研讨会"，举办单位涉及法学会、司法机关和高校研究院等多方主体。不同主体在平时所接触的知识较为单一，论坛为各方主体提供一个共同学习交流的平台，思想碰撞之下方能产生火花。

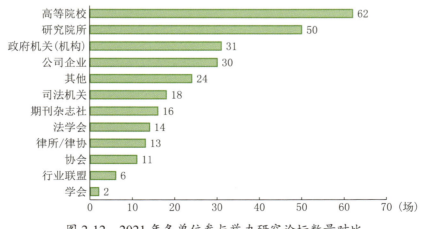

图2-12　2021年各单位参与举办研究论坛数量对比

图 2-13　2021 年各单位参与举办研究论坛百分比

### 4. 研究论坛主题精彩丰富

#### （1）研究论坛主题多且广

2021 年人工智能法治领域研究论坛主题多且广（见表 2-11），有以人工智能、数字化等为背景的相关专业的研讨，还有以《数据安全法》《个人信息保护法》的颁布为背景的法律具体应用的讨论。如中伦律师事务所、深圳市贸促委主办的"聚焦《个人信息保护法》等最新立法的合规实施研讨会"对《个人信息保护法》等最新数据立法进行了全景式解读，并对合规义务的落地及风险的防范展开讨论。

#### （2）研究论坛主题综合性增强

在 2021 年人工智能法治研究论坛中，不乏一些大型论坛之下的分论坛。这些论坛大多附属于大型技术论坛或峰会，在此类非法学论坛中设置人工智能法治领域分论坛，正是因为当前人工智能的发展所带来的各种风险急需法律知识提供安全保障。如每年 9 月在浙江乌镇举行的"世界互联网大会乌镇峰会"中，设置了"网络法治：法治护航数字经济高质量发展"分论坛，讨论数字经济法治建设中的立法理念、制度创新和发展趋势，为数字经济高质量发展贡献法治智慧。

表 2-11　人工智能法治研究论坛名称主题关键词分布

| 关键词 | 论坛名称 | 论坛主题 | 举办时间 |
|---|---|---|---|
| 人工智能法治 | 上海交通大学计算法学与 AI 伦理研究中心揭牌仪式暨纪念研讨会"人工智能的价值观与法律" | 人工智能的价值观与法律 | 2021 年 3 月 |
| | 2021 第四届人工智能与大数据国际会议（ICAIBD 2021） | 人工智能、大数据 | 2021 年 5 月 |

（续表）

| 关键词 | 论坛名称 | 论坛主题 | 举办时间 |
|---|---|---|---|
| 人工智能法治 | 中德人工智能与劳动法论坛 | "人工智能对劳动法的挑战""人工智能在人事决策领域的应用与法律规制""人工智能使用的劳资共决""人工智能使用中的数据保护" | 2021 年 8 月 |
| | 第五届中国人工智能与大数据海南高峰论坛 | 数字化驱动智慧海南建设 | 2021 年 11 月 |
| | 江苏省法学会大数据与人工智能法学研究会 2021 年年会暨第五届司法大数据研究与应用研讨会 | "人工智能法学的时代命题" | 2021 年 12 月 |
| | "大数据、人工智能背景下的公安法治建设"研讨会 | "智慧警务中的数据治理问题""智能时代的警务模式变革""智能时代的公安交管实践" | 2021 年 4 月 |
| | 第八届"新兴权利与法治中国"学术研讨会 | 作为生产要素的数据及其法律制度构建 | 2021 年 6 月 |
| | 2021 世界人工智能大会法治论坛 | 智能社会的法治秩序 | 2021 年 7 月 |
| | 2021 世界人工智能大会法治青年论坛 | 智慧法治 | 2021 年 7 月 |
| | 2021 年人工智能专题研讨会 | 交叉融合　引领创新 | 2021 年 7 月 |
| | 第五届全国智能科技法治论坛 | 算法与法律治理 | 2021 年 10 月 |
| | 2021（第七届）中国互联网法治大会 | 守正创新依法强网 | 2021 年 11 月 |
| | 第六届徐汇滨江法治论坛 | 法治·数智　智治融合 | 2021 年 12 月 |
| 人工智能治理 | 热点事件与人工智能治理问题关系研究研讨会 | 评选 2020 年发生的国内外十大 AI 治理事件 | 2021 年 1 月 |
| | "走向智慧治理：人工智能治理中的政府、企业与公众"国际学术研讨会 | 走向智慧治理：人工智能治理中的政府、企业与公众 | 2021 年 4 月 |
| | 人工智能治理框架与实施路径 | 人工智能发展与治理关系 | 2021 年 4 月 |
| | 新一代人工智能社会治理及技术应用研讨会 | 人工智能社会治理及技术应用 | 2021 年 6 月 |
| | "人工智能伦理与治理"专题研讨会 | 人工智能伦理与治理 | 2021 年 8 月 |
| | "智能治理：人工智能驱动的未来治理"研讨会 | 进一步探索人工智能如何服务于国家、社会和城市治理 | 2021 年 10 月 |
| | 2021 人工智能合作与治理国际论坛 | 如何构建一个平衡包容的人工智能治理体系 | 2021 年 12 月 |

（续表）

| 关键词 | 论坛名称 | 论坛主题 | 举办时间 |
|---|---|---|---|
| 人工智能知识产权 | 互联网/5G时代的知识产权保护论坛 | "电子商务法对互联网平台的影响""网络版权避风港规则的演进""跨境商标抢注的规制""互联网平台治理中的'生态诉讼'" | 2021年4月 |
| | 电子商务平台知识产权保护义务与责任研讨会 | 电子商务平台知识产权保护义务与责任 | 2021年5月 |
| | 2021年度创新论坛第八讲——"人工智能与知识产权" | 人工智能与知识产权 | 2021年10月 |
| | 大数据与知识产权相关法律问题研讨会 | 在大数据、人工智能框架下有关企业合规、知识产权保护和侵权责任等领域最新热点法律问题 | 2021年10月 |
| | "大数据、人工智能和知识产权"国际研讨会 | "人工智能与知识产权"和"大数据与知识产权" | 2021年11月 |
| | 知识产权法研究会2021年会暨"全面加强知识产权保护 推动知识产权强国建设"专题研讨会 | 全面加强知识产权保护 推动知识产权强国建设 | 2021年12月 |
| | 第二届中国人工智能知识产权峰会 | 提质增效与风险防控——促进AI知识产权价值提升 | 2021年12月 |
| 新业态知识产权 | 新领域新业态知识产权审查专家研讨会 | 大数据、人工智能、基因技术等新领域新业态知识产权保护制度 | 2021年4月 |
| | 新领域、新业态、新技术知识产权青年名家论坛 | 新时代有中国特色的知识产权高质量发展之路 | 2021年9月 |
| 数字法治 | 第四届数字中国建设峰会暨"有福之州·对话未来，5G赋能数字中国建设"论坛 | 5G赋能市域社会治理、城市公共安全及应急管理等领域 | 2021年4月 |
| | "国家治理、数字政府与人权保障"研讨会暨第三届全国科技法学论坛 | 国家治理、数字政府与人权保障 | 2021年5月 |
| | 《中国法治实施报告（2021）》发布会暨"数字时代的法治实施"专题研讨会 | 数字时代的法治实施 | 2021年5月 |
| | 数字政府与行政程序法治研讨会 | "中国数字政府实践与创新""数字政府背景下行政程序理念的变迁""部门行政程序法""域外行政程序电子化趋势与特点""电子行政行为、电子证据与个人信息保护""数字政府的政府监管" | 2021年5月 |
| | 首届"数据法治高峰论坛" | 数字技术、数据治理与智慧法治 | 2021年6月 |

（续表）

| 关键词 | 论坛名称 | 论坛主题 | 举办时间 |
|---|---|---|---|
| 数字法治 | "网络法治：法治护航数字经济高质量发展"分论坛 | 平台责任、数据治理、算法规制等领域的法治前沿热点话题 | 2021 年 9 月 |
| | 师大·泽珲互联网法治论坛第一期 | 数据法治：法治中国建设新方向——解读《数据安全法》《个人信息保护法》 | 2021 年 10 月 |
| | 中国法学会网络与信息法学研究会 2021 年年会分论坛 | "习近平法治思想中的网络法治理论""网络与信息法学学术体系、学科体系、话语体系""个人信息保护法治""数据安全与法治""电信法""互联网医疗与法治""数字经济的司法保障""网络平台治理""网络灰黑产全链条治理""新技术新应用的法律规制" | 2021 年 10 月 |
| | 首届"数字法治与社会发展"高端论坛 | "平台治理与数字法治秩序""人工智能应用与数字正义""数字化转型与信息权利保护"等主题 | 2021 年 11 月 |
| | 四川大数据年会 | 激活数据新要素，培育发展新动能 | 2021 年 12 月 |
| | 首届中央企业数字化转型峰会"数字化转型下的网络安全"分论坛暨"中国网络空间安全协会年终网安热点研讨会之央企关保之路" | 数字央企智领中国 | 2021 年 12 月 |
| | 2022 中国信通院 ICT+深度观察报告会——全球数字治理分论坛 | 数字经济视野下的行业数字化转型之路 | 2021 年 12 月 |
| 区块链法治 | "区块链＋司法"应用与未来研讨会 | "区块链存证在互联网金融类案审理中的应用与展望""智能合约与隐私保护在司法中的应用""区块链＋公证"建设新型司法辅助基础设施 | 2021 年 8 月 |
| | 第二届区块链法治高峰论坛暨中国科学技术法学会第十四届"创新与法治论坛" | 元宇宙合规与法律问题 | 2021 年 11 月 |
| | 区块链在司法领域应用研讨会暨信息技术与法治建设科学与技术前沿论坛 | 区块链在司法领域应用 | 2021 年 12 月 |
| 数据法律 | 上海市高级人民法院与华东政法大学合作共建"上海互联网司法研究中心"签约仪式暨互联网在线新经济司法适用研讨会 | 《民法典·人格权编》在涉网纠纷中的疑难问题""互联网平台责任与平台治理疑难问题""数据权益保护与互联网竞争秩序规制问题" | 2021 年 1 月 |
| | "互联网竞争法律问题"研讨会 | "网络平台反不正当竞争规制的有关问题""网络平台反垄断规制的有关问题" | 2021 年 4 月 |

（续表）

| 关键词 | 论坛名称 | 论坛主题 | 举办时间 |
|---|---|---|---|
| 数据法律 | 数据立法研讨会 | 加快突破数据立法中的重点、难点问题展开探讨 | 2021 年 5 月 |
| | 大数据时代法律实证分析高层论坛 | / | 2021 年 5 月 |
| | 数据要素流通及隐私保护研讨会 | 数据隐私保护技术在数字政府、科技金融、城市应急管理、数据要素交易等领域的应用 | 2021 年 8 月 |
| | 清华大学 110 周年校庆系列智库论坛暨第四届计算法学国际论坛 | 数据治理与法律科技 | 2021 年 9 月 |
| | 第二届"奕朔"业务圆桌会议 | 数据时代的司法治理之道 | 2021 年 9 月 |
| | 第三届华诚论坛——数据开放与竞争高峰论坛 | 数据筑基，智见未来 | 2021 年 10 月 |
| | 第四届中国数据法律高峰论坛 | 数据隐私与数据要素市场建设 | 2021 年 10 月 |
| | 2021 年北京数据专区论坛 | 数聚现在，共筑未来 | 2021 年 12 月 |
| 数字经济法律 | 大数据时代互联网平台反垄断问题研讨会 | 互联网平台反垄断问题 | 2021 年 4 月 |
| | "互联网平台反垄断"法治大讲坛 | 互联网平台反垄断 | 2021 年 5 月 |
| | "平台经济领域的反垄断问题"研讨会 | 平台经济发展给法治带来的挑战、互联网平台垄断行为的认定、平台"封禁""屏蔽"行为的认识、不同平台间数据的开放与共享、平台经济领域的反垄断趋势及经验 | 2021 年 7 月 |
| | 数字市场发展比较研究之平台反垄断立法与实践研讨会 | "超级平台的发展与全球基础设施治理""平台垄断行为的危害与司法实践""平台垄断行为规制与超级平台的义务" | 2021 年 7 月 |
| | 法治护航数字经济高质量发展研讨会 | / | 2021 年 10 月 |
| | "数字经济时代：跨境贸易规制与在线纠纷解决"国际研讨会 | 数字经济时代：跨境贸易规制与在线纠纷解决 | 2021 年 10 月 |
| | 第二届学生未来法治论坛 | "个人信息与平台治理""数字经济反垄断""数字经济生态治理" | 2021 年 10 月 |
| | 第十届中国社会科学论坛 | 数字经济的法律规制 | 2021 年 11 月 |
| 法律科技 | "2021 杭州·云栖大会"——法律科技峰会 | 司法数字化创新的机遇及挑战 | 2021 年 10 月 |
| | "法律与科技"系列论坛第三期 | 拥抱数据合规 | 2021 年 11 月 |

（续表）

| 关键词 | 论坛名称 | 论坛主题 | 举办时间 |
|---|---|---|---|
| 法律科技 | "科技创新与经济法治"研究生论坛 | 科技创新与经济法治 | 2021 年 12 月 |
| 人工智能教育 | 第四届中国网络法治高端论坛暨"新文科背景下网络法学教育的经验与未来"学术研讨会 | "新文科"背景下网络法学科建设与教育教学的经验 | 2021 年 12 月 |
| | "智慧图书馆与类案检索"主题研讨会 | 智慧图书馆与类案检索 | 2021 年 5 月 |
| 智慧法治 | 2021 年度《法治蓝皮书·中国法院信息化发展报告》发布暨智慧法院建设研讨会 | "2020 年中国法院信息化发展及 2021 年展望""人工智能应用于司法裁判的法理分析""'套路贷'虚假诉讼智能预警系统建设调研报告""基于大数据平台的新型智慧法院应用生态构建""'智慧授权'拓展跨域诉讼服务""云庭审系统应用调研报告" | 2021 年 4 月 |
| | "互联网法院的功能定位与管辖问题"研讨会 | / | 2021 年 6 月 |
| | 第二次智慧司法研究与应用研讨会 | 智慧司法研究与应用 | 2021 年 6 月 |
| | "科技赋能　助力智慧法治"智慧新法治应用论坛 | 智慧执法 | 2021 年 7 月 |
| | 2021 北京网络安全大会（BCS2021）电子数据司法鉴定创新研讨会 | 探讨新型互联网犯罪形势下"安全赋能取证与鉴定" | 2021 年 8 月 |
| | 广西"智慧司法"创新发展研讨会 | 新思维·新技术·新模式——"区块链技术+智慧司法生态发展" | 2021 年 9 月 |
| | 2021 全国智慧法院建设应用高峰论坛 | 产学研一体化，AI 驱动智慧司法 | 2021 年 9 月 |
| | 2021 百度法律服务行业发展会议 | 聚势创变　共筑律师行业营销新生态 | 2021 年 11 月 |
| 司法大数据 | "人工智能与司法大数据"国际研讨会 | 人工智能与司法大数据 | 2021 年 5 月 |
| 个人信息保护 | 个人信息保护法中英研讨会 | / | 2021 年 3 月 |
| | "至正·审判实务"第十四期长三角区域司法实务中隐私权与个人信息保护研讨会 | 聚焦隐私权和个人信息保护 | 2021 年 4 月 |

（续表）

| 关键词 | 论坛名称 | 论坛主题 | 举办时间 |
|---|---|---|---|
| 个人信息保护 | "个人信息保护与企业合规"沙龙 | 个人信息保护与企业合规 | 2021 年 5 月 |
| | 2021 年浙江法院第一期案例研讨会暨"平台经济治理及个人信息保护"研讨活动 | "平台经济治理""个人信息保护" | 2021 年 7 月 |
| | 聚焦《个人信息保护法》等最新立法的合规实施研讨会 | 《个人信息保护法》等最新数据立法的全景解读、合规义务的落地及风险的防范 | 2021 年 9 月 |
| | "大数据时代个人金融信息保护"研讨会 | 探讨新时代下企业使用个人信息的困惑、个人维护权益的难点和金融信息跨境流动的规范 | 2021 年 10 月 |
| | 个人信息保护法与科技合作研讨会 | 个人信息保护法为中丹两国科技合作带来哪些机遇与挑战 | 2021 年 10 月 |
| | 2021 个人信息保护法研讨会 | 企业在个人信息保护法下的法律风险及责任分析 | 2021 年 10 月 |
| | 个人信息保护与医疗法治研讨会 | / | 2021 年 11 月 |
| | 2021 年联合国互联网治理论坛（IGF 2021）第 51 号研讨会 | 构建有意义的个人信息收集和处理必要范围——人工智能应用下各国相关规则和实践为基础探讨 | 2021 年 12 月 |
| | "个人信息保护法对劳动用工的影响"专题研讨会 | 个人信息保护法对劳动用工的影响 | 2021 年 12 月 |
| | 上海市法学会网络治理与数据信息法学研究会 2021 年年会 | "个人信息权利实现与限制""数据跨境政策与实践""数据保护外部独立机构的建设" | 2021 年 12 月 |
| 数据安全、数据合规 | 第四届中国数据安全治理高峰论坛 | 数据之光·安全未来 | 2021 年 5 月 |
| | "公共数据共享开放与数据安全·个人信息保护"研讨会 | "数据立法的规范动向与制度影响""公共数据共享开放的合规实践与技术实践" | 2021 年 6 月 |
| | 个人信息保护与数据安全研讨会 | 个人信息保护与数据安全 | 2021 年 6 月 |
| | 数据安全与隐私保护战略峰会 | 就数据安全治理、风险与合规、隐私保护 | 2021 年 7 月 |
| | 数据合规和企业合规（2021）研讨会 | "隐私和数据保护对人工智能发展的挑战与解决路径""中央企业合规运营的机遇与挑战" | 2021 年 7 月 |
| | 首届"中国网络与数据安全法治 50 人论坛" | 构建网络空间法治基石 营造良好数字法治生态 | 2021 年 8 月 |

（续表）

| 关键词 | 论坛名称 | 论坛主题 | 举办时间 |
|---|---|---|---|
| 数据安全、数据合规 | 《数据安全法》专题研讨会 | / | 2021 年 9 月 |
| | "数据合规及个人信息保护"研讨会 | 数字经济　合规先行 | 2021 年 10 月 |
| | 长三角数据合规论坛（第三期）暨数据爬虫的法律规制研讨会 | 数据爬虫的法律规制 | 2021 年 10 月 |
| | "数据安全法与国家安全治理前沿问题"学术研讨会 | 数据安全法与国家安全治理前沿问题 | 2021 年 11 月 |
| | 数字经济时代下的数据安全和监管研讨会 | 数据安全法时代下的数据安全监管 | 2021 年 11 月 |
| | 数据合规新法解读与实务案例解析研讨会 | 围绕数据信息及数据合规，聚焦网络安全、数据安全、个人信息保护领域的合规问题 | 2021 年 12 月 |
| | "湾区创新大讲堂""数融万物·智引未来"数据合规专题研讨会 | "湾区创新大讲堂""数融万物·智引未来" | 2021 年 12 月 |
| | 南都 2021 啄木鸟数据治理论坛 | 创新传播力　传承价值观 | 2021 年 12 月 |
| 算法治理 | "人工智能心理学与算法伦理"研讨会 | 人工智能心理学与算法伦理 | 2021 年 5 月 |
| | 算法治理与版权保护问题研讨会 | "算法推荐和技术中立的关系""算法推送内容的法律属性""新技术应用在版权保护中的重要价值"以及"通知删除规则的现代化改革" | 2021 年 11 月 |
| | 首届数字化改革与算法综合治理公共政策研讨会 | 围绕算法原理、算法应用场景、算法综合治理等议题 | 2021 年 11 月 |
| | 首届中国网络文明大会数据与算法论坛 | 聚力算法综合治理，共筑网络文明基石 | 2021 年 11 月 |
| | "算法治理的中国面向"专题研讨会 | 互联网信息服务算法的备案、审查、监管等算法治理"中国方案"中的多方面问题 | 2021 年 12 月 |
| 自动驾驶、智能汽车 | 自动驾驶应用和运营法规政策系列研讨会 | 自动驾驶运营监管制度、责任划分、交通安全执法相关问题 | 2021 年 2 月 |
| | "自动驾驶汽车立法问题"线上研讨会 | "自动驾驶技术的相关问题""自动驾驶立法的一般问题""《道路交通安全法（修订建议稿）》""自动驾驶的立法比较" | 2021 年 5 月 |
| | 2021 世界智能汽车大会平行分论坛 4 | "多规并行，数据安全与法规标准完善车联网" | 2021 年 12 月 |

（3）"数字经济""个人信息保护"成为新高频关键词

如图2-14所示，通过与2020年人工智能法治研究论坛名称高频关键词进行对比，可以发现，"人工智能""法治""大数据"一直属于提及率较高的词汇。2021年新增了如"数字""个人信息""数据安全"等新高频关键词。原因主要是2021年颁布了《数据安全法》和《个人信息保护法》两部法律，以论坛的形式对新法内容展开研讨，可以为相关领域的学者提供充分交流和思想碰撞的平台。

图2-14 2020年、2021年人工智能法治研究论坛名称高频关键词对比

### （五）人工智能法治研究论文分析

研究论文是反映某一领域学术研究水平的主要指标，也是社会公众了解相关行业领域最新发展态势的重要渠道。因此，统计和分析人工智能法治领域的研究论文发表的数量和质量意义重大。

#### 1. 数据检索说明

（1）检索途径

本报告的数据来源是中国知网数据库。

（2）检索日期

检索期限为2021年1月1日至2021年12月31日。

（3）检索方式

本次检索采取4种途径，尽可能地扩大检索范围以防遗漏，最后删除重复项和逐条筛选确认。检索词众多，在此只列明关键几项。

方式一：以"篇名／关键词／摘要"为检索范围，分别以"人工智能""大数据""个人信息保护""区块链"等为检索词进行检索；在检索结果中，以发表年度2021，中文数据库为条件进行二次筛选；在检索框内再以"法律"为关键词进行"结果中检索"，最终得到相应数据。

方式二：以"主题"为检索范围，分别以"人工智能""大数据""个人信息保护""区块链"等为检索词进行检索；在检索结果中，以发表年度2021，中文数据库，学科法学学科为条件进行二次筛选，最终得到相应数据。

方式三：以"摘要"为检索范围，分别以"人工智能""大数据""个人信息保护""区块链"等为检索词进行检索；在检索结果中，以发表年度2021，中文数据库，学科法学学科为条件进行二次筛选，最终得到相应数据。

方式四：根据CSSCI来源期刊目录（2021—2022）中的法学学科部分，通过对24本法学CSSCI期刊的目录进行逐条筛选，结合论文主题、篇名、关键词、摘要等信息，最终得到相应数据。

（4）检索过程

检索分成两个步骤。一是基础数据汇总建库，删减重复项；二是数据核验。

第一，建立数据库，删减重复项。通过检索范围、发文时间、检索词的搭配，分组检索和统计数据，最终得到2599条有效基础数据。

第二，数据核验。数据核验主要是为了排除一些套用了人工智能领域关键词，但主要内容相关度较低的文献。主要采用确认内容后小组讨论、多人投票的方式确定是否将存疑文章纳入统计，最终得到有效数据2008条。

（5）数据处理说明

第一，作者所在省份的确定。按作者所在机构所在地的省份来确定，如果注明多个机构，以第一个注明机构所在地的省份确定；如果一篇文章有多位作者，以第一作者所在机构所在地的省份确定。

第二，数据可能存在的误差。一是数据搜集误差，因检索词不可穷尽，最终的数据库存在一定误差；二是数据初步处理误差，用不同的主题和关键词进行检索时会出现大量重复论文，因此在数据处理时以篇名是否重复来删减重复项，可能导致标题完全相同的不同文章被剔除的情形。

第三，对于数据可靠性的说明。基础数据是建立在尽可能穷尽人工智能法治领域的相关词进行无差别检索的基础上的，应在检索结果中通过人工浏览关键词、摘要和文章主要内容删除相关度极低的文章，尽可能使数据覆盖度足够全面和准确。

### 2. 法学 CSSCI 期刊作者群分析

#### （1）数据来源和分析

在文献计量分析中，通常需要寻找 CSSCI 期刊作者群，以便发现该研究领域的骨干力量。发文量和被引量是 CSSCI 期刊作者评价体系中最基本的指标，编者对运用发文量和被引量两个指标来对 CSSCI 期刊作者进行综合测评，以充分考虑论文数量和质量。经统计，2021 年法学 CSSCI 期刊人工智能相关文献共计 236 篇，选取前 28 名发文在 2 篇以上的候选作者进行分析。

第一，计算候选人发文量和被引量的折算指数（候选人平均发文量与平均被引量指 28 名候选作者的发文量与被引量的平均值）。

候选人发文量折算指数 =（候选人发文量 / 候选人平均发文量）×100。

候选人被引量折算指数 =（候选人被引量 / 候选人平均被引量）×100。

第二，计算候选人的综合指数。本书将发文量和被引量权重值分别定为 0.8 和 0.2，则候选人的综合指数的计算公式为：

候选人综合指数 = 候选人发文量折算指数 ×0.8 + 候选人被引量折算指数 ×0.2。

第三，根据候选人综合指数的大小，对 28 名发文在 2 篇以上的候选作者进行排序。

第四，选取综合指数 ≥ 60（60 即为综合指数平均值 100 的合格点）的作者为法学 CSSCI 期刊作者群的一员。

#### （2）描述性分析

根据上述前三步对 28 位法学 CSSCI 期刊作者候选人进行分析，候选人平均发文量和平均被引量分别为 2.61 和 12.82，较 2020 年的平均发文量有所增长，而平均被引量呈下降趋势。通过第四步筛选，28 名候选人的综合指数都大于合格点，即可确定法学 CSSCI 期刊作者群 28 人。如表 2-12 所示：

表 2-12　2020 年人工智能法治领域法学 CSSCI 期刊作者综合指数排名

| 序号 | 作　者 | 被引 | 发文 | 综合指数 | 机　　构 |
|---|---|---|---|---|---|
| 1 | 王锡锌 | 61 | 3 | 187.21 | 北京大学 |
| 2 | 许　可 | 32 | 4 | 172.66 | 对外经济贸易大学 |
| 3 | 程　啸 | 10 | 5 | 169.02 | 清华大学 |
| 4 | 张新宝 | 19 | 4 | 152.38 | 中国人民大学 |
| 5 | 吕炳斌 | 27 | 3 | 134.17 | 南京大学 |
| 6 | 王利明 | 41 | 2 | 125.33 | 中国人民大学 |
| 7 | 洪延青 | 20 | 3 | 123.25 | 北京理工大学 |
| 8 | 邢会强 | 17 | 3 | 118.57 | 中央财经大学 |
| 9 | 胡　凌 | 12 | 3 | 110.77 | 北京大学 |
| 10 | 刘宪权 | 11 | 3 | 109.21 | 华东政法大学 |
| 11 | 张　欣 | 11 | 3 | 109.21 | 对外经济贸易大学 |
| 12 | 张凌寒 | 8 | 3 | 104.53 | 北京科技大学 |
| 13 | 万　方 | 26 | 2 | 101.93 | 北京外国语大学 |
| 14 | 宋　烁 | 6 | 3 | 101.41 | 北京科技大学 |
| 15 | 刘品新 | 3 | 3 | 96.73 | 中国人民大学 |
| 16 | 胡　凌 | 16 | 2 | 86.33 | 上海财经大学 |
| 17 | 田　野 | 7 | 2 | 72.29 | 天津大学 |
| 18 | 丁晓东 | 7 | 2 | 72.29 | 中国人民大学 |
| 19 | 魏　斌 | 5 | 2 | 69.17 | 浙江大学 |
| 20 | 谢增毅 | 5 | 2 | 69.17 | 中国社会科学院 |
| 21 | 周光权 | 4 | 2 | 67.61 | 清华大学 |
| 22 | 申卫星 | 4 | 2 | 67.61 | 清华大学 |
| 23 | 蔡培如 | 3 | 2 | 66.05 | 复旦大学 |
| 24 | 皮　勇 | 1 | 2 | 62.93 | 武汉大学；同济大学 |
| 25 | 裴　炜 | 1 | 2 | 62.93 | 北京航空航天大学 |
| 26 | 陈　兵 | 1 | 2 | 62.93 | 南开大学 |
| 27 | 蔡星月 | 1 | 2 | 62.93 | 北京航空航天大学 |
| 28 | 苏　宇 | 0 | 2 | 61.37 | 中国人民公安大学 |

　　统计数据表明：①按照综合得分 60 分以上作为法学 CSSCI 期刊作者群一员，可得出目前我国人工智能法治领域法学 CSSCI 期刊作者共 28 人，较 2020 年增加 18

人，增幅明显；②法学 CSSCI 期刊作者群共 28 人，共发文 72 篇（此处统计时，如合作的论文，则为一篇），占 2021 年法学 CSSCI 总文献量（2281 篇）的 10.35%，与 2020 年相比有大幅度提升。这在一定程度上说明我国人工智能法治领域的法学 CSSCI 期刊作者群体正在逐渐形成。

### 3. 研究刊物分析

#### （1）研究刊物选择

为对前沿技术和法律规范的融合有切实研究的专业学术成果表示肯定和进行有据的分析，增强人工智能法治领域研究结果的权威性。在 2021 年度，我们对 2008 条有效检索数据的刊物进行分析时，集中分析法学 CSSCI 期刊上有关人工智能的研究成果。最新法学 CSSCI 期刊来源目录包括 24 种正式刊物，在此对最新法学 CSSCI 期刊中 2021 年度的 236 条数据进行分析（见表 2-13）。

表 2-13　人工智能法治领域 CSSCI 期刊发文量统计（篇）

| 序号 | 期刊名 | 发文量 | 序号 | 期刊名 | 发文量 |
|---|---|---|---|---|---|
| 1 | 东方法学 | 26 | 13 | 清华法学 | 8 |
| 2 | 法学论坛 | 17 | 14 | 国家检察官学院学报 | 8 |
| 3 | 法律科学（西北政法大学学报） | 15 | 15 | 中国法学 | 7 |
| 4 | 比较法研究 | 15 | 16 | 法学家 | 7 |
| 5 | 中国法律评论 | 13 | 17 | 中外法学 | 7 |
| 6 | 现代法学 | 12 | 18 | 法学 | 7 |
| 7 | 行政法学研究 | 11 | 19 | 政法论丛 | 7 |
| 8 | 华东政法大学学报 | 11 | 20 | 法学研究 | 6 |
| 9 | 法商研究 | 10 | 21 | 环球法律评论 | 6 |
| 10 | 政治与法律 | 10 | 22 | 法制与社会发展 | 6 |
| 11 | 政法论坛 | 10 | 23 | 当代法学 | 4 |
| 12 | 法学评论 | 10 | 24 | 中国刑事法杂志 | 3 |

#### （2）法学 CSSCI 期刊分析

最新的 CSSCI 来源期刊（2021—2022 年）目录中法学类共有 24 种刊物，经检索，2021 年人工智能法治领域发表期刊为法学 CSSCI 期刊的论文累计共 236 篇，在全年的有效数据共 2008 篇中占据 11.75%，平均每个刊物 9.83 篇文章。可见，法学

CSSCI 期刊在人工智能法治领域的关注度高于一般刊物。

2021 年法学 CSSCI 期刊中发表 2 篇以上文章的作者，共 28 位（见表 2-14），其中程啸发文最多，有 5 篇，其研究的大方向是"个人信息保护""个人信息权益"，其次是许可、张新宝，发文各 4 篇，大方向也是"个人信息保护""数据权益"，再次是刘宪权、王锡锌、邢会强、刘品新、胡凌、吕炳斌、宋烁、张欣、张凌寒、洪延青，共计 10 位学者，每人发文 3 篇。28 位作者研究内容中出现频率最高的是"权利保护""立法规制""义务与责任承担"，主要与人工智能运用中容易发生的个人信息权和数据权等权利被侵害问题相关，学者们将其细化并具体到各部门法领域，探究如何避免各类风险，并提出相应的法律规制手段。

表 2-14 2021 年人工智能法治领域 CSSCI 法学类期刊作者发文量排名（篇）

| 序号 | 作者 | 发文量 | 单位 |
|---|---|---|---|
| 1 | 程啸 | 5 | 清华大学 |
| 2 | 许可 | 4 | 对外经济贸易大学 |
| 3 | 张新宝 | 4 | 中国人民大学 |
| 4 | 王锡锌 | 3 | 北京大学 |
| 5 | 吕炳斌 | 3 | 南京大学 |
| 6 | 洪延青 | 3 | 北京理工大学 |
| 7 | 邢会强 | 3 | 中央财经大学 |
| 8 | 胡凌 | 3 | 北京大学 |
| 9 | 刘宪权 | 3 | 华东政法大学 |
| 10 | 张欣 | 3 | 对外经济贸易大学 |
| 11 | 张凌寒 | 3 | 北京科技大学 |
| 12 | 宋烁 | 3 | 北京科技大学 |
| 13 | 刘品新 | 3 | 中国人民大学 |
| 14 | 王利明 | 2 | 中国人民大学 |
| 15 | 万方 | 2 | 北京外国语大学 |
| 16 | 胡凌 | 2 | 上海财经大学 |
| 17 | 田野 | 2 | 天津大学 |
| 18 | 丁晓东 | 2 | 中国人民大学 |
| 19 | 魏斌 | 2 | 浙江大学 |
| 20 | 谢增毅 | 2 | 中国社会科学院 |

（续表）

| 序　号 | 作　者 | 发文量 | 单　　位 |
|---|---|---|---|
| 21 | 周光权 | 2 | 清华大学 |
| 22 | 申卫星 | 2 | 清华大学 |
| 23 | 蔡培如 | 2 | 复旦大学 |
| 24 | 皮　勇 | 2 | 武汉大学；同济大学 |
| 25 | 裴　炜 | 2 | 北京航空航天大学 |
| 26 | 陈　兵 | 2 | 南开大学 |
| 27 | 蔡星月 | 2 | 北京航空航天大学 |
| 28 | 苏　宇 | 2 | 中国人民公安大学 |

### 4. 研究机构分析

　　根据表 2-15，可以判断人工智能法治领域 2021 年度的研究机构分布情况。占据研究机构最大比重的是高等院校，其是科研的主要力量，有效数据为 2157 条，占比达到 69.21%。作者所属单位为国家机关的有效数据有 66 条，占比达到 3.05%，主要包括法院、检察院、公安机关、司法厅局等。其他研究机构中研究所占比为 12.61%，党校占比为 0.67%。另外医院、杂志刊物、公司、银行等机构也就各自行业领域的人工智能发展情况在法治方面的反映做出了一定的研究成果，有效数据共有 312 条，总占比为 14.46%。

表 2-15　2021 年人工智能法治领域研究机构单位性质分布表

| 机　构 | 高等院校 | 国家机关 | 研究所 | 党　校 | 其　他 |
|---|---|---|---|---|---|
| 数量（个） | 1493 | 66 | 272 | 14 | 312 |
| 占比（%） | 约 69.21% | 约 3.05% | 约 12.61% | 约 0.67% | 约 14.46% |

　　图 2-15 展示的为 2021 年与 2020 年人工智能法治领域文章研究机构的对比，可以看出，高等院校仍然是科研的主体，从发文数量来看，占比最大。从客观原因来判断，2021 年我国新冠肺炎疫情总体情况稳定，我国在医疗、公司等人工智能方面都有所突破，其他机构发文占比的上升也与此因素相关，与我国科研领域的整体情况相一致。

图 2-15　2021 年与 2020 年人工智能法治领域研究机构对比

## 5. 发文区域分析

### （1）描述性分析

表 2-16　2021 年各省区市人工智能法治领域成果总量表（篇）

| 序　号 | 地　区 | 发文量 | 序　号 | 地　区 | 发文量 |
|---|---|---|---|---|---|
| 1 | 北京 | 528 | 18 | 四川 | 44 |
| 2 | 上海 | 224 | 19 | 广西 | 38 |
| 3 | 江苏 | 115 | 20 | 江西 | 38 |
| 4 | 湖北 | 97 | 21 | 贵州 | 32 |
| 5 | 重庆 | 82 | 22 | 吉林 | 32 |
| 6 | 广东 | 70 | 23 | 福建 | 28 |
| 7 | 湖南 | 62 | 24 | 云南 | 18 |
| 8 | 河南 | 61 | 25 | 山西 | 18 |
| 9 | 浙江 | 58 | 26 | 海南 | 13 |
| 10 | 辽宁 | 58 | 27 | 内蒙古 | 11 |
| 11 | 河北 | 55 | 28 | 青海 | 3 |
| 12 | 安徽 | 50 | 29 | 澳门 | 2 |
| 13 | 山东 | 47 | 30 | 西藏 | 1 |
| 14 | 天津 | 46 | 31 | 宁夏 | 1 |
| 15 | 黑龙江 | 46 | 32 | 新疆 | 2 |
| 16 | 陕西 | 46 | 33 | 香港 | 0 |
| 17 | 甘肃 | 44 | 34 | 台湾 | 0 |

表 2-16 展示的是 2021 年人工智能法治领域发文区域分布状况，根据作者所在机构确定地区，并且将未标注地域和国外文件剔除后，梳理得出 1968 篇论文，并依据发文量对地区进行排名，可以较为直接地看出全国范围内人工智能法治领域研究成果的地理分布。其中成果数量排在前三名的是北京市、上海市和江苏省，其中北京市以 528 份研究成果占据明显优势；上海市成果 224 份，江苏省成果 115 份。由此整体来看，2021 年的研究成果与往年比有所增加，去掉研究中最集中的北京市、上海市和最后的香港特别行政区、澳门特别行政区、台湾地区、青海省、西藏自治区，国内大部分地区在人工智能法治研究领域的体量情况差别不大。

（2）东中西部区域分析

表 2-17 展示的是 2021 年人工智能法治研究领域论文的东中西部区域分布情况，其中东部地区共计 1242 篇，占总数的 63.1%，西部地区共计 273 篇，占比 13.8%，中部地区共计 453 篇，占比 23.01%。从比重上来看，东部地区占据绝对优势，经济发达地区如北京市、上海市、江苏省、广东省、浙江省等都属于东部地区，其发文量占比较大，相对来说，西部地区发文总数 273 篇，和东部地区差距明显。

表 2-17　2021 年人工智能法治领域论文的东中西部区域分布情况（篇）

| 东　部 | | 西　部 | | 中　部 | |
|---|---|---|---|---|---|
| 北京 | 528 | 重庆 | 82 | 湖北 | 97 |
| 上海 | 224 | 陕西 | 46 | 河南 | 61 |
| 江苏 | 115 | 四川 | 44 | 湖南 | 62 |
| 广东 | 70 | 贵州 | 32 | 安徽 | 50 |
| 浙江 | 58 | 甘肃 | 44 | 吉林 | 32 |
| 山东 | 47 | 云南 | 18 | 广西 | 38 |
| 辽宁 | 58 | 新疆 | 2 | 江西 | 38 |
| 天津 | 46 | 宁夏 | 1 | 山西 | 18 |
| 福建 | 28 | 青海 | 3 | 黑龙江 | 46 |
| 河北 | 55 | 西藏 | 1 | 内蒙古 | 11 |
| 海南 | 13 | | | | |
| 合计 | 1242 | 合计 | 273 | 合计 | 453 |
| 总计 | | | 1968 | | |

在第二部分核心作者研究的基础上，对我国人工智能法治领域法学 CSSCI 期刊的核心作者分布情况进行分析，东部地区核心作者有 28 人，其中北京市学者人数最多，有 20 人，上海市学者 3 人，江苏省、天津市学者各 2 人，可以明显看出东部地区学者的数量占据绝对优势。

### 6. 研究高频热点词分析

见表 2-18，通过对文章关键词进行整理和分析，得出了高频关键词的分布情况，在此取出频数为 60 以上的共计 31 个关键词。其中频数最多的关键词是"数据"，其频数多达 743，占比近 40%，"人工智能"和"法律"频数也较多，分别是 559 个和390 个，紧随其后的还有"区块链""算法"和"个人信息""技术""保护"，频数都在200 个以上。

表 2-18　2021 年人工智能法治领域高频关键词分布情况

| 序号 | 高频关键词 | 频数 | 序号 | 高频关键词 | 频数 |
| --- | --- | --- | --- | --- | --- |
| 1 | 数据 | 743 | 17 | 责任 | 110 |
| 2 | 人工智能 | 559 | 18 | 监管 | 95 |
| 3 | 法律 | 390 | 19 | 权利 | 93 |
| 4 | 区块链 | 310 | 20 | 平台 | 90 |
| 5 | 算法 | 250 | 21 | 主体 | 83 |
| 6 | 个人信息 | 229 | 22 | 个人 | 82 |
| 7 | 技术 | 224 | 23 | 网络 | 81 |
| 8 | 保护 | 204 | 24 | 智慧 | 79 |
| 9 | 数字 | 188 | 25 | 人脸识别 | 75 |
| 10 | 治理 | 159 | 26 | 金融 | 73 |
| 11 | 司法 | 146 | 27 | 保护法 | 67 |
| 12 | 规制 | 143 | 28 | 电子 | 65 |
| 13 | 风险 | 130 | 29 | 隐私 | 63 |
| 14 | 数据安全 | 128 | 30 | 侵权 | 62 |
| 15 | 智能 | 123 | 31 | 汽车 | 60 |
| 16 | 信息 | 112 | | | |

总的来看，在人工智能领域，关键词包括人工智能、个人信息、区块链、大数据、算法、技术、数字、规制、数据安全、平台、人脸识别、智慧、电子、隐私等。在人工智能相关的司法领域，关键词主要包括法律、治理、司法、责任、监管、权利、主体、侵权、金融等。从全部数据来看，2021年人工智能领域中法治领域的研究最关注法律责任和法律治理方面的法律规制，以及对隐私侵权和监管等发展方向的思考。相比前几年，法律工作者仍然主要关注两方面内容，一是人工智能的兴起给法律界带来的新兴问题；二是人工智能在法律界的应用及相应立法。

2021年的人工智能法治领域高频关键词相比2020年来说变动较大。图2-16为2021年和2020年9个相同关键词的占比对比图。这些关键词为：人工智能、法律、信息、区块链、责任、个人信息、算法、权利、司法。

从图2-16来看，2021年前9个相同关键词占比平均来说要低于2020年，对信息的关注度明显下降，从数据来看，占比从25.29%降到了5.69%，这说明对信息的相关理论研究速度放缓，在信息处理的研究方面突破较小。2020年上榜的互联网、著作权退出榜单，个人信息、权利加入榜单，这一系列人工智能法治研究领域的热点变动，表示在人工智能方面，在重视发展人工智能技术的同时，相关学者对法律规制方面的探讨角度更加多元，其在现有法律基础上对人工智能法治未来之路进行了更多思考，也更关注在人工智能领域中公民权利和信息的保护以及合法应用。

图2-16　2021年与2020年前9个相同关键词占比对比

## 三、国外人工智能法治理论研究

关于国外人工智能法治理论研究，编者通过 Web of Science 对 2021 年人工智能法治领域相关的文献进行了数据检索。在 Web of Science 中以"robot"和"law"为并列主题词进行索引，得到了 2021 年共有 1238 篇文献记录。[①] 编者以该项数据源作为外文数据库，与往年相关数据和国内论文相关数据进行对比，以求发现 2021 年国外人工智能法治理论研究情况的特点。

从整体数量上来看，2021 年人工智能法治领域国外研究相关的文献篇数比 2020 年所统计的 1078 篇多了 160 篇，增加了 14.84%。与国内相关文献大幅增长相比增长较为缓慢。这与国外更早进入人工智能领域的研究有关系，国外自 21 世纪初即已开始对人工智能展开研究，因此发展至今已趋于平稳。而我国近两年来掀起了人工智能热潮，故相关研究数量呈陡然上升趋势。

### （一）研究方向分析

对通过 Web of Science 进行检索后所得的 1238 篇文献进一步研究，发现 2021 年人工智能法治领域国外研究方向主要呈以下特点：

#### 1. 热点方向趋于稳定

国外的人工智能研究趋于成熟，因此学术界更偏向于在人工智能实际应用层面进行探讨。如图 2-17 所示，2021 年人工智能法治研究排名前 4 的方向分别是：自动控制系统、工程机械、计算机科学和机器人。如表 2-19 所示，与往年相关数据相比，排名前 4 的热点方向几乎未发生改变，且从数量上来看远超排名第五的"数学"方向。自动控制系统常年占据热点第一，在 2021 年相关文献中的比重更是达到 77.14%。这一趋势与国内情况大有不同，根据前文统计情况所示，2021 年人工智能法治领域高频关键词排名前 4 的分别是：数据、人工智能、法律和区块链。国内目前对人工智能这一新领域的研究更偏向于理论研究。

---

① Web of Science 是全球最大、覆盖学科最多的综合性学术信息资源，收录了自然科学、工程技术、生物医学等各个研究领域最具影响力的核心学术期刊。

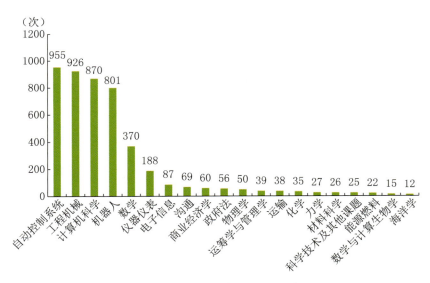

图 2-17　2021 年国外人工智能法治研究热点方向

表 2-19　近年来人工智能法治研究热点方向对比

|  | 2019 年及以前 | 2020 年 | 2021 年 |
|---|---|---|---|
| 1 | 自动控制系统 | 自动控制系统 | 自动控制系统 |
| 2 | 机器人 | 工程电气电子类 | 工程机械 |
| 3 | 计算机科学 | 机器人 | 计算机科学 |
| 4 | 工程学 | 工程类多学科 | 机器人 |

### 2. 研究领域不断扩展

除了一些固有热点领域外，2021 年也新增了部分新热点领域。如"运筹学与管理学""力学""材料科学""能源燃料"等都是首次出现在排名前 20 的热点研究方向，尽管这些方向的研究文献数量不多，但是以上方向的出现体现了 2021 年在人工智能法治研究所涉及的领域在不断扩大。可以看出，国外人工智能法治研究近年来更趋向专业化和综合化。近年来，国内加大了对人工智能法治的研究力度，随着发展趋于成熟，想必国内的发展趋势会逐步向国外的发展趋势靠近。

### 3. 法治色彩逐渐浓厚

如图 2-17 所示，2021 年国外人工智能法治研究领域中，法律相关的"政府法"方向文献有 56 篇，排在第 10。与往年数据相比，所占比重由 2020 年的 2.41% 增至 2021 年的 4.52%。尽管所占比例仍然较小，但在国外整体偏于实际运用研究的情形之下,"政府法"相关文献比重增加,说明国外对人工智能法治的重视程度在 2021 年也有所增加。

### (二)发文作者变化较大

如图 2-18 所示,2021 年人工智能法治领域国外研究发文前 25 的作者,所发篇数从 7 至 14 不等。发文量最大的 Zhang H. 和 Zhang Y. 在 2021 年各发文达到 14 篇。与 2020 年统计数据相比,发文作者变化较大,排名前位的作者基本在 2020 年的发文前 10 名单中未出现,而 2020 年人工智能法治领域国外研究发文最多的 Fateh. M. M. 共发文 9 篇,在 2021 年同一领域发文为 3 篇。

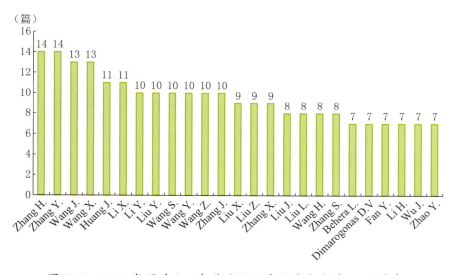

图 2-18　2021 年国外人工智能法治研究领域发文前 25 的作者

### (三)地域分布分析

作者的地域分布可以反映各国对人工智能法治研究的关注度。如图 2-19 所示,排名前 10 的国家分别为:中国、美国、法国、意大利、韩国、印度、英国、伊朗、俄罗斯和加拿大。这与 2020 年人工智能法治研究领域发文前 10 的国家相比完全一致,尽管内部排名有所变化,但足以体现以上十个国家近两年来都对人工智能法治领域的研究抱有极高的热情。

整体而言,首先,发文前 10 的国家中以发达国家居多,如美国、法国、意大利,其在 2020 年和 2021 年的统计数据中都始终保持在前 5。其次,中国、印度虽不属于发达国家，但均为人口大国。尤其是我国近几十年来经济发展迅速，这为人工智能法治领域的研究打下了坚实的经济基础。我国在人工智能法治领域的发文量上一直处于领先地位，在 2021 年，发文量更是达到了 492 篇，占比为 39.74%，再创新高。人口大国意味着更广阔的市场，对人工智能的需求也会远高于其他国家。可以预见，拥有经济基础和更大需求量的我国，在未来人工智能法治领域的研究方面所占的比重必定会进一步得到提升。

图 2-19　2020 年和 2021 年人工智能法治领域作者地域分布对比

## （四）文献用语分析

如图 2-20 所示，通过对 1238 篇人工智能法治领域的文献进一步分析发现，其中 1168 篇的语言都为英文，占比达到 94.35%。韩语文献有 49 篇，俄语文献有 19 篇，葡萄牙语文献有 2 篇，中文、西班牙语文献各有 1 篇。虽然中国作者所发文章占比

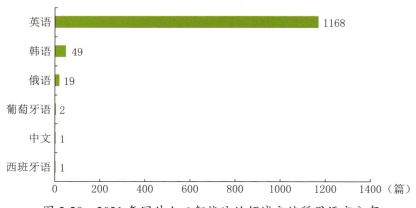

图 2-20　2021 年国外人工智能法治领域文献所用语言分布

高达 **39.74%**，但在所用语言上，几乎所有中国学者都采用了英语这一语言。同样地，发文排名前列的法国、意大利、印度等国学者，也都未选择本国母语，而是以英语进行学术探讨。可以看出，英语作为国际主导语言之一，为便于进行国际学术交流，大多学者选择用英语进行文献表述。

# 第三部分　人工智能法治应用[①]

## 一、概　述

本部分所述人工智能法治应用，以 2021 年 1 月至 2021 年 12 月为时间界限，以官方网站、官方媒体和官方微信公众平台为搜索渠道，辅以百度、谷歌、必应等搜索引擎，以包括但不限于"人工智能""AI""智慧法治""数字化""大数据""云计算""区块链""物联网"为关键词进行检索，对中国和国外人工智能在立法、执法、司法和法律服务等法治领域的应用进行分析。

2021 年 10 月 18 日，习近平总书记在主持中央政治局第三十四次集体学习时强

---

[①]　本部分数据来源说明：1. 中国人工智能立法应用的数据主要源自全国人大官方网站、31 个省级人大官方网站、微信公众平台以及相关调研报告，同时辅以百度、必应、谷歌等搜索引擎进一步扩大检索范围；国外人工智能立法应用的内容主要源自百度、必应、谷歌等搜索引擎。2. 中国人工智能司法应用的数据主要源自百度、必应、谷歌等搜索引擎、各级法院和检察院官方网站，以及微信公众平台关键词检索；在"典型应用"部分，金融类案智审平台数据来源于中国法院网、腾讯网新闻报道；区块链电子证据的相关数据来源于中国裁判文书网。国外人工智能司法应用的内容主要通过谷歌、必应、微信公众平台进行检索。3. 中国人工智能执法应用数据主要源自公安部官方网站、31 个省级行政区的政府官方网站、公安厅官方网站和公安厅微信公众平台；国外人工智能执法应用的内容主要源自百度、必应、谷歌等搜索引擎。4. 中国人工智能法律服务数据主要分为公共法律服务部分和企业法律服务部分。公共法律服务部分的数据主要源自中国法律服务网及其司法行政案例库、各省级行政区的司法厅（司法局）官网、法律服务网和微信公众平台；企业法律服务部分数据主要源自 25 家主要人工智能企业的官方网站、企查查、天眼查等征信备案网站内容和相关新闻报道中获取的一手数据。国外的相关数据来源于必应、谷歌等搜索引擎和微信公众平台关键词搜索，以及海国图智研究院的《人工智能资讯周报》。

调，近年来，互联网、大数据、云计算、人工智能、区块链等技术加速创新，日益融入经济社会发展各领域全过程，数字经济发展速度之快、辐射范围之广、影响程度之深前所未有，正在成为重组全球要素资源、重塑全球经济结构、改变全球竞争格局的关键力量。随着我国《数据安全法》《个人信息保护法》的出台，截至2021年12月，包括上海市、深圳市、福建省、山东省、广东省、安徽省、浙江省、吉林省、山西省、海南省、天津市以及贵州省在内的12个省市已经出台了相关数据条例，这为数据要素市场的培育注入了法治力量。在建设数字基础设施、利用数据资源的背景下，人工智能法治应用呈现出新场域、新技术、新特点的态势，特别是完善的数字基础设施作为"数字底座"为大数据的处理、分析与研判提供了较强的算力支撑，人工智能法治应用的广度与深度也得以拓展。本统计年度，人工智能立法应用覆盖立法各个阶段，兼重智能化与规范化；人工智能司法应用平台精细化发展，智慧法院与智慧检务建设取得新突破；人工智能执法应用进一步回应实践需求，激发出一批新兴应用场景；人工智能法律服务感知层建设更趋完备，应用样态日益健全。

## 二、人工智能立法应用

### （一）中国人工智能立法应用

#### 1. 应用地域分析

人工智能立法应用在地域上的显著特征之一就是较为集中地在东部地区铺开，南至广东省、海南省，北至北京市、天津市，上海市、江苏省、浙江省在推进人工智能辅助立法上也进行了较多有益的探索（见图3-1）。而中部地区、西部地区以及东北地区人工智能立法应用数量较少，信息化程度仍有待提高。中部地区的安徽省、江西省和湖北省的人工智能立法应用数量在本地区排名靠前（见图3-2），西部地区的广西壮族自治区人工智能立法应用数量位列该地区第一（见图3-3），东北地区的黑龙江省人工智能立法应用数量为该地区第一（见图3-4）。人工智能立法通道和系统的应用在各省份最为突出，各地在应用人工智能辅助立法的过程中，模式较为多样化，适应了各省市自身发展的需求，特别是东部地区为中部地区、西部地区和东北地区立法机关信息化建设提供了宝贵的实践经验。

图 3-1　东部地区人工智能立法应用数量占比分析

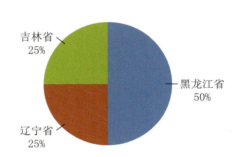

图 3-2　中部地区人工智能立法应用数量占比分析

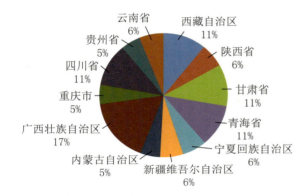

图 3-3　西部地区人工智能立法应用数量占比分析　图 3-4　东北地区人工智能立法应用数量占比分析

　　以立法草案意见征询为例，项目组对全国 31 个省级行政区的人大官网与政府官网进行数据统计，全国 31 个省级行政区都开辟了立法意见征询通道。但是，开通线上立法草案意见征询渠道的只有 24 个省级行政区（见图 3-5），并未实现全覆盖。东部地区 10 个省级行政区均开通了线上渠道，但只有 5 个省级行政区的人大官网与政府官网开通了线上渠道，分别是北京市、上海市、江苏省、浙江省、福建省。中部地区除湖南省外，均开通了线上渠道，但仅有湖北省的人大官网与政府官网开通了线上渠道。西部地区有 7 个省级行政区开通了线上渠道，但也仅有西藏自治区的人大官网与政府官网开通了线上渠道。东北地区则有 2 个省级行政区开通了线上渠道，分别是辽宁省和黑龙江省，但这 2 个省份都只在省政府官网开通了线上渠道。未开通线上立法草案意见征询渠道的省级行政区大多还是采用信函、电子邮件、传真、电话等传统的意见征集方式。

图 3-5　开通线上立法草案意见征询方式的省级行政区地域分布

　　在人工智能辅助立法的系统应用方面，各地区也存在较大差异。以"北大法宝智能立法辅助平台"为例，其目前在全国范围内应用最广、知名度最高。截至 2021 年底，共计 10 家省级人大、5 家市级人大购买并应用了该系统，其中东部地区省市数目为 7 个，占比高达 56%（见图 3-6）。除此之外，5 家省级司法厅、7 家市级司法局也购买并应用了该系统，其中 8 家来自东部地区省市，1 家来自中部地区省市，2 家来自西部地区省市，1 家来自东北地区省市。

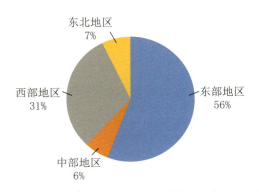

图 3-6　开通"北大法宝智能立法辅助平台"的省级行政区地域分布

### 2. 应用场域分析

根据立法活动的基本程序，可将人工智能立法应用的应用场域分为三个阶段：一是法律草案的形成阶段，主要包括立法草案的形成、立法草案的意见征询等；二是法律草案的审议与表决阶段，主要是指人工智能辅助立法机关在议事方式和规则方面的完善；三是立法后的评估阶段，主要包括人工智能辅助立法开展评估工作。

#### （1）法律草案形成阶段

在法律草案的形成阶段，人工智能立法应用主要涉及智能起草、意见征集、文件审核、文件公开、备案审查、文件清理等。在智能起草方面，"北大法宝智能起草辅助系统"可以同时在线编辑和在线检索，为起草立法文本、校对规章制度、企业规章制度等提供服务，利用该平台，多人可同时在线编辑、协同修改、精确检索，实现多人写、查、改协同进行。自本统计年度起，该系统还在高校得到了具体应用，能够实现校内规范性文件立项、起草、审查、公布的全业务流程管理和智能辅助应用。

在对法律草案的意见征集方面，对于在全国范围内适用的法律，其法律草案会在中国人大网进行公示，社会公众可以通过网站信函的方式提出意见。在"已结束的征求意见"中，以《反电信网络诈骗法（草案）》为例，从 2021 年 10 月 23 日至 2021 年 11 月 21 日收集到的意见有 28602 条，参与人数高达 13442 人（见图 3-7）。这反映出社会公众目前已逐步熟悉并使用新的方式参与立法的意见征集，极大程度地促进了

**已结束的征求意见**                                                    更多 >>

| 法律草案名称 | 征求意见时间 | 参与人数(人) | 意见条数(条) |
| --- | --- | --- | --- |
| 湿地保护法（草案二次审议稿）征求意见 | 2021-10-23 至 2021-11-21 | 59 | 102 |
| 期货和衍生品法（草案二次审议稿）征求意见 | 2021-10-23 至 2021-11-21 | 53 | 166 |
| 反电信网络诈骗法（草案）征求意见 | 2021-10-23 至 2021-11-21 | 13442 | 28602 |
| 地方各级人民代表大会和地方各级人民政府组织法（修正草案）征求意见 | 2021-10-23 至 2021-11-21 | 191 | 353 |
| 畜牧法（修订草案）征求意见 | 2021-10-23 至 2021-11-21 | 493 | 700 |
| 体育法（修订草案）征求意见 | 2021-10-23 至 2021-11-21 | 111 | 189 |
| 反垄断法（修正草案）征求意见 | 2021-10-23 至 2021-11-21 | 166 | 418 |
| 农产品质量安全法（修订草案）征求意见 | 2021-10-23 至 2021-11-21 | 1041 | 2615 |
| 民事诉讼法（修正草案）征求意见 | 2021-10-23 至 2021-11-21 | 318 | 459 |
| 反有组织犯罪法（草案二次审议稿）征求意见 | 2021-08-20 至 2021-09-18 | 354 | 680 |

图 3-7 中国人大网法律草案征求意见系统

立法的科学性、民主性。

此外，立法意见征集也与新兴的线上形式相结合。2021年11月18日，全国人大常委会法工委虹桥街道基层立法联系点根据全国人大常委会法工委的要求，就《反垄断法（修正草案）》召开意见征询座谈会，此次意见征询会是全国人大常委会法工委基层立法点首次实现"直播立法、联动立法"，以视频形式将各级声音直播到全国人大立法机关，实现国家、直辖市、管委会、街道和相关企业代表"多级互动、国沪联动"，这对于意见征询工作进一步拓展广度、挖掘深度、提升高度、夯实厚度有重要意义。

### （2）法律草案的审议与表决阶段

从全国人大常委会的议事实践来看，1986年3月以前主要采取举手表决方式，从1986年3月第六届全国人大常委会第十五次会议开始，则采用电子表决器进行表决。但目前受新冠肺炎疫情的影响，全国多地召开"线上两会"实现网络履职。部分委员通过线上方式参加会议，一方面尽可能地降低了新冠肺炎疫情大范围传播的风险，另一方面也推动了人工智能等信息技术在法律草案的审议与表决阶段的应用。2021年3月修订的《全国人民代表大会议事规则》第22条就规定，全国人民代表大会会议运用现代信息技术，推进会议文件资料的电子化，采用网络视频等方式为代表履职提供便利和服务。但是，表决方式仍待在实践中明确与完善。有代表就提出，希望将"部分常务委员会组成人员通过网络视频方式出席会议时采用举手方式表决"纳入常委会议议事规则。

### （3）立法后评估阶段

法律草案在经历了表决程序后正式公布实施，其社会效果及社会评价都需要通过一定途径收集获取，并将意见反馈给立法者以保证后续的工作，这一过程也可以运用人工智能技术加以辅助。以"北大法宝立法（后）评估系统"为例，该系统用于立法前评估及立法后评估的数据、资料的收集分析，根据评估指标体系设立系统功能。该系统的应用可以为用户提供立法评估的资料汇集、比对分析，收集立法舆情、新闻报道、国际国内相关法规等立法资料，并利用智能分析功能与被评估法规进行比对分析，最终自动得出评估报告。

在立法全流程智能化方面，北大法宝立法支持信息平台的表现较为突出，上述提及的"北大法宝立法（后）评估系统"就是其子系统。围绕立法流程，北大法宝立法支持信息平台设立了 **9** 个子系统，包括文件报备系统、文件备案审查系统、法律法规清理系统、法律法规公布系统、立法项目管理系统、草案意见征集系统、立法资料管理系统、立法（后）评估系统、大数据分析系统以及 **9** 个系统的数据支持系统，即"北大法宝"法律法规数据库（见图 3-8）。本统计年度，该平台对智能应用产品进行持续优化，对智能起草、智能比对、版本比对和格式生成等系统做了迭代优化，同时推出一键清样、智能清理、意见征集等新产品。此外，该平台还研发了钉钉小程序、微信小程序、**OA** 办公系统和 **WPS** 的集成，提供了多样化的产品形式，更大限度地满足用户多元化的需求。未来的备案审查智能化将从合宪性、政治性、合法性、适当性等方面对文本进行审查并给予提示，同时审查是否符合立法语言规范、立法技术规范等。

图 3-8 北大法宝立法支持信息平台

本统计年度，针对行政立法工作中需要解决的问题，北大法宝构建的"行政立法智能化信息平台"入围智慧司法解决方案。该平台具有以下几个方面的功能：一是构建包含法律法规、法学期刊、裁判文书、行政处罚决定书、专题行政立法库、行政立法技术、备案审查案例库、业务培训视频等的行政立法知识资源数据库，为立法者提供全方面的知识资源；二是建设贯穿行政立法全生命周期的立法业务流程，为立项、调研、起草、意见征集、合法性审核、清理、评估等立法环节提供资料永久保存、操作留痕服务；三是通过立法意见征集的智能整理分析、社情民意社会舆情的智能感知、立法参考资料的自动精准推送、立法起草智能辅助生成文本、审核风险要点的主动提示推送等智能技术为行政立法提供智能化辅助（见图 3-9）。

图 3-9　北大法宝行政立法智能化信息平台

### 3. 技术侧重分析

#### （1）运用大数据手段征求立法意见

大数据时代的到来，立法思维也相应发生转变。立法机关积极通过大数据技术主动征求立法建议，拓宽民众的反映渠道；民众也积极通过网络等手段表达自己的意见，使立法真正体现民主性、科学性。突破传统的电话、信箱征集手段以及实地走访等途径，通过大数据手段进行立法意见的征询，可以最大程度地扩大公众参与范围，这既提高了立法机关的工作效率，也能有效解决部分群众线下参与不便的问题。

除了全国人大以及各省级行政区人大官网设置的法律草案意见征询途径之外，各省市还开辟了一些特色渠道。以上海市为例，2021 年 5 月 19 日，上海市"人民建议征集"平台与人民网"领导留言板"开启深度合作共建，旨在将上海市"人民建议征集"打造成长三角乃至全国各地为群众办实事的"样板间"和示范区，进一步推动上海市基层治理体系和治理能力现代化提升。利用人工智能辅助立法进行意见征集，能够进一步畅通民意表达的渠道。

#### （2）夯实信息化基础以提升备案审查智能化

本统计年度，立法过程中的备案审查智能化程度进一步提升。信息化是实现立法数据治理、立法智能应用的重要基础工程。我国已建成全国统一的备案审查信息平台，地方人大备案审查信息平台已延伸到所有设区的市、自治州、自治县，有的已延伸到所有的县、市辖区、县级市。并且，本年度我国已初步建成国家法律法规数据库，地方立法机构也纷纷推出本地数据库，同时商用数据库也一直在为法律界提供专业服务。值得一提的是，于2021年2月24日上线的国家法律法规数据库，该数据库由全国人大常委会联合有关国家机关组建运行，免费向社会公众提供法律检索查询服务（见图3-10）。数据库共分为"新法速递""宪法""法律""行政法规""监察法规""地方性法规"及"司法解释"共七个部分，用户可以在首页的检索框内输入关键词，快速检索到对应的法律规范。目前，国家法律法规数据库收录了宪法和现行有效法律400余件，法律解释25件，有关法律问题和重大问题的决定157件，行政法规671件，地方性法规、自治条例和单行条例、经济特区法规16000余件，司法解释637件，涵盖了中国特色社会主义法律体系最主要的内容。国家法律法规数据库收录的数据有WPS和PDF两种文本格式，其中PDF格式文本为刊载法律法规文件的国家机关公报版本。此外，本年度还在持续拓展备案审查信息平台功能，开展国家法律法规数据库二期建设。相关的应用也在实践中开展，以北大法宝的备案审查信息系统为例，该系统已初步实现备案审查智能化，实现了流程审查和在线实质审查功能。

图3-10　国家法律法规数据库

### 4. 发展特点分析

#### （1）人工智能辅助立法兼重智能化与规范化

目前，人工智能、大数据、云计算等新兴技术涌向各个领域，以权威性为工作机理的立法机关并不排斥与信息化技术的融合，其充分认识到人工智能辅助立法对促进人大机关信息化的现实意义。但在人工智能辅助立法的应用过程中，对信息的收集可能涉及个人数据过度采集、隐私泄漏等问题，各地区也在进行相关法律规范的制定。例如，2021年7月，深圳市公布了全国首部地方性人工智能领域法规《深圳经济特区人工智能产业促进条例（草案）》。上海市也在持续推进人工智能产业促进条例立法工作，一方面促进人工智能产业的创新发展，在各个领域寻求新突破；另一方面加强对人工智能产业的监管，对可能涉及的违法行为予以规制。

### （2）立法工作向"现场＋远程"模式发展

全球范围内新冠肺炎疫情肆虐，传统的现场会议、意见征集、现场表决等立法工作无一例外都受到了影响。新形势下，"现场＋远程"的立法工作模式得到了发展。例如，各省区市人大利用北大法宝智能立法辅助平台实现了多人同时在线编辑、协同修改，提升了起草效率，也减少了线下会议、文件传递的次数。"线上两会"的网络履职途径也是立法工作多元化形式的一大体现，"主会场＋分会场"的视频连线方式开拓了会议形式，也减少了财政支出。

### 5. 未来趋势分析

### （1）内容辅助与技术辅助并驾齐驱

在人工智能辅助立法的过程中，技术辅助必须与内容辅助相结合，才能达到更好的应用效果。根据内容的不同生成方式，立法可以主要分为以下六种类型，即创制型立法（创设新的法律法规）、提升型立法（位阶低的转化为位阶高的法律法规）、编纂型立法（多部法律法规组合成一部新的法律法规）、实施型立法（下位法贯彻上位法）、比照型立法（无中央立法，参照兄弟省市立法）、修改型立法（立法修改）。[①]法律法规具有规范性、强制性，但有的表述也具有一定的概括性、原则性、指导性。人工智能辅助立法正是抓住了共性与特性，才得以发挥作用。针对不同的立法类型，也应当提供具有针对性的内容和技术辅助。

### （2）智能辅助起草立法依托庞大的立法数据库

人工智能辅助立法离不开基础立法数据库的构建，该数据库不仅应当包括法律、

---

① 赵晓海：《人工智能辅助科学立法的应用研究》，https://mp.weixin.qq.com/s/2dB5wNz4OAqT-A_0P_dPjg。

行政法规，还应当包括司法解释、规范性文件、政策文件，甚至是外国法律规定、学者建议稿、相关论文等。而且越是下位法，基于不能违背上位法的要求，其需要兼顾的法律规定就越多。所以，打通立法数据壁垒是应有之义，这就包括统一立法数据的载体、形式、标准，以及通过权限的设定，即建立立法元数据，打通人大机关与政府部门、司法机关的立法数据鸿沟，甚至还应将商业性的立法数据库纳入其中。国家法律法规数据库已经建立，人工智能辅助立法的技术运用可以此作为数据来源，但仍需继续完善与扩展。在这一意义上，人工智能辅助立法水平的提升不仅依靠智能技术的完善，还需要提供庞大的立法数据来源，方能更全面地作出立法智慧决策。

### （二）国外人工智能立法应用

#### 1. 虚拟议会的应用范围进一步扩大

目前，受新冠肺炎疫情的影响，议会的召开方式逐步转向虚拟议会，议员主要在线上发挥立法与监督职责，这能够极大限度地减少人员接触，降低疫情扩大的概率。世界各地已经进行了许多尝试，例如威尔士议会会议通过 Zoom 举行，欧洲议会试行电子邮件投票等。① 澳大利亚新南威尔士州立法议会的议长乔纳森·奥迪指出，在无法进行实体会议时，虚拟议会可以作为替代性方式，这样的开会形式符合公众利益。② 现阶段，全球市长议会（GPM）虚拟议会平台仍在持续应用，GPM 是由各大洲市长组成的治理机构，旨在使各大洲市长参与全球战略和有关城市关键问题的辩论，并依托各大洲市长享有的城市自治权积极参与决策。通过这一平台，世界各地的参与人员可以在其职权范围内就提案进行辩论、对决议进行投票，并对修正案进行表决。③ 2021 年 4 月 22 日，欧盟委员会数字文化遗产和欧洲（DCHE）专家组第九次会议以虚拟在线会议的形式举行，其对关于文化的数字化、在线访问和数字保存的建

---

① McKinnon Institute for Political Leadership，Virtual Parliament，https：//mckinnoninstitute.org.au/virtual-parliament/.
② McKinnon Institute for Political Leadership，Virtual Parliament，https：//mckinnoninstitute.org.au/virtual-parliament/.
③ Globlal Parliament of Mayors，Virtual parliament，https：//globalparliamentofmayors.org/virtual-platform/.

议进行了介绍和讨论。① 由此可见，虚拟在线会议的形式对于欧盟政策的制定和立法具有重要作用。

2021 年 6 月，各国议会联盟（IPU）举办了第九届世界电子议会会议，受新冠肺炎疫情的影响，该会议首次以虚拟方式举行。英国上议院蒂姆·克莱门特–琼斯（Lord Tim Clement-Jones）认为，信息和通信技术不再是幕后活动，而是议会的日常工作，议会的工作重点之一就是如何最大限度地利用这项现代化技术。南非议会技术专家辛迪斯瓦·恩钦瓦纳（Sindiswa Ngcingwana）认为，随着议会迁移到云端，应当更加重视数据保护和治理工作，包括更新数据访问、保留和处置的相关政策，在国会议员和议会工作人员之间建议起信任关系，这才能最大限度地保障虚拟议会的公开性和透明度。② 此外，由于国外部分国家的宪法对参议院、众议院在线下会议中的座位有明确的限制，所以有些国家也在着手对议会的议事规则进行修改。③

### 2. 公众线上参与立法的程度进一步提升

越来越多的国家在公众参与立法方面进行探索尝试，通过互联网最大程度地拓展公众参与立法的范围。2021 年 4 月 19 日，欧盟宣布启动"欧洲未来会议"多语种数字平台，欧盟成员国公民可以通过这一平台为欧洲的未来建言献策。这一平台提供 24 种不同语言的版本，欧盟成员国公民可以在平台上在线分享看法和观点，从而帮助欧盟更好地制定政策和把握未来的发展方向。④ 美国加利福尼亚州圣何塞市作为美国第十大城市，在疫情期间利用 Zoom 保证和选民、社区之间的沟通，提高了民众对立法过程的参与度和可及性。⑤

---

① European Commission，Ninth Meeting of the European Commission's Expert Group on Digital Cultural Heritage and Europeana（DCHE），https：//digital-strategy.ec.europa.eu/en/library/ninth-meeting-european-commissions-expert-group-digital-cultural-heritage-and-europeana-dche.

② Inter-Parlimentary Unioon，Highlights from the virtual World e-Parliament Conference 2021，https：//www.ipu.org/innovation-tracker/story/highlights-virtual-world-e-parliament-conference-2021.

③ Hansard Society，How the Covid-19 pandemic has accelerated parliamentary modernization，https：//www.hansardsociety.org.uk/blog/how-the-covid-19-pandemic-has-accelerated-parliamentary-modernisation.

④ 新华网：《欧盟启动"欧洲未来会议"数字平台》，http://www.xinhuanet.com/world/2021-04/20/c_1127349327.htm。

⑤ Raymond Riordan，Inclusivity at Scale: How the City of San José Uses Zoom to Protect and Connect a Diverse Public，https：//explore.zoom.us/en/customer_stories/the-city-of-san-jose/.

# 三、人工智能司法应用

## （一）中国人工智能司法应用

### 1. 应用地域分析

本统计年度，人工智能司法应用的数量为 139 个。东部地区仍然保持绝对优势，西部地区发展势头较好（见图 3-11）。具体而言，东部地区新增司法应用数量最多的省份为广东省，其新增应用数量占比为 22%。新增司法应用数量最少的是海南省，占比仅为 2%。由于上海市人工智能司法应用建设起步时间较早，人工智能司法应用成熟度较高，本统计年度的主要进展集中在升级和更新包括刑事案件智能辅助办案系统（以下简称"206 系统"）在内的既有系统上，因此新增应用数量较少，占比仅为 5%（见图 3-12）。其中，"206 系统"最大的创新是构建了 102 类常见罪名的证据标准、证据规则体系，该证据标准体系为办案人员收集、固定证据提供了看得见、摸得着、可操作、数据化的标准和指引，减少了司法办案的任意性。中部地区和东北地区新增应用总量较少，各地区应用新增数量实际相差不大（见图 3-13、图 3-15）。西部地区新增司法应用数量最多的省份是贵州省，占比为 16%；新增数量最少的是青海省，占比仅为 3%，其余各省市区司法应用新增数量相差不大（见图 3-14）。

从具体应用的开发来看，我国智慧法院与智慧检务建设取得了一定突破。2021 年《最高人民法院工作报告》显示，以智慧法院为内核的人民法院信息化 4.0 版建设在新冠肺炎疫情期间大显身手。全国法院在线立案 1143.9 万件，在线开庭 127.5 万场；

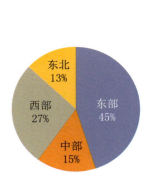

图 3-11　全国人工智能司法应用数量地域占比分析

图 3-12　东部地区人工智能司法应用数量占比分析

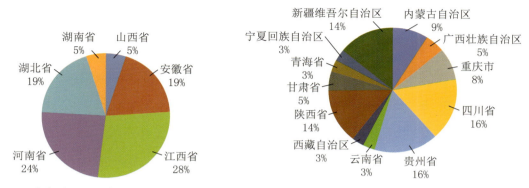

图 3-13　中部地区人工智能司法应用数量占比分析　　图 3-14　西部地区人工智能司法应用数量占比分析

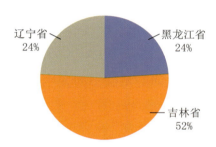

图 3-15　东北地区人工智能司法应用数量占比分析

司法区块链上链存证 17.1 亿条，电子证据、电子送达存验证防篡改效果明显；形成经济社会运行大数据报告 220 份，"数助决策"服务社会治理；知识服务平台涵盖类案推送、信用评价、庭审巡查等业务场景，为全国法院提供智能服务 1.4 亿次。[①] 最高人民检察院于 2021 年 4 月印发《"十四五"时期检察工作发展规划》，提出"推进智慧检务工程建设，加强大数据、人工智能、区块链等新技术应用。加快推进智慧检务创新平台、视频云平台、融媒体平台等建设，提升检察工作智能化水平"。自 2020 年 1 月 1 日起，统一业务应用系统 2.0 逐步在 9 个省市的检察机关开展试点应用，持续优化流程办案、辅助办案、数据应用和知识服务功能。在功能方面，统一业务应用系统 2.0 基本上实现了检察办案业务的全覆盖，而且还能提供可定制化的权限配置服务和个人门户；在协同方面，统一业务应用系统 2.0 提供了跨部门数据共享和业务协同接口，进一步消除了跨部门跨地区的数据壁垒问题。

在东部地区，以北京市、上海市、广东省为例，北京市在本统计年度推出 5G 移

[①]　中华人民共和国最高人民法院网：《最高人民法院工作报告（摘要）》，https://www.court.gov.cn/zixun-xiangqing-349871.html。

动检察室、"慧数慧检"管理云平台、电子数据审查室，并继续拓展包括"版权链—天平链协同治理平台""非诉调解平台"等在内的既有司法应用的新适用场景。上海市虽然新增人工智能司法应用数量较少，但也在已有的基础上完善了上海法院知识产权案件管理系统、司法案例智能检索系统、"智慧量刑"微信小程序、公益诉讼调查指挥中心、上海法院知识产权案件管理系统等应用。广东省在本统计年度建设了一站式诉讼服务、"1中心3平台"立审执智慧办案新模式、"区块链律师调查令"线上办理平台、区块链证据核验平台、5G智慧法院实验室等。在中部地区，以江西省和河南省为例，江西省推出一站式多元解纷e中心、府院通、集约办案e平台；河南省新增了区块链存证取证平台、成效可视化平台、5G全流程多场景智慧庭审系统。在西部地区，新疆维吾尔自治区、贵州省、甘肃省开发了"公益诉讼随手拍"、金融类案智审平台等人工智能司法应用，以回应特殊类型案件的实践需求。

### 2. 应用场域分析

本统计年度，受实践需求以及政策等因素的影响，智慧法院和智慧检务建设依旧是我国人工智能司法应用的重点发展领域。其中，各级司法机关在各类案件中均能使用的通用应用（如语音识别系统、电子证据平台）依旧是发展的重点。此外，通过统计数据可以看出，专门领域内人工智能司法应用建设逐渐成为发展新趋势。

在审判领域，本统计年度出现了适用于具体案型的人工智能司法应用，其应用的主要领域包括公益诉讼、金融类以及知识产权类案件。其中，新增专用于公益诉讼案件的司法应用占比45%，专用于金融案件的司法应用占比23%，专用于知识产权案件的司法应用占比11%（见图3-16），例如浙江省上线的全国首个"版权AI智审"系统和山东省新建的知识产权案件智审平台，这能够体现出未来专业化发展的趋势。

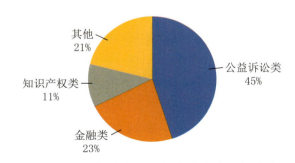

图3-16　适用不同案型的人工智能司法应用数量占比分析

（1）金融智审

本统计年度，金融类案件的智审平台表现亮眼。北京市、广东省、浙江省、重庆市、四川省、陕西省、甘肃省、浙江省共 8 个省级行政区上线了金融智审平台，除了北京市以外，其他地区的平台都是从基层法院开始试点，再逐步推广到中级人民法院和高级人民法院的。该平台应用技术主要包括大数据分析、自动抓取数据、一键生成程序文书、区块链等（见图 3-17）。

图 3-17　金融智审平台主要应用技术

以新上线的广东省广州市南沙自贸区人民法院"金融智审平台"和浙江省杭州市上城区人民法院"凤凰智审 3.0"为例。2021 年 3 月，广东省广州市南沙自贸区人民法院"金融智审平台"系统以"金融案件审理全流程电子化"为目标，以人工智能、大数据等技术为辅助，目前已实现立案、开庭、诉讼文书生成、送达、归档各个环节的全部电子化。通过梳理金融类案件全审判过程中需要的要素信息，该系统在立案阶段就引导金融机构按要求输入完整的案件要素信息，实现金融数据点对点对接，进而便于系统自动抓取，自主完成立案。2021 年 9 月，浙江省杭州市上城区人民法院"凤凰智审 3.0"实现了智能化"异步审理"功能，"小智"24 小时在线为当事人提供全时空泛在服务。同时，在诉讼前端，"凤凰智审 3.0"对接"浙江解纷码"，实现金融纠纷案件诉前化解、多元解纷；后端增加智能审查执行立案功能，对接浙江法院"智慧执行 2.0"，让当事人从立案到执行"一次不用跑"。截至 2021 年 11 月，"凤凰智审

3.0"系统已推广至浙江省内 10 个地区，预计 2022 年上半年将实现全省全面推广。

（2）智能取证

随着公益诉讼检察的深入发展，传统办案方式面临严峻挑战，线索发现难、调查取证难、鉴定评估难等成为公益诉讼检察办案亟待解决的难题。面对改革路向与司法实践的需求，检察机关充分运用现代信息技术努力推动检察办案的转型升级，开启"智慧公益诉讼"办案新模式，实现公益诉讼检察工作高质量发展。[1]

在智能化取证方面，智能司法应用拓展到基层人民检察院，并成为各地区检察院运用科技手段提升司法办案质效的又一举措。例如重庆市检察机关高度重视检察技术与信息化投入，充分利用无人机、卫星遥感、快速检测、大数据等科技手段开展地空结合、人机结合、立体交叉的方式取得了准确的证据材料，为向行政机关发送诉前检察建议奠定了坚实基础。[2]沈阳市检察机关开展了"关爱盲人出行，维护残障群体利益"专项行动，借助大数据平台抓取的数据，两级检察机关共排查盲道 1200 余处，拓展查证 82 个盲道隐患案件，并在案件查办后通过"公益诉讼随手拍"将盲道修复治理情况随时传送至公益诉讼大数据平台，实现长效跟踪、有效监督。[3]2021 年 4 月，广东省佛山市顺德区新上线了"公益诉讼随手拍"平台，鼓励市民群众发现并向检察机关提供相关线索，共同维护公共利益。[4]这为市民群众就侵害生态环境和自然资源、食品药品安全、国有财产、国有土地、英烈名誉等领域国家利益或社会公共利益的情况进行举报提供了途径。

（3）智慧陪审

我国的人民陪审员制度是人民群众了解司法、参与司法、监督司法的直接形式，各省市法院充分运用人工智能技术实现陪审员选任、参审、管理的全程智能化。例如浙江省台州市温岭市人民法院推出的人民陪审员信息管理系统，该系统通过算法随机抽选首选陪审员，并自动规避陪审员排期冲突，均衡陪审员参审次数。重庆市梁平区

---

[1] 张丽芳、刘娟：《强化智慧检务与公益诉讼深度融合》，载《检察日报》2022 年 2 月 23 日。

[2] 卢俊宇、汪宗琳：《以勘验取证能力提升促进公益诉讼走深走实》，载《检察日报》2021 年 6 月 5 日。

[3] 王玲、关毅、于小博：《辽宁沈阳：大数据破解公益诉讼"三难"——从走着找线索到一键筛查》，载《检察日报》2021 年 11 月 10 日。

[4] 佛山市政府官网：《顺德区检察院上线"公益诉讼随手拍"平台》，http://www.foshan.gov.cn/zwgk/zwdt/wqdt/sdq/content/post_4766851.html。

人民法院研发并不断完善人民陪审员综合服务平台，并上线配套的 App 端口，设置人员管理、随机抽选、庭审服务、履职服务、履职评价、业绩评估六大功能模块，特别是在随机抽选模块通过发送抽选通知、参审提醒等形式对抽选节点全程留痕，为陪审员提供"参审回避"个性设置服务，并对参审数量进行上限控制。贵州省黔西南布依族苗族自治州兴义市人民法院依托人民陪审员管理系统建立人民陪审员基础信息库，系统将自动检索最符合参审条件的人民陪审员，运用随机算法科学均衡抽取人民陪审员参加庭审。

### 3. 技术侧重分析

5G、区块链、云计算和大数据等技术仍为本统计年度的热点技术。除继续深化发展文本处理、语音识别和各类信息数据检索等技术外，较为明显的趋势是，我国人工智能司法应用综合各项技术，特别是利用司法大数据和算法推动人工智能司法应用进入深入发展阶段。

#### （1）区块链技术的应用范围得到扩展

2021 年 1 月最高人民法院发布《关于人民法院在线办理案件若干问题的规定（征求意见稿）》，该征求意见稿在司法解释效力层级对区块链电子证据作独立描述，并首次明确将区块链取证和存证过程分别表述。具体而言，主要规定了区块链证据的效力、区块链证据审核规则、上链前数据的真实性审查及区块链证据的补强认定。[①]该征求意见稿于 2021 年 2 月 5 日征求意见结束，至今仍未正式施行，但全国各地法检机关开发建设区块链电子证据平台的步伐并未减慢。

2021 年 4 月，深圳法院区块链证据核验平台上线，该平台具有降低数字版权维权成本、简化电子证据核验过程、开放多个第三方存证平台信息互认等方面的优势，广东省深圳市龙华区人民法院在审理一起涉区块链固证的侵害著作权纠纷案件时就首次使用了区块链证据核验平台对原告提交的区块链证据进行当庭核验。2021 年 8 月，广东省广州市中级人民法院首次使用最新研发成果"区块链电子质证系统"。通过该系统，在庭前就可以在线查看证据和完成质证，一方当事人通过"人脸识别 + 身份证

---

① 中华人民共和国最高人民法院官网：《最高人民法院〈关于人民法院在线办理案件若干问题的规定（征求意见稿）〉向社会公开征求意见的公告》，https://www.court.gov.cn/zixun-xiangqing-285071.html。

号码＋姓名"三重验证登录后，便可上传、编辑证据，系统会自动将证据"指纹"信息存入司法区块链；经办法官可以查看当事人提交的证据，通过区块链验证其是否被篡改，发起证据交换并允许质证；另一方当事人也可以在系统中对提交的证据进行质证，提交质证意见，质证意见数据"指纹"同步存入司法区块链。2021 年 9 月，江苏省法院系统首个区块链证据第三方独立核验平台"苏州市相城区人民法院区块链证据解析核验平台"上线，其能够在较短时间内解析电子证据的哈希值，从而实现对区块链存证证据真实性的认定。

### （2）大数据技术的应用程度得到深化

数据技术的应用能够促进司法应用的深入发展，更好地辅助法官判案。2021 年 1 月，最高人民法院召开智慧法院大脑建设专家座谈会，提出要推进智慧法院大脑和司法数据中台建设，增强数据收集、管理、分析、应用能力，推动智能化向智慧化发展。加强总体设计，整合优化信息系统，打通"信息孤岛"和"数据壁垒"。2021 年 4 月 22 日，上海市高级人民法院正式上线上海法院知识产权案件管理系统，设有政策信息、队伍建设、司法大数据、技术查明等板块，可通过搜索栏输入当事人姓名或名称，了解相关类案的数量、结案方式、结案金额等信息，其为法官判断当事人的心理预期提供了参考，也为法院推进判赔金额统一提供了借鉴。

大数据技术也是优化司法配套机制的智力支撑，为推进网络空间治理提供了更加有力的检察保障。以青岛市 2021 年 4 月上线的知识产权案件智审平台的建设为例，该平台利用深度学习算法和大数据智能分析技术，实现批量化起诉、要素式审判、电子证据比对、异步审理等多种功能。北京市海淀区人民检察院上线电子数据审查室，打造"检察官＋数据审查员"的办案模式，通过数据审查抽丝剥茧地驳斥犯罪嫌疑人的"幽灵抗辩"，为专业鉴定机构锁定海量电子数据中的"重点鉴定范围"，从而提高了鉴定精准度和效率，实现了对电子数据的深度挖掘和高效利用。

### 4. 发展特点分析

#### （1）基层对人工智能司法应用的需求更大

从应用层级上看，新增人工智能司法应用的开发与适用仍然集中在基层。但相较于上一统计年度，新增人工智能司法应用逐渐摆脱了单一开发和适用的情况，开始在各级法检平台之间实现共享。具体而言，在法院层面，本统计年度新增人工智能司法

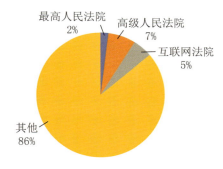

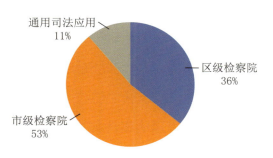

图 3-18　各级法院新增人工智能司法应用
数量占比分析

图 3-19　各级检察院新增人工智能司法应用
数量占比分析

应用主要集中在基层人民法院与中级人民法院。人工智能在最高人民法院、高级人民法院以及互联网法院中的应用较少，分别占比 2%、7% 和 5%（见图 3-18）。而在检察院层面，本统计年度新增人工智能司法应用主要集中在市一级检察院以及区一级检察机关，前者占比 53%，后者占比 36%。检察机关通用司法应用即适用于各级检察院的司法应用，占比仅为 11%（见图 3-19）。

（2）依托高新技术企业建设司法应用平台

在人工智能司法应用的发展过程中，仅仅依靠法院自身的力量难以形成强大聚合力，而高新技术企业在其中就发挥了重要作用。以智慧法院建设为例，2021 年 3 月，广州市中级人民法院建成 5G 智慧法院实验室。在此过程中，广州市中级人民法院与广州联通进行了一系列探索，将 5G 技术与法院审判业务深度融合，发挥其"大带宽、低时延、广连接"等特性，助力审判执行工作提质增效。双方结合人脸识别、大数据、人工智能等技术，开发了 5G+ 庭审系统、5G+ 司法区块链、5G+E 法亭、5G+AOL 授权见证系统、5G+ 云办案办公体系等多个 5G 司法应用场景，推动 5G 技术与法院诉讼服务、智慧庭审、智慧审判、智慧执行、智慧破产等业务融合，不断提升法院审判执行工作效率。2021 年 4 月，四川省绵阳市经开区人民法院与南京通达海科技股份有限公司举行智慧法院建设战略合作框架协议签约仪式，双方将通过 9 项合作内容联合组建智慧审判、智慧诉服、智慧执行、智慧办公、智慧警务创新及实践的联盟体。司法应用平台的建设需要强化互联网思维，特别是与高新技术企业等国内优势研发单位合作，能够充分整合资源，提高智慧法院建设水平。

（3）区块链等信息技术的应用场景将进一步拓展

区块链技术成为司法应用的热点之一，从适用场景可以看出，区块链技术不仅局限于最初始的电子证据存证领域，还被应用于律师调查令，未来还将进一步适用于其他领域。例如2021年新建成的深圳市区块链证据核验平台、广州市"区块链律师调查令"线上办理平台和区块链电子质证系统以及四川省成都市青羊区的"青·云"金融智审平台都应用了区块链技术。但从我国裁判文书网公开的判决信息来看，本统计年度各级法院审理的案件的判决文书提及区块链电子证据的共9篇，均属民事案件，主要涉及劳动争议、知识产权，但提及其他电子证据的裁判文书则高达9634篇。由此可见，我国法院对区块链电子证据的应用有待进一步发展。

2022年2月22日，最高人民法院印发《人民法院在线运行规则》，其第1条即明确提出"运用互联网、大数据、云计算、移动互联、人工智能和区块链等信息技术，完善智慧法院信息系统，规范应用方式，强化运行管理"的要求，并确立了区块链存储数据上链后以及上链前的真实性审核规则。案件的适用范围不仅包括民事、行政诉讼案件，还包括刑事速裁程序案件，减刑、假释案件，以及因其他特殊原因不宜线下审理的刑事案件。[1] 这表明，未来我国区块链技术与诉讼规则将进一步融合，信息技术的司法应用场景也将进一步拓展。

### 5. 未来趋势分析

#### （1）应用场域呈现多元化、专业化的发展趋势

从人工智能司法应用的案件类型来看，人工智能技术不仅被应用于普通的刑事案件和民事案件，而且在金融、知识产权、公益诉讼等案件中也逐步得到应用，呈现出由单一场景向多元化场景、由通用平台向专业化平台发展的趋势。从司法应用的具体阶段来看，人工智能技术不仅应用于审判阶段，而且进一步扩展到侦察、立案、起诉、执行各个阶段。从司法系统不同的职能分工来看，人工智能技术不仅局限于案件审判，而且进一步拓展到司法警务领域，例如哈尔滨市中级人民法院的"智能警务平台"利用人脸识别和可视化技术，以科技赋能司法警察，实现了警务信息化工作从空白到智能化的跨越式发展。根据最高人民法院发布的《人民法院信息化建设五年发展规划（2021—2025）》，"十四五"时期智慧法院的建设目标为建设"以知识为中心、智慧法院大脑为内核、司法数据中台为驱动"的人民法院信息化4.0版。未来除了司

---

[1] 马明亮：《区块链的兴起及其司法运用》，载《检察日报》2021年8月3日。

法审判部门以外，还将面向法院干警、诉讼参与人、社会公众等提供全新的智能化、一体化、协同化、泛在化和自主化的智慧法院服务。[①]

**（2）人工智能司法应用规则更加明确清晰**

2021 年 6 月，最高人民法院发布《人民法院在线诉讼规则》，2021 年 12 月又发布了《人民法院在线调解规则》，对于在线诉讼和在线调解的适用范围、法律效果、程序要求等都给出了规则指引。2022 年 2 月 22 日，最高人民法院举行新闻发布会，发布《人民法院在线运行规则》，其于 2022 年 3 月 1 日起施行。《人民法院在线运行规则》基于智慧法院建设应用的成果，进一步指导和规范了信息系统建设、完善了应用方式、加强了运行管理，支持和推进在线诉讼、在线调解等司法活动，提升了审判执行工作质效。《人民法院在线诉讼规则》《人民法院在线调解规则》和《人民法院在线运行规则》三个规则既各有侧重，又相互配合、有机衔接，将在世界范围内首次构建全方位、系统化的互联网司法规则体系，推动构建中国特色、世界领先的互联网司法模式。

**（3）区块链技术的司法应用场景将进一步拓展**

在司法应用中，区块链技术是应用最为广泛的技术之一。例如 2021 年新建成的深圳市区块链证据核验平台、广州市"区块链律师调查令"线上办理平台和区块链电子质证系统，以及四川省成都市青羊区的"青·云"金融智审平台都应用了区块链技术。从适用场景可以看出，其不仅局限于最初始的电子证据存证领域，还被应用于律师调查令，未来还将进一步适用于其他领域。《人民法院在线运行规则》第 1 条即明确提出"运用互联网、大数据、云计算、移动互联、人工智能和区块链等信息技术，完善智慧法院信息系统，规范应用方式，强化运行管理"的要求，这表明未来我国区块链技术的司法应用场景将进一步拓展。

**（二）国外人工智能司法应用**

基于司法实践的需要，国外人工智能司法应用在法律专家系统、司法裁量模型的建设方面发展较快。在司法应用的过程中，一些国家尝试在立法中确立算法应用的标

---

① 中华人民共和国最高人民法院官网：《〈最高人民法院工作报告〉解读系列全媒体直播访谈第二场》，https：//www.court.gov.cn/fabu-xiangqing-349631.html。

准与适用范围，以防止数据服务商利用人工智能算法而不当介入司法。

## 1. 美国持续推进司法领域信息系统的协同与整合

2021 年，美国致力于促进法院之间共享应用程序，并在适当情况下将地方应用程序纳入国家系统，使其功能在全国范围内可用。为了降低数据输入成本，美国联邦司法部门整合多个数据存储库，实现跨业务共享信息和协调工作流程，以促进服务质量和工作效率的提高。此外，美国联邦法院特别重视人工智能司法应用的基础设施建设。2021 年 7 月，美国联邦法院以"法院安全、法院建设和信息技术的关键基础设施需求"为由，要求美国国会拨款 15.4 亿美元。在这份拨款要求里，包括 2.12 亿美元被用于与应用程序现代化相关的一系列 IT 计划，例如更换老化的缓刑和审前服务案件跟踪系统（PACTS），用于监督等待审判的被告和从监狱释放的个人，以及更新陪审团管理系统和一个新的电子票券系统（eVoucher），该系统将用于支付联邦法院任命的代表被告的 14000 名私人律师。[①]《美国联邦司法部门信息技术长期规划（2021—2025）》描述了未来三至五年美国司法信息技术规划的关键战略重点，提出"在基础设施及运维层面上，继续建立和维持健全和灵活的技术系统与应用程序，以预测和响应司法部门对高效通信、记录保存、电子立案、案件管理的要求。可以预见，未来美国司法部门将特别重视技术的全局性开发，并继续依赖其信息科技规划为公众服务、履行职责"。[②]

## 2. 欧盟提升司法效率的同时防范人工智能技术风险

2021 年 4 月，欧盟委员会针对人工智能应用提出了一份全新的监管草案和协调行动规划，希望灵活解决人工智能系统带来的特定风险，保证人工智能技术的安全可持续使用。欧盟委员会将人工智能应用场景分为"低、有限、高、不可接受"四个风险等级，等级越高的应用场景受到的限制越严格。以人脸识别为目的的所有远距离生物识别系统都被认定为高风险，执法部门被禁止在公共场合使用这一技术，除非发生儿童失踪、恐怖袭击、甄别犯罪分子等情况，而且上述情况也需得到司法部门授权。

---

[①] 陈志宏：《世界司法信息化 | 美国联邦法院推进司法信息系统安全建设》，https://mp.weixin.qq.com/s/3R_gpucuUpHz6IQmN3Wpkw。

[②] 陈志宏：《世界司法信息化 | 美国联邦司法部门信息技术长期规划（2021—2025）》，载《中国审判》2021 年第 9 期。

2021 年 6 月 16 日和 17 日召开的欧洲司法效率委员会（CEPEJ）第 36 次全体会议批准通过了《在司法程序中使用视频会议的准则》。[①]自新冠肺炎疫情发生以来，全球法院在实体场所封闭的情况下，不得不寻找替代方案，以保障司法运作的连续性。在此框架下，视频会议的使用得到了广泛的发展，但也面临现实中的一系列问题，如程序合规、技术标准及保障等。对此，欧洲司法效率委员会下属的网络司法与人工智能工作组根据欧洲司法效率委员会的授权，制定了一系列在司法程序中使用视频会议的准则并形成了草案，主要包括程序和技术两个方面，其中特别规定了符合司法实践的视频会议监测系统。

### 3. 日本在新冠肺炎疫情影响下推进司法程序数字化

在新冠肺炎疫情的影响下，日本法院正在全力推进司法程序数字化。2021 年 4 月，日本最高裁判所设立数字推广司，负责监督包括预算在内的各项工作，配合法院工作的数字化，实现无纸化管理，以实现包括民事和刑事审判等所有领域的法院数字化。在线庭审系统使用的是微软公司的 Teams 平台，其内容包括面部识别功能、远程加入证据程序功能和屏幕共享功能。随着在线庭审在民事审判中的应用越来越广泛，网络会议在证据诉讼中的应用也在不断加强。传统法庭口头辩论也在考虑进行其他改革，以便加快与未来司法信息化的衔接。这些改革包括确定口头辩论日期、诉讼申请书和费用支付的数字化、准备文件及相关方的在线时间表确认等。2021 年在日本全国共计 50 个地区法院及其 203 个分支机构使用了 Teams 平台进行远程在线庭审。[②]

### 4. 其他国家陆续展开线上庭审应用

线上庭审应用在全球人工智能司法应用中发展得最突出。吉尔吉斯共和国在电子司法领域取得了很大进展，在 2021 年度大力推广的庭审录音录像系统不仅减少了审判参与者的各类违法行为，而且可以远程询问证人和嫌疑人，降低了转移罪犯的成本，使审判更快捷、更安全、更高效。根据《2019—2022 年吉尔吉斯共和国司法系统信息技术发展战略规划》，到 2022 年司法机构将通过开发、改进电子法院和办公室

---

[①]　陈志宏：《世界司法信息化 | 欧洲司法效率委员会发布在司法程序中使用视频会议的准则》，https：//mp.weixin.qq.com/s/fXymPqdFFQUcO-dfKQfGrw。

[②]　陈志宏：《世界司法信息化 | 日本法院司法信息化转型之路》，https：//mp.weixin.qq.com/s/wWmweLVosjXhiV4OrvQ-Gw。

系统，以自动化为核心，丰富司法系统的辅助程序等手段，从而实现全面的电子文件流通。① 受新冠肺炎疫情的影响，部分线下法院关闭，这对司法审判中组织听证、审理案件等程序提出了挑战，一些国家开始深化在线法院建设，完善司法诉讼服务。包括孟买、赖布尔、希萨尔等在内的部分印度地区对电子法院服务系统"E-Court"系统进行了更新。印度尼西亚开始采用 Zoom 视频会议平台在网上进行审判，但由于视频和音频质量差、互联网连接不稳定等，有时甚至出现对证人或被告的讯问中断等情况。尽管如此，印度尼西亚法院在线上审判方面仍然取得了一定的成效，至 2021 年年末，印度尼西亚所有诉讼程序都将可以通过"E-Court"系统进行。此外，菲律宾的线上庭审范围也根据新冠肺炎疫情防控要求而扩大了试点范围。孟加拉国、英国、奥地利等国家也在相关需求下，下发了通过视频会议或远程听证的方式进行诉讼的实务指示。②

## 四、人工智能执法应用

### （一）中国人工智能执法应用

本统计年度人工智能执法应用在市域治理、非暴力犯罪监管等方面表现突出，应用场域主要表现在治安防控、规范执法、服务群众、情报研判、破案打击、监狱管理六个方面，呈现出地域分工细化、城市全域智能化、执法全流程规范化的特点。依托元宇宙概念的发展，其在执法领域的新应用也在逐步探索中。

#### 1. 应用地域分析

##### （1）东部地区优势明显，中西部地区势头强劲

从全国范围来看，本统计年度各省级行政区人工智能执法应用的数量是 150 个。从地区划分的标准来看，东部地区仍然保持绝对优势，实力最为强劲（占比 46%），西部地区次之（占比 31%），中部地区再次（占比 17%），东北地区靠后（占比 6%）

---

① 陈志宏：《吉尔吉斯共和国的司法信息化之路》，载《中国审判》2021 年第 21 期。
② 陈志宏：《世界司法信息化 | "千岛之国"印度尼西亚的司法信息化之路》，https：//mp.weixin.qq.com/s/MZo90jPu1MTgDhvA69IiKQ。

（见图3-20）。从宏观角度来看，这一总体占比态势较往年变化不大。但各地区所涵盖的省级行政区数量不同，这在一定程度上会影响数量占比的分布。西部地区涵盖的省级行政区最多，数量为12个，中部地区则最少，数量为3个。所以，通过比较平均值的方式（各地区人工智能执法应用总量/省级行政区总数）能够更为客观地展现该地区的整体实力。基于此种比较方式，东部地区的平均值为6.9，即本统计年度，东部地区中每个省级行政区平均的人工智能执法应用数量为6.9个，在四大地区中位列第一；其次是中部地区，平均值约为4.33；再次是西部地区，平均值约为3.83；最后是东北地区，平均值为3。所以，尽管在全国人工智能执法应用数量占比中，中部地区落后西部地区达14%，但在平均值比较中，中部地区则稍领先于西部地区，整体发展水平更为平均。由此可见，东部地区的优势地位较为明显，中西部地区的竞争则较为激烈。

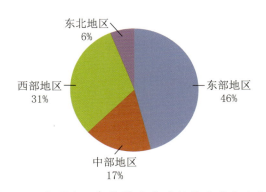

图3-20　全国人工智能执法应用数量地域占比分析

### （2）区域带动与战略定位的效能明显

在东部地区，上海市、江苏省、河北省、北京市、广东省人工智能执法应用的数量位列靠前，除河北省外，其余省级行政区在以往的统计年度中都有较为突出的表现（见图3-21）。在本统计年度，河北省是在交通执法、智慧小区、执法监管等应用场景迎头赶上，有一定的突破。在中部地区，安徽省、江西省、湖北省应用数量较多，均属于该地区以往统计年度应用数量较多的省份（见图3-22）。在西部地区，重庆市、云南省、宁夏回族自治区在应用数量上有一定的优势，尤其是云南省相较于以往统计年度占比大大提高（见图3-23），这与其地理位置和警务需求存在一定的联系。本统计年度，云南省主要是在疫情防控、边境管理和刑事侦查等场景表现亮眼。在东北地区，3 个省级行政区应用数量较为平均，但黑龙江省略为领先（见图 3-24）。

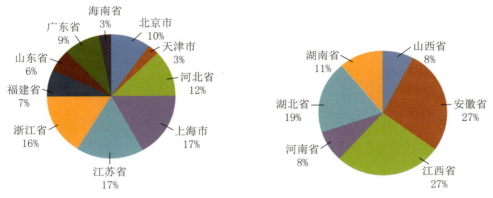

图 3-21　东部地区人工智能执法应用数量占比分析　　图 3-22　中部地区人工智能执法应用数量占比分析

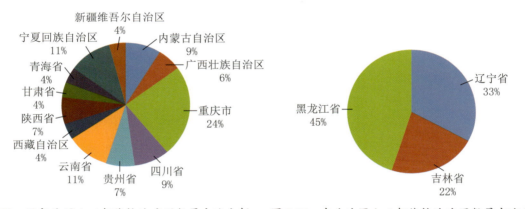

图 3-23　西部地区人工智能执法应用数量占比分析　　图 3-24　东北地区人工智能执法应用数量占比分析

通过比较全国各省级行政区人工智能执法应用的数量，本统计年度排名前六的分别是：上海市、江苏省、重庆市、浙江省、河北省、江西省，应用数量在 8 至 12 之间（见图 3-25）。以上 6 个省级行政区，4 个属于东部地区，1 个属于西部地区，1 个属于中部地区，东北地区的 3 个省级行政区并未进入，这也从另一角度展现了东部地区、中部地区、西部地区、东北地区的人工智能执法应用情况，其与总体态势趋同。具体而言，上海市、江苏省、浙江省均是长三角一体化发展涵盖的省市，虽然安徽省并未进入前六，但其在全国人工智能执法应用数量中排名第八，同样位居前列，由此可见长三角一体化区域所涵盖的省市在人工智能执法应用方面都保持着较高的发展水平。此外，重庆市尤其表现突出，其不仅在西部地区的数量占比中排名第一（占比 24%），而且在全国人工智能执法应用数量统计中位列第三，这与其战略定位关系密切。2021 年 11 月 23 日，重庆市政府印发《重庆市数字经济"十四五"发展规划（2021—2025 年）》，预计到 2025 年建成中国国内领先的数字产业集群，此外更是明确提出打造西部人工智能创新资源集聚区、人工智能激励政策试点区，推广应用模式示范区，进而辐射带动成渝地区双城经济圈人工智能创业发展能级的整体提升。

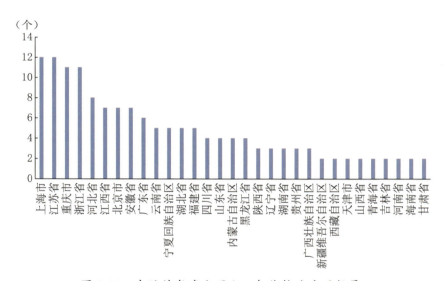

图 3-25　本统计年度全国人工智能执法应用数量

### 2. 应用场域分析

从应用场域来看，本统计年度人工智能执法应用主要涉及治安防控、规范执法、服务群众、情报研判、破案打击、监狱管理 6 个场域，在 6 个场域下又涵盖了不同的具体应用场景。治安防控场域下的子场景最多，包括交通执法、市域治理、小区安防、校园安全、疫情防控、安全检查、乡村治理、报警系统、边境管理、高空抛物、楼宇管理、网络监管、智慧医院共 13 个子场景，其中，乡村治理、边境管理、智慧医院是新出现的子场景。而情报研判场域所囊括的子场景居于其次，包括诈骗犯罪、渔业禁捕、生态监管、毒品犯罪、酒驾醉驾管理、林业管理、偷漏税监管、金融犯罪共 8 个子场景，其中酒驾醉驾管理、偷漏税管理、金融犯罪是新出现的应用场景。

从各个应用场域的占比情况来看，治安防控场域仍然占比较高，为 41%（见图 3-26），这是由于治安防控场域与公众的日常生活息息相关，且相关人工智能技术较容易在实践中得到适用。位列其次的是规范执法场域和情报研判场域，分别占比 22%、15%，位列前三的应用场域累计占比达 78%，可以视为人工智能执法技术的主要应用场域（见图 3-26）。相比于以往统计年度，服务群众场域的占比有所下降，为15%。由于服务群众场域的应用场景主要表现为便民服务，即"一网通办"平台的建设，而全国 31 个省级行政区都已在上一统计年度全部建立了"一网通办"服务平台，不少省级行政区早在两年前就已建成，本统计年度部分省市主要对服务平台进行了升级。

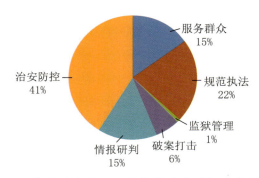

图 3-26　本统计年度人工智能执法应用场域占比分析

### （1）治安防控场域聚焦交通执法与市域治理数字化

在治安防控场域中，共有 13 个子场景的应用，交通执法和市域治理应用场景最为突出（见图 3-27）。在交通执法场景下，一方面，人工智能执法应用较为突出的省份主要是在精细度上下功夫。例如，2021 年 9 月上海市交警部门研发出"无光电子警察"，其既能缓解电子警察设备夜间使用补光灯抓拍交通违法产生的光污染问题，又能通过人工智能学习判断图像噪点分布信息，对图像和车身颜色进行识别和真实还原，有效抓拍夜间交通违法。浙江省永康市公安局交警大队则重点对高分贝排气噪声车辆或非法改装车辆进行治理，上线"炸街车"自动抓拍取证系统，该系统基于深度学习技术，能够有效排除诸如机动车鸣笛声、货车引擎声、环境噪声等非"炸街车"的轰鸣声，准确判断并识别出噪声超标机动车的声音信号，并通过声呐装置进行声源定位，快速准确获取车辆位置，同步采用高清摄像机抓拍声源位置的车辆照片，精准识别车牌号码，自动生成"声音云图"和"声音视频"，为车辆超标轰鸣声、排气高噪声的抓拍提供了强有力的辅助证据。另一方面，由于人工智能技术在交通执法场景中的应用适用性强，这也成为部分省份在人工智能执法应用中的突破点。例如湖北省高速交警依托"云哨"情指勤舆一体化作战平台，健全数据要素全息档案，开展动态违法数据建模（见图 3-28）。河北省保定交警上线"行人和非机动车管理系统"，设置分离式和一体化两种行人过街抓拍设备，以提升行人和非机动车交通守法率。

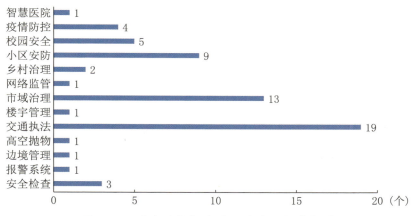

图 3-27　治安防控场域的具体应用场景数量

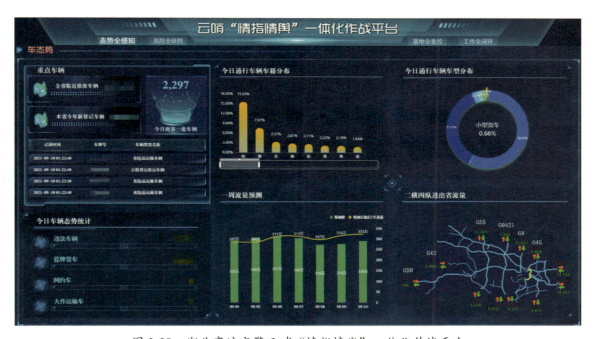

图 3-28　湖北高速交警云哨"情指情舆"一体化作战平台

市域治理是国家治理的重要维度，本统计年度各省市在推进市域治理现代化的过程中进一步加快城市数字化转型。2021 年 1 月，上海市委市政府发布的《关于全面推进上海城市数字化转型的意见》，明确城市数字化转型的总体要求。2021 年 10 月，上海市人民政府办公厅关于印发《上海市全面推进城市数字化转型"十四五"规划》，系统构建数字城市基本框架，充分释放数据要素红利。同时，2021 年 11 月 25 日，上海市人大常委会表决通过《上海市数据条例》，把数据纳入法治的轨道，与上海城市数字化转型同频共振。此外，广州市打造"穗智管"城市运行管理平台，建设人、企、地、物、政五张全景图，实现云、网、数互联互通，全维度数字化治理城市（见图 3-29）。

图 3-29　广州"穗智管"城市运行管理平台

（2）规范执法场域注重执法全流程规范化

规范执法场域共有 7 个子场景的应用，分别为执法监管、交通事故处理、案件辅助、规范接警、涉案财物监管、监狱管理和调解机制完善（见图 3-30）。其中，执法监管场景的应用最为突出。例如 2021 年 4 月，北京市公安局在执法办案管理中心的基础上推出"智慧案审"模式，将人工智能、大数据、云计算、物联网等技术融入警务工作，全流程智能化辅助执法办案，实现精确指导和监督。2021 年 7 月 7 日，北京市公检机关联合签发《关于进一步深化派驻公安机关执法办案管理中心检察机制的通知》，明确派驻检察室对公安机关在执法办案管理中心办理的刑事案件依法开展监督。在"智慧案审"模式下，公安机关全部刑事案件都在执法办案管理中心办理，犯罪嫌疑人被带入中心后，派驻中心检察室则可以通过该平台对公安机关办案进行全流程监督。同时，公安机关还加强了与法院的合作，特别是在调解机制完善这一场景中。2021 年 5 月，安徽省合肥市公安局蜀山分局推出"多元调解"微信小程序，申请人在登记注册、提交纠纷后可以选择调解员组织调解，调解员登录人民法院在线调解平台进行受理，调解成功后，按照司法确认制度要求制作相关文书，提交法院线上审核，经过法院确认后，完成网上司法确认。

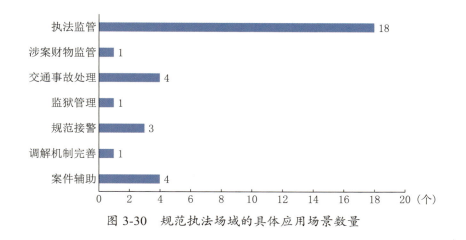

图 3-30　规范执法场域的具体应用场景数量

### （3）情报研判场域加强对非暴力犯罪的监管

在情报研判场域的 8 个子场景中，诈骗犯罪排名第一（见图 3-31），其主要技术内容是将人工智能技术应用于对诈骗犯罪的预警和防范中。例如 2021 年 5 月，内蒙古自治区乌兰察布市公安局建立反诈中心，依托大数据手段进行动态监测，有针对性地进行宣防堵截、侦查研判、落地打击。重庆市北碚区公安分局推行"金钟

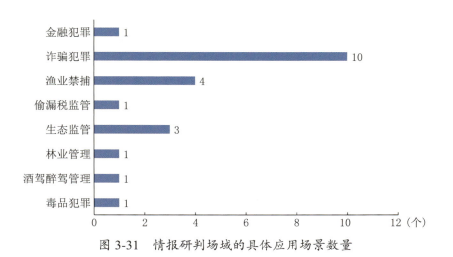

图 3-31　情报研判场域的具体应用场景数量

罩"反诈防诈预警小程序，一旦群众接到陌生号码、登录敏感网址等可能遭受电信网络诈骗违法犯罪时，"金钟罩"将进行人工智能研判、预警，第一时间将预警信息同步推送至用户本人、社区民警、派出所、分局反诈骗中心同步进行反诈劝阻。此外，随着《数据安全法》《个人信息保护法》的相继出台，公安部门和其他执法部门对非暴力犯罪领域如税务监管、数字货币监管的力度加大。四川公安运用"链上天眼 2.0"平台，运用区块链技术对数字货币进行监管，第一时间确定加密资产地址与资金流向，实现数据监控、分析、穿透和治理的一体化。大数据税收治理在新兴业态中的征管与服务中表现比较突出，浙江省杭州市税务局基于大数据的识别归纳分析进行税收治理，通过税收大数据分析技术发现了一批网络主播偷税漏税的情况。

### 3. 技术侧重分析

#### （1）物联网技术存在较大发展空间

物联网（Internet of Things）是在互联网和通信网络的基础上，将日常用品、设施、设备、车辆和其他物品互相连通的网络，其改变了互联网中信息全部由人获取和创建，以及物品全部需要人类指令和操作的情况，能够实现对现实世界的数字化和自动化。物联网技术在智慧政务、智慧交通、智慧小区中都有一定的应用，江苏省无锡市宜兴市官林镇打造"物联网派出所"，通过双物联网平台，即侧重智慧装备、车辆管理等内容的内部物联网平台和侧重辖区的特有领域监管的外部物联网平台，在升级危化品厂企存储仓库及设备的液位、温湿度感知等前端后，依托镇网格管理中心实现派出所、安监、环保部门数据共享。

但目前物联网技术仍较为薄弱，这限制了其应用水平的提升。物联网体系结构分为感知层、网络层、平台层、数据分析层及应用层，感知层产生并采集数据，经由 5G 通信技术依次运输到边缘侧、平台中心处，由边缘计算与云计算提供算力支撑，数据分析层则完成对大数据的预处理与分析，最终再反哺到物联网的应用场景（见图 3-32）。[1] 由此可见，物联网技术串联起 5G、云计算、大数据等多项技术，存在较大的发展空间。

---

[1] 艾瑞咨询：《中国物联网行业研究报告》，https://www.iresearch.com.cn/Detail/report?id=3930&isfree=0。

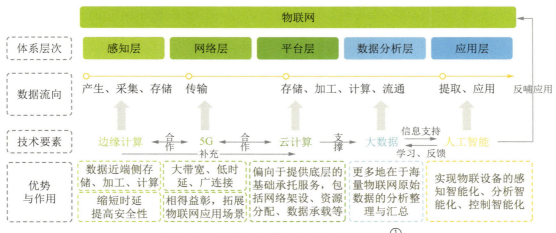

图 3-32　物联网与多种技术的相关关系 ①

**（2）跨镜追踪技术提升识别的精确度**

跨镜追踪技术（ReID）能够根据输入的特定人图片，检索跨摄像头、跨视频序列下该特定人的图像。这一技术在刑事侦查、交通执法等场域都有广泛应用。2021年7月，电影《失孤》中的主人公原型郭刚堂找到了丢失24年的儿子郭振；2021年12月，电影《亲爱的》主人公原型孙海洋也终于找到其被拐14年的儿子孙卓。在案件侦破过程中，跨镜追踪技术就发挥了很大的作用。受限于监控系统中人脸照片不清晰、拍摄角度差异大、建筑物遮挡、光线差异、穿衣变化等因素，人体检测和人脸识别的难度加大。而跨镜追踪技术作为人脸识别技术的补充，可以依据人物穿着、体态、肢体节点、发型等信息来判断特定的人，解决跨镜头场景下在人脸被遮挡、距离过远时的人物身份识别问题，在很大程度上降低对摄像头清晰度、架设位置、角度的要求。在公安侦查中，跨镜追踪技术可以实现人脸与人体图像的数据联结，进一步强化嫌疑人的行踪轨迹并加以追踪，增强数据的时空连续性。

**4. 发展特点分析**

**（1）基于实践需求发展新兴应用场景**

在人工智能执法应用的场景中，本统计年度产生了部分新兴场景，例如偷漏税监管、乡村治理、边境管理等，这些新兴场景的诞生反映了执法实践中对人工智能技术的需求。例如在城市全域智能化的背景下，乡村治理数字化也在逐渐发展中。浙江省

---

① 艾瑞咨询：《中国物联网行业研究报告》，https://www.iresearch.com.cn/Detail/report?id=3930&isfree=0。

丽水市公安局依托"农道安"平台，全面排查发现和预警农村地区交通安全隐患。贵州省公安厅交通管理局搭建农村道路交通安全综合监管云平台，对农村地区人、车、路、赶集赶场、红白喜事、民族节庆、民俗活动等信息全面录入，全面掌握相关情况。此外，云南省的特殊地理位置决定其边境管理工作十分重要。2021 年云南省公安厅"云南智慧边境大数据中心"上线运行，汇聚全警数据资源以实现智能发现、智能管控、智能挖掘、智能打击。同时，在刑事侦查场景，云南省公安机关也于 2021 年 12 月推出"滇仁杰"人工智能警务专家，更好地辅助公安机关侦破案件。在新冠肺炎疫情防控常态化的背景下，人工智能技术的应用也更加精细化。南京市公安局栖霞分局与南京电信、联通合作开发的 AI 语音机器人能够自主拨打和接听电话，还能够自主将调查数据标准化储存并汇总成表；"疫检通"设备则集识别防疫码、测温、人员信息登记比对等功能于一身，极大地加快了人员通行速度，还能够验证人、码是否匹配，识别截图，从而堵住了"伪绿码"和信息滞后的漏洞。

### （2）地域分工打造"东数西算"格局

随着人工智能执法应用的不断推进，数据越来越多，模型参数量越来越大，这对算力支撑的要求也越来越高。随着"东数西算"工程的启动，地域分工的趋势愈加明显。所谓"东数西算"是指通过构建类似于"西气东输"的"信息通道"，把东部的数据"输送"到西部进行存储和计算，在西部建立国家算力枢纽节点，改善数字基础设施不平衡的布局，发挥数据资本化的最优价值。国家发展改革委、中央网信办、工业和信息化部、国家能源局联合印发通知，同意在京津冀、长三角、粤港澳大湾区、成渝地区、内蒙古自治区、宁夏回族自治区等 8 地启动建设国家算力枢纽节点，并规划了 10 个国家数据中心集群。这些地区在未来人工智能技术发展方面的前景可观。

## 5. 未来趋势分析

### （1）人工智能执法应用的元宇宙探索

元宇宙是利用科技手段进行链接与创造的和现实世界映射与交互的虚拟世界，具备新型社会体系的数字生活空间。随着元宇宙概念的提出，人工智能执法应用的广度和深度也将得到进一步拓展。在治安防控场域，杭州灵伴科技研发的 AR 可穿戴执法装备及 AR 执法调度平台、AR 实景化融合指挥体系、AR 城市数字治理平台已有一定的适用空间。在规范执法场域，2021 年 3 月，浙江省嘉兴市新城派出所初步研发出"规范警务执法训练系统"，使用红外感应、智能触摸、电子阅读、AR、VR 等技术实现情景式执法实战练兵。

**（2）云化 AI 算力将成为井喷式数据处理的解决方式**

在人工智能执法应用的过程中，设备端会产生大量实时数据，数据的处理对带宽、算力、存储空间都有一定的要求，强大的算力能够支撑起更精确的数据分析。独立部署 AI 算力资源将造成时间、设备、精力的浪费，云化 AI 算力则提供了高效能的解决方式，即云服务商搭建数据中心，开放共享虚拟 AI 算力资源，使用者只能看到自己的虚拟化算力资源，从而实现 AI 模型海量训练与推理，降低设备部署成本（见图 3-33）。[①] 但云平台仍然存在一定的安全威胁风险，如何更好地维护云基础资源安全，完善安全运营的制度体系与管理方式，是需要持续关注的问题。

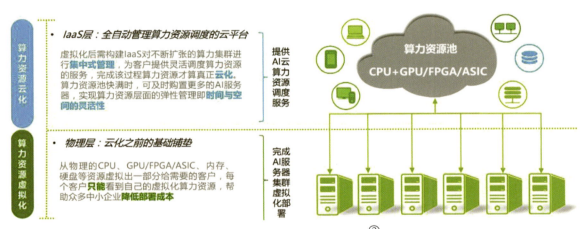

图 3-33　云化 AI 算力架构[②]

**（二）国外人工智能执法应用**

### 1. 非暴力犯罪领域数字监管加强

非暴力犯罪特别是网络犯罪、金融领域犯罪的数量明显呈上升趋势。2021 年 11 月，AvosLocker 入侵美国警察局，虽然后续其免费提供了解密工具，但是被盗数据

①② 艾瑞咨询：《中国人工智能基础层行业发展研究报告》，https://www.iresearch.com.cn/Detail/report?id=3817&isfree=0。

范围及攻击方式并未公布。①2021 年 12 月，越南最大的加密交易平台之一 ONUS 也遭受了黑客网络攻击，在 ONUS 拒绝支付 500 万美元赎金后，黑客发布了近 200 万 ONUS 客户的数据。②2021 年 12 月，俄罗斯黑客组织 Clop 对 Dacoll 公司发起攻击，而 Dacoll 是为警察提供数据处理与访问的公司。③

在这样的背景下，人工智能技术在非暴力犯罪领域的案件侦办中得到广泛应用。在网络犯罪领域，2021 年 10 月，欧洲刑警组织逮捕了一个黑客团队，该团队使用 LockerGoga、MegaCortex、Dharma 等勒索软件勒索了 71 个国家约 1800 多名受害者。④在金融犯罪领域，根据 2021 年毕马威会计师事务所、SAS 软件公司和反洗钱专家协会（ACAMS）的一项调查显示，三分之一的金融机构正在使用人工智能和机器学习来检测洗钱交易，从而应对日益增长的金融犯罪威胁。⑤2021 年 11 月，美国证券交易委员会（SEC）使用 AnChain.AI 对智能合约进行分析并自动追踪加密货币。⑥2021 年 7 月，菲律宾反洗钱委员会（AMLC）运用人工智能技术监控可疑交易，打击洗钱和恐怖主义的扩散融资，力图不再被全球反洗钱监管机构金融行动特别工作组（FATF）列入灰色名单。⑦2021 年 9 月，德国支付安全公司 Fraugster 与欧洲跨境电子税务清算公司 eClear AG 合作，eClear AG 的 "ClearVAT" 服务基于云计算可自动执行并简化电子商务贸易中的增值税、海关和支付流程，能够确保所有的交易都经过

---

① Lawrence Abrams，Ransomware Gang Coughs Up Decryptor After Realizing They Hit the Police，https：//www.bleepingcomputer.com/news/security/ransomware-gang-coughs-up-decryptor-after-realizing-they-hit-the-police/.

② Ax Sharma，Fintech Firm Hit by Log4j Hack Refuses to Pay $5 Million Ransom，https：//www.bleepingcomputer.com/news/security/fintech-firm-hit-by-log4j-hack-refuses-to-pay-5-million-ransom/.

③ laudia Glover，Data Stolen From Police National Database Disappears From Dark Web，https：//techmonitor.ai/technology/cybersecurity/uk-police-data-breach-cl0p-ransomware.

④ Bill Toulas，Police Arrest Hackers Behind Over 1800 Ransomware Attacks，https：//www.bleepingcomputer.com/news/security/police-arrest-hackers-behind-over-1-800-ransomware-attacks/.

⑤ Richard Marley，One-third of Finance Firms Have Accelerated Use of AI to Detect Money Laundering，https：//shuftipro.com/news/one-third-of-finance-firms-have-accelerated-use-of-ai-to-detect-money-laundering/.

⑥ AnChain.AI，Identifying and Preventing Crypto Money Laundering Transactions，https：//anchain.ai/2021/11/10/identifying-and-preventing-crypto-money-laundering-transactions/.

⑦ Lawrence Agcaoili，AMLC: Philippines to Use AI to Fight Dirty Money，https：//www.philstar.com/business/2021/07/13/2111998/amlc-philippines-use-ai-fight-dirty-money.

反洗钱合规风险筛查，从而使 Fraugster 可以运用智能化技术最大限度地降低受欺诈风险。①

### 2. 预测性警务技术准确性尚待提高

将人工智能技术运用于预测性警务能够预测犯罪将在哪里发生、谁将犯下这些罪行、犯罪类型以及受害者。在预测犯罪地点时，算法可以分析各个区域的犯罪率并绘制出犯罪热点地图，据此警方可以对这些区域加强巡逻和监视。同时，预测性警务技术还能够根据收集的数据和对历史模式的分析，更好地分析出谁有犯罪风险，以及谁可能在出狱后重新犯罪。其技术优点在于能够预防犯罪，为警方决策提供丰富的数据信息；缺点则在于缺乏准确性和涉嫌歧视与偏见。

2021 年 9 月，美国北卡罗来纳州使用 ShotSpotter 软件提供的声学枪声检测技术，能够识别枪声及其位置，该软件还能显示警察所处位置过去犯罪记录的数据、住房和人口密度，并提供下一步的最佳行动方案。② 但 2021 年美国芝加哥市监察长办公室（OIG）通过深入研究 ShotSpotter 发送给芝加哥警察局和该市应急管理办公室的警报发现，只有 9.1% 的 ShotSpotter 警报最终让警方找到了实际枪支犯罪的证据，其准确性与作为证据的证明力并不充分。③

### 3. 人脸识别技术在质疑中发展

人脸识别技术在警察执法中的应用仍存在较多争议，其中，尤其以 Clearview AI 面部识别系统为典型。根据 BuzzFeed News 披露的内部文件显示，Clearview AI 向包括美国、英国、巴西和沙特阿拉伯在内的 24 个国家的执法机构、政府和学术机构提供了该技术。④ 2021 年 4 月，美国纽约警察局多次在调查中使用由 Clearview AI 软件从网络上抓取的公众照片数据，这一做法因涉嫌规避现有政策限制受到广泛批

---

① Fraugster Services GmbH, Fraugster and eClear AG Combine to Tackle Anti-Money Laundering Risk for VAT Service, https://www.prnewswire.com/news-releases/fraugster-and-eclear-ag-combine-to-tackle-anti-money-laundering-risk-for-vat-service-301372882.html.

② Ziniu Chen, A Closer Look at Artificial Intelligence-inspired Poling Technologies, https://news.virginia.edu/content/closer-look-artificial-intelligence-inspired-policing-technologies.

③ Katyanna Quach, Cops Responding to ShotSpotter's AI Alerts Rarely Find Evidence of Gun Crime, Says Chicago Watchdog, https://www.theregister.com/2021/08/25/shotspotter_chicago_report/.

④ Katyanna Quach, Leaked: List of Police, Govt, Uni Orgs in Clearview AI's Facial-recognition Trials, https://www.theregister.com/2021/08/29/in_brief_ai/.

评。① 2021 年 11 月，英国信息专员办公室（ICO）对 Clearview AI 展开调查，认为这家美国企业违反了英国的数据保护规则，例如没有合法理由地收集人们的个人照片和信息，而且对如何使用和存储数据并将其用于其面部识别应用程序并不透明，Clearview AI 或将面临 1700 万英镑的罚款，最终罚款决定预计将于 2022 年年中作出。② 2021 年 11 月，加拿大隐私专员办公室（OPC）也发布声明，认为加拿大皇家骑警（RCMP）使用 Clearview AI 面部识别软件违反了法律。③ 2021 年 11 月，澳大利亚信息专员办公室（OAIC）进行的一项调查显示，Clearview AI 在未经同意的情况下不公平地收集了个人信息，违反了澳大利亚隐私法。④ 2021 年 2 月，瑞典警方也因使用 Clearview AI 应用程序而被瑞典数据保护局（DPA）处以 250 万瑞典克朗罚款。⑤ 但与此同时，Clearview AI 似乎并未受较大影响，2021 年底该企业透露其数据库中的图像已超过 100 亿张，并且其提高了处理模糊图像或描绘戴口罩的人的照片的能力。⑥

除了 Clearview AI 之外，还有其他采用类似原理的人脸识别软件，例如 2021 年 8 月俄罗斯公司 NTechLab 研发的 FindFace Multi 检测技术，其算法不仅可以识别人脸，还可以识别车辆，前者包括在环境中移动的人员、身高、衣服颜色和配饰等，后者则包括汽车的车身类型、颜色、制造商、型号以及车牌等。⑦ 2021 年 12 月，韩国富川

---

① Tate Ryan-Mosley，The NYPD Used A Controversial Facial Recognition Tool，https：//www.technologyreview.com/2021/04/09/1022240/clearview-ai-nypd-emails/.

② Katyanna Quach，UK Privacy Watchdog May Fine Selfie-hoarding Clearview AI £17m，https：//www.theregister.com/2021/11/30/uk_clearview_fine/.

③ Laura Dobberstein，Mounties Messed Up by Using Clearview AI，Says Canadian Privacy Commissioner，https：//www.theregister.com/2021/06/11/canadas_privacy_watchdog_said_police/.

④ Simon Sharwood，Joint UK-Oz Probe Finds Face-recognition Upstart Clearview AI is Rubbish at Privacy，https：//www.theregister.com/2021/11/03/uk_australia_clearview_probe/.

⑤ Team AI Regulation，Swedish DPA Fines Police for Their Use of Clearview AI's Facial Recognition App，https：//ai-regulation.com/swedish-dpa-fines-police-for-their-use-of-clearview-ais-facial-recognition-app/.

⑥ Katyanna Quach，Clearview CEO Doubles Down，Claims Biz Has Now Scraped Over Ten Billion Social Media Selfies for Surveillance，https：//www.theregister.com/2021/10/09/in_brief_ai/.

⑦ Homeland Security Today，Russian Startup Develops Detection Technology for Face，Bodies and Vehicles，https：//www.hstoday.us/industry/russian-startup-develops-detection-technology-for-face-bodies-and-vehicles/.

市推出高科技接触者追踪系统，该系统使用人工智能算法、面部识别技术和数千台闭路电视摄像机来跟踪感染新型冠状病毒人群的移动轨迹，根据规定，确诊患者必须同意使用面部识别跟踪，即使他们不同意，系统仍然可以跟踪他们。[①] 为更好地处理交通违规行为，2021 年 11 月，印度加尔各答市在监控摄像头中运用人工智能技术，从而实时监测和识别未佩戴头盔的骑手和违规停车的人。[②]2021 年 10 月，迪拜警方使用 Oyoon 智能摄像头网络系统成功发现了一个国际犯罪集团的毒品运输。[③] 同月，迪拜警方便通过一项战略计划，旨在建立人工智能安全分析和预测平台，在执法决策过程中为警方提供智能化支持。[④]

## 五、人工智能法律服务应用

### （一）中国人工智能法律服务应用

本统计年度，编者将中国人工智能法律服务应用分为公共法律服务应用和企业法律服务应用两个板块，并分别对其人工智能应用情况进行统计和分析。之所以分为两大板块，主要原因有三点：第一，服务主体不同，前者以各省市的司法厅（司法局）为主，后者以人工智能法律服务企业为主；第二，服务目的不同，前者的目的在于为最大多数民众提供普惠性的基础性法律服务，后者的目的在于为相关企业提供专业化的人工智能法律服务深度应用；第三，分析方法和结论存在差异。基于上述区别，编者针对公共法律服务和企业法律服务分别采取了不同的统计和研究方法。

---

① South Korea to Use AI-based Facial Recognition Tech to Track COVID-19 Cases，https：//www.financialexpress.com/industry/technology/south-korea-to-use-ai-based-facial-recognition-tech-to-track-covid-19-cases/2387418/.

② Victor Dey，Kolkata City Police Plans To Use AI for Identifying And Prosecuting Helmetless Riders and No-Parking Rule Violators，https：//analyticsindiamag.com/kolkata-city-police-plans-to-use-ai-for-identifying-and-prosecuting-helmetless-riders-and-no-parking-rule-violators/.

③ Dubai Police Lean on AI to Conduct Region's Biggest Drug Bust，https：//wired.me/technology/artificial-intelligence/dubai-police-lean-on-ai-to-conduct-regions-biggest-drug-bust/.

④ Dubai Police to Launch AI-enabled Platform for Decision-making Process，https：//www.khaleejtimes.com/uae/dubai-police-to-launch-ai-enabled-platform-for-decision-making-process.

在公共法律服务部分，编者以全国 31 个省级行政区（不包括香港特别行政区、澳门特别行政区、台湾地区）为研究对象，对各省级行政区的司法厅（司法局）官网、法律服务网和微信公众平台的内容进行数据统计，以包括但不限于"人工智能""法律服务""大数据""区块链"等为关键词进行检索，对 2021 年 1 月至 2021 年 12 月这一时间段内，上述渠道报道的各人工智能法律服务应用的情况进行数量统计，建立基础数据库。采取上述方式建立数据库的主要原因有以下几点：第一，明确统计方法，使得检索数据具有标准性和可追溯性，能够较为全面地反映全国各省市在同一时间范围内和同一检索渠道下人工智能公共法律服务应用的发展情况；第二，限缩搜索范围，夯实数据库信息来源。相较于上一统计年度，本统计年度的主要检索对象为各省级行政区的司法厅（司法局）和法律服务网，司法厅（司法局）是负责公共法律服务推进的主要部门，能较为全面和权威地反映该地区的人工智能公共法律服务的发展状况。

在企业法律服务部分，编者以国内 25 家主要的人工智能法律服务企业（机构）为研究对象，对企业官网、天眼查等官方备案企业征信机构网站和相关新闻报道内容进行数据统计，对企业的基本信息、发展概况以及 2021 年 1 月至 2021 年 12 月这一时间段内的人工智能创新研发应用情况进行统计，建立基础数据库。采取上述方式既提高了检索数据来源的真实性，又增加了分析维度，具体包括对企业的应用地域、应用场域和应用技术的分析等。此外，受限于企业法律服务本身发展的持续性，企业法律服务应用部分的数据收集和分析主要从企业的整体发展概况和基础信息出发。

## 1. 应用地域分析

### （1）公共法律服务应用地域发展整体水平有所提升

本统计年度，人工智能公共法律服务应用数量为 160 个。东部地区的人工智能公共法律服务应用数量最多，中部地区次之，西部地区再次，东北地区最少（见图 3-34）。具体而言，最多的为浙江省，共 16 个，属于东部地区；最低的为内蒙古自治区、广西壮族自治区、云南省、西藏自治区等，均为 1 个，属于西部地区。本统计年度较上一统计年度产生了一定变化，东部地区的占比进一步提高，中部地区总体占比高于西部地区，东北地区占比则大致相同。总体而言，东部地区人工智能公共法律服务应用的建设和运营情况良好，中部地区在此方面也有所发力，西部地区和东北地区有较大的提升和建设空间。

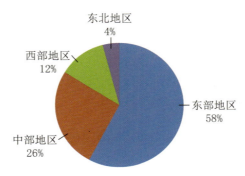

图 3-34　全国人工智能公共法律服务应用数量地域占比分析

　　本统计年度，在东部地区，浙江省、江苏省、上海市、山东省的新增人工智能公共法律服务应用数量较多（见图 3-35）；在中部地区，安徽省进一步扩大优势，江西省的新增应用数量较为突出（见图 3-36）；在西部地区，四川省、陕西省、贵州省、重庆市的排名靠前（见图 3-37）；在东北地区，辽宁省的应用数量仍保持一定优势（见图 3-38）。

图 3-35　东部地区人工智能公共法律服务
应用数量占比分析

图 3-36　中部地区人工智能公共法律服务
应用数量占比分析

图 3-37　西部地区人工智能法律服务应用
数量占比分析

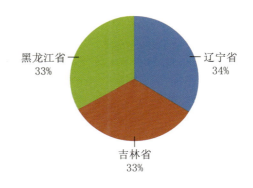

图 3-38　东北地区人工智能公共法律服务
应用数量占比分析

（2）企业法律服务应用东部地区占绝对主导

在编者统计的 25 家人工智能法律服务企业中，以天眼查等官方备案企业征信机构网站为数据来源，从企业所属的地区来看，东部地区实力最强，西部地区次之，中部地区和东北地区较弱（见图 3-39）。这与人工智能公共法律服务应用数量占比类似，依旧是东部地区占据主导地位，其与其他三个地区的发展差异进一步加大。具体而言，北京市、上海市分别占比 36%、20%，达到了全部企业数量的半数以上。

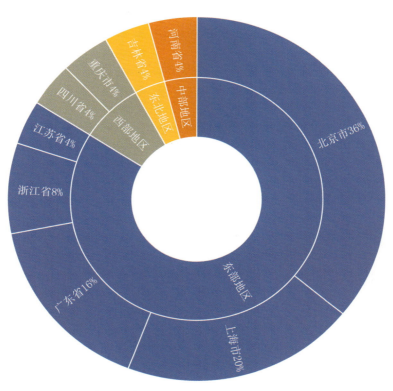

图 3-39　25 家人工智能法律服务企业地域分布数量占比分析

## 2. 应用场域分析

（1）公共法律服务

依托司法部印发的《公共法律服务事项清单》，[①] 编者将人工智能公共法律服务划分为以下七大场域：法治宣传、法律咨询、法律检索、法律便利服务、法律援助、公证和司法鉴定、纠纷调解。其中法治宣传包括法治文化系统、法治文化作品、法治宣

---

① 中华人民共和国中央人民政府官网：《司法部关于印发〈公共法律服务事项清单〉的通知》，http://www.moj.gov.cn/government_ public/content/2019-10/12/tzwj_3233869.html。

传教育活动 3 类应用子场景；法律检索包括法律法规查询、司法行政经典案例查询、法律服务机构和人员信息查询 3 类应用子场景；纠纷调解包括人民调解、律师调解、司法调解 3 类应用子场景。本统计年度，法律便利服务、法律咨询、法治宣传 3 个应用场域位列前三，分别占比 29%、17%、16%，累计占比过半。公证和司法鉴定场域也较为突出，占比 15%（见图 3-40）。

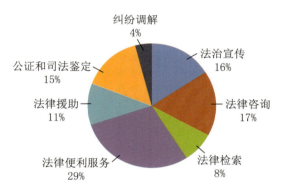

图 3-40  人工智能公共法律服务应用场域占比分析

① 法律便利服务场域。法律便利服务场域主要是指司法行政机关为社会公众提供的法律服务办事指南，服务提供主体主要包括公共法律服务中心、中国法律服务网及各省级法律服务网等。司法行政机关通常从城市居民或企业对公共法律服务场景的需求出发，围绕法律公共资源作延伸拓展，提供公益性、基础性、普惠性的服务。本统计年度，全国四大地区均有人工智能法律便利服务场域的创新应用，覆盖地域较广。其中，东部地区的发展势头最为强劲（占比 59%），中部地区次之（占比 26%），西部地区再次（占比 13%），东北地区靠后（占比 2%）（见图 3-41）。

法律便利服务场域本年度新增应用数量突出的原因主要在于政策导向趋势明显。

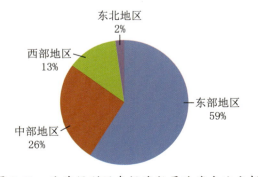

图 3-41  法律便利服务场域数量地域占比分析

在"我为群众办实事"的政策导向下，坚持群众导向和为民导向，推动公共法律服务中心的进一步发展。在"最后一公里"的政策导向下，让数据多跑路，群众少跑腿，加快建设覆盖城乡的现代公共法律服务体系，加快整合律师、公证、司法鉴定、仲裁、司法所、人民调解等各项法律服务资源，打造"全业务、全时空"的法律服务网络。对此，主要采取了建立线上公共法律服务中心平台、投放智能自助终端和完善升级法律服务网等多种措施。例如"律动·浙里"数字法律服务平台整合了浙里办、柯桥司法公众号、小程序、App、二维码五种进入方式，从群众、线上工程师、政府三端发起，分为"我要用法""我要学法""我要普法"三个板块，如今已经被列入浙江省全省"一本账 S1"目录，注册用户突破 2.5 万人。上海市司法局为确保"家门口法律服务"的"1 号预约"，市司法局会同各区共同建立居村公共法律服务站（室）工作机制，使群众扫个码便可一览法律服务菜单，打个电话家门口便有好律师答疑解惑。目前已建立了包括上海市 16 个区 223 个街镇的 245 个公共法律服务工作站以及约 6000 个居村公共法律服务工作室。

② 法治宣传场域。法治宣传场域主要是指司法行政机关及相关部门面向社会公众开展多种形式的经常性法治宣传教育。本统计年度，法治宣传呈现出普法对象精准化、普法服务多元化的发展趋势，逐渐形成了"需求—研判—反馈—供给"的智慧普法新模式。例如，北京市朝阳区司法局将精准普法与"以案释法"相结合，利用大数据技术评估用户的法治需求和关注热点，打造了"订单式""外卖式"普法平台，全面推动"以案释法"迈上新台阶。徐州市铜山区司法局则通过搭建指尖普法平台、评估整合法治热点、投放一体智慧平台等方式，实现普法的"互动式""精准式"和"菜单式"，以精准的法律建议引导群众解决法治难题。

③ 法律咨询场域。法律咨询场域是指司法行政机关为社会公众解答基本法律问题、导引相关服务、提供专业法律意见。本统计年度，法律咨询在全国四大地区都有创新应用（见图 3-42），其中又以法律服务网的扩容升级应用为典型。例如北京市实现了 12348 公共法律服务热线全时空服务再升级；上海市则上线了"12345 手语视频服务"；山东省开通"日照掌上 12348"法律服务网络平台；山西省公共法律服务一码通平台也正式开通；河南省实现 12348 法律热线再次扩容等。上海市推动 12348 公共法律服务信息进万家，针对群众的相关需求进行改版和升级，推动上海市公共法律

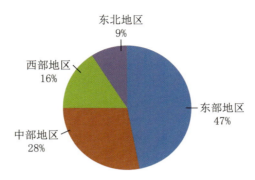

图 3-42 法律咨询场域数量地域占比分析

服务从"有没有"向"好不好"转型。

同时公共法律服务的内容、形式和供给模式进一步实现了数字化转型。例如，杭州市江干区司法局打造了数字法治"五朵云"，在微信公众号开辟法律顾问"GPS"网格定位和在线咨询专栏，"菜单式"提供法治体检答疑，一对一在线解决居民突发法律需求。河北省新乐市司法局开发了"签约监测调度平台"，为每个"普法超市"分配专属二维码，群众通过扫码即可享受免费的法律咨询服务，实现了"普法超市"全覆盖。城市数字基础设施进一步建设完善，城市服务平台的应用和治理逐步深化，"人"逐渐成为城市的发展中心和主导力量。

④ 公证与司法鉴定场域。公证与司法鉴定场域是本年度人工智能公共法律服务应用发展的重点，公证与司法鉴定主要是指法律援助机构向符合法律援助条件的当事人办理公证、司法鉴定等，该场域在东部地区、中部地区、西部地区和东北地区都有典型创新应用。司法局或公证处积极将公证事务纳入"一网通办""跨省通办"等"放管服"改革进程中，促进在线办证、远程视频公证、远程存证和信息共享的平台建设，助推公证服务转型升级。例如四川省泸州市创新研发数据共享系统和证明核查系统，实施"0证明城市"改革，实现"点对点"信息共享。陕西省司法厅推进"智慧司鉴"平台建设，通过司法鉴定信息化系统对全省司法鉴定机构、鉴定人、业务数据进行动态监管，探索数据分析方法在司法鉴定管理中的运用，实现对司法鉴定机构受理委托、鉴定过程、鉴定意见审核签发等各环节的全过程留痕、全流程监管。上海市对办理公证服务项目进行大幅扩容，"最多跑一次"服务事项基本覆盖群众需要的高频公证服务事项，"一次都不跑"服务事项基本实现法律关系简单、事实清楚、无争议的事实类证照类公证事项全覆盖。

**（2）企业法律服务**

编者对国内 25 家主要的人工智能法律服务企业进行统计分析后，将企业法律服务分为六大场域：法律咨询、文件审阅、法律检索、预测评估（包括案件预测与风险评估等）、存证鉴定、业务管理。其中排名前三位的分别为法律咨询（占比 **22%**），文件审阅（占比 **20%**）和法律检索（占比 **19%**）（见图 3-43）。

图 3-43　人工智能企业法律服务应用场域占比分析

法律咨询是企业法律服务应用发展的主要场域，相较于公共机构提供的法律咨询，人工智能企业法律服务则更加专业化，包括人工智能咨询和智能在线匹配律师等多种形式。

文件审阅指运用自然语言识别技术结合深度学习，实现人工智能辅助审查，并提供相关的合同分析。例如北大法宝依托其数据资源推出的智慧法务平台，能够准确发现合同成本和合同范本之间的差异（见图 3-44）。

图 3-44　北大法宝智慧法务平台架构①

① 北大法宝：《智慧法务产品介绍》，http://pkulaw.net/zhfw/index.html。

法律检索是人工智能企业法律服务的基础场域。本统计年度，国内已经存在一批可以提供高效辅助功能的人工智能法律检索产品。例如法信平台同案智推服务，依托自然语言处理和深度学习技术，系统可以自动识别用户口语化的案情描述或上传的整篇法律文书，从海量裁判中匹配类似案件，为用户提供快捷准确的服务（见图3-45）。

1414个民事刑事行政案由罪名　15.3万案情法律特征维度

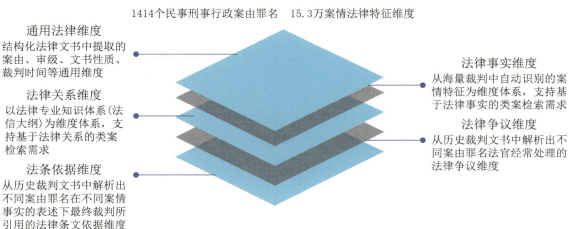

**通用法律维度**
结构化法律文书中提取的案由、审级、文书性质、裁判时间等通用维度

**法律关系维度**
以法律专业知识体系（法信大纲）为维度体系，支持基于法律关系的类案检索需求

**法条依据维度**
从历史裁判文书中解析出不同案由罪名在不同案情事实的表述下最终裁判所引用的法律条文依据维度

**法律事实维度**
从海量裁判中自动识别的案情特征为维度体系，支持基于法律事实的类案检索需求

**法律争议维度**
从历史裁判文书中解析出不同案由罪名法官经常处理的法律争议维度

图 3-45　法信平台同案智推引擎介绍①

值得注意的是，本统计年度人工智能企业法律服务应用在存证鉴定场域取得了新发展。随着数据系统平台开放化、计算网络储存虚拟化的发展，传统的安全措施并不能满足企业的需求，因此实现电子数据的全流程记录、全链路可信是当前企业法律服务数字化转型的发展方向之一。例如法大大推出的"区块链电子证据溯源系统"（又称"实槌"可信电子证据平台）能够进行主动、实时公证取证的证据保全，同时还具备多元化争议解决的对接能力。北京信任度科技有限公司推出的区块链电子律师函，可以实现基本案情的可信化获取与签发，同时直通互联网法院电子证据平台。

### 3. 技术侧重分析

#### （1）区块链法律服务应用成果凸显

在公共法律服务应用部分，区块链技术的应用总体呈现广泛推进的趋势，全国各地均有一定成果（见图3-46）。多地正在开展区块链公证先行试点，建立地方性、区域性"联盟链"，其他还未正式上线区块链公证服务的地区也正在将相关工作纳入法律服务智能化发展计划中。东部地区特别是江苏省、浙江省，多领域、多部门的区块

---

① 法信网：《关于法信》，http://www.faxin.cn/html/about/about.aspx?t=about。

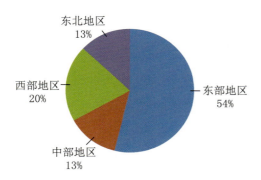

图 3-46 区块链公共法律服务应用数量地域
占比分析

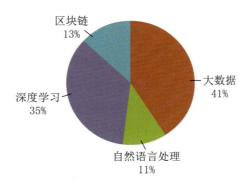

图 3-47 25 家人工智能企业法律服务运用的
底层技术数量占比分析

链法律服务已经在各主要城市广泛分布，取得了较好成效。在企业法律服务应用部分，在计入统计的 25 家国内主要的人工智能企业中，20% 的企业依托于区块链技术提供存证鉴定、电子合同、系统对接等方面的智能法律服务（见图 3-47）。

（2）数据挖掘技术奠定分析基础

数据挖掘属于大数据技术项下的子技术，是指从大量的数据中自动搜索隐藏于其中的有着特殊关系性的数据和信息，并将其转化为计算机可处理的结构化表示，是知识发现的一个关键步骤。通过数据挖掘积累庞大的数据集后，再通过特征提取和知识图谱等技术将数据类型化、结构化，可以高效准确地总结数据特征，掌控发展规律，预测未来形势。大数据为人工智能公共法律服务和企业法律服务创新应用奠定了坚实基础，利用其可对法律法规、政策文件、司法案例、社会热点、学理研究等信息进行结构化分类，建立多元化、立体化和可视化的法律信息库。例如北京市朝阳区司法局通过数据分析，对官方网站和微博、微信等平台的粉丝数量和阅读量进行分析研判，评估用户的法治需求和关注热点，为精准普法奠定了基础。而在企业法律服务的底层技术运用中，大数据技术在其中占比 41%（见图 3-47）。例如广东博维创远科技有限公司推出的小包公法律实证平台，其通过对司法大数据进行自动采集、整理、归类和分析，可快速得出分析数据并生成可视化图表。

（3）智能语音技术日益提升交互程度

智能语音技术是指为实现人与机器以语言为纽带的通信，人机对话通过声音信号的前端处理、语音识别（ASR）、自然语言处理（NLP）、语音合成（TTS）等形成完整的人机语音交互。基于 NLP 的对话和问答能力逐渐成熟和针对实际应用的算法提升，支持对话的人机交互产品日益丰富。此项技术在人工智能公共法律服务感知层建设中运用广泛，一部分企业也研发出了能够精确理解法律文件和用户需求的人工智能产品。例如法狗狗推出的合同分析功能，能够快速并精确地标注关键内容。

### 4. 发展特点分析

#### （1）人工智能法律服务感知层建设得到加强

感知终端层是智慧城市总体架构的运行底座，也是人工智能法律服务延伸的载体，具体表现形式包括移动终端、设备终端、公共传感器、基础设施等。[①] 在公共法律服务实体平台、热线平台、网络平台等基础设施融合的趋势下，人工智能法律服务感知终端层建设逐步推进，最大程度地串联起了不同应用场景下的城市法律服务需求，从而提升了基本公共法律服务的均等化和可及性。

#### （2）区域平台整合与地区节点拓展相结合

本统计年度，法律服务建设呈现出区域平台整合与地区节点拓展相结合的新发展样态。在区域平台整合方面，公共法律服务与诉讼服务、社会服务等领域的工作对接机制得到健全，并构建了集电话热线、网站、微信公众平台、移动客户端为一体的法律服务平台，法律服务加速融入智慧城市的整体建设中，使得公共法律服务资源实现整合、共享、互联互通。在地区节点拓展方面，通过信息化手段进驻农村和欠发达地区，人工智能法律服务业务辐射区域更加广泛。

#### （3）从平台建设向建设与运行管理并重转变

本统计年度，以东部地区为首的人工智能优势地区探索逐渐深化。在前一阶段，各地依托国家政策推动和信息技术发展大力推动信息化建设，奠定了法律服务智能化的基础。目前，在数字基础设施进一步完善的同时，发展重点逐渐从平台建设转向建设与运行管理并重，即不断健全平台管理和服务标准体系，推动公共法律服务从"能办""好办"向"智办"升级。

### 5. 未来趋势分析

#### （1）标准化的数据处理规范亟待建立

随着人工智能法律服务的服务形式逐渐多样，服务范围逐步扩展，应用场景不断细分，在服务过程中必然会产生大量非结构性数据。建立统一的数据规范、分类编

---

① 艾瑞咨询：《2021 年中国智慧城市服务平台发展报告》，https://www.iresearch.com.cn/Detail/report?id=3898&isfree=0。

码、交换格式、系统术语、文件格式等数据标准，定制专门化的数据模型，从而更好地挖掘数据价值，是未来人工智能法律服务应用的产业发展重点之一。

（2）由粗放式、单一化向集约型、精细化转变

随着人工智能法律服务应用的深入发展，粗放式、单一化的法律服务应用系统也将逐步向集约型、精细化转变。一方面，人工智能法律服务应用能够实现多场景的同时集合，公众可以在任意一个终端或平台提出需求，平台系统就会自动对接不同的服务或业务部门，实现综合受理、统筹分配、分类处理。另一方面，具体的应用场景设置也将不断精细化，从而更加贴合个性化的需求。

（3）数据安全问题将成为关注重点

人工智能法律服务应用不可避免地会收集大量的数据，随着《数据安全法》《关键信息基础设施安全保护条例》的施行，数据安全与保护问题得到持续关注，云安全将会成为未来人工智能法律服务应用发展的重点。云安全是云计算与信息安全相互赋能应用的新概念，目的在于解决云计算的安全问题，包括基础设施安全、资源安全、操作系统安全、应用软件安全、用户信息安全等多个方面（见图3-48）。基于此，制定专门化的数据管理与保护机制也是人工智能法律服务应用未来发展的重点方向之一。

图 3-48　云安全产品结构①

**（二）国外人工智能法律服务应用**

**1. 技术发展与应用安全并重**

美国的人工智能法律服务应用呈现出全流程、多方位的精细化发展样态。从人工智

---

① 艾瑞咨询：《2021 年中国云安全行业研究报告》，https://www.iresearch.com.cn/Detail/report?id=3910&isfree=0。

能法律服务企业发展的微观层面出发，本统计年度，以美国 267 家人工智能法律服务商的统计结果 ① 为例，诉讼服务和业务管理是目前企业发展的核心领域，均占比 19%。文件处理和合同审核领域分别占比 18% 和 14%（见图 3-49）。除上述业务外，还包括法律市场、顾问服务、法律数据库等多种应用场景。

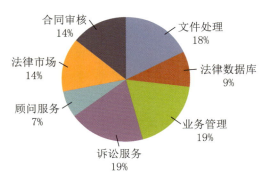

图 3-49　美国人工智能法律服务企业分布情况（截至 2021 年 12 月）

从人工智能行业发展的宏观层面出发，各国从经济、制度等多方面助推该行业发展。法律服务是人工智能的重点领域之一，基础设施和底层技术发展将为市场架构夯实基础，政策引导和框架构建将为企业运行指明方向。

美国政府出台多种规划和政策，持续加强人工智能产业发展战略引导，为人工智能企业发展提供公平负责的发展环境和循序渐进的发展框架。2021 年 1 月 12 日，白宫科学技术政策办公室（OSTP）宣布成立国家人工智能倡议办公室，其负责实施美国的人工智能国家战略，并负责监督和协调联邦政府与私营部门之间的研究工作。② 2021 年 3 月 1 日，美国国家人工智能安全委员会（NSCAI）发布其最终报告称，美国必须增加用于非国防人工智能的资金，预计在 2026 年将达到每年 320 亿美元。同时，美国政府还加强了和头部科技企业的合作，并进一步对企业进行规范。2021 年 3 月 31 日，美国陆军和微软公司签署为增加士兵态势感知能力的 AR 技术合同。③

① LEGALESE，Other Players in the Field，http://ec2-18-136-1-48.ap-southeast-1.compute.amazonaws.com/legalscape.

② 《白宫宣布成立美国国家 AI 倡议办公室》，https://www.cnbeta.com/articles/tech/1077335.htm。

③ Jordan Novet，Microsoft Wins U.S. Army Contract for Augmented Reality Headsets，Worth Up to $21.9 Billion Over 10 Years，https://www.cnbc.com/2021/03/31/microsoft-wins-contract-to-make-modified-hololens-for-us-army.html.

2021 年 8 月 11 日，美国国家安全局（NSA）与美国云服务提供商亚马逊签订价值 100 亿美元的涉密云计算合同，进一步提升基础设施建设。[①] 2021 年 4 月，美国联邦贸易委员会发布一份指南，建议企业确保算法不会导致歧视性的活动。[②] 2021 年 7 月 6 日，美国政府问责局（GAO）已为联邦机构和其他组织机构发布人工智能问责框架，以确保人工智能的负责、公平、可靠、可追溯和可治理。[③] 2021 年 9 月 27 日，美国国务院发布新版《企业数据战略》，旨在提升数据的安全性和可操作性。[④] 2021 年 11 月 14 日，美国国防创新部门（DIU）发布《负责任的人工智能指南》，旨在将美国国防部的人工智能道德原则落实到其商业原型设计和采购服务中。[⑤]

日本政府在人工智能企业发展领域采取了相对限制的态度，以保护本国企业发展为核心，同时积极与国外先进人工智能企业合作。本统计年度，日本政府在特定技术领域限制外国供应商的进入，同时积极与外国企业对接建设云服务。2021 年 5 月 18 日，日本政府重点考虑在 14 个行业的基础设施建设中限制海外技术，尤其是 IT 设备和云服务。[⑥] 2021 年 10 月 26 日，日本数字厅选择亚马逊和谷歌作为全国性云计算的首批服务提供商。[⑦]

欧盟则致力于构建欧洲数据单一市场，为人工智能企业的跨地区集群化发展奠定基础。2021 年 1 月 6 日，欧盟通过欧洲创新委员会基金向 42 家创新型企业进行投

① Frank Konkel，Much of the NSA's Most Prized Intelligence Data May be Moving to the Cloud，https：//www.nextgov.com/it-modernization/2021/08/nsa-awards-secret-10-bilioncontract-amazon/184390/.

② Elisa Jillson，Aiming for Truth，Fairness，and Equity in Your Company's Use of AI，https：//www.ftc.gov/news-events/blogs/business-blog/2021/04/aimingtruth-fairness-equity-your-companys-use-ai?utm_source=DiploMail&utm_ campaign=a23061546c-WeeklyDigest15_COPY_01&utm_medium=email&utm_term=0_4510155485-a23061546c-120326088.

③ Dave Nyczepir，GAO Issues AI Accountability Framework for Agencies，https：//www.fedscoop.com/gao-ai-accountability-framework-release/.

④ U. S. Department Of State Office Of The Spokesperson，The Department Unveils its First-Ever Enterprise Data Strategy，https：//www.state.gov/the-department-unveils-its-first-ever-enterprise-data-strategy/.

⑤ Operationalizing DoDs Ethical Principles for AI. Responsible AI Guidelines，https：//www.diu.mil/responsible-ai-guidelines.

⑥ Campbell Kwan，Japan to Restrict Private Sector Use of Foreign Equipment and Tech: Report，https：//www.zdnet.com/article/japan-to-restrict-private-sector-use-of-foreign-equipment-and-tech-report/.

⑦ Abbinaya Kuzhanthaivel，AWS and Google Win Japanese Government Cloud Contract，https：//iot.electronicsforu.com/headlines/aws-and-google-win-japanese-government-cloud-contract/.

资。①2021 年 3 月 2 日，欧盟委员会发布《2021 年管理计划：通信网络、内容和技术》政策文件，其明确目标包括确保欧盟在关键技术领域的战略自主权等。②2021 年 6 月 4 日，欧盟委员会发布的《数据控制者和处理者的标准合同条款》等法案为欧洲企业跨境数据传输扫清了法律障碍。2021 年 11 月 9 日，欧盟国家同意欧盟委员会成为技术规则的唯一执行者，③欧盟在人工智能数字市场上的融合度进一步提高。在各国的总体战略上，例如德国、奥地利、波兰、芬兰等多个国家的人工智能计划中都提及尊重欧盟、欧共体的基本价值观。

### 2. 人工智能法律服务应用逐步专门化、综合化

人工智能法律服务应用当前所能处理的法律任务可被分为三大场域：文件分析、法律检索以及自动化事务处理。在文件分析场域下，可划分为合同分析、文件审核与电子档案查询等多个应用子场景。例如摩根大通拥有的智能合同软件 COIN 每年能够减少 36 万小时的合同审核时间。在法律检索场域下，人工智能法律检索工具能够提供多样化的数据采集、分析与预测服务。例如美国法律服务网站 Ravel Law 可以通过相关资料预测特定法官对某个案例可能的判决结果。④

人工智能法律服务应用在合同审查的自动化事务处理领域的应用较为突出，在风控、尽职调查、取证、诉讼等诸多场合具有重大意义。KMStandards、RAVN、Seal Software、Beagle、LawGeex 等提供智能合同服务的法律科技公司越来越多，⑤在人工智能技术的驱动下，合同审查服务质量不断提升，人工智能法律服务应用市场蓬勃发展。

集成多种功能和丰富资源的法律服务平台已成为法律服务企业的首选运营模

---

① European Innovation Council Fund，First Equity Investments of €178 Million in Breakthrough Innovations，https：//ec.europa.eu/commission/presscorner/detail/en/ip_20_2530.

② Communications Networks，Content and Technology：Management Plan 2021—Communications Networks，Content and Technology，https：//ec.europa.eu/info/publications/management-plan-2021-communications-networks-content-and-technology_en.

③ Reuters，EU Commission to Be Sole Enforcer of Tech Rules，EU Countries Agree，https：//www.gadgetsnow.com/tech-news/eu-commission-to-be-sole-enforcer-of-tech-rules-eu-countries-agree/articleshow/87604995.cms.

④ Daniel Faggella，AI in Law and Legal Practice—A Comprehensive View of 35 Current Applications，https：//emerj.com/ai-sector-overviews/ai-in-law-legal-practice-current-applications/.

⑤ 陈根：《人工智能成为律师得力助手，法律行业为之一变？》，https：//buzzly.net/p/v0v35xjf/。

式，国外法律服务领域人工智能平台化趋势显著。例如美国的智能律师服务平台 **DoNotPay**，其最初仅帮助人们处理停车罚单的自动咨询服务，而如今已经提供反骚扰、霸王条款识别等多项服务，涵盖 100 多种服务需求，已经成为人工智能法律服务的大型平台。[①]

### 3. 法务部门对人工智能法律服务应用大多持乐观态度

根据汤森路透 2021 年发布的公司法务部门状况报告，受到新冠肺炎疫情的影响，58% 的受访者表示工作需求激增，而 29% 的受访者则经历了预算削减。但在所有规模和类型的公司中，30% 的法务部门表示将会增加在技术方面的支出，44% 的法务部门表示将会更好地利用现有的工具。[②] 同时，律师事务所和法律部门采用云技术等人工智能法律服务的情况稳步上升。[③] 根据英国法律服务用户中心进行的一项调查显示，许多用户对使用人工智能法律服务应用持谨慎态度，主要障碍是对数据安全性的担忧。但相比 2020 年，许多用户认为 2021 年人工智能法律服务应用变得更加友好。[④]

总体上，许多企业正在进一步强化人工智能技术在法律服务领域中的运用。尽管消费者持谨慎怀疑态度，但人工智能技术作为帮助法务部门降低成本、研判商业策略、避免合同风险的有用工具，在实践中得到了进一步的发展。

---

[①] James Vincent，Legal Chatbot Firm DoNotPay Adds Anti-facial Recognition Filters to Its Suite of Handy Tools，https：//www.theverge.com/2021/4/27/22405570/donotpay-ninja-antireverse-image-search-facial-recognition-filter.

[②] Thomson Reuters，9 Ways Small Business Lawyers Use Legal Technology to Thrive，https：//legal.thomsonreuters.com/en/insights/articles/nine-ways-small-business-lawyers-use-legal-technology-thrive.

[③] Grand View Research，Legal Services Market Size，Share & Trends Analysis Report，https：//www.grandviewresearch.com/industry-analysis/global-legal-services-market.

[④] Statista Research Department，Consumer Concerns on AI in Legal Services in the UK 2020—2021，https：//www.statista.com/statistics/1266130/consumer-barriers-to-using-ai-legal-services-in-uk/.

# 第四部分　人工智能司法案件分析

## 一、概　述

　　人工智能的应用已经渗入社会的各个方面，大大提高了人类生产、生活方面的效率和便捷程度，但风险与挑战随之而来，人工智能发展中涉及的道德、伦理、法律、安全等方面的问题日渐凸显。例如，人脸识别技术的应用与个人隐私保护的问题；人工智能技术被不法分子滥用，从事网络犯罪的问题；生产、传播假新闻，合成足以扰乱视听的虚假影像的问题。而这些问题有些则以民事、行政、刑事案件的形式进入司法层面，人工智能时代司法机关面临着新的挑战。因此，对涉人工智能案件进行研究分析，既是人工智能法治研究的重要内容，又是司法审判的现实需要，通过案例研究有助于通过归纳审判活动技术层面的潜在影响，提炼不同技术场景下的共性与个性问题，探求技术外观下的内在逻辑，总结智能社会司法裁判的规律，以破解智能社会司法难题，促进适法统一、维护社会公平正义、服务经济社会发展。

　　编者将"人工智能司法案件分析"作为本书的重要内容，本书司法案件分析团队①以"人工智能、无人驾驶、自动驾驶、人脸识别"等人工智能相关概念为关键词，

---

① 　参与人员：沈志韬、吴涛、黄倩、王旖旎、朱继芬、周雪妮、王克强、朱宁馨、朱文镜、张隽逸、邹琪、王后雪、张誉馨、于鑫、王中昊、张逸群、陆晨莹、吴天星、方乐。
　　国外案例数据来源：一是搜索引擎，包括谷歌、必应等。二是法律数据库，包括 Westlaw、HeinOnline、Casetext 等。三是各国的裁判文书网，包括欧洲法院网站、德国联邦法院网站、法国法院网站、西班牙法院网站、西班牙数据保护局网站、俄罗斯法院网站、日本裁判所网站等。四是权威媒体网站，包括日本读卖新闻网站、印度尼西亚 kompas 新闻网站 等。

以 2021 年 1 月 1 日至 2021 年 12 月 31 日为时间界限，对世界范围内涉及人工智能的裁判文书进行分析和研判。相关裁判文书的来源涉及两个方面：一方面是案件主体涉及人工智能的判决，主要关系到人工智能相关产业经济，以及人工智能相关主体地位；另一方面是案件事实涉及人工智能的判决，包括人工智能相关的行为和事件，表现为人工智能技术对法律关系的影响，以及在行为自由与权益保护之间如何保持平衡的问题。其中，共检索到中国人工智能司法案件 20647 起，数据来源主要为中国裁判文书网、威科先行法律信息库。此外，共筛选出国外人工智能司法案例 49 起，涉及的国家包括美国、英国、法国、日本、澳大利亚、印度等国，数据来源主要为 LexisNexis、WestLaw、各国法院网站等。

## 二、中国人工智能司法案件分析

本部分以司法数据统计为基础，进行可视化数据分析以及对策建议研究，以期为国内人工智能法律研究工作提供基础性素材。例如人工智能相关司法案件的时点、地域、诉讼主体、标的、案件类型等方面情况，可以反映出人工智能技术整体的实践状况，以及相关治理问题的发展态势。

### （一）人工智能司法案件来源分析

### 1. 案件总量减少

根据最高人民法院公布的裁判文书，2021 年涉人工智能案件较 2020 年减少 8480 件，下降约 29.2%，由图 4-1 可见 2018 年至 2021 年度案件数量分布情况。

由图 4-1 可见，2018 年至 2020 年全国涉人工智能案件数量呈现逐年上升趋势，而 2021 年较 2020 年则出现下降。从量与质两个方面进行分析，主要原因为：一是整体诉讼量减少。自 2020 年新冠肺炎疫情暴发以来，社会纠纷案件数量整体下降，法院受案整体减少，涉人工智能案件数量减少与法院整体受案量增速放缓的趋势相符。二是合规体系完善。近几年我国相继出台了相关法律、法规、政策等，规范了涉人工智能相关的市场行为，稳定了市场主体预期。市场主体在人工智能发展的过程中逐渐取得共识，并形成了各项行业标准、地方标准以及国家标准，合规建设逐步完善，发

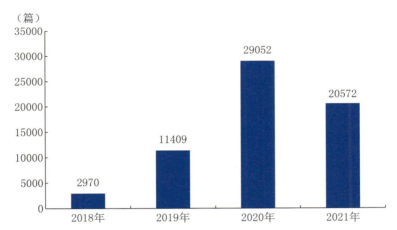

图 4-1　涉人工智能裁判文书数量年份分布图（截至 2021 年 12 月 31 日）

生争议和纠纷的可能性进一步下降。例如，案件量下降幅度最大的是合同、准合同案件，2021 年合同、准合同纠纷约为 1.8 万例（2020 年约为 2.8 万例），同比下降了约 35.7%；刑事和行政案件也有明显下降，分别下降了约 31.9%、85.8%。

### 2. 涉案地域拓宽

鉴于我国幅员辽阔，各省市区之间的经济社会发展和人工智能等新科技应用存在差异，涉人工智能案件也存在着同样情况。随着经济的发展和科技应用的普及，涉人工智能的案件的地域范围亦在扩展。通过对 2021 年裁判文书的法院所在地进行分析，并与 2020 年数据进行对比，我国涉人工智能案件的地域分布逐渐拓宽（见图 4-2）。

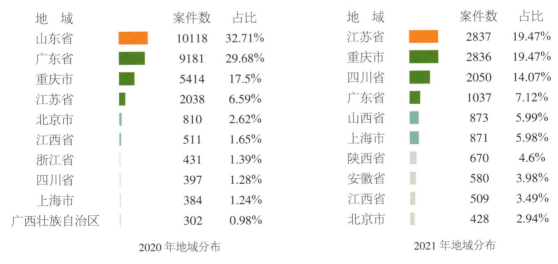

图 4-2　2020 年与 2021 年涉人工智能司法案件地域分布①

---

① 图中数据为排名前十位的省区市。

通过对涉人工智能司法案件地域分布的数据进行分析，并与《世界人工智能法治蓝皮书（2021）》的数据进行对比，可以看出涉人工智能案件集中程度明显下降，呈现向全国各地拓展态势。2020年案件最为集中的地方为山东省、广东省、重庆市，三地占比近80%，案件纠纷的集中度较高；经比较，2021年案件最为集中的地方为江苏省、重庆市、四川省，占比约为全国总案件量的32.85%，案件纠纷的集中度显著下降。发生这样变化的背景是，地方各级政府纷纷出台扶持人工智能技术发展的地方政策，技术发展逐渐普及并向各地拓展。

### 3. 诉讼主体呈现新变化

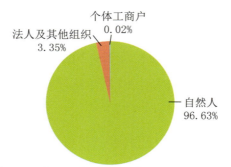

图4-3 涉人工智能司法案件诉讼主体分布

由图4-3可见2021年中国涉人工智能案件诉讼主体中自然人占比96.63%（同比上升约18.56%）、法人及其他组织占比3.35%（同比下降约18.58%），相比2020年新增个体工商户（占比0.13%）这一类型。其中，法人及其他组织以营利法人为主，也有案件涉及特别法人、非营利法人和非法人组织。一是诉讼主体多元化的趋势，反映出人工智能技术应用的影响力逐步下沉到最小的市场单元（个体工商户）、覆盖面逐步向全社会发展。二是自然人主体占比最高的特征，体现出人工智能的影响力往往穿透到个体，对公民个人权益的影响较为广泛，引发了诸如隐私、个人信息等人格权益的法律保护问题。现阶段人工智能主要表现为数据驱动的智能，如何平衡数据保护和智能产业发展将成为长期性的基础命题。

### （二）人工智能司法案件诉讼案由分析

根据对裁判文书的分析，2021年全国涉人工智能案件中民事、行政、刑事、执行案件占比分别为97.11%、0.24%、2.41%、0.31%，见图4-4。

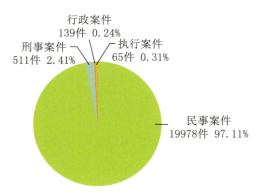

图 4-4　涉人工智能司法案件诉讼类型分布

图 4-5　涉人工智能司法案件案由分布（2021 年 1 月至 2021 年 12 月）

具体如下：

## 1. 涉人工智能民事案件占比最大

由图 4-4 可知，涉人工智能案件中民事案件的占比为 97.11%，较 2020 年有所上升，仍是数量最多的案件类型。

### （1）主要类型

在经济发展日益迅猛、法治观念广泛普及的现代社会，订立合同是经济活动中最普遍的行为。涉人工智能民事领域的合同、准合同纠纷占比最高，为全部民事案件的 90%。其次为劳动、人事争议，侵权责任纠纷，与公司、证券、保险、票据等有关的民事纠纷，知识产权与竞争纠纷，其涉及的合同类型、行业领域广泛多样，人工智能已经渗透经济活动的方方面面。

（2）主要特征

合同纠纷数量占比 90%，位居第一，涉案合同主要为服务类产品合同。例如"吴某某与上海北风教育培训有限公司、上海育创网络科技股份有限公司教育培训合同纠纷案"［上海市杨浦区人民法院（2021）沪 0110 民初 9958 号民事判决书］，被告教育培训公司承诺为原告提供人工智能数据标注工程师就业课程，终止营业后，被告无法继续为原告提供教育培训和就业推荐服务，造成原告经济和时间损失。随着涉人工智能相关的岗位种类增多，相关岗位培训的机构管理也亟须重视。

劳动、人事争议数量占比 1.80%，位居第二，主要为用人单位扣发承诺的劳动报酬，以及劳动者履行忠实勤勉义务等相关纠纷。例如"北京道隆华尔软件股份有限公司与北京科睿金信技术有限公司等损害公司利益责任纠纷案"［北京市第一中级人民法院（2021）京 01 民终 5425 号民事判决书］，被告在道隆华尔公司担任高管和董事期间，成立了在经营范围方面与其存在重合的科睿金信公司，案件焦点为被告是否存在利用职务便利，谋取道隆华尔公司商业机会，为科睿金信公司经营同类涉人工智能案件业务的行为。

侵权责任纠纷数量占比 1.76%，位居第三，主要是机动车自动驾驶相关纠纷以及网络侵权争议纠纷。例如"何某与上海自古红蓝人工智能科技有限公司网络侵权责任纠纷"［北京互联网法院（2020）京 0491 民初 9526 号民事判决书］，原告认为被告所设计的"叨叨记账"App 侵犯其肖像权与姓名权，被告对产品的设计以及独特的经营模式决定了其应当具有更高的审慎注意义务。同时，"算法推送"应视为被告的推荐，而被告对"算法推送"也应当具有更高的信息管理能力。法院认为原告主张的侵害肖像权的结果系其肖像图片在记账或聊天互动页面予以公开展示所致，而该页面中的图片展示经过了用户上传、用户创作、算法进入规则库以及软件推送等环节，即用户与被告的行为均是构成原告所主张的肖像图片公开的原因。建立在算法模型基础上的人工智能给社会生活带来巨大便利，但是也要注意到在算法运行过程中对民事权利的保护。

与公司、证券、保险、票据等有关的民事纠纷数量占比 1.61%，位居第四，主要表现为财产保险的免责条款告知以及涉人工智能行业竞争的相关纠纷。例如"中国大地财产保险股份有限公司诸暨支公司、中国人民财产保险股份有限公司诸暨支公司等保险人代位求偿权纠纷"〔浙江省绍兴市中级人民法院（2021）浙 06 民终 4599 号民事判决书〕中投保人采用电子投保，其否认在保单、告知书、委托书上签名，同时保险人也未提交充分有效证据证明电子投保全流程系通过投保人人脸识别等方式由投保人本人完成，故保险人未能就免责条款向投保人履行明确说明义务，免责条款不生效。随着人工智能技术的普及，通过人脸识别确认身份逐渐成为各类保险合同中必不可少的程序之一。

知识产权与竞争纠纷占比 0.68%，位居第五，主要为涉及人工智能创作物的知识产权纠纷，以及人工智能生成的内容是否受《著作权法》保护等争议。例如在"北京云测信息技术有限公司与数据堂（北京）科技股份有限公司知识产权纠纷案"〔北京市海淀区人民法院（2020）京 0108 民初 40660 号民事判决书〕中，被告认为被诉行为并不构成侵害商标权。首先，"云测"一词属于行业术语，云测公司无权禁止其合理使用"云测"表述云测试服务。且其实际使用的是"云测数据"这一关键词推广涉案网站，属于对"云测"这一通用名称的合理使用。其次，其主营人工智能相关业务，该领域从业者和消费者较于其他领域公众具有更高信息检索能力，更熟悉百度搜索机制；同时涉案推广链接的落地页中并未使用"云测"字样，相关公众不会产生混淆误认。

### 2. 涉人工智能行政案件专业性较高

由图 4-4 可知，涉人工智能案件中行政案件占比为 0.24%。在行政案件中，大多数案件都与专利审批、商标争议相关。例如在"腾讯科技（深圳）有限公司等与国家知识产权局商标争议案"中，腾讯公司主张诉争商标为其在第 9 类计算机程序等商品上在先注册的"腾讯微视及图"商标的延续性注册，上述商标经使用具有较高知名度，且知名度延及诉争商标，不会导致相关公众的混淆、误认。法院认为诉争商标为文字商标"腾讯微视智能眼镜"，各引证商标的显著部分为"微视"或其英译；虽然二者文字构成上均包括"微视"含义，但诉争商标加入了较为显著的"腾讯"文字，置于诉争商标首部，考虑到"微视"的使用在第 9 类商品上显著性不强，诉争商标与各引证商标相比，整体呼叫和结构要素均存在一定差异。在无其他证据证明诉争商标与各引证商标共存足以导致相关公众对商品来源产生混淆的情况下，诉争商标可以维持注册。

### 3. 涉人工智能刑事案件隐蔽性较强

涉人工智能刑事案件占涉人工智能总案件的 **2.41%**。

#### （1）涉人工智能刑事案件的主要类型

涉人工智能刑事案件主要分为两种类型：一类为利用人工智能技术作为工具手段实施犯罪，如侵犯公民个人信息的案件；另一类为以人工智能的名义进行虚假宣传，实施犯罪的案件，较为常见的为非法吸收公众存款罪，组织、领导传销活动罪等。

#### （2）主要特征

涉人工智能刑事案件存在犯罪手法不断翻新，作案手段更加隐蔽的特征。涉人工智能犯罪从萌生之日起，不断突破国家疆域的界限，以网络的形式向外界进行隐性蔓延和辐射。

**一是利用人工智能技术作为工具手段实施犯罪。**例如赖某某侵犯公民个人信息案［广东省（2020）粤 1972 刑初 4287 号刑事判决书］。自 2020 年 6 月起，被告在东莞市应客户要求，将其所得知的公民身份证号码、姓名等发送给同伙"曹操""大佬"等人帮忙查询上述公民的对应照片，再将上述照片通过"三色技术"制成动态人脸验证视频后贩卖给客户从中获利，共获利约达 59000 元。

**二是利用人工智能的名义组织传销，实施犯罪。**例如刘某某组织、领导传销活动案［陕西省（2021）陕 05 刑终 139 号刑事判决书］。被告人刘某某以朗讯公司经营活动为名，在没有"一脸通"产品，也不具备生产相关产品条件的情况下，刘某某为实施传销活动，制作了宣传资料，称"朗讯公司"拥有集人工智能、大数据、云计算、物联网、区块链 5 大核心技术为一体的自主产权的人工智能算法"AI 神看"系列产品之一"一脸通"，要求参加者以缴纳费用方式获得加入资格，直接或者间接以发展人员的数量作为返利依据，引诱参加者继续发展他人参加，骗取财物，扰乱经济社会秩序，情节严重，其行为已构成组织、领导传销活动罪。

### （三）对国内人工智能案件争议解决的建议

#### 1. 革新司法保护理念

当前，出于人工智能技术发展等方面的原因，公民个人信息泄露带来的侵权、网络诈骗等违法活动在一些地方和领域呈现多发态势，不仅严重影响公民的日常生活，而且影响社会的长治久安。应当树立"两头强化、多方平衡"的司法理念。两头强化，指的是应当加大对敏感信息、私密信息这样涉及公民重大权益的保护力度；多方平衡，指的是考虑到司法案件纠纷的解决将影响技术行业的发展、社会治理的效率，因此在不涉及公民核心利益的案件中应审慎平衡多方主体的利益诉求。同时，还要提升公民在智能社会的自我保护意识和维权意识，共同遏制技术型违法犯罪行为蔓延的态势。

### 2. 引导完善合规体系

关注人工智能技术发展趋势，通过司法建议、府院联动等方式，进一步引导市场和监管部门完善合规体系，在产品设计阶段就落实权益保护理念和风险控制标准。技术标准的及时更新有助于监督生产商、制造商及时跟踪产品的技术发展情况，以及在之前的环境与条件下不能检测到的人工智能技术缺陷，同时督促生产商、制造商积极实施产品的后续跟踪观察和及时警告、召回义务。合规体系可以提高纠纷解决的效率，并与法院诉源治理建设有机结合。

### 3. 积极参与人工智能治理

法院应加强与监管机构、自律机构的沟通和协调，倡导建立人工智能技术相关的伦理规则，为技术发展保驾护航，建立智能社会的信任生态。避免人工智能技术的滥用所导致的伦理风险以及社会公众由此产生的信任焦虑，例如互联网公司运用大数据"杀熟"等算法歧视问题。随着我国《数据安全法》《个人信息保护法》《国家新一代人工智能标准体系建设指南》以及《新一代人工智能伦理规范》等重要法律和政策的颁布，我国正逐步完善针对数据和算法的治理体系，与此同时，法院应当与市场监管制度双管齐下，推动各类规则的实质性落实。

## 三、国外人工智能司法案件分析

本书加强了对国外涉人工智能司法案件的收集、研究和分析，从而为我国人工智能法治研究提供了帮助。本书案例分析团队检索了上千个国外涉人工智能司法案件，进行关键要素的提取以及典型性分析，共筛选出 49 份典型判决，涉及国家包括美国、英国、法国、澳大利亚、日本、德国、印度等国。

为了让分析研判更加精确，可读性和可参考性更强，分析团队在个案研读基础上，对国外案例的裁判文书内容进行了逐个翻译和要素式整理，形成国外人工智能司法案例要素标签体系，直观展现相关案例情况。

### （一）要素标签体系

根据国外案例分析形成的涉人工智能案件的要素标签体系分为四个部分（见图 4-6）：

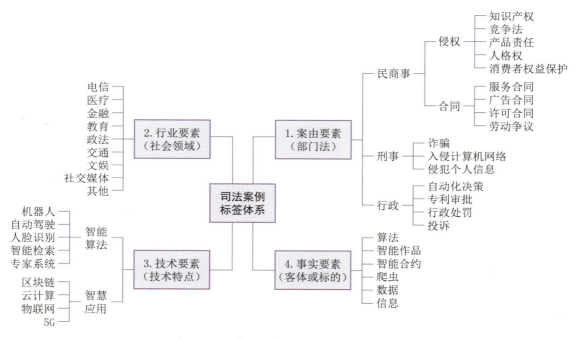

图 4-6 国外人工智能司法案例标签体系

一是案由要素，包括民商事、刑事以及行政三个分类，三个分类下再分人工智能法治相关部门类型，如人格权、知识产权等；

二是行业要素，人工智能渗透社会领域的方方面面，根据司法案例情况可以观察到受人工智能影响较大的行业类型，基本吻合《国家新一代人工智能标准体系建设指南》中提出的重点行业应用领域，即智能制造、智能农业、智能交通、智能医疗、智能教育、智能商务、智能能源、智能物流、智能金融、智能家居、智能政务、智慧城市、公共安全、智能环保、智能法庭、智能游戏等；

三是技术要素，这一部分的特征与全球的科技发展息息相关，主要包括智能算法和智慧应用两种类型的技术，前者是智慧和知识的生成技术，后者是智慧和知识的应用技术；

四是事实要素，这一部分是影响人工智能司法案件事实认定的重要因素，例如数据、算法、智能作品等不同层级的人工智能表现形式。

## （二）案例判决特点分析

### 1. 人工智能未被视为权利主体

人工智能技术的发展尚处于"弱人工智能"阶段，法院未将其视为专利权等民事权利的主体。

第一，人工智能的运行暂时无法脱离人类的控制。例如在 2021 年美国"泰勒诉赫希菲尔德人工智能专利权案"[①] 中，美国弗吉尼亚州东区地方法院认为，虽然大多数专家没有准确定义人工智能，但专家们普遍认为，当时的技术水平还局限于"狭义人工智能系统"。狭义人工智能系统是指，在规则明确的领域（如图像识别、翻译等）执行特定任务的系统。如果没有人类的操作，当前的人工智能系统是无法进行发明或创作的。当前，人工智能系统的运行离不开人类，因此，在评估是否需要修改《知识产权法》关于权利人的规定时，也要考虑这一因素。

第二，法律上不承认人工智能具有法律人格。例如在 2020 年"泰勒申请以机器为专利发明人案"中，[②] 泰勒申请认定一台机器为某项专利的发明人。欧洲专利局驳回了泰勒的申请，认为人工智能系统或机器目前不具有作为发明人的资格，因为它们没有与自然人或法人同等的法律地位。自然人作为人，当然地被赋予法律人格，而法人基于法律的规定，具有拟制的法律人格。可见，只有在法律有特别规定或有惯例做法时，才能赋予非自然人以拟制的法律人格。因此，人工智能系统或机器目前还不具有法律人格，也没有资格成为专利的发明人。

---

①　Thaler v. Hirshfeld，1:20-cv-903（LMB/TCB）（E.D. Va. Sep. 2，2021）.

②　European Patent Office，"Grounds for the EPO decision of 27 January 2020 on EP 18 275 163"，https://register.epo.org/application?documentId=E4B63SD62191498&number=EP18275163&lng=en&npl=false.

## 2. 刺破人工智能的技术外衣

透过人工智能技术的外观，实质考察法律义务的属性与来源。外国典型案例显示，目前，在人工智能产品质量纠纷中，科学技术在人工智能产品中的运用，并没有改变现有的产品质量责任制度。此外，在产品中使用新技术应当符合"合理性标准"，如果生产商借助人工智能产品和新技术侵犯公民的基本权利，也会受到法律的制裁。

例如在美国 2021 年"王某等诉特斯拉公司"案中，[①] 原告认为，特斯拉公司作为自动驾驶车辆的研发、生产企业，应当充分了解自动驾驶技术的局限和缺点，因此，特斯拉公司对于相关事实具有披露义务。但法院认为，原告并没有起诉特斯拉公司违反披露义务，也未能充分证明不能从特斯拉公司的网站、Model X 车辆的《车主手册》或其他公开信息来源了解自动驾驶技术缺陷的信息。原告没有证明特斯拉公司隐瞒了自动驾驶缺陷的事实，也没有证明该公司违反了披露义务，对消费者实施了欺诈，因此，原告的索赔请求不成立。

再如西班牙 2021 年"梅尔卡多纳超市行政处罚案"中，[②] 梅尔卡多纳超市在其 40 家门店中设置了人脸识别设备，该设备的部分功能在于，从进店的消费者中识别曾经有盗窃行为或其他违法行为的人。但西班牙数据保护局认为，梅尔卡多纳超市使用的人脸识别系统，超出了法律规定的限度，因此给予该超市行政处罚，其理由主要在于：其一，根据欧盟《通用数据保护条例》第 6 条第 1 款以及第 9 条第 1 款的规定，企业在处理数据尤其是特定类别的个人数据时，应当具有合法性。梅尔卡多纳超市在设置人脸识别设备时，应当充分考虑合法性原则，并应当收集数据信息，以证明其对技术的使用是合法的。其二，欧盟《通用数据保护条例》还规定了数据处理的"比例原则"以及"透明度原则"，梅尔卡多纳超市在使用人脸识别设备时，也应当遵守上述原则。同时，由于新冠肺炎疫情的影响，消费者进入超市时常会佩戴口罩，梅尔卡多纳超市要注意人脸识别系统可能产生的错误识别情况。

## 3. 妥善进行利益衡量

全面衡量人工智能给社会带来的利益和影响，强调人工智能的社会性和公共利

---

① Wang v. Tesla, Inc., 20-CV-3040（NGG）（SJB）（E.D.N.Y. Jul. 16, 2021）.

② Agencia Española de Protección de Datos, Resolución De Terminación Del Procedimiento Por Pago Voluntario, Consultado el 22 de enero de 2022, https://www.aepd.es/es/documento/ps-00120-2021.pdf.

益。司法案件在本质上反映了社会中的利益冲突，司法实践的重要职能是践行公平正义理念，平衡好、协调好各方利益。司法实践在保护个体权利的同时，也要处理好个体利益与群体利益、公共利益之间的关系。

例如在日本 2021 年"停止使用身份证号案"中，① 日本于 2015 年 10 月 5 日起基于《番号利用法》推行"个人番号制度"，强制赋予每位日本居民一个 12 位数字的号码，向社会发放个人番号卡，其中记载着持卡人的姓名、住址、出生日期、性别、个人番号和本人面部照片等隐私信息。原告诉称，个人番号制度违反了日本《宪法》第 13 条关于保障隐私权的规定，请求政府停止收集、保存、使用和提供个人番号信息。法院认为，实行个人番号制度，是为了提高行政管理效率，保障公共管理中的公共利益，该项制度有助于简化行政管理程序、提高个人信息的可识别性，行政机关等更加有效地运行个人信息管理系统。因此，国家建立个人番号制度，收集、储存、使用和提供个人信息的行为并不违法。

又如在欧洲法院 2021 年"帕特里克·布雷耶诉欧盟研究执行局案"中，② 2016 年，欧盟研究执行局与某财团达成捐赠协议，由某财团资助该局"智能便携式控制系统"研究，这一系统将用于欧盟国家的边境管理，帮助管理人员更快地识别非法入境人员。布雷耶要求查阅研究项目，但该局只允许布雷耶查阅部分资料。原告认为，欧盟研究执行局违反了欧洲议会和理事会《关于公众获取欧洲议会、理事会和委员会文件的第 1049/2001 号条例》（以下简称第 1049/2001 号条例）。欧洲法院认为，其一，欧盟研究执行局的决定不违反公共利益，因为该项目仍在研发中，根据研发的进度与成果，未来仍有可能继续向公众进一步披露信息；其二，欧盟研究执行局有权不公开涉及研发项目技术、进度的秘密信息，但该局应当在执行本判决时确定可以公开的内容。

再如，在印度尼西亚"印尼社会保障局个人信息泄露事件"中，③ 2020 年 5 月，

---

① 仙台高等裁判所第 2 民事部令和 2（ネ）272。

② EU:T:2021:902，［2021］EUECJ T-158/19.

③ Reska K. Nistanto，Kasus Kebocoran Data 279 Juta WNI，BPJS Kesehatan Akan Digugat lewat PTUN，https：//tekno.kompas.com/read/2021/06/11/13040057/kasus-kebocoran-data-279-juta-wni-bpjs-kesehatan-akan-digugat-lewat-ptun?page=all.

印尼社会保障局医疗保障部发生了严重的个人信息泄露事件，约有 2.79 亿条居民个人信息遭到泄露，内容包括居民的手机号码、电子邮件地址、收入等。甚至还有人在互联网上售卖上述信息，每条信息的价格约 0.15 比特币。印尼一名网络安全研究员向印尼国家行政法院起诉了该国社会保障局医疗保障部。原告起诉的法律依据为《刑法典》第 1365 条，该条规定了国家机关对其违法行为的法律责任。

### 4. 聚焦违法行为以及损害的判断标准

随着人工智能技术的普及，人类生活的便利程度也不断提高，但同时也面临着越来越多的隐私权侵害问题。人工智能技术的算法精确度在很大程度上取决于对海量用户的数据进行训练与分析，特别是为了提供个性化、定制化服务，企业需要获取大量用户的个人信息，这可能会造成用户个人信息泄露，从而引发法律纠纷。从外国的司法实践看，个人信息侵权案件的主要难点在于，一是确定违法行为的判断标准，二是认定损害赔偿责任的范围。

如在美国 2021 年"万斯等人诉微软公司案"中，[①] 原告万斯等人均为伊利诺伊州居民，他们将自己的照片发布于 Flickr 网站，该网站的母公司为雅虎公司，雅虎公司将网站所有用户发布的数亿张照片整合为一个数据集，并将该数据集向人脸识别技术的开发者公开。IBM 公司基于数据集的照片信息，创建了一个名为"面部多样性"的新数据集，而微软公司又从 IBM 公司处获得了该新数据集，以之提高该公司人脸识别产品的准确性。Flickr 网站、雅虎公司、IBM 公司以及微软公司均未将编辑数据集的情况告知原告，也从未就使用、扫描照片征询原告的同意。原告遂对微软公司提起了集体诉讼，要求该公司赔偿损失。法院认为，根据伊利诺伊州《生物识别信息隐私法》第 15（c）条规定，掌握生物识别信息的任何私人实体不得出售、租赁、交易或以其他方式从他人或客户的生物识别信息中获利。本案中，双方应就微软公司是否违反了上述规定继续举证。

如在日本 2021 年"原告甲等人诉倍乐生公司等损害赔偿请求案"中，[②] 法院讨论了"合理预见规则"，即被告公司有能力妥善处理客户的个人信息，可以预见到管理不善可能导致个人信息泄露，但仍未穷尽合理措施避免泄露时，被告公司应当承担相

---

① Vance v. Microsoft Corp., 525 F. Supp. 3d 1287（W.D. Wash. 2021）.

② 京都地方裁判所平成 27（ワ）426。

应的法律责任。法院还讨论了"合理监督义务"，如果被告公司将其掌握的个人信息交付他人使用，应当尽适当的监督义务，避免使用人滥用信息，并造成信息泄露。因此，被告对于原告的个人信息泄露存在过错的，应当承担赔偿责任。

如在德国 2021 年"K 博士等人诉巴登-符腾堡州政府宪法申诉案"中，①申诉人认为，《巴登-符腾堡州警察法》第 23（b）段规定，警察机关有权利用信息系统的安全漏洞来监控电信来源，这一规定可能会导致警察机关故意不报告他们已知晓的漏洞，因为他们希望继续利用漏洞来实施监控，而不希望软件生产商修复。法院认为，其一，警察机关只是利用未知的安全漏洞，并不危及信息安全，因此没有理由在法律上禁止或限制使用，或也没有必要立法要求制造商报告这些漏洞。其二，对于警察机关是否违反了其保护义务的问题，以及法律对警察机关的授权是否侵犯了公民的基本权利的问题，公民应当提供充分的事实证据，以证明其遭受了损害或发生了损失，申诉人仅以其基本权利可能受到侵害为由而提起诉讼，难以获得支持。

如在俄罗斯 2021 年"斯克林尼克诉托米林案"中，②法院确定了"有限性保护标准"，即行为人为了保护个人财产，在合理范围内使用监控摄像设备，没有给他人造成损害的，行为人不构成侵权。本案中，原告认为，被告未经公寓楼内其他居民的同意，私自在公寓楼外墙安装了监控摄像头，侵犯了居民对房屋的共有权利以及个人隐私权。法院认为，被告安装摄像头只是为了保障个人财产安全，摄像头只拍摄了普通旁观者能看到的图像信息，而原告提供的证据也不足以证明被告录制、存储、传播了原告的私生活信息，因此法院不认定被告构成侵权。

### 5. 加强针对技术犯罪的实质审查

人工智能技术容易被用于实施犯罪，由于技术水平不断发展，利用人工智能实施犯罪的危害后果也越来越严重。随着人工智能和信息网络的不断发展，国外出现了犯罪人利用"深度伪造（Deepfake）"等高新技术实施犯罪的情况，高科技、新类型的犯罪给司法实践带来了挑战。

如日本 2021 年"利用人工智能合成技术制作淫秽视频侵权案"，是日本首例犯罪

---

① BVerfG，Beschluss des Ersten Senats vom 08. Juni 2021-1 BvR 2771/18-，Rn. 1-74.

② Определение Третьего кассационного суда общей юрисдикции от 27.01.2021 по делу N 88-235/2021，2-4082/2019.

人因发布"深度伪造"成人影片而被刑事处罚的案件。[①] 美国《2018年恶意伪造禁令法案》将"深度伪造"定义为：以某种方式创建或改变视听记录，使得理性的旁观者会误以为该记录是某个人的真实言论或行动。在上述案件中，被告人使用了"深度伪造"图像合成技术，将成人影片中女优的面部图像替换为女艺人A的图像，并将该合成的视频发布在推特网站以及其他付费网站。法院认为，被告人未经被害人同意，故意在成人影片中合成被害人的面部图像，并在互联网上传播合成视频，侵犯了女艺人A的隐私权、肖像权和名誉权。另外，两被告人未经成人影片制作公司的许可，擅自改变影片内容并非法牟利，侵犯了制作公司保护作品完整的权利等著作权。法院最终判处被告两年有期徒刑（缓刑三年），并处罚金100万日元（约合人民币55100元）。

### 6. 善良风俗以及法律原则审查新型行为

由于人工智能已经广泛地渗透到了人类的社会生活中，企业利用算法采集和利用用户的个人数据已成为常态。数据价值日益重要，网络科技公司围绕数据和算法的新类型竞争时常发生。但是，如果企业在获得或处理数据的过程中违反商业道德和诚实信用原则，就可能构成新类型的不正当竞争行为。

例如在法国2021年"法国新闻杂志联合会诉谷歌公司利用搜索引擎进行不正当竞争案"中，[②] 谷歌公司在其搜索引擎中设置了"谷歌新闻""谷歌发现"等栏目，为用户提供了各家法国杂志编写的新闻。法国新闻杂志联合会认为，新闻机构享有邻接权，谷歌公司以数字形式复制或传播新闻的，应当支付版权费。谷歌公司认为，如果法国的新闻机构不同意无偿授权，可以拒绝谷歌检索其新闻网站，谷歌也不再会显示有关的新闻内容。绝大部分（约占总数的87%）新闻机构只允许谷歌免费转载新闻，否则新闻机构网站的流量将明显减少。法院认为，谷歌公司主导了流量市场，新闻机构无法承受拒绝谷歌产生的流量损失，谷歌公司的行为使新闻机构无法进行公平的谈判，迫使新闻机构放弃了合法的版权费。因此，谷歌公司滥用了市场支配地位，其行为构成不正当竞争。

---

① 読売新聞オンライン："ＡＩ悪用で女性タレントの顔合成、アダルト動画配信の男に有罪判決"，https://www.yomiuri.co.jp/national/20210902-OYT1T50281/.

② Societe Google Llc. v. Le Syndicat Des Éditeurs De La Presse Magazine-Spem，20/08071-No Portalis 35L7-V-B7E-CB5Z5.

## （三）几点启示

### 1. 加强人工智能应用的可解释性

欧盟《通用数据保护条例》规定，用户有权享有"要求解释的权力"，即企业应当向用户解释应用程序的算法功能以及获取个人信息的情况等。2021年9月我国国家新一代人工智能治理专业委员会发布的《新一代人工智能伦理规范》第12条规定，要在算法设计、实现、应用等环节，提升透明性、可解释性和可理解性。随着人工智能技术的研究与应用不断突破，"可解释性"已经成为影响人工智能技术广泛应用的一个重要因素，并在一定程度上影响了人工智能应用的法律责任。如在人脸识别、自动驾驶等领域，法院在判断责任人以及相应的法律责任时，只有了解人工智能作出识别、判断、执行等行为的过程，并对行为过程进行技术上的分析解释，才能更加准确地适用法律，确定责任人及法律责任。

### 2. 加强人工智能的伦理引导与约束

当今世界，人工智能的发展已经步入了一个新的发展阶段，它正在深刻地改变着人类的社会生活。为促进新一代人工智能的健康发展，更好地协调发展与全球治理、国内治理的关系，亟须加强对人工智能伦理问题的研究。我国《新一代人工智能伦理规范》将伦理道德融入人工智能全生命周期，为从事人工智能研发与应用活动的人与机构提供了伦理道德上的指导。在国内外的人工智能司法案件中，也出现了滥用人工智能引发信息泄露、权利受损等道德风险情况，且引起了社会的普遍担忧，我国有必要进一步研究和推广人工智能道德伦理和安全隐私标准，为人工智能的国际化发展战略奠定制度优势。

### 3. 强化信用建设，建立负面清单制度

一是探索科技企业的信用承诺制度。在企业信用档案中，记录科技企业等市场主体在人工智能研发与应用中的承诺履行情况，将其作为事中、事后监管的重要依据。对于履行承诺的市场主体，根据信用记录为其提供便利措施；对于失信的主体，视情节依法实施限制。例如若俄罗斯法院的判决确认企业存在违法收集、处理用户个人数据的行为，该国中央联邦区大众传媒监督局有权以生效判决为依据，将侵犯公民个人数据的企业列入"侵犯个人数据权利者登记册"，并给予处罚。

二是健全社会监督机制。充分发挥行业协会商会的作用，制定促进行业协会商会规范健康发展的实施意见，推动行业协会商会建立健全行业经营自律规范、自律公约，规范会员行为。鼓励行业协会商会制定发布产品和服务标准，参与制定国家标准、行业标准、团体标准及有关政策法规。发挥市场专业化服务组织的监督作用。加快培育第三方服务机构和市场中介组织，提升市场专业化服务能力。发挥公众和舆论监督作用。加强政策宣传，更好发挥舆论监督作用，健全公众参与监督的激励机制，强化科技领域的消费者保护。

# 第五部分　人工智能法治发展专题报告

## 一、世界数据立法发展专题报告 [①]

数字化是当前的时代趋势，机器学习、人工智能、区块链等以海量数据为基础的新兴技术高速发展，社会各领域的机遇和挑战纷至沓来，数据的潜在价值逐步显现。一方面，数据与人工智能技术的发展将实体经济与数字经济的深度融合，促进国家、政府、社会的治理现代化；另一方面，蕴藏丰富财产价值的数据成为政府、企业等相关主体的对象，也引发了自然人个人数据权利意识的觉醒。在此背景下，数据的大规模开发利用与数据安全和权利保护之间的矛盾，对现存法律制度与法治框架带来了冲击，使得数据立法成为国内外热议话题。本报告主要整理了 2021 年度世界主要国家和地区的数据立法进展，并进行相关理论探讨，展望未来我国数据立法发展趋势。

### （一）年度数据立法动态

#### 1. 国外数据立法各有侧重

从全球范围来看，欧盟对于数据采取的安全保障措施是完备且严苛的，其在数据安全与个人信息保护上已经建立了相对成熟的体系与框架，这对推进全球数据

---

① 本文作者：金泽刚，同济大学法学院教授、博士生导师；许端蓉，上海大学法学院大数据与人工智能法治研究中心研究员助理；刘志鸿，华东师范大学法学院博士研究生。

安全的发展进程有重要借鉴作用。欧洲议会于 2021 年 12 月通过了《数字市场法》（DMA）和《数字服务法》（DSA）（草案）。DMA 旨在强化市场行为规范和反垄断管理，确保所有数字公司都有公平的竞争环境，尤其为大型在线平台提供者设定了更高的透明度和问责制标准。[①] DSA 旨在保护数字用户和公司的在线基本权利，为社交媒体和市场等在线中介服务提供平台设定了明确的责任和义务，包括针对定向广告的"更透明和知情选择"的规定，明确的选择退出和无跟踪器版本的在线平台。[②]

一直以来，美国在联邦层面的数据立法采取分散性立法模式，分别管辖金融、电信、邮件营销等特定领域，由各州分别制定各自的数据保护法规。2021 年 7 月，统一法律委员会（ULC）通过了旨在统一州隐私立法的示范法案《统一个人数据保护法》（UPDPA），这标志着美国数据隐私立法的重大发展。《数字问责和透明法案》（DATA Act）也被重新提出，旨在加强对美国消费者的数据隐私保护。2021 年 12 月 20 日，美国卫生与公众服务部（HHS）发布指南，用于解决《健康保险可携性和责任法案》（HIPAA）隐私规则中与《极端风险保护令》（ERPO）中有关的医疗服务提供者的要求。此外，为了应对数字经济时代数据安全的新挑战，其他各州也在积极探索数据保护的立法。其中 2021 年 1 月纽约州提出的《生物识别法案》（BPA）和 2021 年 3 月弗吉尼亚州发布的《消费者数据保护法案》（CDPA）对美国全面隐私立法也具有重大意义。

韩国现行数据立法多集中于规制个人信息处理者的信息处理行为。2021 年 9 月，韩国个人信息保护委员会向国会提交了《个人信息保护法（修正案）》，这是韩国自颁布该法以来，首次由政府主导并结合产业界、市民团体以相关部门等多方意见而撰写的兼具全面性和实质性的修正案。2021 年 10 月，韩国科学和信息通信技术部（MSIT）宣布，国务会议通过了《数据产业振兴和利用促进基本法》并于 2022 年 4

---

① See European Commission，EU Digital Markets Act and Digital Services Act explained，https：//www.europarl.europa.eu/news/en/headlines/society/20211209STO19124/eu-digital-markets-act-and-digital-services-act-explained.

② See Infographic—Digital Services Act，European Council and Council of the EU，https：//www.consilium.europa.eu/en/infographics/digital-services-act/.

月全面实施，这是全球首部规制数据产业的基本立法。该法提出培养数据经纪商作为数据经济的促进者，并构建数据价值评估、资产保护和争端解决机制等内容。韩国建立了数据交易、分析的报告系统，为市场主体在数据交易、分析活动中提供了资金、技术、专业知识等方面的系统支持。

其他国家和地区的数据立法也密集出台。2021 年 2 月，德国联邦内阁通过了《电信和电信媒体数据保护法》（TTDSG），作为基本法《通用数据保护条例》的补充，其规范了在使用电信服务和电信媒体服务时的保密性和隐私保护，还改变了使用 cookies 和类似技术的法律框架。2021 年 6 月，日本参议院颁布了《个人信息保护法修正案》，并于 2022 年 4 月 1 日起正式实施。2021 年 9 月，沙特阿拉伯公布了其最新通过的《个人数据保护法》（PDPL），对整个沙特阿拉伯的公司实施全国性的数据保护监管。2021 年 10 月，澳大利亚宣布拟出台《线上隐私法案》，加强未成年人数据保护。2021 年 11 月，阿联酋内阁宣布正式实施《阿联酋联邦个人信息保护法》。2021 年 12 月，英国提出了《产品安全和电信基础设施（PSTI）法案》，要求消费类科技公司停止使用其设备的默认密码，制定漏洞披露政策。

### 2. 我国数据立法框架逐渐形成

本年度，我国在数据保护的立法方面取得了较大的进展，数据立法渐成体系。2021 年无疑是中国数据保护领域历史上的一座里程碑，2021 年 9 月《数据安全法》和 2021 年 11 月《个人信息保护法》两部专属立法相继开始实施，其与 2017 年颁布的《网络安全法》一同共同构建了中国数据保护的基础法律框架，对网络安全、数据安全和个人信息保护提出了方向性和基础性指引及监管要求。这三部法律成为我国数据法律规范体系的基石，奠定了国家对数据领域立法监管的总基调，把控着监管与执法趋势的大方向。

在部门规章层面，各立法部门、监管机构的实施要求不断出台，各垂分行业、领域的规定也不断推陈出新，数据全生命周期各环节的规范要求与以往相比，也在往更加细致的程度发展，多部具有落地性指导意义的法规及国家标准，也正在积极向公众征求意见。

表 5-1 2021 年数据相关部门规章

| 时　　间 | 发文单位及文件名称 |
|---|---|
| 2021 年 3 月 | 自然资源部办公厅印发《市级国土空间总体规划制图规范（试行）》和《市级国土空间总体规划数据库规范（试行）》 |
| 2021 年 4 月 | 交通运输部印发《交通运输政务数据共享管理办法》，国家药监局药审中心发布《用于产生真实世界证据的真实世界数据指导原则（试行）》 |
| 2021 年 5 月 | 交通运输部发布《水运工程标准数据维护与应用系统技术规程》，国家发展改革委、中央网信办、工信部、国家能源局印发《全国一体化大数据中心协同创新体系算力枢纽实施方案》，国家广电总局发布《网络视听收视大数据技术规范第1 部分：总体要求》等四项广播电视和网络视听行业标准 |
| 2021 年 6 月 | 交通运输部发布《交通运输行业安全生产监督监察信息数据元》等 24 项交通运输行业标准的公告 |
| 2021 年 7 月 | 自然资源部办公厅印发《国土空间用途管制数据规范（试行）》，工信部印发《新型数据中心发展三年行动计划（2021—2023 年）》 |
| 2021 年 8 月 | 国家网信办、国家发展改革委、工信部、公安部、交通运输部发布《汽车数据安全管理若干规定（试行）》 |
| 2021 年 9 月 | 自然资源部办公厅印发《自然资源三维立体时空数据库主数据库设计方案（2021 版）》 |
| 2021 年 10 月 | 生态环境部办公厅发布《关于做好全国碳排放权交易市场数据质量监督管理相关工作的通知》 |
| 2021 年 11 月 | 工信部印发《"十四五"大数据产业发展规划》 |
| 2021 年 12 月 | 住建部发布行业标准《城市运行管理服务平台数据标准》，全国信息安全标准化技术委员会发布《网络安全标准实践指南——网络数据分类分级指引》，工信部、国家卫生健康委员会等十个部门联合印发了关于《"十四五"医疗装备产业发展规划》的通知，中央网信办印发《"十四五"国家信息化规划》 |

　　在地方立法中，2021 年度贵州省、广东省、山东省、上海市、江苏省、福建省、安徽省、湖北省等 11 个省级行政区基于地方情况出台了数据保护地方性法规和规章。随着我国自上到下逐步建立层次分明、重点突出的数据法律体系，针对数据侵害行为的相关监管也逐步呈现出多部门监管、执法常态化、监管措施多样的特点。2022 年 1 月 4 日《网络安全审查办法》正式稿公布，于 2022 年 2 月 15 日起施行。这些均在一定程度上表明，数据领域立法正逐步建立内在逻辑，并呈现出法律框架愈加明晰、规则标准逐渐完善的状态和趋势。

### （二）国内外数据立法现状

#### 1. 国外典型地区数据立法

##### （1）欧盟

欧洲大数据产业的发展一直处于世界前列，目前欧盟及其成员国均已制定了大数据发展战略，数据相关法律法规日臻完备。

欧盟《通用数据保护条例》（GDPR）已于 2018 年 5 月 25 日正式生效，并成为近 20 年来欧洲数据立法的里程碑，是欧盟史上最为严格的数据保护立法，掀起了全球范围内的数据立法热潮。为了规制数字服务领域在发展中出现的新问题，欧盟委员会通过了《数字服务法》（DSA）和《数字市场法》（DMA）两部法案，强化了对大型在线平台的规制，预计这对于欧洲乃至全球数字市场规则的创制都会产生深远的影响。

欧盟在数据立法上的基本特点主要表现在两个方面：一是对个人信息主体赋予了相应法律上的权利，同时为个人数据控制者、数据收集者和数据处理者设定了相应的义务和责任；二是基于对数据流通所带来的巨大经济和社会效益的关切，开创性地以数据治理法治化的方式构建起了欧盟数字经济的治理体系，并针对数据流通作出了一些具有前瞻性的规定，以促进整个数据市场的健康有序发展。①

欧盟的一系列立法表明，其关于数据立法的基本理念是尽力平衡数据流通与个人信息等权益保护之间的价值冲突，并试图通过立法有效克服数据流通领域存在的基于个人数据利用范围和基本原则的限制对个人数据商业化利用现实障碍。

##### （2）美国

美国目前虽然并没有数据保护方面的联邦统一立法，但其分散于不同层面的各种立法均将数据隐私保护的基本理念融入其中。

近年来，美国对数据经纪商的行为也给予了更多关注，并已经进行了立法上的监管。长期以来，数据经纪商一直是美国数据交易市场中最为活跃的主体，鉴于数据收集过程中所暴露出的诸多隐私风险，政府和公众都产生了深切的担忧与焦虑。2018 年，美国佛蒙特州通过的《数据经纪法》，是美国第一部关于数据中介商的立法，甚至在有关数据经纪行为的规制上，相较于随后出台的《加利福尼亚州民法典》以及欧

---

① 司亚清：《数据流通及其治理》，北京邮电大学出版社 2021 年版，第 82—98 页。

盟的《数据治理法》而言，其也具有非常重要的参考价值。

美国各州对数据保护所持的观点并不完全一致，这也在一定程度上导致了其各州立法在具体规则上的差异，对于进行统一数据立法的呼声日益高涨。联邦贸易委员会消费者保护局局长在 2019 年 3 月的众议院会议上所提交的报告中就提议，美国应当颁布联邦层面的数据安全法，美国境内规模较大的一些企业也开始大力呼吁美国效仿欧盟出台联邦层面的统一数据保护法案。

### （3）其他国家

除中欧美以外，全球其他国家也在加紧数据立法进程，对数据保护与数据流通利用进行法律监管。

加拿大阿尔伯塔省的《个人信息保护法》（PIPA）和曼尼托巴省的《个人信息保护和防止身份盗窃法》（PIPITPA）均规定，私营机构有汇报侵犯公民隐私的情况的法定义务。阿尔伯塔省、曼尼托巴省、新不伦瑞克省、纽芬兰和拉布拉多省、安大略省和萨斯喀彻温省都出台了保护个人医疗信息隐私的法律，比如 2014 年出台的《安大略个人医疗信息保护法》就专门针对在安大略省收集、使用和披露个人医疗信息的行为，给出了比较明确的行为规则。2020 年 11 月，加拿大创新、科学和工业部提出了新的数据保护法规《数字宪章实施法》（DCIA），该法的立法宗旨是在数字时代更好地保护加拿大人的个人隐私，为制定《消费者隐私保护法》及《个人信息和数据保护法》奠定基础，并为对此前的其他相关法案进行修订提供最新的依据。

虽然各国数据立法在进度、方式上有所差异，但数据立法趋势在全球范围内体现明显。目前看来，各国对数据治理工作都表现出了极大的积极性与政府参与度，持续完善国家层面立法与监管体系，其所显示出的共性为将个人信息和隐私作为数据保护的基本对象，高度重视个人信息保护。

### 2. 国内数据立法现状

### （1）中央数据立法划定数据安全总基线

在数据流通与数据保护的平衡治理已在全球范围内形成基本共识的大势之下，我国目前除了已出台的《网络安全法》《数据安全法》和《个人信息保护法》，与数据保护相关的各类规定也散见于许多不同的法律法规、司法解释以及相关部门所发布的规范性文件中，如表 5-2 所示。

表 5-2　我国涉及数据的中央立法

| 法律名称 | 实施时间 | 立法要点 |
|---|---|---|
| 《民法典》 | 2021.01.01 | 隐私权；个人信息保护；数据、网络虚拟财产保护 |
| 《刑法（2020 修正）》 | 2021.03.01 | 侵犯公民个人信息罪；侵犯通信自由罪；非法侵入计算机信息系统罪等 |
| 《治安管理处罚法（2012 修正）》 | 2013.01.01 | 对计算机信息系统中存储、处理、传输的数据和应用程序进行删除、修改、增加的操作 |
| 《消费者权益保护法（2013 修正）》 | 2014.03.15 | 消费者在购买、使用商品和接受服务时，享有个人信息依法得到保护的权利 |
| 《网络安全法》 | 2017.06.01 | 网络安全支持与促进；网络运行安全；网络信息安全；监测预警与应急处置 |
| 《电子商务法》 | 2019.01.01 | 电子商务领域数据信息安全 |
| 《数据安全法》 | 2021.09.01 | 数据安全与发展；数据安全制度；数据安全保护义务；政务数据安全与开放 |
| 《个人信息保护法》 | 2021.11.01 | 个人信息处理规则；个人信息跨境提供规则；个人信息处理活动中的权利；个人信息处理者的义务；履行个人信息保护职责的部门 |

大数据时代公民个人信息的保护面临考验，其越来越成为各方面关注的重点。我国《民法典》中涉及个人信息保护的条款有 11 条之多，而这些条款基本展现了个人信息在其全生命周期内的法律规制体系的脉络，在强化公民隐私权和个人信息保护内容的同时，对数据权属及数据相关行为作出了原则性规定，为建设兼顾各类数据主体动态利益平衡的法治系统奠定了基础。2009 年《刑法修正案（七）》新增了第 253 条之一，首次明确规定了侵犯公民个人信息罪；2015 年《刑法修正案（九）》重新定义了侵犯公民个人信息罪，加强了对个人信息的保护；2017 年，最高人民法院、最高人民检察院出台《关于办理侵犯公民个人信息刑事案件适用法律若干问题的解释》，对侵犯公民个人信息罪的具体问题作出了进一步的解释，加大了侵犯个人信息犯罪的惩处力度。[①]

**（2）地方数据立法探索迎来热潮**

近年来，国家层面出台了一系列政策，为地方数据立法提供了明确方向和指引。2020 年 4 月，中共中央、国务院公布《关于构建更加完善的要素市场化配置体制机制的意见》，将数据与土地、劳动力、资本、技术并列作为生产要素，并明确提

---

[①]　司亚清：《数据流通及其治理》，北京邮电大学出版社 2021 年版，第 105—114 页。

出"引导培育大数据交易市场，依法合规开展数据交易"。2021年1月12日发布的《"十四五"数字经济发展规划》也提出了"数据要素市场体系初步建立"的目标。各地为落实中央政策要求，以促进数字经济产业和社会发展为基本定位进行有关数据立法，最大程度地促进数据流通和开发利用，进一步激发市场主体活力。如表5-3所示，截至目前全国已有20余个省级行政区进行了数据相关立法。

表5-3　地方数据立法总结

| 省份 | 文　件　名　称 | 省份 | 文　件　名　称 |
|---|---|---|---|
| 广东省 | 《广东省数字经济促进条例》 | 安徽省 | 《安徽省大数据发展条例》 |
| | 《深圳经济特区数据条例》 | | 《安徽省政务数据资源管理办法》 |
| | 《中山市政务数据管理办法》 | 福建省 | 《福建省政务数据管理办法》 |
| | 《广州市数据要素市场化配置改革行动方案》 | 山东省 | 《山东省大数据发展促进条例》 |
| 上海市 | 《关于全面推进上海城市数字化转型的意见》 | | 《山东省电子政务和政务数据管理办法》 |
| | 《上海市"十四五"规划纲要》 | | 《山东省健康医疗大数据管理办法》 |
| | 《上海市公共数据开放暂行办法》 | | 《济南市公共数据管理办法》 |
| | 《上海市公共数据和一网通办管理办法》 | | 《青岛市公共数据开放管理办法》 |
| | 《上海市数据条例》 | 北京市 | 《北京国际大数据交易所设立工作实施方案》 |
| 贵州省 | 《贵州省大数据安全保障条例》 | | 《关于推进北京市金融公共数据专区建设的意见》 |
| | 《贵州省大数据发展应用促进条例》 | | 《北京市公共数据管理办法》 |
| | 《贵州省政府数据共享开放条例》 | 湖北省 | 《湖北省政务数据资源应用与管理办法》 |
| | 《贵阳市政府数据共享开放考核暂行办法（2020修改）》 | | 《武汉市公共数据资源管理办法》 |
| | 《贵阳市政府数据共享开放实施办法（2020修改）》 | 重庆市 | 《重庆市政务数据资源管理暂行办法》 |
| | 《贵阳市政府数据资源管理办法（2020修改）》 | 四川省 | 《成都市公共数据管理应用规定》 |
| 海南省 | 《海南省大数据开发应用条例》 | 宁夏 | 《宁夏回族自治区政务数据资源共享管理办法》 |
| | 《海南省大数据管理局管理暂行办法》 | 辽宁省 | 《沈阳市政务数据资源共享开放条例》 |
| | 《海南省公共数据产品开发利用暂行管理办法》 | 黑龙江省 | 《哈尔滨市公共数据开放管理暂行办法》 |

（续表）

| 省份 | 文 件 名 称 | 省份 | 文 件 名 称 |
|------|-----------|------|-----------|
| 江苏省 | 《南京市政务数据管理暂行办法》 | 吉林省 | 《吉林省促进大数据发展应用条例》 |
| | 《无锡市公共数据管理办法》 | 天津市 | 《天津市促进大数据发展应用条例》 |
| 浙江省 | 《浙江省公共数据条例》 | | 《天津市数据交易管理暂行办法（征求意见稿）》 |
| | 《浙江省数字经济促进条例》 | 湖南省 | 《湖南省地理空间数据管理办法》 |
| | 《浙江省公共数据和电子政务管理办法》 | 江西省 | 《江西省地理信息数据管理办法》 |
| | 《浙江省公共数据开放与安全管理暂行办法》 | 山西省 | 《山西省大数据发展应用促进条例》 |
| | 《浙江省地理空间数据交换和共享管理办法》 | | 《山西省政务数据管理与应用办法》 |
| | 《宁波市公共数据安全管理暂行规定》 | | 《山西省政务数据资产管理试行办法》 |

地方之所以会出现数据立法的热潮，本质上是因为当前数字经济的高速发展，尤其是数据生产要素作用的发挥，对法律规则的有效供给提出了强烈需求。总结来看，地方数据立法具有以下三个特点：

第一，各地数据立法有先后，综合性立法和分领域立法并存。一方面是深圳市、上海市发布的综合性立法，《深圳经济特区数据条例》和《上海市数据条例》都是涵盖个人数据、公共数据、数据要素市场、数据安全等方面的数据综合性立法；另一方面是绝大部分省份采取的数据细分领域立法，如浙江省发布的《浙江省数字经济促进条例》《浙江省公共数据和电子政务管理办法》《浙江省公共数据开放与安全管理暂行办法》《浙江省公共数据条例》。

第二，各地关于数据治理的举措还体现在促进数字经济、促进产业发展的相关规范中。例如《浙江省数字经济促进条例》设"数据资源"专章，提出"加强数据资源全生命周期管理，提升数据要素质量，培育发展数据要素市场"；《广东省数字经济促进条例》设"数据资源开发利用保护"专章，提出"探索数据交易模式，培育数据要素市场，规范数据交易行为，促进数据高效流通"。

第三，不少地方条例具有制度创新、引领改革发展的鲜明特点。例如《深圳经济特区数据条例》首次明确提出"数据权益"概念，对数据流通利用进行了制度探索。《上海市数据条例》以浦东引领区改革为依托，明确建立"上海数据交易所""国际数据港"等实质性举措，构建数据要素市场的制度框架。

### （三）数据立法的主要内容

#### 1. 数据权益保护

数据权属指数据权利 / 权益内容及其归属，是数据立法探索中最具争议的话题。数据的权属认定是打消企业顾虑，促进数据流通利用与数据要素市场建设的制度基础，在理论和规范层面，我们均需对数据相关主体的人格权益和财产性权益进行配置。

从国外立法经验看，欧盟《通用数据保护条例》虽然没有明确确立个人数据的财产权保护，但其对个人数据的规定有三个特征都表明《通用数据保护条例》将个人数据视为一种财产。其一，《通用数据保护条例》确立了默认权利（default entitlements）原则，即收集与处理个人数据不仅需要征得个人同意，而且在没有明确个人同意的情况下，个人也是其数据的默认拥有者；其二，《通用数据保护条例》为数据本身设定了某些责任，即使他人经过合同或数据主体的同意而获得了数据，他们也必须对这些数据承担某些义务，而不能随意处分这些数据；其三，《通用数据保护条例》规定了基于财产规则的救济（property-rule-based remedies）。也就是说，欧盟在制定《通用数据保护条例》时虽然没有采取将个人数据明确为财产权的做法，但是其实际立法的立足点是以数据为财产展开的。

我国相关立法遵循将数据权益分为人格权益和财产权益二分的思路，没有采取"数据权"这一确定性概念。究其原因，首先，从中央层面来看，中央对于地方探索数据权益问题一直持审慎态度。地方立法规定数据权属的难点在于：第一，规定民事基本制度属于中央专属立法权，地方立法无法对数据权益作出直接规定（《立法法》第 8 条"立法保留事项"）；第二，数据的多主体和权益多元化的复杂特性使得数据权属在学术界存在较大争议，在国内外均未形成一致意见。其次，从地方层面来看，各省市已经出台近 20 部有关数据权益及信息安全和信息保护的法律规范，这些规范性文件在规定数据 / 信息权益属性时都采取了抽象化处理。最大的区别只是在于，有些地方将这些权益通过具体权利类型方式予以确定，有些地方只是笼统地概述了两种权益（权利）类型，如《上海市数据条例》采取了后者。

#### 2. 公共数据价值实现

公共数据的概念在各地政府治理的实践中逐渐形成，各地出台的公共数据地方性条例均有相应的规定。如《上海市数据条例》第 2 条规定，公共数据是指本市国家机关、事业单位，经依法授权具有管理公共事务职能的组织，以及供水、供电、供气等提供公共服务的组织，在履行公共管理和服务职责过程中收集和产生的数据。

公共数据的国有私产的属性决定了其需要增值保值，而公共数据市场化运营正是实现数据增值的重要途径。根据学者的观点，公共数据进行市场化运营，实现其价值的最大化利用，主要存在以下三种路径：

第一，政府数据开放许可授权模式。通过政府数据开放许可协议，规范政府数据开放各利益相关方的权利和责任，促进政府开放数据的再利用和商业开发。但根据学者的观点，我国政府数据开放许可授权机制的不健全已经成为限制政府开放数据再利用的主要瓶颈之一，应尽快给予完善。[①] 有学者在借鉴国外政府数据开放许可协议的基础上，提出制定中国政府数据开放许可协议（CLOD），旨在规范政府数据开放许可人和被许可人的权利和义务。[②]

第二，政府数据有偿开放模式。政府数据开放的有偿模式是为了实现政府的数据收益权、降低行政成本、提升政府部门开放数据的动力、保障政府开放数据的质量。政府数据有偿开放面向的对象是从事数据商业化开发利用的市场主体，市场主体付费获取政府开放数据同样要遵循政府数据开放许可授权要求。

第三，政府授权运营模式。该模式的具体实现路径是先由各级行政机关和公共服务单位将自身在履行职责和提供服务过程中形成的公共数据存储到一个大数据平台上，再授权给被授权组织对此平台的数据进行运营，运营的同时会受到相关部门的指导、管理和监督。通过这种方式，有关部门利用该运营企业以合适的方式将公共数据提供给应用单位，使得应用单位能够利用所需要的公共数据进行数据创新。

### 3. 数据交易规则设计

缺乏有利于数据交易发展的法律环境会导致数据的可获取性降低，对数据市场参与者形成障碍，甚至导致不正当竞争。由于著作权、数据库权、商业秘密保护、合同

---

[①] 宋卿清：《国内外政府数据开发利用的进展及对我国的政策建议》，载《中国科学院院刊》2020 年第 6 期。

[②] 范佳佳：《中国政府数据开放许可协议（CLOD）研究》，载《中国行政管理》2019 年第 1 期。

机制等既有保护模式的不足，非个人数据保护依然缺乏有效的制度安排。为此，在欧盟政策文件《建立欧盟数据经济》中，欧盟呼吁针对非个人的机器生成数据设立数据产权，规范市场和交易。欧盟希望通过"数据生产者权"鼓励（特殊情况下强制）企业授权第三方访问其数据，促进数据流通和增值。此外，为了促进数据访问和共享，欧盟委员会考虑基于"公平、合理、无歧视"（FRAND）条款建立数据许可框架，以为中小企业和初创公司提供更公平的数据利用机会。

我国构建数据要素市场，是抢占未来全球竞争制高点的战略需要，是有效解放数字生产力的必由之路，是推动经济实现高质量发展的重要抓手。首先，应当明确可交易数据的范围，扩大合法、可交易数据的源头供给。其次，应明确数据交易规则，让市场主体"依规交易"；明确数据交易监管机构，保障数据市场"有序交易"；积极培育数据服务新业态，推动数据市场良性发展。

### （四）数据立法的趋势与展望

#### 1. 适应未来产业发展和社会公共诉求

在现在数据治理已经成为全球浪潮的情况下，一方面我们国家的立法体现了中国的本土利益诉求，同时也客观地产生了对全球数据治理格局的影响。此外，现在的立法更加注重生态性的立法、生态的建设，不同的主体层面、不同层级、不同行业、不同部门的主体参与性的角度，体现了对于生态的高度重视，包括对公益诉讼的关注，对认证标准、培训体系的重视等。我国数据立法过程中一方面借鉴了全球范围内通行的数据保护的规则，全流程建构数据流通利用规则体系，另一方面总结了目前我国有关个人信息保护、数据治理的本国经验以及通用数据保护规则的本土化改造，很大程度上适应了产业发展和社会公共的诉求。[①] 未来不仅是实体法层面对于数据处理、流通利用的规则会进一步确立完善，在程序法层面企业在犯罪治理中承担的数字协助义务也将不断强化。

#### 2. 数据保护与数据安全合规高效流通并行

全球性视野、生态性逻辑推动了我国数据立法体系化的推进，从数据安全法和个

---

① 吴沈括：《我国数据立法体现了全球共识和本土经验的融合》，https://mp.weixin.qq.com/s/pjBeIFlz2YaNvYYrjt_HVA。

人信息保护法的逻辑关系可见，数据安全制度的保护重点偏重于非个人信息，由此形成了数据安全和数据保护并行立法的态势。我国数据立法越来越强调与我国政策战略相匹配的系统明确的顶层设计框架，基于公平分配的原则推动实现各类数据要素的充分开发和合规高效流通将成为未来立法中的一个重要目标。此外，依据个人数据、企业数据、公共数据的差异追求细分可行的差别规范制度安排是目前立法的基本思路，后续国家和有关主管部门在细分领域出台更多的法律法规与标准规则，并通过制度设计来最大限度维护不同利益主体的合理诉求。

### 3. 立法与技术协同促进数据要素市场发展

目前我国数据要素市场的机制、模式与应用尚处于初步探索阶段，数据要素市场的发展与建设需要遵循"理论突破—技术攻关—实践验证—迭代发展"的螺旋式发展模式。[①] 在此背景下，地方政府纷纷出台政策先行先试，充分发挥新一代信息技术的优势与市场主体的创新能力，在试点过程中试图找到有效的解决方案与立法范式。未来在国内探索与实践的基础上，还需要研究数据跨境流动的法律与技术问题，根据前瞻数字经济发展趋势、符合国际合作发展要求的数据要素跨境立法与实践工作主导全球数据要素市场发展体系构建，在全球数字经济竞合生态体系中占据领先优势。数据要素市场发展是一个复杂的系统工程问题，其立法工作不仅需要从法学概念与理论体系出发，还要对影响数据要素市场发展的经济、商业与技术等系统因素进行综合与协同研究。针对结构化、大数据量、更新更频繁的结构化数据确权，除了要以数据要素所具有的"物理转移即失控、分析利用边际成本为零、价格由需求场景决定"等特性作为研究出发点，还需要攻克解决一系列具体的技术问题，实现数据要素通过立法与技术相互融合的确权、利用与保护。

### 4. 数据资产管控平台成为数据合规新业态

随着我国《网络安全法》《网络安全等级保护》《数据安全法》等安全法律法规的相继实施，对数据资产进行全生命周期的安全管控已成为未来可持续发展的必然要求。在数据资产的产生、存储、传输、交换、使用等全生命周期的各重要环节如何做到数据资产防泄漏、防篡改、防滥用是今后面临的数据资产安全管控的难题。以密码

---

① 柳峰、高绍林：《数据要素市场发展的立法范式研究》，载《信息安全研究》2021年第11期。

技术为基础，以人工智能、大数据分析等技术为手段构建的数据安全管控平台可实现对数据资产进行实时动态监测，为数据安全治理和风险管控提供精准依据和量化支撑。覆盖数据资产全生命周期的数据安全管控平台在满足相关监督部门对数据安全合规检查要求的同时，可实现数据资产安全梳理、分类分级，完成数据资产类目构建与数据敏感信息归集等工作，有效提升数据资产风险防范和应对能力，对于既有数据安全合规需求又希望从存量数据中挖掘数据价值的任何行业，都具有十分重要的价值。这类平台型企业在未来除了会受到数据保护相关法律法规的严格管制之外，反垄断法等也将对其提出更高要求。

# 二、人工智能算法规制专题报告[①]

算法作为指导人工智能行为的内在程式，是人工智能治理关注的核心问题之一。当前，算法决策已经渗透到一系列社会过程中，从在线搜索服务到高频交易，从路线优化到自动驾驶汽车算法，算法正在以一种前所未有的管理复杂性社会的能力重塑社会。虽然与算法有关的问责制、透明度、可靠性及伦理等问题被不断提出并被论证分析，但现有法律对管理算法开发与部署的机构及流程设置的关注度和兼容性仍尚待进一步提升，亟须通过课题研究，探讨通过对算法治理这一全新且独特的社会治理导向的进一步完善，更加有效地调节和整肃社会关系。

## （一）人工智能算法发展的现状及法律风险

算法（Algorithm）是对解题方案的准确而完整的描述，是一系列解决问题的清晰指令，算法代表着用系统的方法描述解决问题的策略机制。也就是说，其能够对一定规范的输入，在有限时间内获得所要求的输出。一般认为，计算机算法兼具有穷性（Finiteness）、确切性（Definiteness）、输入项（Input）、输出项（Output）、可行性

---

① 本文作者：林竹静，上海市人民检察院法律政策研究室检察官；詹可，浙江清华长三角研究院法治与社会治理研究中心助理研究员。

（Effectiveness）五个重要特征。① 在互联网时代初期，算法的实质只是代码的集合。进入人工智能时代，算法具备了自我学习的能力。算法的形态被分化为代码和数据两个部分：以代码学习数据，以数据影响代码。

当前算法的主要应用场景集中在商业、传媒及公共决策领域。在商业领域中主要有新闻媒体的个性化推送、搜索引擎的排序以及网络服务的自主定价等。在公共决策领域算法则主要应用于金融决策、信用评级、司法判决等涉及公共利益的场景，在新冠肺炎疫情大流行的影响下，公共部门越来越多地采用算法监管。

### 1. 商业领域算法的典型应用

#### （1）电子商务

人工智能算法应用在电子商务领域时，商家除了向用户推荐可能购买的商品，实现精准定向营销和收益最大化外，还会根据掌握的数据进行用户画像，通过算法在可控制的范围内制定价格，进而造成相同产品不同价格的现象。差异定价通常导致高频用户的定价一般会高于低频用户以及新用户。

人工智能算法应用在电子商务领域可能造成地理位置歧视。电子商务企业收集了大量关于客户的数据——地址、付款方式、搜索历史、购物等，生活方方面面的数据都可以被处理，以识别确定模式、估计报价和设定价格，然后根据客户意愿调整其市场价格，从而导致消费者花更多的钱。电子商务是一个虚拟的生态系统，尽管呈现出由选择自由和价格提供构成的外观，但市场上不同参与者之间竞争的结果，可以是由拥有巨大统治权的大公司操控信息和在线市场动态。在这些受控生态系统中，卖家可以准确识别消费者的地理来源，从而向特定客户群体收取更高的价格。

个性化定价造成的算法杀熟侵害消费者权益。个性化定价指向不同的人宣传不同的价格并达到相同效果的做法，例如向选定的客户提供折扣。公司根据不同客户愿意支付的价格来个性化价格，以增加利润。数字市场的关键特征之一是能够访问大量个

---

① 计算机算法具有以下五个重要特征：有穷性（Finiteness），算法必须能在执行有限个步骤之后终止；确切性（Definiteness），算法的每一步骤必须有确切的定义；输入项（Input），一个算法有 0 个或多个输入，以刻画运算对象的初始情况；输出项（Output），一个算法有一个或多个输出，以反映对输入数据加工后的结果；可行性（Effectiveness），算法中执行的任何计算步骤都是可以被分解为基本的可执行的操作步骤。

人数据并应用分析来估计用户的支付意愿。[①] 个性化定价可能会导致消费者受到伤害，如竞争不充分（即垄断者价格歧视）、个性化定价特别复杂或对消费者缺乏透明度和（或）企业实施成本非常高。

### （2）算法合营（谋）

算法可用于使企业之间有明确协议的合营更加稳定，或者可以在公司之间没有任何明确的协议或沟通的情况下进行"合作"。算法可以快速监控竞争对手的价格波动而调整价格，同时其对供需条件的变化反应更快，这意味着更好的库存管理和减少浪费。[②] 此外，还可以利用消费者信息，提供潜在的高度个性化的优惠，从而提高分配效率。因此，算法定价有可能显著提高效率并降低交易成本。然而，算法定价也可能学会自主串通，而无需人为指示，并且可能无需沟通，这一事实为市场参与者、平台和反垄断机构开辟了新的具有挑战性的场景。

算法合谋可能涉及不正当竞争。当串通方明确沟通时，反垄断执法部门会识别违规行为，但是目前，学会默契合谋（算法勾结）的算法并不违反反垄断法或竞争法。从广义上讲，围绕算法合谋的担忧分为三类：第一，定价数据可用性的提高和自动定价系统的使用可以通过更容易地检测和响应偏差并减少错误或意外偏差的机会"促进明确的协调"。即使是简单的定价算法，也可以访问竞争对手价格的实时数据，使公司之间的明确勾结更加稳定。第二，如果公司使用相同的算法系统来设定价格，包括使用第三方提供的相同软件或服务，或者将其定价决策委托给一个共同的中介，这可能会造成"中心辐射"结构化并促进信息交流。第三，存在"自主默契共谋"的可能性，即定价算法学习共谋，而无须其他信息共享或现有协调。

操纵排名算法和其他平台设计选择也可让平台上的现有企业排除竞争对手。在线市场上销售的第三方老牌企业或许能够操纵关键平台的算法，以便在新进者增长的关键期暂时抑制新进者的知名度。此外，为了合法目的而改变复杂的算法系统可能会对依赖它们的企业造成意外伤害，并损害受影响市场的竞争。尤其是，**Facebook** 和谷歌

---

[①] 当数字市场提供商（例如平台）控制消费者与之交互的界面，并且可以限制消费者可以访问的替代选项并因此限制切换到另一个提供商的能力时，这种做法可能特别有效。

[②] Assad，Stephanie，et al. Autonomous algorithmic collusion: Economic research and policy implications，*Oxford Review of Economic Policy* 37.3（2021）：459—478.

等网关平台算法的变化可能会产生重大影响，许多企业可能因此在无意中被排除或边缘化。理解和适应这些算法的操作变化可能是新进者进入的障碍。因此，研究算法是否可以学会默契合谋，算法合谋是否会在实践中广泛出现，以及法律对此该作出何种反应至关重要。

### 2. 传媒领域算法典型应用

#### （1）新闻推荐

在信息的交互过程中，算法极为关键。中国互联网络信息中心（CNNIC）发布的《2016 年中国互联网新闻市场研究报告》就显示，算法分发逐渐超越编辑分发，成为网络新闻主要的分发方式。在新闻传播领域呈现出从"人找信息"到"信息找人"的趋势，算法逐渐成为主流的新闻推荐方式。

虚假信息的算法推荐是展现算法对意思自治产生影响的很有力的案例，因为它展示了如何通过"事前设计"的算法的自动化决策，取代人类的自由裁量权。尽管算法通过单一的、普遍应用的代码预设了高度形式化的规则，但算法的自治仍然是通过"软"工具管理和个人社交互动的复杂范围排序实现的，比如类似 Facebook 的社交网络"试图将用户的活动导向某个方向"。使用算法确定的规则，虽然在法律上不具有约束力，但这些规则是"内置的"并且很难规避。算法一旦设计完成，就会根据算法创建时内置的事前规则甚至价值观，过滤用户看到的所有信息。在虚假信息出现之后，算法并非主要解决违反虚假信息规范的问题，而是由算法指导，根据算法研发者的偏好预设对新闻等内容进行分类、排序和展示，潜移默化地侵蚀甚至剥夺了用户对于信息筛选的自由裁量权。

#### （2）搜索引擎

算法在搜索引擎中发挥着非常核心的作用，其不仅能够满足用户的信息搜索需求，还会利用算法技术在用户主动搜索之前就提前预知用户的兴趣所在，并向用户进行推送搜索。

在极端情况下，算法在传媒领域的不当使用甚至可能危及政治安全和社会稳定。算法会助长社会和政治分歧，因为算法驱动的分类容易将人们引导到重复和强化的媒体和政治内容的回音室中。此类案例屡见不鲜，如 2021 年 10 月 3 日，Facebook 公司前雇员弗朗西斯·豪根（Frances Haugen）揭露其工作期间，目睹 Facebook 坚守企业利益，忽视公众权益，平台排名算法存在系统性问题，放大了仇恨、错误信息和政治动荡，导致了更多的"愤怒、两极化和分裂"，而管理层明知后果，仍继续使用此类算法，以更多牟利。2018 年缅甸"种族暴力"事件，军方利用 Facebook 发起了一场种族灭绝。类似地，社交应用 Instagram 也会伤害青少年女孩。算法已经逐渐沦为企业控制用户、输出价值观、误导公众认知的工具，有害的算法势必会误导公众，引发影响政治安全和社会稳定的系列问题。此外，2020 年 6 月微博利用算法操控热搜榜单亦存在类似问题。算法总是植根于其创造者的价值体系，用来操纵公众舆论、媒体价值取向等势必会影响公众的价值判断和政治选择。

### 3. 公共决策领域算法典型应用

#### （1）征信评分

我国正在着力构建发展社会信用体系，在信用社会建设中的算法决策会对个人产生切身的影响，虽然不同征信机构的算法可能存在设计思路和运行方式迥异的情况，但其涉及贷款、投资等金融方面的决策直接关系到主体的财产权益，这种针对个人的影响是可以度量的。同时，算法强大的检索能力还可能将聊天记录、搜索记录等私密数据都纳入分析范围，海量的收集将给信用主体隐私的保护带来巨大挑战。

公共管理部门日益流行的算法决策——以技术决策的形式实施行政决策，对行政法也提出了许多挑战，这些挑战涉及使用此类算法系统的必要性、透明度、可解释性、错误的可扩展性、因果关系相关性的使用；等等。算法的不透明性和明显的客观性可能会破坏对基本权利和自由的保护，造成经济和政治权力的重新分配，同时侵蚀民主制度及其进程的基础和完整性。[①] 在法国，2016 年《数字共和国法》（第 4 条，由第 2017—330 号法令详细实施）提供了获取行政文件的权利。根据该法，当公共机构对居民进行算法处理时，后者有权获知：第一，算法处理对决策的贡献程度；第二，处理的数据；第三，处理的参数；第四，应用此类处理的操作。该信息应根据要求以可理解的语言向个人解释，并且不得侵犯受法律保护的秘密（参见第 R.311-3-1-2 条）。然而，2018 年末，法国宪法委员会在审查将法国数据保护法与欧盟《通用数据保护条例》相协调的法案时认为，如果公共机构无法在不损害受保护秘密（包括商业秘密）的情况下传达算法的操作原则，不能仅根据这种算法作出决定。换言之，根据

---

[①] Ulbricht L., Scraping the Demos. Digitalization, Web Scraping and the Democratic Project, *Democratization* 27（3），426—442.

法国宪法委员会的解释，如果公共机构在其决策中仅依赖算法，则不能以商业机密作为不公开其功能的借口。意大利法院提供了类似的推理。2017 年，拉齐奥地区行政法院表示，算法等同于数字行政行为，因此公民有权获得解释。①

### （2）司法裁判

算法在司法领域中的应用导致司法裁判的传统流程发生着巨大变革。算法不仅可以帮助律师进行检索和预测等操作，还可能深入司法裁判当中，对具体判决产生实质性影响。典型如上海市高级人民法院研发的"刑事案件智能辅助办案系统"收集整理了上海市原有的几万份刑事法律文书，梳理了近万个典型案例以及 1600 多万条司法信息，将之全部投入深度学习算法中进行训练，进而制定出针对常见问题的相关证据标准、证据规则，并将其镶嵌进数据化的办案程序。

算法在司法领域中的应用可能助长偏见与歧视。2021 年 10 月 6 日，欧洲议会通过决议，呼吁全面禁止基于人工智能生物识别技术的大规模监控，这类系统已被证明会错误识别少数族裔群体、LGBT 人群、老年人和女性。该决议针对算法应用强调了人类监督，以防止算法歧视——尤其是其在执法和过境检查方面的应用。算法应该透明、可追溯并有充分的记录。公共部门应尽可能使用开源软件，以提高透明度。②决议还呼吁禁止人工智能协助司法决策，这可能会巩固和扩大刑事司法系统中的系统性偏见。

### （二）人工智能算法国外立法考察

当前，欧盟和美国在算法的法律规制上都在进行着有益的探索。其中，欧盟选择了以数据保护为中心的规制模式，而美国选择了以算法责任为中心的规制模式。

#### 1. 欧盟方案：以数据保护为中心

欧盟致力于数据保护的相关立法工作，逐渐形成了将数据保护作为基本权利的发展思路。从 2000 年底《欧盟基本权利宪章》规定"人人有权要求个人数据被保护"

---

① 2019 年，意大利最高行政法院进一步进行利益权衡，得出结论认为，在公共行政中使用时不能指望保密，因为公众对所使用算法享有完全知情权。然而，最近，同一法院承认商业／技术秘密的持有人是意大利行政程序法第 22（1）c 条含义内的"利益冲突方"，而不是那些请求访问算法以验证其正确运行的人。

② 欧洲议会议员还认为一项有争议的欧盟资助的研究项目——基于面部表情分析结果的"智能测谎仪"项目 iBorderCtrl 应该停止，该项目此前被用于自动化边境管理系统。

一直到《通用数据保护条例》出台，欧盟制定了一系列强有力的法律框架，在数据保护、个人数据权利以及网络安全等方面均有详细规定，引领了全球的数据治理。系列规范主要包括《通用数据保护条例》《非个人数据自由流动条例》（FFD）、《网络安全法》（CSA）等。《通用数据保护条例》对涉及欧盟的所有数据的处理施加了更加严格的限制，可以称得上是关于数据保护最为系统全面的法律规定。《通用数据保护条例》自从 2012 年欧盟委员会颁布草案到 2016 年最终通过，再到 2018 年 5 月 25 日正式生效经过了长达 6 年的时间。其中对于算法自动化决策进行直接规定的有关条款更具前瞻性，尤其是保障数据主体免受自动化决策影响的权利的规定，在世界范围内都起到了巨大的反响和一定程度上的示范效应。

　　欧盟第 29 条数据保护工作组（WP29）发布了涉及算法分析的《监管下的透明度指南》。根据 WP29 的文件，算法分析表示对个人数据进行自动处理，其目的是评估自然人的相关数据。在分析当中要赋予用户查阅权与被遗忘权，这就要求从事自动化决策的公司为数据主体提供访问、审查、纠正和删除数据的选项。《通用数据保护条例》第 13 条提出数据主体所拥有的权利包括要求控制者提供对个人数据的访问、更正或擦除，限制或反对相关处理的权利以及数据可携权。《通用数据保护条例》第 17 条规定了被遗忘权的内容及适用情形，当收集或处理个人数据的相关目的不再必要、数据主体撤回在此类处理中的同意或者已经存在非法的个人数据处理等情形时，数据主体具有要求控制者删除其相关个人数据的权利。这一权利虽然规定在《通用数据保护条例》当中，但其确立的标志被公认为 2014 年冈萨雷斯诉谷歌案中法院对用户的断链申请的支持，这在全球范围内引发被遗忘权研究热潮。《通用数据保护条例》第 20 条规定了数据可携权，并明确规定了权利的客体以及行使条件。①

---

① 《通用数据保护条例》第 20 条：1. 当存在如下情形时，数据主体有权获得其提供给控制者的相关个人数据，且其获得个人数据应当是结构化、常用且机器可读的格式，数据主体有权无障碍地将此类数据从其提供的控制者那里传输给另一个控制者：（a）处理是建立在第 6（1）条（a）点或第 9（2）条（a）点所规定的同意，或者第 6（1）条所规定的合同的基础上的；（b）处理是通过自动化方式的。2. 在行使第 1 段所规定的携带权时，如果技术可行，数据主体应当有权将个人数据直接从一个控制者传输到另一个控制者。3. 行使第 1 段所规定的权利，不能影响第 17 条的规定。对于控制者为了公共利益，或者为了行使其被授权的官方权威而进行的必要处理，这种权利不适用。4. 第 1 段所规定的权利不能对他人的权利或自由产生负面影响。

依据《通用数据保护条例》的规定，个人有权选择从数字画像和数据自动处理中退出，这就意味着数据控制者面临更强的透明度要求。《通用数据保护条例》第21条赋予数据主体反对数字画像和数据自动处理的权利：对于仅仅依据数据自动处理（包括画像）作出的、具有法律效力或可能产生显著影响的决定，数据主体有权要求免于受这样决定的制约。第22条第3款特意对自动化决策的人为干预作出规定，要求数据控制者应实行合适的措施以保护数据主体的权利、自由和合法权益，数据主体至少应获得对控制者一方实施人为干预、表达自身观点和同意决定的权利。一般来说，《通用数据保护条例》禁止实体使用"纯粹"自动分析来作出具有法律效力的决策，不得对人们的法律权利或法律地位产生影响。

### 2. 美国路径：以算法责任为中心

在美国，对于网络领域的规制与引导主要通过联邦贸易委员会（FTC）和美国电子和电子工程师协会（IEEE）两个机构来进行。根据《联邦贸易委员会法》，FTC的主要任务包括保护消费者和惩罚强迫性垄断等反竞争性商业行为。[①] IEEE是行业协会，其指定的标准和章程在全球范围内具有广泛影响。

FTC认识到使用算法自动化决策可能产生歧视性影响，算法歧视极易引发甚至加剧社会不公。在美国，教育、住房、就业等领域的算法歧视引起的诉讼层出不穷。在诉讼过程中，法院主要运用的是《民权法案》第七章及其相关条款。法院根据这些规定，形成了不同待遇审查和差异性审查两种基本模式。[②] 美国的《平等信贷机会法》就要求债权人向消费者充分解释其信贷申请被拒绝的原因，而《公平信用报告法》要求债权人向消费者提供信用报告，并调查有关错误信息的争议，进而根据需要进行更正。[③]

2016年底IEEE发布了《合伦理设计：利用人工智能和自主系统（AI/AS）最大化人类福祉的愿景（第一版）》，对不同的主体在人工智能责任方面应当采取的措施

---

① Daniel J. Solove，Woodrow Hartzog，The FTC and the New Common Law of Privacy，114COLUM. *L. REV（2014）*：pp. 583—585.

② See T. Kim，supra note 14，at 902—903.

③ Joshua New，Daniel Castro，How Policymakers Can Foster Algorithmic Accountability，5Center for Data Innovation（2018）：p. 21.

进行了详细描述，其指出立法机构应当阐明人工系统开发过程中的职责、过错、责任、可责性等问题，以便制造商和使用者知晓其权利和义务。但美国对算法作出直接规定的法律很少，且多是部门性的，依赖传统的基于危害的监管方法。

加利福尼亚州在 2018 年通过了《加利福尼亚州消费者隐私法案》( The California Consumer Privacy Act of 2018 )，要求开展算法业务的公司发布在线隐私政策，披露他们如何响应浏览器 "不跟踪" 信号，明确公司收集和共享给第三方的个人信息的种类。然而，法律没有要求加利福尼亚州企业履行不跟踪请求或规定必须退出跟踪的情形，也并未对在线行为广告的使用作出严格限制。针对在线行为广告，FTC 也没有完全禁止，其仅对美国公司将用户同意提供的敏感数据用于在线行为广告行为作出禁止。公平贸易委员会甚至还发布了促进使用广告的透明度和披露目标的指导方针，[①] 其理论是知情的用户可以对其在线做法作出合理的决定。美国一直没有法律明确禁止或限制算法作出有关信贷或住房或就业的决定，现有法律只关注禁止使用歧视性的数据。

此外，在人脸识别领域，2019 年美国有 9 个州颁布了关于禁用人脸识别技术的法案，严禁警察、政府部门以及在公共场所使用人脸识别技术。旧金山成为美国第一个禁止警察和其他政府官员使用人脸识别的大城市。随后几个月内，奥克兰和伯克利等地也通过了类似的法律。许多技术公司，如 IBM、亚马逊、谷歌等，此前也曾暂停或放弃了人脸识别相关业务。医疗人工智能的许多应用都处于美国食品药品监督管理局（FDA）监管医疗设备的权限内。《21 世纪治愈法案》将某些类型的 "低风险" 人工智能排除在 FDA 审查之外，例如旨在协助医生的算法。但许多人工智能产品仍然必须通过 FDA 的审查——这使该机构能够认真对待它们的风险。[②]

美国倾向保护数据产业的发展，侧重运用市场规范的方式对企业运用算法决策进行规制，强调以算法责任为中心。总的来说，美国对算法的规制属于特定性的规制措施。主要包括对特定机构进行专门规制、对特殊领域的算法应用进行禁止以及针对可能出现的算法歧视进行限制等。

---

① Yannella，Philip N，The Differing US and EU Regulatory Responses to the Rise in Algorithmic Profiling，33Communications Lawyer（2018）：pp. 1—21.

② https：//www.theregreview.org/2021/10/04/johnson-medical-ai-regulators-learn-from-global-financial-crisis/.

### （三）我国人工智能算法规制的立法建议

目前，人工智能的定义非常广泛，涵盖了大多数软件公司使用的常用工具和流程，例如"专家系统""统计方法"。定义不明确，导致该概念涵盖过广的问题领域，大大增加了该法规的适用范围，超出了人工智能特定的风险，并最终会导致与合规相关的巨大的法律不确定性。建议重新审视概念定义，并澄清人工智能、机器学习、深度学习、算法、自动化流程和"传统软件"之间的区别。同样，人工智能价值链中不同参与者（即人工智能系统的开发人员、生产者和用户等）的角色和责任普遍存在不确定性。大多数与高风险系统相关的义务定义广泛，没有充分区分不同参与者的具体角色，最终将主要的合规负担置于生产者身上。

#### 1. 应用前审查监督立法

人工智能算法本身的公开性、透明性的问题，是人工智能时代的一个核心问题。[1]算法黑箱的隐性危害已经引起了公众的广泛重视，应根据不同的风险等级确定不同的透明度边界，在将算法投入应用前要施以必要的审查监督。

##### （1）完善算法分级分类制度

按照算法的应用场景以及具体决策产生的影响，可以按照无风险、低级风险、中级风险和高级风险来划分等级。

##### （2）建立健全算法监督机制

国务院发布的《新一代人工智能发展规划》明确提出建立健全公开透明的人工智能监管体系，实行设计问责和应用监督并重的双层监管结构，实现对人工智能算法设计、产品开发和成果应用等的全流程监管。全流程监管主要表现在企业对算法的审查义务和行政部门对算法的监督权力两个方面。首先是网络服务平台应主动承担算法审查的义务。其次是行政机关对即将投入使用的算法进行评估与审查。算法的全过程监管应当包括备案与抽查。

#### 2. 应用中权益保障立法

确立协同治理的监管体系框架。协同治理通常被认为更适合高度监管复杂系统产

---

[1]　王利明：《人工智能时代提出的法学新课题》，载《中国法律评论》2018年第2期。

生的难以计算的风险，对这些风险监管者和立法者不太可能拥有专业知识。协同治理，至少在理论上，应该非常适合改善算法以及围绕它们的复杂的人类系统。[①]

可用的人类行为数据不断增加，与机器学习的进步相结合，导致我们越来越依赖算法来解决复杂的社会问题。应通过法律强制实施算法审查，评估机器学习性能，以增强算法决策的公平性，估算法推理的合法性、问责制、透明度和安全性。构建由研究人员、从业人员、决策者、用户、第三方专业检测机构等组成沟通联系的监督平台，在现实世界的算法决策过程中共同参与开发、部署、评估和审查，最大限度地提高公平性和透明度。同时，鼓励算法公开，支持开放算法（OPAL）的发展。

### 3. 应用后确权问责立法

研究算法应用之后产生的法律后果，以及如何问责的问题。受制于算法的不透明性，在侵害法益的结果发生后，难以确定责任主体，无法有效问责是法学领域热议的话题。亟待通过进一步关于算法的可解释性和算法解释权的研究，复盘算法运行的过程，找出具体原因，完成法律问责。法律问责是规制算法的最后手段，同时也是最为有力的手段。面对算法这个新型的未知工具，破解其黑箱需要技术人员和立法者司法者一道共同努力，让算法能够更好地服务社会、造福人类。

## 三、人工智能法治人才培养专题报告[②]
### ——以上海政法学院的实践为样本

新一代人工智能是未来发展的核心竞争力。谁拥有人工智能，谁将拥有未来。当今社会，科技创新的速度显著加快，以信息技术、人工智能为代表的新兴科技快速发展，大大拓展了时间、空间和人们的认知范围，人类正在进入一个"人机物"三元融合的万物智能互联时代。然而，人工智能是一把"双刃剑"，在赋能人类社会的同时，

---

① Coglianese，Cary and David Lehr. Transparency and algorithmic governance. *Admin. L. Rev.* 71（2019）: 1.
② 本文作者：杨华，上海政法学院人工智能法学院院长、教授；吴惟予，上海政法学院人工智能法学院讲师。

也会带来风险与挑战，如在法律、安全、道德伦理、政府治理等方面的问题，成为一系列新课题，已引起人们的高度关注。应对和处理这些风险与挑战，法治是最有效的方法和途径。因此，人工智能法治、人工智能法学应运而生。人工智能法学专业设置、人工智能法律人才培养也被提到了紧迫的位置。

## （一）人工智能带给法学人才培养的挑战与机遇

2018 年 10 月，习近平总书记在中共中央政治局第九次集体学习上的讲话中指出："人工智能具有多学科综合、高度复杂的特征。""要加强人才队伍建设，以更大的决心、更有力的措施，打造多种形式的高层次人才培养平台，加强后备人才培养力度，为科技和产业发展提供更加充分的人才支撑。"习近平总书记强调"要用好学科交叉融合的'催化剂'，加强基础学科培养能力，打破学科专业壁垒，对现有学科专业体系进行调整升级，瞄准科技前沿和关键领域，推进新工科、新医科、新农科、新文科建设，加快培养紧缺人才"。[①]高校肩负着为国家培养高素质人才的重任，在人才培养方面具有独特优势。高校应当主动服务国家战略，探索设置人工智能法学新专业，聚焦国家人工智能战略规划，满足国家和地方在人工智能发展问题上的创新策源、示范应用、制度供给和人才培养需要。因此，人工智能法学人才需求及培养迎来新的机遇，也面临新的挑战。

在此背景下，2019 年，上海政法学院积极顺应新时代人才培养需求，成立了上海首家人工智能法学院，并且在当年实现全国首招 40 名人工智能法学专业本科生和十余名研究生，其中本科招生即实现了全校分数线第一、报到率第一、志愿率第一"三个第一"。该新学院和新方向的创建经历了从无到有、从有到优的发展历程，在短短的三年时间里也取得了许多来之不易的成果。例如，师资队伍不断加强和完善，学生专业培养实现重要突破（首次参加"挑战杯"学术竞赛即获全国奖项），全国首套"人工智能法学系列教材"陆续出版，与多家涉"人工智能＋法律"单位展开产学研合作和建立学生实训基地等。在发展过程中，新学院得到了来自上海市法学会、上海市高级人民法院、科大讯飞等校外单位的鼎力支持和相助，通过校内外多方的共同

---

① 习近平：《习近平在清华大学考察时强调坚持中国特色世界一流大学建设目标方向　为服务国家富强民族复兴人民幸福贡献力量》，载《人民日报》2021 年 4 月 29 日。

努力，学院各方面都在稳步前进。同时，我们也注意到，当前人工智能法学作为一门单独的专业在世界范围内还鲜见成熟先例，与专业发展相关的各项内容仍处在发育之中。因此，学院在培育人工智能法治人才时也遇到了不少困难，包括法学目录外专业申报不易、人工智能法学融合课程设置受限、学生培养模式创新难度大等。值得期待的是，2023 年人工智能法学院将迎来首届本科毕业生，而这也将是整体检验人工智能法学专业办学成效的重要时刻。

综合而言，上海政法学院法学专业的整体实力和中国—上海合作组织国际司法交流合作培训基地等优秀平台为人工智能法学专业的开办提供了基础支撑，同时上海打造人工智能发展高地的政策指引也为该专业设置供给了大量宝贵的实践经验。

### （二）人工智能法学的研究范畴

#### 1. 人工智能发展需要法律边界

人工智能在激发竞争力、提高生产效率、保护国家安全、解决各种社会挑战等方面均发挥着不可估量的作用，这已是世界各国的共识。但致命性自主武器带来的不可控风险，自动驾驶带来的责任主体认定困难及其保险制度的深刻变化，人脸识别带来的公民隐私"裸奔"，数字科技鸿沟带来的社会不公平、数据安全问题频发，人工智能体挤压劳动力市场导致失业，对自主决策机器人的责任认定和道德约束困境，等等，均引发风险人工智能的伦理和法律思考。为消除和降低附加潜在风险，必须回答人工智能到底该由谁掌控，人工智能发展的基本准则是什么，人工智能发展的禁区在哪里等基本问题，必须通过建立理性的伦理规则和明确的法律规范为人工智能发展的风险防范设置"控制阀"。

#### 2. 人工智能在法律行业的应用越来越广

人工智能广泛地应用于社会各个领域，在立法、执法、司法和法律服务行业的应用也越来越广泛。在国家新一轮司法改革浪潮中，成效比较突出的有北京市的"睿法官"系统、上海市的"刑事案件智能辅助办案系统"、海南省的"量刑规范化智能辅助系统"以及苏州市的"智慧审判苏州模式"等，都是人工智能与司法相结合的优秀范例，都为未来司法领域的发展和改革提供了新思路和新方法。上海市的"刑事案件智能辅助办案系统"是在刑事案件审判中，为减少证据任意性和防范冤假错案而进行的司法改革。① 该项改革成果已纳入上海政法学院人工智能法学院的教学内容。

### 3. 人工智能法律问题涉及法学所有的二级学科

人工智能法律问题贯彻在法学的所有领域之中。例如，对人工智能所产生的法律关系主体、客体及其内容的系统思考是法理学研究的重要任务；人工智能所产生的财产关系、身份关系是民法学的研究范畴；人工智能犯罪及其处理是刑法学的研究对象；人工智能发展的结果可能导致"能者通吃"，需要反垄断法、经济法的介入；人工智能相关行业审批涉及行政法，人工智能相关国际合作涉及国际法，人工智能专利、著作权问题涉及知识产权法，等等。此外，作为人工智能发展的重要因素，数据和算法的风险问题在国内外普遍存在法律监管空白。因此，人工智能法学与整个法学专业形成了特殊的关系，有必要成为一个独立的专业。

### 4. 人工智能的相关立法已经走向体系化

国务院印发《新一代人工智能发展规划》提出要"明确人工智能法律主体以及相关权利、义务和责任"，给人工智能法律关系的构建提出了要求。《民法典》第 111 条规定了自然人的个人信息保护问题，第六章专门规定了"隐私权和个人信息保护"，包括个人信息保护的范围、内容以及对个人信息的收集、处理和保护方式；《刑法》修正案专门有"侵犯公民个人信息罪""非法获取计算机信息系统数据罪"和"非法控制计算机信息系统罪"等相关犯罪规定。《网络安全法》规定了国家网络空间主权及国家安全、社会、公民、法人和其他组织的合法权益。《数据安全法》对规范数据处理、保障数据安全、促进数据开发、保护相关权利人的权益作出了较为全面的规定。《个人信息保护法》在个人信息的权益保护、规范处理和促进利用等方面作了探索。中国还制定了《信息安全技术大数据安全管理指南》（GB/T 37973—2019）、《信息安全技术个人信息安全规范》（GB/T 35273—2020）等标准。立法的体系化，本身就是一个学科独立化、专业化的标志和基础。

### 5. 人工智能法学人才培养需要系统化

人工智能法学专业不同于法学类的其他专业。人工智能法学专业旨在培养既有人工智能基础，又熟练掌握法律知识的人才。其人才培养目标包括两个方面：一是培

---

① 崔亚东：《人工智能与司法现代化》，上海人民出版社 2019 年版。

养人工智能法律人才。即培养适应人工智能时代法律需求的人才，包括满足人工智能的立法、执法、司法和守法需求的人才；二是培养法律人工智能人才。即培养人工智能的法律应用人才，包括为人工智能在立法、执法、司法与守法等方面的应用而培养人才。同时，由于每个专业都有其相应的学分限制、课程设置限制，人工智能法学专业学生既无法在人工智能专业里实现法学知识的系统学习，也无法在法学专业里实现人工智能专业知识的系统学习。设立人工智能法学专业可以实现专业自主设定课程和学分，即"人工智能"与"法学"的课程和学分可按照更符合培养要求的比例进行设置。

### （三）人工智能法学专业设置的必要性

#### 1. 设立人工智能法学专业是落实习近平总书记重要指示的具体行动

2018 年 10 月，习近平总书记在中共中央政治局第九次集体学习时指出："要整合多学科力量，加强人工智能相关法律、伦理、社会问题研究，要建立健全保障人工智能健康发展的法律法规、制度体系、伦理道德体系。"他强调："要加强人才队伍建设，以更大的决心、更有力的措施，打造多种形式的高层次人才培养平台，加强后备人才培养力度，为科技和产业发展提供更加充分的人才支撑。"[①] 因此，设立人工智能法学专业，是贯彻落实习近平总书记的指示，培养人工智能法学人才大军的具体行动。

#### 2. 设立人工智能法学专业是响应国家政策规划的体现

2017 年 7 月，国务院印发的《新一代人工智能发展规划》明确提出"鼓励高校在原有基础上拓宽人工智能专业教育内容，形成'人工智能 +X'复合专业培养模式"。教育部为落实文件精神，制定了《高等学校人工智能创新行动计划》，强调"人工智能 +X"学科、专业建设。[②]2020 年 1 月，教育部、国家发展改革委、财政部三部委联合印发的《关于"双一流"建设高校促进学科融合　加快人工智能领域研究生培养的若干意见》指出，要健全以人工智能基础理论和产业发展需求为导向的学科专

---

① 习近平：《加强领导做好规划明确任务夯实基础　推动我国新一代人工智能健康发展》，载《人民日报》2018 年 11 月 1 日。

② 《教育部　国家发展改革委　财政部印发〈关于"双一流"建设高校促进学科融合　加快人工智能领域研究生培养的若干意见〉的通知》，《中华人民共和国教育部公报》2020 年。

业结构动态调整机制。有条件的高校可根据经济社会发展和人才培养需要，以自主试点、先行先试方式，自主设置人工智能交叉学科。[①]国务院、教育部、国家发展改革委等部门发布的文件，为人工智能法学人才培养提供了重要政策依据。因此，设立人工智能法学专业，符合国务院、教育部等有关部门的规划和意见。

### 3. 设立人工智能法学专业是服务地方人工智能发展规划的需要

全国各地都在制定和落实人工智能发展规划。例如，人工智能产业是习近平总书记确定的上海重点布局三大产业之一。上海正在努力打造人工智能创新策源、示范应用、制度供给、人才集聚高地。[②]然而，要打造人工智能高地需要良好的法治环境、法治秩序、法治生态作保障。因此，设置人工智能法学专业，是培养人工智能法学人才，服务上海人工智能高地建设的需要。

### 4. 设立人工智能法学专业是培养高质量人工智能法律人才的需要

人工智能已经成为未来发展的核心竞争力，而人才是这一核心竞争力的核心。人工智能是一把"双刃剑"，在赋能人类社会的同时，也会带来风险与挑战，妥善处理这些风险与挑战，需要运用法治思维和法治方法，引领、规范、保障人工智能安全、可靠、可控、健康发展。由此，人工智能法治、人工智能法学应运而生。目前，我国人工智能人才短缺，高端人才更缺，人工智能法学人才培养迫在眉睫。

### 5. 设置人工智能法学专业是为司法体制改革培养生力军的具体举措

当前，司法体制改革正在走向深入，运用人工智能等科技手段，减少人为干预案件，促进司法公平公正，成为司法体制改革的重要举措。2017年，上海市高级人民法院承担了中央政法委交办的"刑事案件智能辅助办案系统"的研发任务，经过5个多月的日夜奋战，任务圆满完成，受到了中央领导和上海市领导的高度评价。目前，该系统已经实现了在上海市政法系统的广泛运用，并在贵州省、安徽省、河南省、新疆维吾尔自治区等地得以推广，大大提高了司法效率，让法律公正能够以看得见的方式实现，增强了人民对法律的信仰。当前，"刑事案件智能辅助办案系统"的研究成果已经广泛应

---

[①] 《教育部 国家发展改革委 财政部印发〈关于"双一流"建设高校促进学科融合 加快人工智能领域研究生培养的若干意见〉的通知》，《中华人民共和国教育部公报》2020年。

[②] 中华人民共和国国家互联网信息化办公室：《推动创新策源、应用示范、制度供给和人才集聚——一批全球人工智能创新平台落"沪"》，http://www.cac.gov.cn/2018-09/18/c_1123445673.htm。

用到高校人工智能法学专业人才培养体系之中。具体有如下应用：一是该项人工智能与司法深度融合的成果纳入教材建设，丰富了人工智能法学教材的理论性和实务性；二是从事该系统研发的专家成为人工智能法学专业设置院校的兼职教授、客座教授、校外导师，增强了法学院校的师资力量；三是该系统工程研发基地成为人工智能法学专业学生的长期实践基地，提升了学生的动手能力和理论应用能力。因此，"刑事案件智能辅助办案系统"及其不断升级，将人工智能与司法深度融合，让法学理论与实践相得益彰，为人工智能法学专业建设提供了基础和支撑。

### （四）人工智能法学专业设置的可行性

如前所述，上海政法学院人工智能法学院在学校和校外实务单位的大力支持下，已经在学科与专业群打造、师资队伍建设、课程开发与建设、实验实训条件完善、实习基地拓展等方面，逐渐积累了一定的专业办学基础，并且后续还将进一步扩展与夯实各项办学条件。这些办学实践与经验为论证人工智能法学专业设置的可行性提供了有力的例证。

#### 1. 拥有完善的学科与专业群支撑

在人工智能法学专业办学过程中，需要法学、计算机科学等学科和专业群的支撑。上海政法学院的法学学科是上海市一流学科、高原学科，现已形成了国际法学、行政法学、监狱学、犯罪学、环境与资源保护法学、国际政治、马克思主义中国化等一批特色学科（方向），部分学科在上海市乃至全国处于领先地位。其中，与人工智能法学相近的知识产权专业已有悠久的历史，具有二十余年的本科生和研究生培养经验。此外，学校在2020软科中国政法类大学排名中位列第四。

具体而言，上海政法学院人工智能法学院和其他相关学院目前已形成了相应的支撑学科专业群。一方面，人工智能法学院在上海市法学会、科大讯飞等校外单位的支持下，发挥校企融合优势，形成了人工智能法学、法律人工智能、计算机法学等研究方向，并且联合上述单位共同建立了集科研、教学、智库于一体的"法律人工智能实验室"，为人才培养提供理论与实践支持；另一方面，上海政法学院法律学院、国际法学院、经济法学院、刑事司法学院等传统法学学科二级学院可以为人工智能法学专业提供成熟的法学类主干课程教学和科研协作。例如，上海政法学院民商法专业关于隐私权保护问题的教学研究与人工智能科技中的人脸识别技术运用产生了学科交叉应用基础；宪法与行政法专业中的信息公开为人工智能数据应用提供基础；经济法学专业中关于产品质量责任与自动驾驶等人工智能技术应用形成专业融合；监狱学专业关于智慧监狱、法庭科学的实验室设置和技术鉴定为人工智能法学专业建设提供了专业支撑；刑法学专业对人工智能刑事责任主体、责任能力、责任方式等方面的探讨大有裨益；知识产权专业为探讨人工智能新技术所生商标、商业秘密、专利、版权等保护问题提供了平台和支撑。

### 2. 拥有优秀的师资队伍

上海政法学院为培养人工智能法学专业人才，于 2019 年成立了人工智能法学院，集中了全校从事人工智能法学专业本科教学与研究的专职教师，其中包括教授 12 人，副教授 25 人。专业教师中具有海外留学、访学背景的专业教师过半数，并拥有全国杰出青年法学家提名奖获得者，宝钢优秀教师以及上海市十大中青年法学家、曙光学者、浦江学者等人才称号的获得者。

### 3. 具备系统科学的课程开设体系

人工智能法学是一门新学科，目前国内关于该专业人才培养的课程规划尚属空白。上海政法学院结合人工智能法学专业人才培养的实际要求，并适当参考国外顶尖院校在该领域的课程安排，将人工智能法学专业课体系分为法学主干课程、人工智能课程、人工智能法学课程三个部分。其中，作为该课程体系重要组成部分的法学主干课——"法理学""中国法制史""民法学""刑法学""诉讼法学""宪法学与行政法学""国际法学""经济法学""商法学""知识产权法学"等已经在上海政法学院法律学院、经济法学院、国际法学院、刑事司法学院等法学二级学科学院开设多年，这些学院具有丰富的课程开设经验，可以确保人工智能法学专业法学主干课程的教学质量。对于人工智能及其与法律融合的新设课程——"人工智能法学概论""人工智能伦理概论""人工智能法治建设实务""人工智能法律规制""人工智能法学前沿问题""算法治理：法律权利与义务"等，人工智能法学院已针对性地组织了专业教学力量负责，并将定期对教师进行教学培训和教学效果评估。

### 4. 依托上海市人工智能发展优势

人工智能产业是习近平总书记确定的上海重点布局三大产业之一，上海市正在努力打造人工智能创新策源、示范应用、制度供给、人才集聚高地，要打造人工智能高地需要良好的法治环境、法治秩序、法治生态作保障。因此，设置人工智能法学专业，是培养人工智能法学人才，服务上海人工智能高地建设的需要。到目前为止，上海市已经举办了三届"世界人工智能大会"，汇聚了上千家人工智能核心企业，包揽了全国三分之一人工智能人才，相关产业规模超 700 亿元。在人工智能法治创新实践领域，涵盖了上海市高级人民法院"206 工程""智慧公安"、上海知识产权法院司法智能运用高地建设、上海金融法院庭审智慧传译系统等重点内容。上海市《关于加快推进人工智能高质量发展的实施办法》要求"支持本地高校、科研机构与企业联合培养人工智能人才，合作开设人工智能专业课程、设立人工智能研究院所，建立人才实训基地"。上述客观条件赋予了上海政法学院人工智能法学专业独特的办学优势，也为人才培养提供了从理论到实践的全流程支持。

现阶段，上海政法学院人工智能法学专业办学充分依托中国—上海合作组织国际司法交流合作培训基地、上海市各级人民法院、上海市法学会、科大讯飞、相关律所等单位，建立和完善实践教学，逐步形成校地联合培养机制，以社会需求为导向，着力提高人工智能法学专业学生实习教学效果和人才培养质量。

具体而言，一方面，学院目前已经在上海市法院系统、人工智能高新技术企业、部分律所等处建立了 25 家实习实训教学基地，这些基地的建成能够为人工智能法学专业学生的实习提供良好的训练平台，提升人工智能法学专业学生的实践能力和就业能力。例如，2019 年底人工智能法学院组织选拔学生赴上海市高级人民法院"206 系统研发基地"实习。另一方面，学院聘请公检法实务部门、大型科技企业、知名律师等经验丰富的领域专家担任兼职教师和实习导师，为人工智能法学专业学生开设专题讲座，并与校内教师共同参与制定、修改实习大纲、实习计划等，努力形成比较完善的校地、校企联合培养机制，保证实习教学效果和质量。

### （五）人工智能法学专业人才培养目标与培养方案

#### 1. 人才培养目标

人工智能法学专业基于"头雁引领、未来法学"的办学理念，按照"厚基础、宽口径、强能力、高素质"的本科教育教学要求，培养理论基础扎实，具有法治精神、创新思维、全球视野和实践能力的，能够在国家司法机关、行政部门、企事业单位、科研机构等部门从事人工智能技术的法律应用、法律法规、伦理规范和政策体系研究与实践的，基本掌握人工智能理论与技术的高素质复合型、应用型高级法律人才。

### 2. 人才培养要求

根据培养目标，人工智能法学专业学生应系统学习人工智能和法学两方面的基本理论和基本知识，进行科学思维、系统分析和技术工具的基本训练，掌握知识的获取、应用和创新能力，具备将人工智能在法律领域应用的能力和人工智能法律法规、伦理规范和政策体系的研究与实践能力，为新时代的智能社会服务。

该专业要求毕业生应获得以下几方面的知识和能力：

① 掌握法学各学科的基本理论与基本知识；

② 掌握人工智能的基本理论与基本知识；

③ 掌握人工智能机器学习的基本方法及技术；

④ 具备运用法学理论知识和将人工智能技术进行实践应用的能力，毕业后能直接适应"人工智能＋法律"相关工作的需要；

⑤ 具有人工智能法律法规、伦理规范和政策体系的研究与实践能力；

⑥ 具有法律大数据采集、整理、分析和挖掘与利用的基本能力；

⑦ 具有分析、设计和实现法律人工智能系统的基本能力。

### 3. 课程体系

人工智能法学专业的课程教学内容，是根据人工智能法学专业的人才培养目标，依据岗位所需知识、能力、素质结构与各学校的特色而设计的，包括如下安排：

（1）通识课模块。通识课模块分两大部分，一是公共基础课，共42学分；二是通识选修课，学生需选修12学分。两部分合计54学分。

（2）专业学位课程模块。人工智能法学专业学位课总学分数为70学分，主要是人工智能和法学两方面理论与知识的基础课程，以及适应"人工智能＋法律"相关工作的主干课程。

（3）专业开放选修课与职业导向课模块。人工智能法学专业开放选修课，学生需选修14学分；职业导向课，学生需选修4学分。

（4）实践教学模块。人工智能法学专业实践教学包括军事训练、公益劳动、社会调查、庭审观摩、模拟法庭、专业见习、毕业实习、毕业论文等内容，时间安排为28周，共30学分。

### 4. 教材建设

在习近平法治思想指导下，由上海政法学院人工智能法学院组织编写的"人工智能法学系列教材"（共19部）正在有序推进中。"人工智能法学系列教材"的编写由中国法学会党组成员、学术委员会主任张文显担任顾问，上海市法学会党组书记、会长崔亚东担任"人工智能法学系列教材"总主编，上海政法学院校长刘晓红、华东政法大学校长叶青、科大讯飞董事长刘庆峰、上海市高级人民法院副院长黄祥青、上海第二中级人民法院院长郭伟清等理论与实务专家担任副总主编。"人工智能法学系列教材"涵盖了人工智能法学概论、法学伦理、法学规制、司法应用、大数据统计与分析、区块链、人工智能实验等领域。2021年12月26日，"人工智能法学系列教材"中的前2本《人工智能辅助办案》和《人工智能法治应用》在上海中心朵云书院旗舰店举行了新书首发式。"人工智能法学系列教材"编写委员会主任、总主编崔亚东认为，"人工智能法学系列教材"的出版，是上海政法学院人工智能法学学科建设的一个标志性事件。"人工智能法学系列教材"的编写以数字时代新问题的应对为根本遵循，打造遵循法学研究规律、科学发展规律的人工智能法学教材体系以及话语体系，为人工智能法学发展提供了"上海方案"。

# 四、元宇宙的法律治理专题报告 [①]

2021年是元宇宙元年，元宇宙概念的提出和内涵的升华，是一个漫长的过程，是人类在不断追求极致体验的过程中对技术不断提出更高要求的必然产物。本章阐述元宇宙从技术本质与实践现状，到监管现状，到法律问题，再到发展趋势和多元规制

---

① 本文作者：陈吉栋，上海大学法学院大数据与人工智能法治研究中心执行主任；董文韬，上海大学法学院大数据与人工智能法治研究中心研究员助理；钟悦菡，上海大学法学院大数据与人工智能法治研究中心研究员助理。

等方面的内容，方便读者更清晰地认识元宇宙的前世今生，更清晰地认识元宇宙的未来趋势。

### （一）元宇宙的技术本质与实践现状

#### 1. 元宇宙的渊源、构造和技术本质

一般认为，元宇宙概念起源于斯蒂芬森（Stephenson）1992 年所作的科幻小说《雪崩》（*Snow Crash*）。[①] 在构词上，"Meta"有"超越"或"在……之上"的意思。"Universe"有"经验体系"的意思，在互联网背景下可以指代互联网。所以，"Metaverse"也可以翻译为"超越互联网"或者"下一代互联网"。依据扎克伯格的观点，"元宇宙是互联网的新篇章"。在现阶段，元宇宙本质上是物理世界的数字化，意味着更多的传感器、更快的计算，预示着人从思想到行为从心理到生理的全面数字化，在此基础上，构造虚实结合的下一代互联网（空间）。[②] 虽然目前元宇宙依旧是一个尚未实现的科幻概念，但是元宇宙可能是互联网发展的终点。[③]

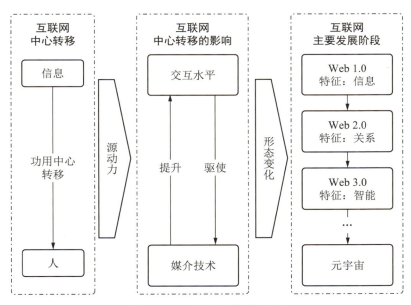

图 5-1 互联网的发展阶段

---

① ［美］尼尔·斯蒂芬森：《雪崩》，郭泽译，四川科学技术出版社 2018 年版。

② 当然也有人持反对观点，6G 沙龙：《元宇宙不是下一代互联网》，https://view.inews.qq.com/a/20211209A0D90A00。

③ 方凌智、沈煌南：《技术和文明的变迁——元宇宙的概念研究》，载《产业经济评论》2022 年第 1 期。

元宇宙需要各项技术的支撑，阿里巴巴达摩院 XR 实验室负责人谭平认为元宇宙的技术构成有四层，分别是全息构建、全息仿真、虚实融合、虚实联动。①

（1）全息构建，即构建出整个虚拟世界的几何模型，并且在终端设备上加以显示，制造出一种沉浸式的用户体验。目前市面上的许多 VR 看房、VR 看店等应用就停留在这一层。

（2）全息仿真，即构建出虚拟世界的动态过程，让虚拟世界无限地逼近真实世界，今天的许多游戏包括数字孪生的应用就停留在这一层。

（3）虚实融合，即把虚拟世界和真实世界融合在一起。从技术上讲，本质上是要构建整个真实世界的高精度三维地图，并且在这个地图中实现精准的定位，同时准确地实现虚拟信息叠加。

（4）虚实联动，通过改变虚拟世界来改造我们的真实世界。这一层往往不在大家对元宇宙的理解范畴之中，更多是谭平的一种个人理解，他认为如果没有这一层，那我们的美好只能停留在虚拟世界，真实世界有可能是一塌糊涂的。

一种观点认为，劳伦斯·莱斯格（Lawrence Lessig）早在《代码 2.0：网络空间中的法律》中即为元宇宙的讨论奠定了基础。② 莱斯格区分互联网和网络空间意在强调互联网规制模式问题——网络空间的生活主要是通过网络空间的代码来规范，这就是"代码即法律"著名格言的缘起。莱斯格对于"网络空间"的论述确实触及了元宇宙的核心，即元宇宙网络空间是一种在数字空间中互动和形成社区的新方式，元宇宙本质上就是物理世界的数字化，在此基础上形成了物理世界与数据世界的交互甚至合并。

### 2. 2021 年度国内外元宇宙的实践现状

#### （1）域外主要企业的元宇宙实践现状

游戏产业作为元宇宙实践最火热的赛道，国外的互联网巨头、游戏类上市公司等都深度参与其中、积极布局。Roblox 在沙盒游戏的基础上，引入了全面的经济系统

---

① 谭平：《阿里达摩院谭平——元宇宙是 AR/VR 上的互联网》，https：//mp.weixin.qq.com/s/PLDKMjhxXgyLOUzGeSzjcA。

② CoinYuppie，Metaverse and Self Sovereign Identity（SSI）. The new superpower，https：//coinyuppie.com/metaverse-and-self-sovereign-identity-ssi-the-new-superpower/.

和开放生态，这使得创作者能够通过虚拟创作，获得现实中的收益。其以玩家创作为主导，带来了沉浸式体验和社交场景，已经让人看到了元宇宙的雏形。此外，谷歌通过 Stadia 布局云游戏，同时通过 YoutubeVR 布局软件和服务；日本游戏公司 Bandai Namco 宣布打算创建自己的虚拟世界，预计将在该项目上花费 150 亿日元。[①]

在显示技术方面，2021 年 10 月，扎克伯格正式宣布将公司名称更改为"Meta"，承诺在 VR 部门的投入将达到 100 亿美元，该公司收购 Oculus，其推出的 Quest2 VR 领域是最重要的产品之一。[②] 2021 年 11 月微软在年度技术盛会 Ignite2021 上发布了面向 MR 的数字化生产力平台——Mesh for Microsoft Teams，以创建企业化元宇宙。Teams 将允许用户以 3D 卡通形象出现在视频会议中，同时支持 VR/AR 设备，支持用户分享 Office 文件和其他功能，让用户可沉浸式体验虚拟工作空间。微软将通过一系列应用融合数字世界和物理世界，未来 Xbox 平台也将加入其中。[③] 此外，英伟达发布元宇宙平台 Omniverse，为元宇宙的建立提供了基础的虚拟世界模拟和协作平台；苹果预计在 2022 年发布 VR 设备新品，售价可能会超过 3000 美元。[④]

**（2）我国企业的元宇宙实践现状**

国内各大互联网巨头积极布局元宇宙产业。在游戏领域，腾讯投资了以 3D 内容及 AR/VR 内容开发为主的公司 Epic Games，该公司旗下的虚幻引擎被认为是构建元宇宙底层数字空间的载体。[⑤] 字节跳动作为互联网新贵，对于有着巨大发展前景的元宇宙采取积极进入的态度，投资了号称"中国版 Roblox"的游戏开发平台代码乾坤。

显示技术方面，中国移动推出的移动云 VR 能够实现超过 180 路的 VR 直播频道并发；字节跳动收购青岛小鸟看看（Pico），这标志着其正式入局 VR 赛道。

网络与算力领域，网易投资了 Improbable 公司，该公司的 SpatialOS 云计算平台

---

① Oxford Analytica，Facebook's new avatar Meta Platforms to face backlash，*Emerald Expert Briefings*，2021（oxan-es）.

② ［韩］崔亨旭：《元宇宙指南》，宋筱茜等译，湖南文艺出版社 2022 年版，第 125 页。

③ Openkov，Michail Yurievich and Nikolai Borisovich Tetenkov，Digital Empires and the Annexation of the Metaverse. 2021：86—89.

④ Sergio Goschenko，Bandai Namcoto Invest $130 Millionin Building Its Own IP Metaverse，https：//news.bitcoin.com/bandai-namco-to-invest-130-million-in-building-its-own-ip-metaverse/.

⑤ 郭全中：《元宇宙的缘起、现状与未来》，https：//mp.weixin.qq.com/s/IoiH3N93SCKadK59sCFR2g。

可被用于创造能够同时容纳成千上万模拟玩家的虚拟世界，支持新游戏所带来的复杂运算。华为云推出 Cloud VR 服务，将云计算、云渲染的理念及技术引入 VR 业务应用中，借助华为云速稳定的网络，将云端的显示输出和声音输出等经过编码压缩后传输到用户的终端设备，实现 VR 业务内容上云、渲染上云。

此外，阿里巴巴、百度、网易等其他公司也采取各种措施布局元宇宙业务。虽然国内外的互联网巨头都在大力布局元宇宙，但是元宇宙仍处于早期探索阶段，国内相当数量企业探索元宇宙的方式目前仍然停留在抢注元宇宙相关商标上。①

### 3. 元宇宙的实现障碍

现阶段，很多人把狭义上的元宇宙理解为一个现实世界的"平行系统"。然而，现在技术水平仅能基于特定应用场景建设虚拟现实系统，距离建造一个大规模的平行世界相差甚远。大致来看，至少还有三个方面的技术难题需要解决。② 第一，虚实世界的交互问题。现在的传感设备过于笨重，需要更轻便的传感器以及物联网运营的突破，从而解决交互问题。第二，在虚拟空间中建立高智能水平的环境，需要对虚拟环境、物体进行高精度、高效率的 3D 建模，涉及图形学、芯片产业等很多问题，因此在智能逻辑控制方面有非常高的要求。第三，虚拟空间实施建模需要大量基础设施的建设。随时随地进入虚拟世界，必须以高通量计算的基站为支撑，但现在世界范围内仍不具备支持这一需求的 GPU 站点。综上，现阶段虚拟现实相关技术可以在数字孪生、智能无人系统等特定应用场景下应用。但要构建一个类似"头号玩家"的普适性元宇宙，现有技术仍差之甚远。

### （二）国内外对元宇宙的监管现状

### 1. 域外主要国家对元宇宙的监管现状

### （1）美国

由于对数据安全的担忧及对产业巨头垄断风险的警惕暂时占据上风，美国政府对

---

① 天眼查 App 数据显示，截至 2021 年 12 月 31 日，中国境内已有超过 1.2 万个名称中包含"元宇宙"字样的商标申请。

② Andy Mezrich，The Metaverse Transformation and Law. 2021：7，https：//www.amazon.com1-les/Andy-Mezrich-ebook/dp/Bo9KMFNDWD?msc1kid=d776425od04811ec829c1064a6e8649e.

于元宇宙仍处于观望状态，尚未提出明确的元宇宙建设的纲要性文件和具体政策，但是美国的政策制定者在不断加深对 AR/VR 的潜力的认识。

立法方面，美国的监管机构重点关注数据安全和隐私保护问题。2021 年 10 月，美国两党参议员提出《政府对人工智能数据的所有权和监督法案》，要求对联邦人工智能系统所涉及的数据特别是面部识别数据进行监管，这一新规体现出美国国会对于基于数据与身份识别的数字化渗透持谨慎态度。由于该技术理念是在元宇宙中建立信任机制的基础，因此这一新规是对元宇宙发展影响重大的立法措施。[①] 此外，美国的监管机构开始审查金融元宇宙平台的法律性质。目前的元宇宙项目大多在智能手机环境中实施，由于它在移动应用程序中包含金融服务和技术，因此整个操作系统可能会根据《电子金融交易法》（EFTA）被广义地解释为电子金融基础设施，进而受到金融法规更严格的约束。[②]

组织机构方面，早在 2017 年美国国会就成立了虚拟、增强和混合现实核心小组，确保国会尽其所能，鼓励而非阻碍这些先进领域的发展；2019 年美国出台了 VR 技术法案，提出联邦政府应设立一个关于这类技术可用性的咨询委员会。

产业政策方面，2021 年的美国《创新和竞争法案》（The 2021 U. S. Innovation and Competition Act）将沉浸式技术（immersive technology）确定为十大关键技术重点领域之一，试图通过拨款等措施鼓励该技术发展，从而在该技术方面建立更强大的领导地位，增强国家竞争优势。[③]

## （2）欧洲

欧洲对元宇宙持高度谨慎态度。由于欧洲没有大型的原生态互联网公司，其市场基本都被美国互联网巨头占领，因此，欧洲的诉求是加强互联网企业的监管，防范数字龙头企业利用垄断地位扼杀竞争活力。

立法方面，欧盟《人工智能法案》《商业平台（P2B）条例》等立法说明了监管机

---

① Makenzie Holland，Federal Regulatory Efforts Could Affect VR，Metaverse，https：//www.techtarget.com/searchcio/news/252513126/Federal-regulatory-efforts-could-affect-VR-metaverse.

② Lee，Ko，Digital Finance：Current Issues and Laws，https：//chambers.com/articles/digital-finance-current-issues-and-laws-2.

③ Ellysse Dick，Public Policy for the Metaverse：Key Takeaways from the 2021 AR/VR Policy Conference，https：//itif.org/sites/default/files/2021-arvr-policy-conference-report.pdf.

构在处理元宇宙时可能采取的立场和倾向，包括增加透明度、尊重用户选择权、严格保护隐私、限制一些高风险应用。这些立法预示着欧盟更关注元宇宙的监管和规制问题，试图在治理和规则上占据先发优势，进而保护欧洲内部市场。2020 年 12 月，欧盟委员会公布了《数字服务法》和《数字市场法》两部法律的草案，这两部法律共同为所有数字服务提出了一套新规则，同时保护用户的数字信息权利。理论上，欧盟的《通用数据保护条例》以及英国的《数据保护法》可以适用于元宇宙。在元宇宙时代，预计欧盟将继续推动对虚拟世界的监管，维护欧盟市场的竞争与活力。①

英国议会已将持续打击"在线危害"列为未来两年的五个关键优先事项之一。英国政府即将出台的《在线安全法案》(Online Safty Bill) 旨在迫使互联网平台预防和打击非法内容，以保证用户安全。如果科技公司未能删除有害或非法内容，可能面临罚款甚至刑事指控。该法案将对互联网、科技公司与个人隐私、个人信息之间的关系进行大致有效的调整，并且使科技公司不能利用元宇宙来逃避监管。②

（3）日本

日本的元宇宙市场正在加速构建，政府寻求扶持元宇宙相关产业，建立新型国家优势。

组织机构方面，日本的加密资产（虚拟货币）兑换平台 Fxcoin 等在 2021 年 12 月中旬成立元宇宙的业界团体，相关团体将与金融厅等行政机关相互配合，启动市场构建，力争使日本成为元宇宙发达国家。③ 除了 Fxcoin 和 CoinBest 等日本的虚拟货币兑换平台之外，涉足电子钱包业务的 Ginco 等也将参加。日本还将呼吁其他互联网金融公司和游戏公司等加入。日本将成立的元宇宙协会除了研究世界动向之外，还希望加强与行政机构的沟通，为日本企业在元宇宙市场展开活动铺平道路。

产业政策方面，日本经济产业省于 2021 年 7 月 31 日发布《关于虚拟空间行业

---

① Fatima Freifer，The Metaverse and UK Legislation，https：//goodlawsoftware.co.uk/the-metaverse-and-uk-legislation.

② Lorna Woods，Regulating the future：the Online Safety Bill and the metaverse，https：//www.carnegieuktrust.org.uk/blog-posts/regulating-the-future-the-online-safety-bill-and-the-metaverse/.

③ Danny Park，Ayumi Fujimoto，Japanese Crypto Firms Team up to Form a Metaverse Association，https：//forkast.news/headlines/japanese-crypto-firms-metaverse-association/.

未来可能性与课题的调查报告》，将元宇宙定义为"在一个特定的虚拟空间内，各领域的生产者向消费者提供各种服务和内容"。报告认为，该行业应将用户群体扩大到一般消费者，应降低 VR 设备价格并开发高质量的 VR 内容留住用户；政府应着重防范和解决"虚拟空间"内的法律问题，并对跨国、跨平台业务法律适用等加以完善。这些建议体现了日本政府对元宇宙行业布局的思考，即通过现有的发展成果尽可能地在民众范围内推广元宇宙理念，同时通过指导与政策制定来规范元宇宙的建设。①

### （4）韩国

在全球范围内，韩国政府对元宇宙反应最快，并且在元宇宙新概念领域持续发力，初步形成了由政府引领、民间主导、各大企业开拓、偶像工业驱动的元宇宙产业。②

组织机构方面，2021 年 5 月 18 日，韩国信息通讯产业振兴院联合 25 个机构（韩国电子通信研究院、韩国移动产业联合会等）和企业（LG、KBS 等）成立"元宇宙联盟"，旨在通过政府和企业的合作，在民间主导下构建元宇宙生态系统，在现实和虚拟的多个领域实现开放型元宇宙平台。③

在产业政策上，韩国政府希望在元宇宙产业中发挥主导作用。④ 2020 年底，韩国科技部公布了一份《沉浸式经济发展策略》（Immersive Economy Development Strategy），目标是将韩国打造为全球前五大 XR 经济国家之一。在 2021 年 7 月韩国公布的《数字新政 2.0》（Digital New Deal 2.0）中，也能看到元宇宙与大数据、人工智能、区块链等并列为发展 5G 产业的重点项目。2021 年 8 月 31 日，在韩国财政部发布的 2022 年预算中，计划斥资 2000 万美元（1.28 亿元人民币）用于元宇宙平台开发。2022 年 1 月 20 日，韩国政府公布《元宇宙新产业领先战略》，表示将培养 4 万

---

① Kevin，All about Metaverse in Japan，https：//skdesu.com/en/all-about-metaverse-in-japan/.

② Damar，Muhammet. Metaverse Shape of Your Life for Future：A bibliometric snapshot，*Journal of Metaverse*，2021，1（1）：1—8.

③ Liew Voon Kiong，Metaverse Made Easy：A Beginner's Guide to the Metaverse：Everything You Need to Know About Metaverse，NFT and GameFi，2022.

④ Squires，C.，Seoul Will Be the First City Government to Join the Metaverse，https：//qz.com/2086353/seoul-is-developing-a-metaverse-government-platform/.

名专业人才和建立 220 家元宇宙技术公司，以实现韩国到 2026 年成为世界第五大元宇宙市场的目标。① 放眼全球，首尔市政府是第一个制定全面的中长期元宇宙政策计划的地方政府。2021 年 11 月 3 日，首尔市市长吴世勋提出《首尔愿景 2030》（The Seoul Vision 2030）计划，将元宇宙平台命名为"元宇宙首尔"（Metaverse Seoul）。该计划旨在经济、教育和旅游等领域提供服务，改善公民之间的社会流动性并提高首尔市的全球竞争力。②

## 2. 我国对元宇宙的监管现状

元宇宙在国内爆火，中央以及地方释放出布局元宇宙的积极信号，纷纷出台推动元宇宙发展的扶持政策。"元宇宙"不仅被写入各地的发展规划和政府工作报告中，还在近期各地陆续开展的"两会"中成了热词。然而市场上各种蹭"元宇宙"热度的行为也引发了监管机构的注意，监管机构对中青宝、天下秀等疑似蹭元宇宙热度的个股公司发出关注函，说明国内的监管机构对元宇宙炒作风险的高度关注。③

### （1）中央相关政策

表 5-4　关于元宇宙的中央政策汇总

| 发布时间 | 文件名称 | 主　要　内　容 |
| --- | --- | --- |
| 2022.1.12 | "十四五"数字经济发展规划 | 创新发展"云生活"服务，深化人工智能、虚拟现实、8K 高清视频等技术的融合，拓展社交、购物、娱乐、展览等领域的应用，促进生活消费品质升级 |
| 2022.1.4 | 金融科技发展规划（2022—2025 年） | 依托 5G 高带宽、低延时特性将增强现实（AR）、混合现实（MR）等视觉技术与银行场景深度融合，推动实体网点向多模态、沉浸式、交互型智慧网点升级 |
| 2022.2.18 | 关于防范以"元宇宙"名义进行非法集资的风险提示 | 列举四种打着"元宇宙"旗号涉嫌非法集资、诈骗等违法犯罪活动的手法，警示防范有关风险 |

---

① Juhi Mirza，South Korea Explores Metaverse Plans，Aims to Become the 5th Biggest Metaverse Market by 2026，https：//cryptoslate.com/south-korea-explores-metaverse-plans-aims-to-become-the-5th-biggest-metaverse-market-by-2026/#：~：text=South%20Korea%20is%20eyeing%20the%20growing%20Metaverse%20expansion，becoming%20the%20fifth%20biggest%20metaverse%20market%20by%202026.

② Yonhap News Agency，Seoul to Offer New Concept Administrative Services via Metaverse Platform，http：//www.koreaherald.com/view.php?ud=20211103000692.

③ 龚才春：《中国元宇宙白皮书》，https：//mp.weixin.qq.com/s/S_HeZHgFN5W4hPBVxYQ3rQ.

（2）地方相关政策

表 5-5 关于元宇宙的地方政策汇总

| 发布时间 | 文件名称 | 主 要 内 容 |
|---|---|---|
| 2021.12.30 | 上海市电子信息产业发展"十四五"规划 | 加强元宇宙底层核心技术基础能力的前瞻研发，推进深化感知交互的新型终端研制和系统化的虚拟内容建设，探索行业应用 |
| 2022.1.6 | 关于浙江省未来产业先导区建设的指导意见 | 将构建以人工智能、区块链、第三代半导体、量子信息、空天一体化、先进装备制造以及元宇宙等领域为重点的未来产业发展体系 |
| 2022.1.10 | 2022 年合肥市政府工作报告 | 前瞻布局未来产业，瞄准元宇宙、超导技术、精准医疗等前沿领域，打造一批领航企业、尖端技术、高端产品，用未来产业赢得城市未来 |
| 2022.1.11 | 2022 年武汉市政府工作报告 | 加快壮大数字产业，推动元宇宙、大数据、云计算、区块链、地理空间信息、量子科技等与实体经济融合，建设国家新一代人工智能创新发展试验区 |
| 2022.1.11 | 2022 年三亚市政府工作报告 | 积极推进信息产业园等园区建设发展，推动网易海南总部及元宇宙产业基地项目加快落地，培育壮大区块链、大数据、信息安全、数字文创等数字经济业态 |
| 2022.1.19 | 关于加快北京城市副中心元宇宙创新引领发展的八条措施 | 对在元宇宙应用创新企业进行三档补贴；在内容设计上，突出元宇宙与文化旅游融合发展的特色；在产业空间上，规划"1 个创新中心 +N 个特色主题园区"的元宇宙产业空间布局 |
| 2022.1.21 | 2022 年深圳市福田区政府工作报告 | 推动区块链、量子信息、类脑智能等未来产业的技术转化成果加速落地，多领域拓展数字人民币、元宇宙等技术应用场景，打造数字经济发展新高地 |
| 2022.1.1 | 太湖湾科创带引领区元宇宙生态产业发展规划 | 围绕滨湖区产业发展需求和智慧城市建设的新场景，推动元宇宙技术在多领域深度应用；注重协同发展和一体发展相整合，推动元宇宙产业上下游各环节、各主体协同发展 |

## （三）元宇宙的法律问题

### 1. 元宇宙的数字身份认证

（1）个人与数字化身的多元对应关系

元宇宙是一个纯粹的数字生态系统。用户可以创建数字化身（Avatar），以数字人或虚拟人身份在元宇宙进行生存、交互。数字化身的法律性质是什么，换句话说，个人与其数字化身之间的关系为何？有学者从数字媒体视角出发，认为两者存在三种身份关系：一是个人对数字化身的认同，此时二者之间形成一个整体性的表达；二是个人与数字化身之间彼此独立，后者仅仅被视为一种游戏工具；三是个人将数字化身作为补偿物，即数字化身被视为个人某些品质的理想投射。[①] 这一分类的启示是，数字化身是否应纳入个人（动态）身份的范畴，需要结合具体场景进行判断。

### （2）以"根化身"实现身份认证

数字化身背后是元宇宙建设及其问题的起点与归宿——数字身份。数字身份指实体的数字化再现，其中包括个人身份信息和辅助信息。而所谓身份认证，即以数字身份进行活动操作者是不是此身份的合法拥有者。[②] 身份认证起源于虚拟空间的信任机制。[③] 在虚拟空间，我们无从得知对方是否真实存在，因此对本人进行同一性识别成为电子商务法的重要议题。[④]

在元宇宙中如何破解数字化身所致的信任难题取决于采用何种数字身份认证。加强数字身份的认证和管理根本在于确保虚拟化身背后存在真实主体，只有这样才可能减少在线互动带来的欺诈和身份问题。有学者提出，理论上元宇宙可以定义一个"根化身"（Root Avatar），其作为一个完整的身份集，合并所有数字身份。依此"根化身"便可定义用户访问的对象和内容，用户可以跨越所有多元宇宙，这使得创造一个普遍的或至少是广泛的价值交换系统也成为可能。[⑤] 但为元宇宙商定一个唯一的系统的身份标识符显然需要更多的协议，这项工作复杂到难以想象。[⑥]

### 2. 元宇宙中的数据规则

### （1）以个人为中心的数据模式

在元宇宙中，用户以数字身份栖身，在一定意义上是"全栖"且"全息"的。此时，用户即数据，数据被全时记录、全域处理。因此，在元宇宙时代数据成了财产的

① ［英］文森特·米勒：《数字文化精粹》，晏青编译，清华大学出版社 2017 年版，第 158 页。
② 赵安新：《电子商务安全》，北京理工大学出版社 2016 年版，第 82 页。
③ ［美］劳伦斯·莱斯格：《代码 2.0：网络空间中的法律（修订版）》，李旭、沈伟伟译，清华大学出版社 2018 年版，第 43—67 页。
④ ［日］松本恒雄、斋藤雅弘、町村泰贵：《电子商务法》，朴成姬译，北京大学出版社 2019 年版，第 52—60 页。
⑤ Pascal Bollon，The Metaverse and My Identity，https：//pascalbollon.medium.com/the-metaverse-and-my-identity-b95ef90fe50d.
⑥ David Lucatch，Digital Identity in the Metaverse，https：//www.forbes.com/sites/forbesbusinesscouncil/2021/12/28/digital-identity-in-the-metaverse/?sh=737835831fb6.

核心，也是利益冲突与规则重构的焦点。元宇宙势必加快"以个人为中心"数据模式的生成与普及。**My Data** 模式是"以个人为中心"数据模式的典型代表，信息主体可以自己管控信息，并把该信息应用于信用管理、资产管理等个人生活方面。个人可以通过该账户授予服务访问和使用其个人数据的权限，也可以选择和更改运营方服务，降低服务提供商的锁定风险。

不过，作为这一模式的法理基础——数据携带权仍面临争议。《个人信息保护法》在规则层面确立了个人对其个人信息（数据）的可携权，而其第 45 条第 3 款并未规定个人信息可携权的行使条件，仅规定了符合"国家网信部门规定条件"，权利行使仍取决于未来对该项权利启动和行使之具体条件的设定。[1] 因此，个人信息可携权内容及实现仍面临不确定的风险。

### （2）元宇宙中的隐私保护与数据处理

一方面，元宇宙中的隐私保护亟待新的法律认知，由于在元宇宙中用户的所有活动均转换为可机读的数据，且元宇宙对服务提供商并无有效的限制访问措施，以至于有人说元宇宙是隐私荒地（privacy wasteland）。[2] 元宇宙个人信息保护规则的设计在根本上需要平衡元宇宙用户的利益保护和元宇宙生态系统的发展。[3]

另一方面，元宇宙可能影响数据处理的合法性基础问题。在元宇宙中，使用 AR/VR 需要处理大量个人数据，尤其是生物识别数据。这将大大削弱生物特征信息隐私法的价值，从而造成法律漏洞。在我国，《个人信息保护法》第 14 条、第 29 条规定处理敏感个人信息需要单独同意，但在用户使用 VR 和 AR 的情况下很可能会引发是否需要以及如何使化身自由提供同意并验证同意的问题。

### 3. 元宇宙中的数字财产变革

### （1）通证、NFT 及通证化

通证是社群在基于某种共识的基础上，[4] 以数字形式发行的权益证明。通证的出

---

① 王锡锌：《个人信息可携权与数据治理的分配正义》，载《环球法律评论》2021 年第 6 期。

② Edvardas Mikalauskas，Privacy in the Metaverse：Dead on Arrival？，https：//cybernews.com/privacy/privacy-in-the-metaverse-dead-on-arrival/.

③ Pavan Duggal，The Metaverse Law，2021：18.

④ 实践中的通证根据使用方式不同可以大致分为证券型通证（securitytokens）、实用型通证（utilitytokens）和支付型通证（paymenttokens）三个主要类别。

现建立在资产"通证化"（Tokenination）的基础上，非同质化通证（NFT）也不例外。① 将现实世界中的资产（原子）转换为区块链系统上的数字通证（比特），就是财产（权利）的"通证化"。② 相较于人们熟悉的比特币、以太币等同质化通证（FT），NFT 不但时间上晚出现且并不被人重视。2017 年随着 CryptoKitties 等项目的出现，NFT 才进入大众视野并随着元宇宙概念骤然走红。

NFT 与 FT 之间的关系类似民法中种类物与特定物之间的关系。现阶段 NFT 一般基于以太坊 ERC-721 这一标准发行，而同质化通证多基于 ERC-20 标准发行。基于后者开发的通证，一般价值没有区别，可以被任意分割和互换，因此无法追踪特定通证的交易和流通记录。在 ERC-721 标准下，每个 NFT 在合约内被赋予唯一的 tokenID，而且不可改变，因此可以确保每个 NFT 在区块链上唯一被标示，③ 交易中的创建者和所有者都可以将信息添加到 NFT 的元数据中。基于这种新的标准，每个通证都具有不同的价值，每个 NFT 转移过程都可以被完全追踪和验证。④NFT 走红是因为它将特定资产带入虚拟空间，并使该资产的权利可验证。NFT 一般代表区块链系统之外的某一权益，有现实价值做背书，被看作是"容器"型通证。⑤NFT 的底层财产，既可是在线的，例如某种数字世界中的虚拟房产；也可以是真实的东西，例如一处房产、一幅画等。⑥

对 NFT 而言，需要重新界定链上资产与链外资产之间的关系，这是理解 NFT 的难点。首先，NFT 作为通证本质上是一种虚拟数字资产；其次，NFT 是权利凭证而非权利；最后，NFT 与其数字载体亦有不同，数据显示的信息本身并不重要，至于 NFT 为何具有价值，则是由共识机制决定的。⑦

---

① 不同见解可参见 Valerie Hare，NFT vs. Tokenization，https：//www.tokenex.com/blog/nft-vs.-tokenization。

② 陈吉栋：《人工智能时代的法治图景——兼论〈民法典〉的智能维度》，载《探索与争鸣》2021 年第 2 期。

③ Satoshi Ventures，NFT Research Report，https：//venturessatoshi.medium.com/nft-research-report-efb1dbf52dd5.

④ 秦蕊：《NFT：基于区块链的非同质化通证及其应用》，载《智能科学与技术学报》2021 年第 2 期。

⑤ See Teck Ming，Key Views on 172 Pages Liechtenstein Blockchain Act：Token and Trustworthy Technology Service Providers Act（TVTG），https：//www.oulu.fi/blogs/node/192427.

⑥ Alexander Safonov，The Future of NFT（Music，Games，Market）：Trends You Should Check in 2022，https：//merehead.com/blog/the-future-of-non-fungible-tokens-trends-2022/.

⑦ 司晓：《区块链数字资产物权论》，载《探索与争鸣》2021 年第 12 期。

### （2）NFT 在元宇宙中的作用

数字资产是在数字市场进行交易的前提。[1]NFT 是促进元宇宙发展的虚拟资产，[2]很可能也构成了未来元宇宙中原生资产的主要载体。NFT 实现了元宇宙从传统互联网信息转移功能向元宇宙价值转移功能的蜕变，构成了元宇宙的基础设施。NFT 的应用"将有助于打造元宇宙去中心化的清结算平台和价值传递机制，保障价值归属与流转，实现元宇宙经济系统运行的稳定、高效、透明和确定性"。[3]此外，NFT 还起着元宇宙身份认证作用。

不过，目前 NFT 技术和应用仍旧存在不同程度的缺陷：首先，NFT 本质还是区块链，沿袭了区块链交易高度耗能的缺陷。其次，由于区块链网络协议各层和应用层安全性相对较低，目前大多数 NFT 交易市场都尚未完全脱离中心化控制。最后，NFT 目前适用范围极其狭窄，其功能仅仅局限于特定虚拟财产的确权，作用十分有限。在一定意义上与通证化的理念背离，未来在元宇宙中的作用仍有待观察。

就我国而言，我国对虚拟资产相关业务的监管态度历来严厉，中国人民银行发布了《关于进一步防范和处置虚拟货币交易炒作风险的通知》，国内的主流 NFT 交易平台均处于调整之中。目前企业更强调无币化 NFT 的探索，发挥 NFT 数字产权证明功能；项目开发主要基于彼此独立的联盟链，NFT 的交易属性被弱化，并未实现数字内容的真正资产化，用户只获得非商用使用权而非权利。

### （四）元宇宙的多元规制体系及发展趋势

#### 1. 通过架构进行规制

在网络空间，架构即代码。用户能做什么，在多大程度上做，取决于软件的特定设计，技术架构无疑是秩序的供给力量，而且比法律更为直接。在元宇宙的背景下，代码规制的意义主要是在如下两个层次的更新：第一，既有技术的监管风险，将不可避免地被带入元宇宙，与其他监管风险叠加放大。比如，区块链去中心化模式引

---

[1] 赵国栋、易欢欢、徐远重：《元宇宙：下一代互联网新形态》，中译出版社 2021 年版，第 103 页。

[2] Salar Atrizadeh，Metaverse，Technology and Legal Issues，https://www.internetlawyer-blog.com/metaverse-technology-and-legal-issues/.

[3] 邢杰、赵国栋、徐远重等：《元宇宙通证：通向未来的护照》，中译出版社 2021 年版，第 70 页。

发纯粹技术性措施无法有效应对的监管难题，这一难题也随着区块链被带到元宇宙空间。[①] 第二，元宇宙复杂的技术层次、整体上的数据化和交互，有可能冲破现代互联网规制一般规律，这也意味着元宇宙需要更为复杂的监管规则。例如智能合约隐私保护、高效的身份追踪机制、更多场景下的内容监管技术研究。[②] 虽然元宇宙本身的发展尚未成熟，但这一风险提示监管者应重视发挥传统中心化模式的作用。

## 2. 通过法律进行规制

法律监管框架的难点在于选择合适的切入点。无论元宇宙多复杂，开发商和服务运营商必须遵守所在国法律。这也要求法律关注对用户身份的追踪和对用户交易内容的监管。现阶段的元宇宙仍以平台形式为主，法律对于元宇宙的监管重点还是应聚焦平台，尤其是重视《反不正当竞争法》的作用，保证元宇宙建设参与者的合法权益。例如，元宇宙平台公司是否可以限制平台上的第三方应用程序的问题可能会影响不同VR平台的开发方式、它们实施的安全措施以及它们如何与这些第三方平台互操作。[③]

虽然法律有先天的滞后性，或许不能规制新型应用的方方面面，但是通过借鉴互联网与区块链的经验，相信现行法律可以规制大部分的新型元宇宙应用与场景。值得注意的是，法律制度和软件代码均为提供秩序的工具，其既能促进信任也能摧毁信任。本质上，规制路径的设计与选择，是以何种程度以及何种形式的管制才是必要且合理的为依据的。因此，法律与架构的融合成为法律监管元宇宙的必由之路。

## 3. 元宇宙的"三阶段"发展趋势

元宇宙是否会成为下一个互联网潮流，是否代表着未来发展方向，很大程度上取决于元宇宙是否能带来社会生产力的极大提升和生产方式的改变。

考虑到元宇宙现阶段的社交属性，元宇宙在其发展阶段初期无疑将会和社交应用深度绑定。这类应用除了具有泛娱乐化属性之外，其交互方式主要是依赖现有的VR设备，进行视觉和听觉层面的单向交互。在这个阶段中，由于沉浸感的提升，虚拟和

---

[①] 崔志伟：《区块链金融：创新、风险及其法律规制》，载《东方法学》2019年第3期。

[②] 李佩丽、徐海霞、马添军：《区块链隐私保护与监管技术研究进展》，载《信息安全学报》2021年第3期。

[③] Makenzie Holland，Federal Regulatory Efforts Could Affect VR，Metaverse，https：//www.techtarget.com/searchcio/news/252513126/Federal-regulatory-efforts-could-affect-VR-metaverse.

现实的边界开始变得模糊，元宇宙所代表的虚拟世界将会对现实世界产生不可忽视的影响。

随着技术的发展，交互方式的增多将会带来更多的可能性。元宇宙将会逐渐扩展边界，摆脱泛娱乐属性的限制。在引入触觉、嗅觉等交互方式之后，用户可以在元宇宙场景中进行更贴近现实的交互操作，进一步增加沉浸感。在该阶段，计算能力的发展带来了更强大的现实模拟能力，元宇宙将有能力进一步模拟现实世界，从而逐步实现数字孪生。[1]

随着元宇宙的进一步发展，其将不再局限于对现实世界的模拟。在虚拟爆发阶段，元宇宙将会产生独属于虚拟场景的独特应用，这些场景和应用将不再与现实世界有所对应，生产方式也将迎来一轮更大的变革。这一阶段的元宇宙尚需极大的技术进步和产业创新，届时更多工作和生活将数字化，在线时间显著增长、三维数字世界、高智能度 AI 等都将带来人类数字经济的高度繁荣。这一时期的元宇宙将是科技与人文的结合，是科技对人的体验和效率的赋能，是技术对经济和社会的重塑。[2]

---

[1] 谭营：《元宇宙热潮的成因分析及发展趋势》，载《国家治理》2022 年第 1 期。
[2] 许英博：《元宇宙深度报告：元宇宙的未来猜想和投资机遇》，中信证券研究报告。

# 第六部分　人工智能法治发展专家访谈

## 一、发展人工智能，能从脑科学中借鉴点什么？

**观点：**

今天，我们凭借大规模计算能力研究脑进而理解脑。在发展下一代人工智能过程中，可能需要从结构和功能等方面实现对脑的模拟，以发展出更智能化的算法。我们还可以通过人工智能技术判断当事人是否撒谎，利用脑科学协助人工智能更好地进行智能辅助办案、智能辅助审讯、智能辅助假释等。作为脑科学专家，我也非常期望与法学界的各位专家共同合作，为社会作出贡献。

**冯建峰**：第二批国家高层次引进人才、长江学者特聘教授，现任上海数学中心首席教授、复旦大学大数据学院院长、复旦大学类脑人工智能科学与技术研究院院长、上海脑科学与类脑研究中心副主任。2018 年 9 月起，担任上海市人工智能战略咨询专家委员会委员。2019 年 5 月起，担任上海市科协人工智能专业委员会委员。2011 年获英国皇家学会沃夫森研究功勋奖（首位华人获奖者），2019 年作为 30 年来首位受邀的华人在剑桥大学作 Paykel Lecture 年度冠名讲座。

**通过模拟人脑工作原理，实现更好的智能化计算**

蓝皮书：正如您所说，我们正处于从弱人工智能向强人工智能迈进的时代，为了实现这一愿景，首先要对人脑有充分的了解。早在 2016 年您的团队在 *Brain* 上在线发表了题为《脑功能网络动态特性的神经、电生理和解剖关联及其在精神疾病中的改变》，根据这一发现，未来将有可能通过赋予人工智能系统内部各部件动态相互作用的方式，使机器人真正产生人类的思维方式，这一重大成果或将对人工智能的发展带来革命性的影响。您能给我们介绍一下吗？

冯建峰：纵观地球所有的智能生物，人是最具智慧的。所以对于人工智能来说，大自然给我们提供了这样一位揭示智能是如何产生的最好老师。我们研究脑进而理解脑，这使我们对于脑，尤其是人脑如何工作有了进一步的了解。在发展下一代人工智能过程中，可能需要从结构和功能等方面实现对脑的模拟，以发展出更智能化的算法，欧洲人类大脑计划的创始人马克拉姆（Henry Markram）教授也曾提出过这个想法。目前，欧洲人类大脑计划已进行了 9 年，比较公认的一个成果就是 The Virtual Brain 这个模拟大脑建模的平台。The Virtual Brain 的主要领导人是伊尔萨（Viktor Jirsa）教授，我在 2022 年 2 月初访问他的实验室，与他交流他们在这方面所做的工作。他们目前正利用自己创建的计算机模型在医院里进行大规模的临床实验，期望对治疗癫痫病人有所帮助，所以我想这可能也是我们目前计划发展的一个方向。在复旦大学团队，我们三年来也进行了一项数字孪生脑的项目，该项目的主要构想就是通过模拟人脑的工作原理，来实现一些智能化的计算。

### 脑科学对人工智能技术发展有深远的影响，谈论人工智能产生"意识"为时尚早

蓝皮书：您曾提到到今天为止，人类还无法确切地知道人脑是如何工作的，也始终无法对人工智能中"智能"一词进行准确定义。因此，今天的人工智能还只能从人脑智能上学到一点点的皮毛。您认为计算脑科学与类脑智能研究能在多大程度上对人工智能技术发展，尤其是对人工智能技术发展的趋利避害提供帮助？

冯建峰：脑科学对人工智能技术发展有深远的影响。我从 20 世纪 80 年代，在北京大学读书时就开始研究人工神经网络，亲历了人工智能这几十年发展的历程。比如，深度学习理论是从视觉系统识别物体借鉴而来的。如果大家回顾一下历史就会发现，当下人工智能热潮的创始人杰弗里·辛顿（Geoffrey Hinton）曾在英国剑桥大学主修心理学，他从剑桥大学心理学系毕业后，到爱丁堡大学就读人工智能专业博士，

之后创造了人工智能最主要的算法之一——深度学习算法（Deep Learning）。他的算法主要试图模拟人类的视觉系统识别物体的能力。在杰弗里早期的一些研究里，人工智能算法学习了猫的视觉系统。再比如在 AlphaGo 中起到很大作用的强化学习算法（Reinforcement Learning），强化学习算法实质是通过模拟人体多巴胺奖惩系统来实现的。所以，长期以来，脑科学已经对人工智能技术发展产生了深远的影响。就我的研究而言，我们在自动驾驶和步态识别等方面进行了许多研究，同样借鉴了人脑的工作方式，比如借鉴了脑补原理，机器只需拍摄到物体的一部分，就能恢复出物体的全貌。

**蓝皮书：**您是否研究过人脑在犯罪时的反应与过程机制，其是否能对我们定义人工智能犯罪有所启示？

**冯建峰：**我还没有研究过人脑在犯罪时的反应与过程机制，但这可能是一个非常有意思的课题。从脑科学角度看，人的很多行为，一部分由人的基因决定，另一部分则由环境决定。当人在犯罪的时候，大脑会产生哪些现象？大脑又如何让人最终越过法律的界限？我们能够依托复旦大学脑影像中心，开展这方面的研究，获得的成果也许会对我们很有启示。

至于人工智能如何产生"意识"的问题，我认为，从目前来看，"意识"与"智能"一样，涉及"意识"是怎么产生的、什么是"意识"等在科学界产生很多争议的问题，如果从比较严肃的科学角度而言，我想目前讨论人工智能如何产生"意识"这样的问题还为时过早。

### 脑科学应用前景广阔

**蓝皮书：**您是否设想过脑科学与法学在人工智能技术下的跨学科联系？

**冯建峰：**我们可以利用脑科学辅助办案，可以通过人工智能技术判断当事人是否撒谎，利用脑科学协助人工智能更好地进行智能辅助办案、智能辅助审讯、智能辅助假释等。作为脑科学专家，我也非常期望与法学界的各位专家共同合作，为社会作出贡献。

**蓝皮书：**您目前担任了上海市人工智能战略咨询专家委员会委员和上海市科协人工智能专业委员会委员。从您的专业角度看，上海市在发展人工智能和营造人工智能法治环境中还需要做到哪些？

**冯建峰：** 目前我主要在高校工作，所以思考的还是高校和企业的合作问题。目前在高校中有很多原创性的科研成果，但这些科研成果并没有很好地落地。比如在人工智能行业，虽然大学不断地在进行研究，但很多科研成果没有被企业界充分利用，造成科研成果无法有效转化。再比如高校尽管拥有很多专利，但是没有人员对其进行开发和利用。如何通过制度与法治把企业和高校的科研成果尤其是人工智能方面的研究成果与应用更好地结合起来，从而真正地对社会产生效益，是我们最需要做的事情。

# 二、如何看待中国和欧盟的人工智能伦理准则

**观点：**

对人工智能技术而言，基于风险的监管越来越重要，同时强有力的执行和补救系统也同样重要。我希望包括经合组织和欧盟委员会在内的国际组织关于人工智能治理的所有工作都将能集中在一个基于经合组织原则和法治的人工智能监管风险系统之上。

蒂姆·克莱门特-琼斯（Lord Tim Clement-Jones）曾任伦敦管理合伙人（2011—2016年）、英国政府事务负责人、中国和中东事务部主席、国际商务关系合伙人及合伙人—全球政府关系主席。2017年到2018年担任英国议会上议院人工智能特别委员会主席，目前担任上议院数字部门的自由民主党发言人、人工智能全党议会小组联席主席、受限申诉服务处（Ombudsman Services Limited）主席、伦敦玛丽女王大学理事会主席、人工智能教育伦理研究所咨询委员会主席、工业和商业保险和风险管理协会（Airmic）顾问委员会成员、ICAEW企业金融学院董事会成员和欧盟委员会人工智能工作组（CAHAI）顾问。

### 欧盟对人工智能实施基于风险的监管

**蓝皮书：** 2019年经合组织、欧盟和G20制定了《可信赖人工智能的伦理准则》，并于2020年正式实施，您认为在欧洲实施该原则的效果如何？其优势和问题在

哪里？

**The blue book**：In 2019，OECD，EU and G20 formulated the high-level ethical principles for AI. It was operationalized in 2020. How do you think of the How effective is the operationalization of these principles? What are the advantages and problems?

**Lord Tim Clement-Jones**：At present they only operate as principles to be observed in development and procurement. They have no legislative effect so in essence they are voluntary. Some governments have incorporated these in guidelines for procurement and operation of AI but not consistently. They do however form their basis of EU proposals for an AI Act and it is likely that they will underpin their forthcoming UK AI Governance White Paper.

蒂姆·克莱门特-琼斯：目前，《可信赖人工智能的伦理准则》仅作为发展和贸易中应遵守的准则来使用，鉴于其不具备立法效力，因此其本质上是自觉自愿执行的。一些政府已经将其纳入人工智能采购和运营指南中，但它们并不一致。该准则确实构成了欧盟关于人工智能法案的提案基础，并很可能会将它作为即将发布的英国人工智能治理白皮书的重要依据。

蓝皮书：2020年欧盟出版了《欧盟人工智能白皮书》，提出"基于风险的人工智能问责标准"，您认为风险主要包括哪些？基于风险的方法是否合理？是否会一定程度阻碍人工智能产业的发展？

**The blue book**：In 2020，EU published the "EU White Paper on AI"，which claimed a risk-based standard of accountability. What are the major risks in our society? Is it reasonable for the risk-based method? Will it hinder the development of the artificial intelligence industry to a certain extent?

**Lord Tim Clement-Jones**：I believe the risk-based approach to regulation is the appropriate way forward i.e. where the risk of violation of the e.g. OECD principles and human right is unacceptably high then the AI application is banned or regulated where the risk is low regulation will be light. It will therefore be pro beneficial development of AI but hinder the more invasive and malign aspects.

蒂姆·克莱门特-琼斯：我相信目前来说比较恰当的方式是基于风险的监管，当遇到诸如因涉及经合组织原则或很大的人权风险而导致人工智能应用被禁止的情形时，监管的风险就会相对较轻。因此，这将会有利于人工智能的发展，同时也会阻止其向更具有入侵性和有害性的发展方向。

**蓝皮书：**评估人工智能程序是一件非常复杂的事情，那么我们该如何校准这种风险？如何评估风险？有什么更高效的方法降低风险？

**The blue book：**It is complex to access an AI applications, how can we calibrate these risks of AI applications? How can we access these risks? And are there any good way to reduce these risks more effectively?

**Lord Tim Clement-Jones：**The OECD has recently produced its final guidance on AI classification which is very helpful in assessing risk. The Council of Europe has also produced a Human Rights, Democracy, and the Rule of Law Assurance Framework for AI Systems which is similarly useful. Others such as the UK Turing Institute and NIST in the US are development risk assessment standards for this purpose.

**蒂姆·克莱门特-琼斯：**经合组织最近发布了关于人工智能分类的最终指南，这对我们评估其风险非常有帮助。欧盟委员会还为人工智能系统制定了人权、民主和法治保障框架，其同样也很有用。英国图灵研究所和美国国家标准与技术研究院也都为此目的开发了风险评估标准。

**蓝皮书：**我们已经来到了 2022 年，距离《可信赖人工智能的伦理准则》发布已经过去 3 年，这 3 年中您认为人工智能的风险和监管出现了哪些方面的问题？未来还需要哪些改进？

**The blue book：**It is 2022, and has been three years since the publication of the high-level ethical for Artificial Intelligence. In the past three years, what do you think the problems of risk and supervision of artificial intelligence? What improvements are needed in the future?

**Lord Tim Clement-Jones：**It is clear that the increasing adoption of AI for decision making in the public sector and in key business sectors such as financial services, of live facial recognition in the public realm and the application of AI to behavioural data online mean that the need for risk based regulation has become increasingly important. It will also be important to ensure strong compliance and redress systems.

**蒂姆·克莱门特-琼斯**：很明显，目前很多公共部门和金融服务等关键业务部门越来越多地采用人工智能进行决策，在公共领域采用了实时面部识别并将其他人工智能应用应用于在线行为数据。所以这意味着基于风险的监管越来越重要，同时强有力的合规和纠正系统也同样重要。

## 实现人工智能监管的国际协调

**蓝皮书**：就中国来说，我们已经发布了《世界人工智能法治蓝皮书》，旨在促进人工智能法治建设，从监管经验的角度，您有什么可以分享的吗？

**The blue book**：For China, we have already released the "Blue Paper on AI Rule of Law", which aims to promote the construction of AI rule of law. Do you have any regulation experience to share with us?

**Lord Tim Clement-Jones**：This kind of overview work is very valuable and a very constructive way of encouraging work towards international harmonisation of AI regulation. The UK is shortly producing a White Paper on AI Governance. We expect this to adopt an innovation friendly but risk-based approach building on the OECD principles and some of the technical AI risk assessment and audit work carried out in the UK to date. I hope that all the work being carried out internationally including in the OECD and Council of Europe will converge on an AI regulatory risk-based system based on the OECD principles and the rule of law.

**蒂姆·克莱门特-琼斯**：像《世界人工智能法治蓝皮书》这样的概述工作非常有价值，也是一种非常有建设性的方式，可以进一步促进实现人工智能监管的国际协调的工作。英国即将发布一份关于人工智能治理的白皮书，我们希望这将是一种创新且友好的方法，它以经合组织原则为重要依据，同时考虑了迄今为止在英国开展的一些人工智能风险评估技术和审计工作。我希望包括经合组织和欧盟委员会在内的国际组织关于人工智能治理的所有工作都将能集中在一个基于经合组织原则和法治的人工智能监管风险系统之上。

## 三、人工智能的边界
### ——神经科学与脑机接口如何把握技术使用的限度

**观点：**

新冠肺炎对我们的认知、情绪和行为产生了负面影响，大数据和人工智能技术将会是维持心理健康、减少社会焦虑和抑郁的最有效策略。

对于脑损伤患者来说，脑机接口的收益明显高于风险并且不会产生伦理问题，因为这类应用的目的在于恢复而非强化功能。相反，健康人群为了强化机能使用脑机接口会导致伦理及社会问题，部分是因为任何强化机能的形式（例如药物）的使用都要分析风险—收益。然而，对于健康人群使用脑机接口等有创技术，收益不太可能高于风险。

包含热认知的人工智能不仅将带来增强的人机交互，还将促进一种新的道德方法。为赋予机器有限的心智理论能力，计算机科学家需要与精神病学家、心理学家和神经科学家密切合作。

芭芭拉·J.萨哈金（Barbara J. Sahakian）是剑桥大学精神病、行为与临床神经科学系临床神经心理学教授，阿登布鲁克医院荣誉临床心理学家。拥有剑桥大学哲学博士学位和科学博士学位，是国际神经伦理协会主席、英国精神病药物学协会前主席和英国医学院院士。她是 ACNP、CINP Council 和 ECNP Review Board 的成员，也是人类脑计划的成员及世界经济论坛全球大脑研究议程委员会的成员。在精神药理学、神经心理学、神经精神病学、神经影像和神经伦理学等领域享有国际声誉，并在 2014 年世界科技奖"健康和医学"类别进入最终提名。合著《糟糕的举措：决策如何出错和聪明药的伦理》(Bad Moves: How Decision Making Goes Wrong, and the Ethics of Smart Drugs)(2013)和《牛津神经伦理学手册》(Oxford Handbook of Neuroethics)(2011)。

### 人工智能将会是新冠肺炎疫情时代应对心理问题的最有效策略

**蓝皮书：**在近两年新冠肺炎大流行期间，持续的压力，会对我们的认知、情绪和行为产生哪些负面影响？您认为大数据或人工智能技术能否对消除这些影响发挥作用？

**The blue book**：During COVID-19，what are the negative effects of the pandemic on our cognition，emotion and behavior due to the constant stress? Does big data or artificial intelligence technology play a role in eliminating the effects?

**Barbara J. Sahakian**：COVID-19 has had negative effects on cognition，emotion and behaviour，partially caused by the stress of lockdowns and health concerns as well as bereavements. In addition，social isolation and loneliness has effects on the brain，cognition and emotion.

Big data and meta-analyses will help in determining the most effective strategies for maintaining mental wellbeing and reducing symptoms of anxiety and depression in society.

There are measures that can be taken to reduce stress and to reduce the impact of the pandemic on the brain，behaviour and emotion. Please see the links below.

芭芭拉·J.萨哈金：新冠肺炎对我们的认知、情绪和行为产生了负面影响，其中有一部分影响来自封闭隔离的环境、健康问题带来的压力以及丧亲之痛。此外，与社会隔离和孤独也会对大脑、认知和情感产生影响。

大数据和元分析将会是维持心理健康、减少社会焦虑和抑郁的最有效策略。目前已经有一些措施有助于减轻新冠肺炎大流行对大脑、行为和情绪的影响。这些对于减轻新冠肺炎对大脑负面影响的方法包括：与人友善、运动锻炼、饮食健康、保持社交、不断学习、适度睡眠。针对慢性压力，英国政府在关于心理资本和幸福远见项目（Foresight Project on Mental Capital and Wellbeing）中提出了心理健康疗法。例如，运动会增加海马体等重要区域的神经元产生新脑细胞，从而改善情绪和健康。此外，保持与周围人群的联系也是克服压力的重要方法。我们也通过调研发现了新冠肺炎疫情期间正念减压疗法可能成为一个低成本的减轻未来心理影响的干预措施。

在大数据和人工智能技术的帮助下，减弱新冠肺炎疫情大流行的心理影响有了更多的途径。低成本、可扩展且易于部署的解决方案是一个关键的技术方法，如可穿戴设备和数字平台能为精神保健提供可行的途径，特别是在有限的隔离措施和医疗服务的情况下。除了跟踪个人的认知和情绪外，这种方案还允许采用游戏和虚拟现实、远程精神病学等对每个人进行个性化治疗。此外，新颖且引人入胜的可穿戴设备、数据分析和软件应用程序平台也可能有助于促进对个人心理健康有益的用户参与。

### 人工智能将促进一种新的道德方法，也需要跨学科合作

**蓝皮书**：作为一位神经科学专家，您认为神经科学的研究对人工智能发展会有何启示？对人工智能发展可能的风险有何警示？

**The blue book**：As a neuroscience researcher，what do you think the implications for the development of artificial intelligence through neuroscience research are？What are the warnings about the possible risks of artificial intelligence development？

**Barbara J. Sahakian**：For certain areas，such as health care and driverless cars artificial intelligence（AI）would be greatly enhanced through the use of models that incorporate Theory of Mind（ToM）（Cuzzolin et al.，2020；Incorporating ToM and other forms of social and emotional cognition into AI may also reduce the risk of harms from AI by giving it a more ethical perspective.

AI requires human supervision and decision-making so that'self-learning AI'，which generates its own solutions，does not harm humans.

**芭芭拉·J.萨哈金**：对于特定的领域，如在医疗保健和无人驾驶领域，通过运用心智理论（ToM）的模型，能够显著增强人工智能。正如我们所知，人工智能已经极大地改变了世界，但尚未完全接受热认知，即智能生物的思维方式受到情绪状态的影响。接受热认知的人工智能不仅将带来增强的人机交互，还将促进一种新的道德方法。心智理论是人类心智将心理状态归因于他人的能力，是热认知的关键组成部分。为赋予机器有限的心智理论，计算机科学家需要与精神病学家、心理学家和神经科学家密切合作。他们将需要开发新模型，还需要正式定义解决哪些问题以及如何评估结果。

将心智理论和其他形式的社会与情感认知运用到人工智能算法中，还可以提供一种更为道德化的视角，从而降低了人工智能造成伤害的风险。人工智能需要人类的监督和决策，以便"人工智能自学习"产生自解决方案，而不会伤害人类。

**蓝皮书**：从对社会认知发展的角度来说，对大脑的持续负面影响会如何在社会中产生不良反应？尤其是在年轻人群体中产生社交障碍、心理疾病等。您认为站在人工

智能技术的角度，该如何疏导与改善这种影响，如何把握技术使用的限度？

**The blue book**：From the perspective of social cognitive development，how might persistent negative effects on the brain have adverse effects in society? Especially，among young people，what about the effects on social，mental health and so on? In your opinion，from the perspective of artificial intelligence，how would we best channel and improve this impact? And how would we control the technology usage?

**Barbara J. Sahakian**：It is important that people maintain social interaction and have social support groups，such as work colleagues，family and friends. It is also important that during the critical period of social cognition development，which is aged 1—5 years，young children are able to interact with other young children as well as adults.

芭芭拉·J. 萨哈金：一个人维持社交以及拥有诸如同事、家庭、朋友等社会支持群体是很重要的。此外，在儿童社会认知发展的关键阶段，也就是 1—5 岁，儿童能够与其他儿童及成人互动也是很重要的。

**Barbara J. Sahakian**：The way of working globally these days presents at least three major concerns. The first is that you can be contacted via email at any hour within the 24 hour day. For example，if you are based in one country where it is nighttime and most people are asleep，others who you work with，in different countries，may be awake and contacting you during this time. This opens the possibility to a 24 hour work day and a poor work/life balance.

芭芭拉·J. 萨哈金：近年来，全球化工作方式带来了令人担忧的三点。第一点，你在一天 24 小时中任何时间都有可能通过电子邮件被人联系。举例来说，你生活的国家正处于大多数人都睡了的晚间，而和你一起工作的人生活在不同的国家，他们可能身处还醒着的白天，并且在这时候联系你。这就导致你可能需要 24 小时工作，并且很难平衡工作与生活。

**Barbara J. Sahakian**：Another second concern is that the use of AI technology and other forms of technology can mean that there are fewer jobs for humans. Those who are in jobs may actually find their workload is excessive and there is a challenge sometimes to cope with the AI technology.

The third concern is that we may not be interacting socially with as many people as we are interacting more with AI technology and other forms of technology. Although it is perhaps too early to tell this may affect how the human brain develops in future, since the environmental inputs may be radically different from those of previous generations. For example, children and adolescents may now be spending large amounts of time on computers and mobile phones and much fewer time outdoors exercising or interacting face-to-face with friends.

**芭芭拉·J.萨哈金**：第二点，使用人工智能技术以及其他技术意味着人类工作岗位的减少。而那些有工作的人在处理人工智能技术时则会发现他们工作量很大，并且有时会遇到挑战。

第三点，我们可能会更多与人工智能技术及其他形式技术进行交互，而不是与他人进行社交。不过现在要说这些现象未来会怎样影响人类大脑的发展也许还太早，因为环境输入可能和前几代人完全不同。具体来说，儿童及青少年如今花费大量时间在电脑及手机上，户外活动及面对面与朋友互动的时间少了很多。

### 脑机接口将造福脑损伤患者

**蓝皮书**：在人工智能流行的今天，脑机接口被认为是下一代人工智能的重要技术。未来脑机接口的发展，您认为是否违背人类大脑运行规律与神经伦理？作为监督者，您认为我们应该如何正确引导这一技术的应用？

**The blue book**：With the development of artificial intelligence, Brain-computer interface is considered to be an important technology for the next generation of artificial intelligence. In the future development of brain-computer interface, do you think it violates the laws of human brain operation and neuroethics? As supervisors, how do you think we should properly guide the application of this technology?

**Barbara J. Sahakian**：It would greatly help if brain-computer interface is developed in accordance with brain-inspired intelligence. Brain-computer interfaces may be very important for the rehabilitation of people with brain injury, and most of the society does not regard this type of use as raising neuroethical issues, since it is for restoration of function, rather than enhancement.

**芭芭拉·J.萨哈金**：依托于类脑智能的脑机接口的发展将对社会有很大帮助。脑机接口对于脑损伤患者的康复可能非常重要，并且大多数地区认为这类应用不会导致神经伦理问题，因为这类应用的目的在于恢复而非强化功能。

**Barbara J. Sahakian**：The use of brain-computer interfaces for enhancement in healthy people does raise ethical and societal issues，in part because the use of any form of enhancement（e.g. drugs）has to take into account the risk/benefit analysis. For people with brain injury，it may be very clear that the benefits outweigh the risks. However，for healthy people using an invasive technique（e.g. a brain-computer interface）it is unlikely that the benefits outweigh the risks.

（1）Human brain atlas

The project has created a unique multilevel human brain atlas based on several aspects of brain organisation，including its structure on the smallest of scales，its function and connectivity. This atlas provides a large number of tools to visualise data and work with them.

Researchers can automatically extract data from the atlas using a special tool to run a simulation for modelling the brains of specific patients. This can help to inform clinicians of the optimal treatment option.

（2）Synapses in the hippocampus

Using electron microscopy，a technique to study brain tissue at ultrahigh resolution，researchers have published detailed 3D-maps of around 25,000 synapses—electrical and chemical signals between brain cells—in the human hippocampus. This region of the brain is involved in memory，learning and spatial navigation，and one of the first areas to be damaged early in Alzheimer's disease.

The Human Brain Project is the first to provide a detailed picture of synaptic structure in this important area of the brain. This could allow for a better understanding of diseases such as dementia，as well as aid in the development of computational models of the brain.

（3）A neuro-inspired computer

The human brain comprises nearly 100 billion interconnected brain cells，which is part of the reason it is so difficult to model and understand. Innovative computing has helped to further our understanding by simulating the exchange of signals between neurons, but even the best software run on the fastest supercomputers to date can only simulate 1% of the human brain.

The million-processor-core Spiking Neural Network Architecture or "SpiNNaker" machine boasts 100 million transistors on each of its 30,000 chips. One such chip can simulate 16,000 neurons and 8 million synapses in real time. This is comparable or even better than the best brain-simulation supercomputer software currently used for neural-signaling research so far.

But this is only the beginning. The unique SpiNNaker doesn't communicate by sending large amounts of information from point A to B via a standard network. Instead it works more like the human brain and sends billions of small amounts of information simultaneously to thousands of different destinations, completely rethinking the way traditional computers work.

The SpiNNakker has the potential to overcome speed and power consumption problems of conventional supercomputers—something that is much needed if we are to crack the enigma of the human brain. Ultimately, it could advance our understanding of neural processing in the brain, including in learning and neurological diseases such as Alzheimer's.

（4）Virtual epileptic patient

Another important EBRAINS application was the development of a Virtual Epileptic Patient（VEP）. This is a computer program based on personalised brain network models from individual patients. This is achieved by integrating brain connectivity areas responsible for seizures and lesions for individual patients, detected by MRI.

Currently, clinicians use electroencephalogram（EEG）, which provides a recording of brain activity, and helps to identify when and where a seizure begins. However, this information alone does not tell the clinician all that they need for determining the type of seizure and making the best decisions in regard to treatment.

The model provides a personalised prediction of the impact of a surgical treatment for a certain patient. The surgeon is then able to evaluate the impact of multiple different therapeutic strategies and determine the best treatment option, with the most successful outcome. The program is close to commercial release.

**芭芭拉·J.萨哈金：**健康人群为了强化机能使用脑机接口会导致伦理及社会问题，部分是因为任何强化机能的形式（例如药物）的使用都要分析风险—收益。对于脑损伤患者来说，脑机接口的收益明显高于风险。然而，对于健康人群使用有创技术（例如脑机接口），收益不太可能高于风险。

在这里，我列举以下一些欧洲通过脑机接口相关技术促进人类对大脑的认识和心理健康治疗方法的研究：（1）基于大脑组织的结构、功能和连接性，创建一个独特的多层次人脑图谱，其能够运行模拟特定患者的大脑，这将有助于引导临床医生找到最佳治疗方案。（2）通过超高分辨率的电子显微镜，我们得到人类海马体中大约25000个突触的详细3D图，并发现大脑的某个区域与记忆、学习和空间导航有关，并且是阿尔茨海默病损伤的首批区域之一，这将促使我们更好地了解阿尔茨海默病等疾病，并开发相应的大脑计算模型。（3）人脑由近1000亿个相互连接的脑细胞组成，这也是它难以建模和理解的部分原因所在。有百万处理器核心的尖峰神经网络架构或SpiNNaker平台在其30000个芯片中的每个芯片上拥有1亿个晶体管。一片这样的芯片可以实时模拟16000个神经元和800万个突触。这与目前用于神经信号研究的最佳大脑模拟超级计算机软件相当，甚至更好。独特的SpiNNaker平台不会通过标准网络将大量信息从A点发送到B点来进行通信。相反，它更像人脑，将数十亿的少量信息同时发送到数千个不同的目的地，这使我们彻底重新思考传统计算机的工作方式。最终，它可以加深我们对大脑中神经处理，以及对阿尔茨海默病等神经系统疾病的理解。（4）虚拟癫痫患者（VEP）是一个基于个体患者的个性化大脑网络模型的计算机程序。这是通过整合由磁共振成像（MRI）检测到的与个体患者癫痫发作和病变有关的大脑连接区域来实现的。该模型提供了对特定患者的手术治疗影响的个性化预测。然后，外科医生能够评估多种不同治疗策略的影响并确定最佳治疗方案，并获得最成功的结果。

# 四、法治如何助力自动驾驶跑完最后一公里

**观点：**

目前宜有节奏地规划自动驾驶汽车致损事故法律体系，我国可以根据我们的实际情况并在借鉴域外相关立法的基础之上及时对既有的机动车责任保险的法律法规进行修改和设计，以对自动驾驶汽车责任作出及时有效的回应。

高岗：蔚来汽车副总裁兼全球总法律顾问。

**数据合规和隐私权、知识产权、自动驾驶责任认定是自动驾驶技术应用的三大法律关注点**

**蓝皮书：** 作为一家重视自动驾驶技术的智能网联汽车公司，贵司最关注哪些人工智能法治问题？

**高岗：** 目前而言我们最为关注的人工智能法治问题主要包括数据合规和隐私权、知识产权以及侵权责任认定方面的问题。

在自动驾驶情境下的环境感知、决策规划、控制执行三个应用场景中，均存在数据收集、数据交换和数据处理的相关行为，因此需要重点关注数据安全和隐私保护方面的问题。拥有自动驾驶功能的汽车在运行中需要实时监测车辆内外的数据，甚至与其他车辆或基础设施保持数据交换，以这些数据为基础完成数据处理、分析并决策，最终展示出完整的驾驶行为。所以一旦发生数据泄露或不当使用数据将会对个人数据主体带来难以挽回的伤害，因而更需重视数据安全和隐私保护。

同时，如何对于自动驾驶这样工业 4.0 时代的创造物进行知识产权保护也是我们重点关注的领域，譬如对算法这一自动驾驶的核心要素应用怎样的法律策略进行保护、各有怎样的利弊等问题。

最后，相较于传统交通事故，自动驾驶可能涉及的主体比较多，因此当自动驾驶车辆发生事故并造成人员伤亡或财产损失时，如何在人类驾驶员和自动驾驶系统之间划分责任成为难点；而以保险为核心的风险分散机制则关注如何提升责任人责任承担的能力和效率同时确保受害者获得赔偿。

**蓝皮书：** 蔚来汽车除了在国内运营，在美国圣何塞、德国慕尼黑、英国牛津等地

均进行了布局，并已大举进军国际市场，您觉得中外在涉及自动驾驶的法律上的立法趋向和法律实现、法律环境有何不同？

**高岗**：蔚来汽车在成立之初就在欧洲和美国建立了研发中心，我们计划 2025 年进入全球超过 25 个国家和地区。第一是有关数据安全与隐私保护。自动驾驶汽车的数据天然具有三重属性，对车主、乘客而言，数据意味着隐私或个人信息；对车企、车联网平台企业而言，数据具有重要的经济利益；对国家而言，自动驾驶汽车形成的数据是对国家安全至关重要的信息。这三重属性因所处国家不同而有所差异，也决定了智能汽车数据治理的多面性，而值得注意的是"车联网"数据并不总是与隐私相挂钩，即数据也存在着"个人数据"与"非个人数据"的区别，但两者的界限具有一定模糊性。

在相关领域起步较早的欧盟在 2018 年成立的专门监管《通用数据保护条例》实施的欧洲数据保护委员会，在 2021 年新出台了《车联网个人数据保护指南》，提出了网联汽车数据保护应遵循的基本规则，该专门立法从多方面为行业相关人员提供了合规指南。

放眼世界，就数据安全与隐私保护立法而言中国走得并不慢，但考虑到自动驾驶汽车的数据处理、使用过程涉及的主体繁多、种类复杂，且事关交通安全，具有鲜明的公共利益属性，我们认为有必要针对自动驾驶汽车所涉及的数据安全和隐私保护创设专门法律法规，同时也应促进自动驾驶产业的发展，平衡好数据自由流通、数据商业应用、数据的个人利益与公共利益等问题的微妙和复杂的利益关系。

第二是知识产权保护方面。除工业外观设计、技术专利等传统保护之外，目前的焦点在于工业 4.0 时代创造物的保护，特别是针对算法的知识产权保护，在国内外引起了许多讨论。我国法学界其实对于算法的知识产权保护问题鲜有研究，毋论相关的保护体系形成，然而即使是相关问题起步更早、研究程度更深的美国和欧盟，也未能对其形成定论。实践中主要存在两种方式，一种是专利保护，另一种是商业秘密保护。

对于专利保护，由于各国普遍认为算法只是一种抽象概念，不具有成为专利客体的资格，但"算法＋创造性应用"的专利化则被采纳。以美国为例，其对算法专利申请进行的审查强调该权利要求中的算法（抽象概念）必须得到具体适用、有实践方法，而非为垄断算法而做出的文字游戏，足以将要求中的抽象概念"转化"为符合专利申请标准的"创造性概念"。诸如我国、德国、西班牙、韩国等设有实用新型专利制度的国家，对于创造性不甚显著、无法达到发明专利标准的申请，也可以采用实用新型进行保护。鉴于算法本身的不可专利性，商业秘密成了保护算法的重要途径，且在司法实践中存在大量算法商业秘密案例。对于我们企业而言，利用商业秘密来保护知识产权显然最为便捷高效，且能够在短期内全面保持竞争优势；然而人才是商业秘密的天然载体，考虑到新兴行业内人才流动现状，企业极易受到商业秘密侵权的重大打击，这不仅对我们企业内部的商业秘密保护机制提出了挑战，也对商业秘密相关法律法规进一步提出了调和的要求。以德国为例，新颁布的《商业秘密法》增加了侵权人故意、过失披露或使用商业秘密，即使三年诉讼时效届满，侵权人也应返还不当得利的特别规定，进一步保障了被侵权人的利益；同时，增加了诉讼过程中的保密程序与法定义务和替代性争议解决机制与司法的衔接，并为防止诉讼引起的二次泄密加入一系列其他司法限制等相关规定。

专利和商业秘密对涉及自动驾驶的知识产权保护各有利弊，在法律策略的选取与利用上应当关注利益平衡、综合考量；虽然两者通常存在竞合关系，但两者也经常互为补充，在创新的早期阶段商业秘密可以全面保护抽象概念（算法）不受时间限制，直到该抽象概念能够结合实际应用达到可专利的标准。

第三是自动驾驶责任认定方面。目前，我国还未出台规定自动驾驶责任认定的法律。对于一般交通事故，仍然根据传统交通事故法律进行调整，由人类驾驶员承担相应责任；如果能够证明存在产品质量问题，则根据《产品质量法》对销售商、制造商等主体进行索赔。

与国内法相似，各国仍然普遍在自动驾驶责任认定上依据传统交通事故法律进行调整，一方面考虑到现阶段投入商业使用的自动驾驶汽车尚未达到 L3 级，即完全自动驾驶以上，在交通事故责任认定上往往不存在能够使得人类驾驶员免责的特殊事由。但美国的少数州，例如加利福尼亚州、佛罗里达州等对自动驾驶进行了专门立法，都特别对因第三方改装而对自动驾驶汽车原始制造商的责任豁免进行了规定。

德国在 2021 年新颁布了《自动驾驶法》，对现有的道路交通法进行了补充，率先为 L4 级自动驾驶建立起法律框架。该法特别规定了车主、驾驶员、生产制造厂商等对自动驾驶汽车进行日常维护、监测，保证其正常、安全运行的义务，这项规定可以说扩大了自动驾驶汽车车主、驾驶员、生产制造厂商等遇到交通事故时的可能被分配到的责任。另外德国和日本在判断自动驾驶汽车产品质量责任时，特别提出要依据"黑匣子"这样的数据收集、记录装置对相关责任进行认定。

此外，中外自动驾驶保险相关法规也有差异。在现有的法律框架和市场环境下，全球保险业均没有直接可以涵盖自动驾驶所有风险的险种。中国对于自动驾驶交通事故保险的规定仍采取传统的车辆保险规定，其他国家，例如英国对自动驾驶汽车的保险模式作出了更新的规定。

### 创新自动驾驶汽车的行业保险制度

**蓝皮书**：针对自动驾驶汽车的行业保险制度，目前您认为哪些涉及人工智能的法律法规能有效促进自动驾驶汽车行业更好发展？

**高岗**：我建议完善自动驾驶汽车行业保险制度，在人工智能科技领域可通过保险分散风险，进而保障行业的创新能力。

2017 年日本《被害者救济费用等补偿特约》针对自动驾驶汽车的责任保险机制进行了有效规范，扩大汽车保险的赔付范围，将自动驾驶汽车交通事故纳入其中。2018 年英国《自动与电动汽车法案》基于当时的保险制度和此前《车辆技术和航空法案》的针对性条款作出了创新性和扩充性规定，体现为单一承保制度和追偿制度。智能汽车保险涵盖人类驾驶员和智能驾驶系统导致的损失，包括将驾驶控制权转移给智能驾驶系统的司机在内的受害人可以从保险公司获得赔付，依产品责任法或侵权责任法等法律法规负有直接责任的主体可以基于保险机制转移损失。在自动驾驶汽车行业领域，辅助驾驶系统、自动驾驶系统的生产与服务日渐融合，单一承保制度具有一定优势与先进性。

我国可以在借鉴域外相关立法的基础之上及时对《保险法》《道路交通安全法》等既有的机动车责任保险的法律法规进行修改和设计，对自动驾驶汽车责任保险作出及时有效的回应。

首先，机动车强制责任保险应将自动驾驶汽车纳入。建立自动驾驶汽车强制责任保险，通过立法明确生产商、车辆保有人等相关主体投保义务，利用生产商责任保险机制弥补《产品质量法》中的生产者发展风险抗辩事由给受害人保护带来的不足。目前美国许多州针对自动驾驶汽车的生产商责任保险都作了明确规定，规定生产商若生产自动驾驶汽车，必须购买相应价额的保险，该项规定也取得了良好的社会效果。其次，对于自动驾驶汽车交强险的费率认定标准应作适当调整。譬如可以区别自动驾驶系统操作汽车和人类操作汽车时的保险费率，结合自动驾驶时代特性和汽车本身性能特征，根据自动驾驶系统的等级、生产商所执行的安全标准、事故发生指数等计算自动驾驶汽车的保险费率。最后，可以参考核事故侵权规则，建立双层责任保险框架即"交强险＋产品责任强制保险"，以达到各方利益最大化，双层保险中第一层保险是直接责任主体为分散风险而投保的保险，第二层保险是社会救助方式的变形。

**蓝皮书**：您认为在未来，人工智能法治如何更好地为自动驾驶发展服务？

**高岗**：人工智能和自动驾驶法治整体上应与技术发展相适应。由于存在技术发展方向、商业运营模式等诸多不确定因素，我们认为目前宜相对有节奏地规划自动驾驶汽车致损事故法律体系，在依循现有的机动车侵权与责任保险模式的基础上，可以通过对机动车所有人侵权责任严格化、增设受害第三人对责任保险人直接请求权等方面进行规则调整。

产品责任保险人则可通过排除技术上不可承保的风险，将赔付负担限制在自身所能承受的范围内，最终（主要）在车辆所有人、机动车责任保险人、车辆制造商、制造商产品责任保险人之间形成一个相对均衡的风险分担链条。

对于自动驾驶的知识产权保护，一方面我们期待更多不同领域的专家学者一同来讨论研究譬如算法、程序的专利化可能性及其标准，专利共享等问题，听取不同声音意见推动构建统一法学理论体系，形成知识产权创造、应用、保护、管理、服务的全链条；另一方面也期待未来通过总结更多社会、司法实例和厘清立法上对相关争议焦点，以及借鉴国外先进立法，创设更多注重利益均衡、具有可操作性的法律制度与规定。举例而言，"算法＋创造性应用"模式的专利申请是否能够得到国内法认同；德国针对商业秘密争议案件采用的特别庭审规则、司法限制以及诉讼全过程甚至是结束后的知情人法定保密义务等特别规定，能否结合我国现状进行适应性调整，作为我国修改相关法律的材料。

同时，我们也将持续优化企业内部商业秘密保护机制，以期能够做到因地制宜地设计全面的保护管理制度、合理选择维权抗辩路径、优化争议解决方式，通过知识产权保护促进自动驾驶的创新发展，使其更好地服务于消费者与社会需求。

# 五、打造元宇宙规则之治"三人谈"

**观点：**

元宇宙的一半是天使，一半是恶魔，防范天使堕落为恶魔，靠的就是良法善治。在对待元宇宙发展上，可以比照规制人工智能发展的逻辑，在"以现实物理世界为本"的前提下，最大可能地通过发展元宇宙来提升人类福祉，而元宇宙规则的多重架构正是多元共治理念的具体体现。由于元宇宙同时具备现实性和社会性，我们必须尽快考虑如何设置一套满足元宇宙有序发展的内部治理架构，并同时考虑这套内部治理架构与人类现实物理世界治理体系的兼容。去中心化并不意味着没有监管，一定的监管也不意味着没有自治空间。政府的适度介入能够防止元宇宙开发者的逐利行为以及元宇宙中损害经济秩序和安全秩序的行为。

张钦昱：中国政法大学民商经济法学院经济法研究所所长、教授、博士生导师。

程金华：上海交通大学凯原法学院教授、中国法与社会研究院研究员、博士生导师。

刘志毅：商汤科技政策研究主任。

## 法治、共治、自治是元宇宙治理的基本架构

**蓝皮书：**随着元宇宙概念的火热，其发展也伴随着质疑。您关注元宇宙的哪些方面，您认为元宇宙在发展过程中最需要解决什么问题？

**张钦昱：**元宇宙从无到有，正处于野蛮发展阶段。元宇宙作为新兴事物也可能导致"社会失范"问题。元宇宙导致的"社会失范"是关乎社会稳定性与秩序的问题，指元宇宙因规范缺失，人们各行其是，呈现杂乱无章的局面。元宇宙一半是天使，一半是恶魔。一方面，元宇宙带给人们对理想世界的美好遐想。人类利用文学、艺术描绘了无数的可能世界，元宇宙则有可能将这些世界落地，把一个个可能世界变为真实世界。另一方面，元宇宙有可能出现"自反性"（reflexivity）悖论，即不断地赋予人类社会与交互初衷完全相反的意义。从这个意义上讲，防范天使堕落为恶魔，靠的就是良法善治。随着元宇宙愈发被人们认可，各种元宇宙雨后春笋般蓬勃而出，相关支持产业的高度融合，元宇宙炒作可以休矣。提早布局元宇宙的治理规则，确保在其建

立伊始便树立正确的发展轨道。元宇宙成为人类文明的另一片星辰大海，未来可期。

**程金华：** 从治理的角度看，元宇宙在本质上是一个具有现实性的数字虚拟社会。相对于我们所生活的现实物理世界而言，元宇宙是虚拟的；相对于纯粹的游戏平台而言，元宇宙可以同时成为学习、工作和生活的共同体平台，因此具有社会性；相对于主观想象的虚拟世界，人们在元宇宙中的化身是其"数字孪生"，通过日趋发达的虚拟现实感官技术，形成了在局部领域接近真实体验的"沉浸现实"，由此形成了现实性。由于元宇宙同时具备现实性和社会性，我们必须尽快考虑如何设置一套满足元宇宙有序发展的内部治理架构，并同时考虑这套内部治理架构与人类现实物理世界治理体系的兼容。

元宇宙治理架构的设计，离不开它与人类现实物理世界的关系。根据目前的理论研究和发展状态看，元宇宙与现实物理世界不是平行宇宙，而是两个交叉的主次社会。现实物理世界是"主社会"，从中派生出了元宇宙这个"次社会"，并为元宇宙的发展提供制度基础设施，尤其是法治秩序。在现实世界与元宇宙交叉的地方，也就是发生直接互动的空间里，两者进行协商共治。此外，还有一个元宇宙独立自治的区域，在理想的情况下，由虚拟的数字主体（"数字人"和"数字组织"）通过去中心化的技术、程序和规则等进行自治。简言之，现实世界为元宇宙发展提供的法治，现实世界与元宇宙交互时进行的共治，以及元宇宙内部生态系统建设和运行的自治，是元宇宙治理的基本架构。

**刘志毅：** 在底层基础设施方面，目前商汤科技通过构建 SenseCore AI 大装置实现虚拟世界与真实世界的"破壁"和连接，同时在内容创作平台方面，商汤科技通过 SenseMARS 火星混合现实平台为用户构建了一个元宇宙的"造物者"平台。

从企业角度来说，元宇宙主要有以下问题亟待解决：第一，在技术标准方面，缺乏互联互通的规则。由于元宇宙产业处于起步阶段，不同元宇宙的数据之间在涉及互联互通的重要事项上没有形成共识和国际标准，如软硬件兼容标准、不同平台的用户转换标准、系统内外的支付标准等，只能通过双边谈判解决。而双边谈判又涉及投资成本和各方权益的计算，但这些关键变量往往是可以观察到，但却无法核实的。

第二，在内容方面，元宇宙里没有明确的道德和法律标准。目前，元宇宙的主要内容是各大平台提供的各种游戏（如美国的 Roblox）。在这个虚拟世界里，玩家可以做任何他们想做的事情，包括战斗、杀戮、建立军队和建立帝国。

第三，在产权方面，存在很多模糊地带。无论是数字资产的权利确定，还是用户数据的所有权和使用权，目前都属于法律的灰色地带。包括对于个人生物识别信息的滥用，内容创作版权归属的纠纷，数字资产的价值评估与泄漏风险等。此外，从虚拟世界到现实世界的侵权责任归属问题（类似于自驾车撞人问题），也缺乏明确的法律法规。

第四，在合规方面，针对元宇宙的标准与规制建设不够完善。内容合规是元宇宙规制最重要的部分，当前元宇宙存在诸多合规风险。如利用深度合成内容在虚拟空间传播虚假新闻信息以及侵害他人名誉权、肖像权、隐私权、知识产权和其他合法权益等法律法规禁止的信息。

第五，在现实世界的国际贸易方面，在元宇宙里，除了内容的合规性，还涉及货币发行、税收、意识形态、恐怖主义等关乎国家安全和国家主权的问题，并且由于数字技术可以更好地穿越国际贸易壁垒，这就导致元宇宙的国际监管更加不完善。既然元宇宙涉及国家主权和国家安全，那么各个国家之间会为了争夺虚拟世界的控制权或者国际互联网的主导权而竞争，这种国际博弈格局无疑会进一步加剧元宇宙在监管规则方面的不完善性和政策的不确定性。

### 以法律趋利避害，通过发展元宇宙提升人类福祉

**蓝皮书**：您认为治理元宇宙需要有哪些原则与手段？

**程金华**：考虑到目前元宇宙还有很大的猜想和幻想成分，精准确认元宇宙治理的法治原则和规范内容还为时尚早。不过，元宇宙所呈现的可能数字虚拟世界一定会对人类社会的发展带来重大的理论和实践冲击，因此及时思考元宇宙的治理架构和法治原则具有重大的现实意义。具体就元宇宙发展的法治秩序而言，目前可以考虑如下几个原则：其一，建构治理元宇宙的"法律＋技术"二元规则体系。这也意味着，在今后现实与虚拟共存的多元世界里，"代码即法律"和"法律即代码"会更加普遍，甚至成为一种常态。其二，确立元宇宙治理中"以现实物理世界为本"的"法律中立原则"。在对待元宇宙发展上，可以比照规制人工智能发展的逻辑，在"以现实物理世界为本"的前提下，要求法律不应当歧视元宇宙，避免给元宇宙技术的发展制造不必

要的障碍，并最大可能地通过发展元宇宙来提升人类福祉。因此，主权国家和国际组织应当尽快发布基于法律中立原则的元宇宙建设伦理/法律规范。其三，以现实世界的刚性法律确认并保障元宇宙"去中心化治理"机制的实现。目前，积极支持元宇宙建设的人们持有一种"乌托邦式"的期许，希望在元宇宙的数字虚拟世界中，通过区块链和DAO（去中心化自治组织）等去中心化的技术和组织，建设一个真正的自下而上、民主、自由的自治社区/共同体/社会。但是，在现实操作中，去中心化治理很难真正实现。对此，现实世界应当通过立法、执法和司法协助确认并保障实现元宇宙的去中心化治理机制。

**张钦昱：**在元宇宙中，不同的社会控制路径以不同维度发挥着不可或缺的作用，勾勒出元宇宙治理体系的轮廓。元宇宙规则的多重架构正是多元共治理念的具体体现。采取元宇宙的多元共治模式，有利于保障元宇宙在规范有序中发挥天马行空的想象力，纾解秩序与活力的矛盾。其一，作为新的客体，元宇宙引发的伦理关系、道德关系、交易纠纷等社会关系与现实社会具有差异性，比如元宇宙以智慧合约作为底层设计架构，这超出了传统合同法的调整范围。元宇宙中行为的法律边界和效力处于待定状态，政府的干预又处于上位法真空状态，需要元宇宙成员自行达成定分止争的治理规则并自力执行，应对成员身份和行为发生的深刻变化。其二，作为现实社会的部分或全部映射，元宇宙内部发生的行为产生负外部性，不断挑战现实社会公平公正、利益均衡等传统理念，需要从政府认同即干预的角度重点关注。其三，在不断壮大的过程中，元宇宙平台逐渐具有了准公共属性，这就要求元宇宙的开发者承担"以网管网"的社会责任，对元宇宙社区的部分行为负起管理义务。

**刘志毅：**元宇宙发展中可能面临的社会失范问题可以总结为以下几点：元宇宙加剧了个人原子化的风险。"个人原子化"也就是个人的社会互动和社会支持系统和功能的退化。个人可以在很大程度上靠自己维持基本、正常的工作生活方式，而不需要他人的帮助。在移动互联网时代，这种趋势更加明显，这在很大程度上割裂和阻断了个人参与社会活动的能力、愿望和倾向。在元宇宙时代，这一趋势将继续下去，风险程度将进一步加深。元宇宙空间在满足物质生活需求的基础上，可能会将个人完全引向虚拟化的平行世界，使个人原子化的风险达到最高水平。

元宇宙滋生了现实的异化主义。一是个体的亲社会倾向会进一步降低，因为幸福的主要来源已经转移到了元宇宙；二是个体幸福的门槛上升，人们越来越难以感到幸福和快乐。元宇宙引发了个人纠纷和家庭伦理问题。由于元宇宙隐藏了现实社会中个人的个性化属性，元宇宙婚姻、约会和家庭的问题将成为新时代的主要伦理问题。元宇宙可能导致资本投机和金融风险。资本的逻辑是造成目前元宇宙概念大热的直接原因。在资本的推动下，元宇宙可能会成为逃税、洗钱和欺诈行为高发的地方，必要的虚拟金融监管不能缺位。

基于以上潜在的社会失范风险，应当遵循以下三点原则，做好元宇宙空间的风险控制：首先，元宇宙应完全受人类道德与规则控制（技术可控），科技伦理责任由其控制者（人类）承担。其次，面对虚拟空间下解决治理困境，应采用多元治理、发展式治理，以释放科技造福人类的创新发展潜力。最后，实现元宇宙空间内的法律合规、主动保护数据安全，可信赖的人工智能技术是关键成功因素。我认为，元宇宙治理的当务之急不仅包括外部性、道德风险和逆向选择等问题，核心在于通过计算和监管来维持元宇宙的秩序和持续发展。推动元宇宙治理和秩序的核心不是传统意义上的法律，而是虚拟世界处理特定任务的程序化解决方案——算法。但是，算法从来都不是客观和中立的；通常由谁来制定算法，遵循什么样的规则，以及如何实施，都反映了设计者的价值选择和如何看待公正的社会分配。要治理和规范算法偏见，应遵循以下四个原则：授权同意原则、透明原则、问责和补偿原则、人类价值和尊严优先原则。此外，要在算法开发者、申请者、销售者、传播者、管理者之间建立沟通桥梁和控制机制，尽量减少算法伤害和算法偏差，形成公平公正的虚拟空间秩序。

**蓝皮书**：元宇宙的社区成员需要接受哪些约束，遵守哪些规则？

**张钦昱**：元宇宙的去中心化特质，根植于其以区块链为底层的技术。元宇宙的去中心化表现为生态结构去中心化、交易数据去中心化、信息储存去中心化、内容生产去中心化。元宇宙去中心化的精神内核与权威机构主导制定的规则不适配，伦理道德规则与元宇宙成员自发参与形成的自治规则成为主导。

元宇宙脱胎于现实世界，虚拟数字人及其身份识别，虚拟财产及其产权流转，元宇宙中各主体的权利、义务、责任，与现实社会的诸多规则并不完全相同，例如，无法单纯通过识别虚拟形象识别弱势群体，对他们适用倾斜保护规则，还须结合用户进入、适应元宇宙的条件和能力作为考虑因素。此外，各个元宇宙之间的规则千差万别，作为一个全球性的开放社区，元宇宙中不同用户所处的地域不同，其文化底蕴和社会习俗也自然千差万别。元宇宙成员享有依据不同场景定义不同规则的权利，允许存在适应不同元宇宙的差异化规则。

元宇宙规则的自实施性。元宇宙以区块链技术作为支撑，其智能性和自主性远超普通网络平台，元宇宙运行中发生的大量行为均可通过智能合约自动履行，从对用户操作行为的许可、追踪、监管，到对用户违规行为的处罚，无需人工介入，算法即可自动完成，极大缩减了元宇宙运行的执行成本。元宇宙开发者只需提前设定规则实施所需满足的条件，或者判定违规行为所需达到的触发点，智能合约及算法即可带动规则自动执行。

**刘志毅**：我认为元宇宙相关产品服务提供者应当落实信息安全主体责任，建立健全算法机制审核、用户注册、信息内容管理、数据安全和个人信息保护、未成年人保护、从业人员教育培训等管理制度，为与新技术、新应用相适应的发展提供安全可控的技术保障。同时，制定并公开管理规则和平台公约，完善服务协议，以显著方式提示元宇宙服务使用者的信息安全与产权保护义务，并按照合同约定履行相应管理责任。另外，元宇宙提供商应当落实真实身份信息认证。加强对元宇宙空间中深度合成信息内容的管理，采取技术或人工方式对深度合成服务用户的输入数据和合成结果进行审查；建立健全识别违法和不良深度合成信息内容的特征库，完善入库标准、规则和程序；对违法和不良信息依法采取相应处置措施，并对相关社区成员依法采取警告、限制功能、暂停服务、关闭账号等处置措施。

**蓝皮书**：政府对元宇宙发展中出现的负面现象需要作出哪些规制？

**张钦昱**：现实社会的等价有偿、公平竞争与优胜劣汰机制对于元宇宙引发的竞争、税收、质量标准等社会性问题无法奏效，元宇宙中的社会资源无法得到有效配置，产生所谓的"市场失灵"问题，这些都需要政府通过外力施加干预、予以纠正，使得元宇宙秩序回到正常运行和均衡发展的轨道之上。例如，元宇宙的开发者若受到利益驱动，利用技术优势通过嵌入隐性软件追踪用户行踪、记录用户对话、收集用户偏好信息作为资源进行不正当竞争，政府可将相关责任强加给元宇宙开发者。

政府可通过建立自治规则的备案审查制度，介入元宇宙的社会治理。去中心化并不意味着没有监管，一定的监管也不意味着没有自治空间。政府的适度介入能够防止元宇宙开发者的逐利行为以及元宇宙中损害经济秩序和安全秩序的行为。例如，政府可以规定元宇宙社区自治规则的最低标准，如服务条款的标准化和透明度，对元宇宙社区的发展壮大产生促进作用。

# 第七部分 《世界人工智能法治蓝皮书（2022）》调研问卷及分析

## 《世界人工智能法治蓝皮书（2022）》调研问卷

尊敬的（先生 / 女士）：

诚邀您参加本次问卷调查。

2018 年 8 月，国家主席习近平在致 2018 世界人工智能大会的贺信中指出："新一代人工智能正在全球范围内蓬勃兴起，为经济社会发展注入了新动能，正在深刻改变人们的生产生活方式。把握好这一发展机遇，处理好人工智能在法律、安全、就业、道德伦理和政府治理等方面提出的新课题，需要各国深化合作、共同探讨。"如何应对人工智能带来的风险与挑战，处理好这一新课题？人工智能法治应运而生。构建人工智能法治体系、营造人工智能法治环境、规范保障人工智能安全可靠可控健康发展，已成为社会共识。自 2018 年起，上海市法学会每年在世界人工智能大会上主办"世界人工智能大会法治论坛"，得到了最高人民法院、最高人民检察院、上海市委、中国法学会的高度重视和大力支持，论坛取得了丰硕成果，在国内外产生较大影响。自 2019 年起，上海市法学会、浙江清华长三角研究院、华东政法大学、上海政法学院联合编写并发布《世界人工智能法治蓝皮书》，为繁荣人工智能法学研究、构建人工智能法治体系、营造人工智能法治生态、推动人工智能全球治理、促进国家人工智能战略落实，提供智力支撑。2021 年上海市法学会、上海人民出版社与世界著名科学出版社德国 Springer 出版社签署战略合作协议，联合出版《蓝皮书》英文版，向世界发行。

为更加全面、客观、详实反映人工智能法治发展现状，特邀请您参加此次问卷调查。

对您提供的信息及您的个人信息，我们将严格保密，仅供测评时使用，不会转为他用。

上海市法学会、浙江清华长三角研究院、华东政法大学、上海政法学院

《世界人工智能法治蓝皮书》编辑部

2022 年 1 月

第 1 题　您的职业是？　［单选题］

第 2 题　您的年龄是？　［单选题］

第 3 题　您的工作所在地是？　［填空题］

第 4 题　您关注国内外近年来发布的有关人工智能发展的政策性、法律性文件吗？　［单选题］

第 5 题　2017 年 7 月，国务院印发《新一代人工智能发展规划》。到 2025 年，人工智能基础理论实现重大突破，部分技术与应用达到世界领先水平，人工智能成为我国产业升级和经济转型的主要动力，智能社会建设取得积极进展。您对我国现行有关人工智能发展的政策性、法律性文件的实施效果是否满意？　［单选题］

第 6 题　您对涉及人工智能的地方立法的态度是？　［单选题］

第 7 题　2021 年 3 月 13 日正式发布的《中华人民共和国国民经济和社会发展第十四个五年规划和 2035 年远景目标纲要》中强调人工智能相关技术逐步成为"事关国家安全和发展全局的基础核心领域"。您认为人工智能应用中最迫切需要立法的领域是？　［多选题］

第 8 题　2021 年《中华人民共和国数据安全法》和《中华人民共和国个人信息保护法》实施，就您的了解，两法的作用是？　［单选题］

第 9 题　您在使用人工智能司法应用时，是否感受到其运行出现错误，或者产生算法歧视、大数据杀熟？　［单选题］

第 10 题　您认为人工智能司法应用在多大程度上帮助了您的工作？　［单选题］

第 11 题　作为地方立法的率先探索，《上海市数据条例》已经于 2022 年 1 月 1 日起施行，您是如何看待数据保护、上海数据交易所及公共数据社会化开发利用的前景的？　［单选题］

第 12 题　您是如何看待元宇宙及下一代互联网发展的法律治理的？　［单选题］

第 13 题　您认为目前人工智能在执法过程中的应用程度如何？　［单选题］

第 14 题　您如何看待执法中使用人工智能技术对隐私产生的影响？　［单选题］

第 15 题　在新冠肺炎疫情常态化期间，有健康码、行程码、"时空伴随"等涉及个人隐私技术的大量应用，对此您的态度是？　［单选题］

第 16 题　如果您遭到人工智能技术的损害，比如人脸信息被滥用或者盗用，您会用什么途径维护自己的权益？　［多选题］

第 17 题　人工智能与其他专业的交叉融合可能是目前人工智能人才培养面临的最大的挑战。您对新时代人工智能法治人才培养有何看法？　［多选题］

第 18 题　您对"2021 世界人工智能大会法治论坛"的了解程度如何？　［单选题］

第 19 题　您觉得《世界人工智能法治蓝皮书（2023）》还需要关注哪些问题？　［填空题］

## 《世界人工智能法治蓝皮书（2022）》调研问卷数据汇总

本次人工智能法治状况调查，时间为 2022 年 1 月 20 日—3 月 1 日，采用"问卷星"系统，通过上海市法学会官方公众号以微信、网络链接分享等渠道发布。截至 2022 年 3 月 1 日共收到有效问卷 1182 份。

第 1 题　您的职业是？　［单选题］

| 选　　项 | 小计 | 比　　例 |
|---|---|---|
| 法官 / 检察官（含法官助理、检察官助理） | 196 | 16.58% |
| 警察 | 216 | 18.27% |
| 社工等其他公务员及事业单位人员 | 318 | 26.9% |
| 律师、公司法务 | 99 | 8.38% |
| 涉人工智能企事业单位人员 | 35 | 2.96% |
| 教师、高校研究人员 | 120 | 10.15% |
| 学生 | 80 | 6.77% |
| 其他（请注明） | 118 | 9.98% |
| 本题有效填写人次 | 1182 | |

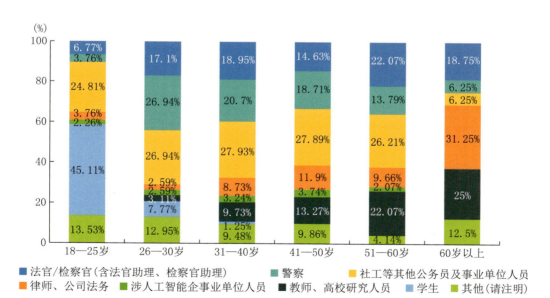

本次调研对象中，法官 / 检察官、警察、社工等其他公务员及事业单位人员分别占 16.58%、18.27%、26.9%。律师、公司法务群体及教师、高校研究人员年龄偏向较高。

第 2 题　您的年龄是？　[单选题]

| 选　项 | 小计 | 比　例 | |
| --- | --- | --- | --- |
| 18—25 岁 | 133 | | 11.25% |
| 26—30 岁 | 193 | | 16.33% |
| 31—40 岁 | 401 | | 33.93% |
| 41—50 岁 | 294 | | 24.87% |
| 51—60 岁 | 145 | | 12.27% |
| 60 岁以上 | 16 | | 1.35% |
| 本题有效填写人次 | 1182 | | |

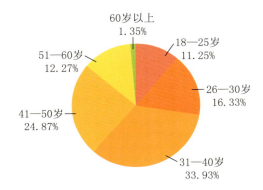

第 3 题　您的工作所在地是？　[填空题]

本次调查问卷来源地区前三名分别为：黑龙江省、上海市、福建省。

第 4 题　您关注国内外近年来发布的有关人工智能发展的政策性、法律性文件吗？［单选题］

| 选　　项 | 小计 | 比　　例 |
|---|---|---|
| 非常关注，阅读过政策和法律性文件 | 280 | 23.69% |
| 关注，看过相关内容介绍及新闻报道 | 486 | 41.12% |
| 听说过，具体没关注 | 319 | 26.99% |
| 不了解 | 97 | 8.21% |
| 本题有效填写人次 | 1182 | |

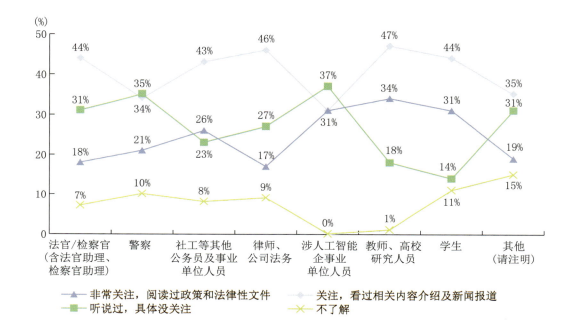

对人工智能发展的政策性、法律性文件非常关注和关注的人数占 **65%**，表明人工智能政策与法律的关注度较高。在不同职业人群中，涉人工智能企事业单位人员和教师、高校研究人员中不了解的人数极低，显示这两个群体对政策与法律的关注度很高。

第 5 题　2017 年 7 月，国务院印发《新一代人工智能发展规划》。到 2025 年，人工智能基础理论实现重大突破，部分技术与应用达到世界领先水平，人工智能成为我国产业升级和经济转型的主要动力，智能社会建设取得积极进展。您对我国现行有关人工智能发展的政策性、法律性文件的实施效果是否满意？［单选题］

| 选　　项 | 小计 | 比　　例 |
|---|---|---|
| 非常满意 | 496 | 41.96% |
| 比较满意 | 600 | 50.76% |
| 相对不满意 | 73 | 6.18% |
| 非常不满意 | 13 | 1.1% |
| 本题有效填写人次 | 1182 | |

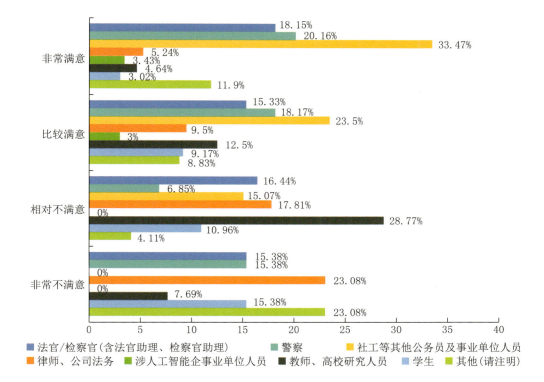

教师、高校研究人员中相对不满意的占比较高，律师、公司法务群体中，对于实施效果非常不满意的占比较高。

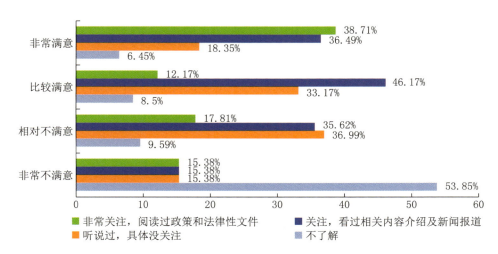

对有关人工智能发展的政策性、法律性文件了解程度与对现行有关人工智能发展的政策性、法律性文件的实施效果的满意度呈现正相关关系，在不了解人群中，非常不满意的达到了 **53.85%**，说明让更多人了解人工智能政策和相关法律是提升实施效果满意度的重要方式。

**第 6 题** 您对涉及人工智能的地方立法的态度是？ ［单选题］

| 选 项 | 小计 | 比 例 |
|---|---|---|
| 越早越好 | 351 | 29.7% |
| 可以政策先行，总结出规律后再以法律形式确立宏观方向 | 716 | 60.58% |
| 当前的政策体系已经能够满足需要，一定时间内无需立法 | 90 | 7.61% |
| 其他 | 25 | 2.12% |
| 本题有效填写人次 | 1182 | |

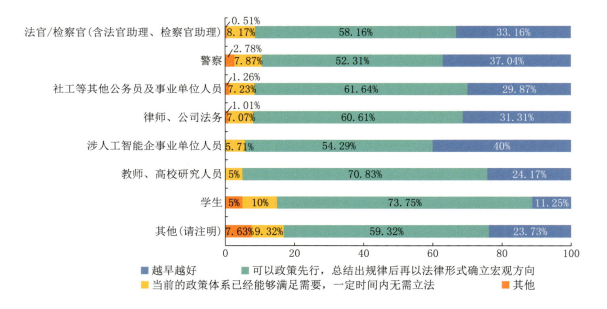

对涉及人工智能的地方立法态度最为积极的为律师、公司法务（**40%**）和警察（**37.04%**）群体，问卷数据显示这两个群体关注度较高，也与他们对人工智能实际应用较多，涉及相关法律问题较多有关。

**第 7 题** 2021 年 3 月 13 日正式发布的《中华人民共和国国民经济和社会发展第十四个五年规划和 2035 年远景目标纲要》中强调人工智能相关技术逐步成为"事关国家安全和发展全局的基础核心领域"。您认为人工智能应用中最迫切需要立法的领

域是？ ［多选题］

| 选　项 | 小计 | 比　例 | |
|---|---|---|---|
| 金融领域 | 383 | | 32.4% |
| 自动驾驶 | 311 | | 26.31% |
| 医疗领域 | 571 | | 48.31% |
| 教育领域 | 363 | | 30.71% |
| 大数据与数据交易 | 835 | | 70.64% |
| 行业企业垄断等不正当竞争 | 456 | | 38.58% |
| 隐私权保护 | 776 | | 65.65% |
| 没有必要专门立法 | 9 | | 0.76% |
| 其他 | 27 | | 2.28% |
| 本题有效填写人次 | 1182 | | |

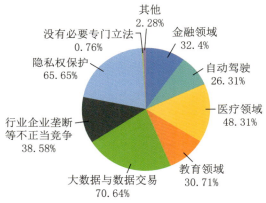

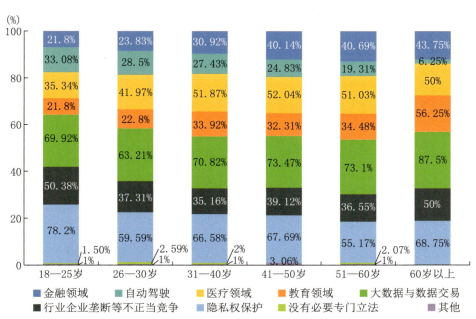

在不同年龄段对人工智能应用中最迫切需要立法的领域选择中，金融领域、教育领域、大数据与交易等领域随着年龄增长关注度提高，18—25 岁及学生群体对于隐私权保护和行业企业垄断等不正当竞争最为关注。

第 8 题 2021 年《中华人民共和国数据安全法》和《中华人民共和国个人信息保护法》实施，就您的了解，两法的作用是？ ［单选题］

| 选 项 | 小计 | 比 例 | |
|---|---|---|---|
| 已经对数据安全和个人信息保护产生了积极的效果 | 777 | | 65.74% |
| 目前还没有发挥应有作用 | 273 | | 23.1% |
| 不清楚 | 132 | | 11.17% |
| 本题有效填写人次 | 1182 | | |

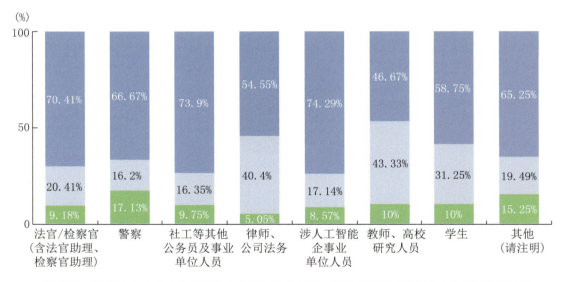

针对《中华人民共和国数据安全法》和《中华人民共和国个人信息保护法》的实施，涉人工智能企事业单位人员、法官 / 检察官、社工等其他公务员及事业单位人员、警察等群体更为认可两法所产生的积极效果，律师、公司法务和教师、高校研究人员认为没有发挥应用作用比例较高。这表明政府工作人员对于两法的实际运行效果有更为正面的评价。

第9题 您在使用人工智能司法应用时，是否感受到其运行出现错误，或者产生算法歧视、大数据杀熟？ ［单选题］

| 选　　项 | 小计 | 比　　例 |
|---|---|---|
| 经常感受到 | 384 | 32.49% |
| 有时感受到 | 425 | 35.96% |
| 极少感受到 | 129 | 10.91% |
| 从未感受到 | 67 | 5.67% |
| 没有接触 | 177 | 14.97% |
| 本题有效填写人次 | 1182 | |

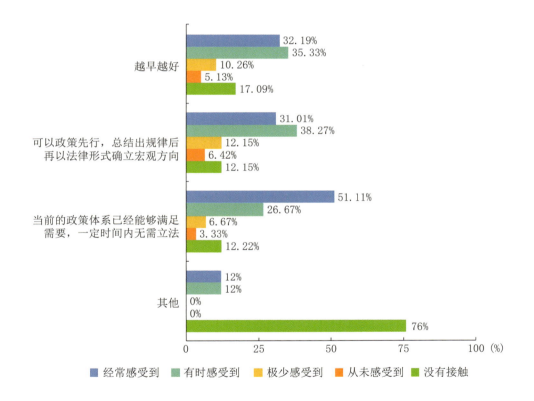

在使用人工智能司法应用时，经常与有时感受到其运行出现错误，或者产生算法歧视、大数据杀熟的占比达到 **68.09%**，从未感受到的仅占 **5.67%**，而与对人工智能地方立法态度对比分析，认为一定时间内无需立法的人群中经常感受到的比例最高（**51.11%**），一个可能的原因是对人工智能地方立法内容和作用还不太了解所造成的对应用的负面评价。

第 10 题　您认为人工智能司法应用在多大程度上帮助了您的工作？　［单选题］

| 选　项 | 小计 | 比　例 | |
|---|---|---|---|
| 帮助巨大 | 276 | | 23.35% |
| 有一定帮助 | 668 | | 56.51% |
| 没有帮助 | 57 | | 4.82% |
| 拖累了我的工作 | 12 | | 1.02% |
| 没有接触 | 169 | | 14.3% |
| 本题有效填写人次 | 1182 | | |

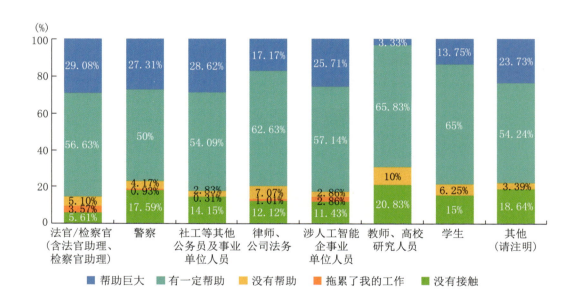

总体来看，人工智能司法应用在工作上起到的作用得到了肯定评价。值得注意的是，法官／检察官群体中选择拖累了工作比例最高（3.57%），其同时也是与人工智能司法应用接触度最高的群体（接触度为 94.39%），说明目前人工智能在司法实际应用中在减轻负担和工作量等方面依然有改进的空间。

第 11 题　作为地方立法的率先探索，《上海市数据条例》已经于 2022 年 1 月 1 日起施行，您是如何看待数据保护、上海数据交易所及公共数据社会化开发利用前景的？　［单选题］

| 选　　项 | 小计 | 比　　例 |
|---|---|---|
| 很有必要，有力助推上海全面推进城市数字化转型 | 313 | 26.48% |
| 不了解，不太好说 | 282 | 23.86% |
| 有益的探索 | 247 | 20.9% |
| 条件有待成熟，过于领先 | 80 | 6.77% |
| 有一定帮助，还要看具体实行情况 | 260 | 22% |
| 本题有效填写人次 | 1182 | |

对比全部问卷与上海地区问卷，上海地区选择很有必要的人数比例高（上海41.51%，全部为26.48%），不了解的比例较低（上海15.09%，全部为23.86%），持负面态度的明显偏低（上海3.77%，全部为6.77%）。表明上海公众对上海人工智能地方立法探索更为了解，也持更为正面的态度。

**第 12 题**　您是如何看待元宇宙及下一代互联网发展的法律治理的？　[单选题]

| 选　　项 | 小计 | 比　　例 |
|---|---|---|
| 很有必要进行研究，进行立法准备 | 337 | 28.51% |
| 结合目前人工智能立法进行研究 | 241 | 20.39% |
| 元宇宙目前还是一个概念，等待发展成熟 | 296 | 25.04% |
| 不清楚，不好说 | 308 | 26.06% |
| 本题有效填写人次 | 1182 | |

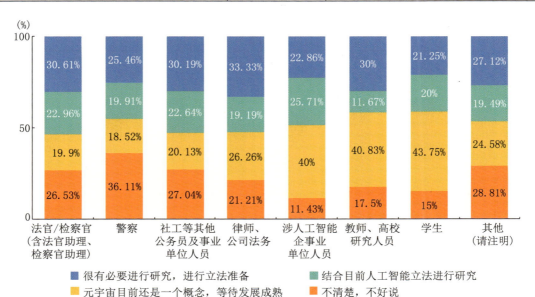

问卷调查结果显示目前调查对象普遍对元宇宙及下一代互联网发展的态度偏谨慎，仅有 28.51% 的人认为很有必要进行研究，进行立法准备。尤其在涉人工智能企

事业单位人员，教师、高校研究人员和学生群体中认为等待发展成熟的均超过 40%，这显示产业界与理论界对元宇宙概念持更为谨慎的态度。

**第 13 题** 您认为目前人工智能在执法过程中的应用程度如何？ ［单选题］

| 选　项 | 小计 | 比　例 | |
| --- | --- | --- | --- |
| 很充分 | 173 | | 14.64% |
| 比较充分 | 423 | | 35.79% |
| 不够充分 | 374 | | 31.64% |
| 非常不够 | 42 | | 3.55% |
| 人工智能不宜在司法中被大量运用 | 170 | | 14.38% |
| 本题有效填写人次 | 1182 | | |

有 14.38% 的调查对象选择人工智能不宜在司法中被大量运用，也有 14.64% 的调查对象选择了很充分，相比往年调查呈现偏高趋势。

**第 14 题** 您如何看待执法中使用人工智能技术对隐私产生的影响？ ［单选题］

| 选　项 | 小计 | 比　例 | |
| --- | --- | --- | --- |
| 司法需要，不担心 | 277 | | 23.43% |
| 隐私得到了较好保护 | 238 | | 20.14% |
| 担心人工智能的使用有泄露隐私的风险 | 576 | | 48.73% |
| 没有感受 | 91 | | 7.7% |
| 本题有效填写人次 | 1182 | | |

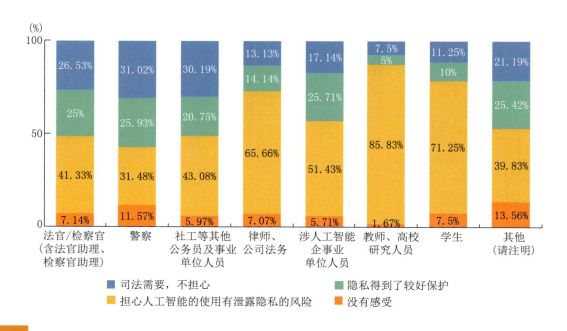

担心人工智能的使用有泄露隐私的风险依然是调查对象最为担心的问题。

第 15 题　在新冠肺炎疫情常态化期间，有健康码、行程码、"时空伴随"等涉及个人隐私技术的大量应用，对此您的态度是？　［单选题］

| 选　　项 | 小计 | 比　　例 |
|---|---|---|
| 非常有效，在政府加强数据保护的前提下可以成为常态 | 521 | 44.08% |
| 特殊时期的特殊做法，担心个人隐私泄露 | 513 | 43.4% |
| 技术应用过度，没必要 | 78 | 6.6% |
| 不在意 | 70 | 5.92% |
| 本题有效填写人次 | 1182 | |

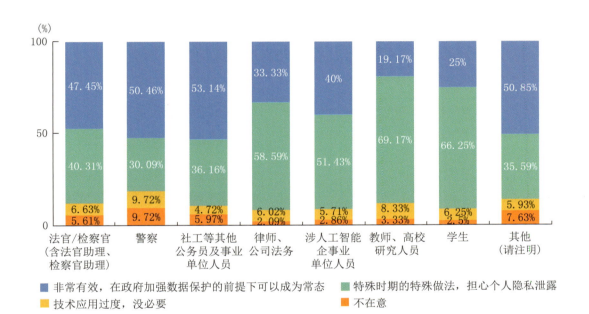

总的看来，调查对象对在新冠肺炎疫情常态化期间，对涉及个人隐私技术的大量应用呈正面态度，但不同职业对新冠肺炎疫情常态化期间涉及个人隐私技术的大量应用呈现不同的隐私担忧，教师、高校研究人员群体更为关注隐私权保护，其中认为可以成为常态的比例最低（19.17%）。

第 16 题　如果您遇到人工智能技术的损害，比如人脸信息被滥用或者盗用，您会用什么途径维护自己的权益？　［多选题］

| 选　项 | 小计 | 比　例 | |
|---|---|---|---|
| 去法院起诉 | 599 | | 50.68% |
| 向政府部门举报 | 621 | | 52.54% |
| 与企业协商 | 246 | | 20.81% |
| 网络平台自我维权 | 507 | | 42.89% |
| 有心无力 | 288 | | 24.37% |
| 其他 | 52 | | 4.4% |
| 本题有效填写人次 | 1182 | | |

　　选择网络平台自我维权的（42.89%）与去法院起诉的（50.68%）和向政府部门举报的（52.54%）比例相差不大，这一定程度上反映出目前对人工智能技术的损害的公力救济渠道还有待加强。

　　第 17 题　人工智能与其他专业的交叉融合可能是目前人工智能人才培养面临的最大的挑战。您对新时代人工智能法治人才培养有何看法？　［多选题］

| 选　项 | 小计 | 比　例 | |
|---|---|---|---|
| 人工智能应该作为基本技能在高校各学科全面普及 | 522 | | 44.16% |
| 应发展专门的人工智能法治专业与学院，如法学院学习＋企业实践模式 | 614 | | 51.95% |
| 在目前培养体系上继续发展 | 395 | | 33.42% |
| 为专业人士培训人工智能法治 | 490 | | 41.46% |
| 说不清 | 179 | | 15.14% |
| 本题有效填写人次 | 1182 | | |

　　新时代人工智能法治人才培养模式呈现出分化的结果，表明目前人工智能法治人才培养模式还处在发展过程中。

　　第 18 题　您对"2021 世界人工智能大会法治论坛"的了解程度如何？　［单选题］

| 选　项 | 小计 | 比　例 | |
|---|---|---|---|
| 通过微信等媒体平台有一定了解 | 443 | | 37.48% |
| 听说过，不怎么了解 | 361 | | 30.54% |
| 完全不了解 | 163 | | 13.79% |
| 非常关注，比较了解 | 117 | | 9.9% |
| 参加过论坛，非常了解 | 98 | | 8.29% |
| 本题有效填写人次 | 1182 | | |

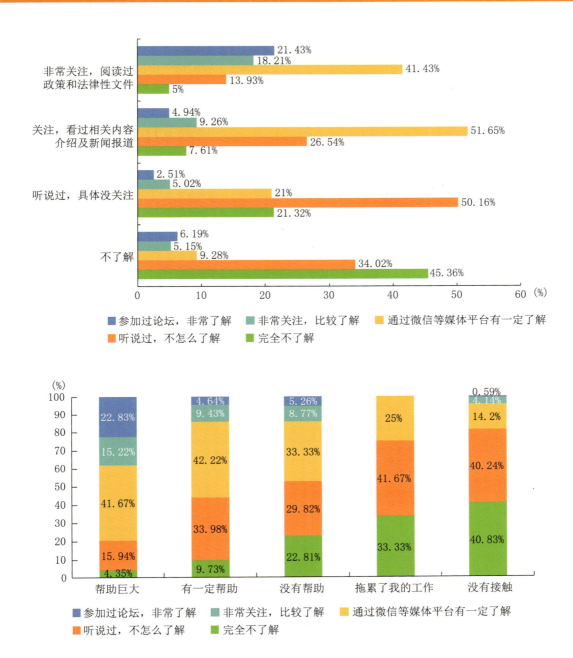

总体来看，调查群体对"世界人工智能大会法治论坛"的了解程度逐年增加，通过包括线上参与等形式在内的参与的程度在加深，尤其是上海市及周边区域现场参与比例高。积极关注与参与世界人工智能大会的群体更对国内外近年来发布的有关人工智能发展的政策性、法律性文件以及人工智能司法应用帮助工作持积极态度。这表明世界人工智能大会在人工智能法治建设、社会对人工智能法治的认识等方面有着积极的作用。

第 19 题　您觉得《世界人工智能法治蓝皮书（2023）》还需要关注哪些问题？　［填空题］

主要问题涉及：人工智能法治与习近平法治思想相结合的研究，人工智能对人类未来产生的巨大影响，人工智能技术使用上的风险防控和隐私权保护，大力加强对个人权利、个人信息、个人生物信息、个人隐私权的充分有力保护，切实防止公权力部门和相关企业以及技术人员对人工智能技术的滥用，警惕泛人工智能化倾向，注重人的决策而非算法决策等。

# 附　录

## 附录一　人工智能重要政策法规一览
### （2021.1—2021.12）

### 中　国

《中华人民共和国数据安全法》（2021.6）

《网络安全标准实践指南——网络数据分类分级指引》（2021.12）

《国家综合立体交通网规划纲要》（2021.3）

《深圳经济特区数据条例》（2021.7）

《上海市数据条例》（2021.11）

### 德　国

《道路交通法和强制保险法修正法——自动驾驶法》（Gesetz zur Änderung des Straßenverkehrsgesetzes und des Pflichtversicherungsgesetzes—Gesetz zum autonomen Fahren）（2021.7）

## 日　本

《统合创新战略 2021》( Integrated Innovation Strategy 2021 )( 2021.6 )

## 欧　盟

《人工智能法案》( Artificial Intelligence for Europe )( 2021.6 )

《数据治理法案》[ European data governance（Data Governance Act ）]( 2021.12 )

## 韩　国

《数据产业振兴和利用促进基本法》( 2021.10 )

## 俄罗斯

《关于联邦国家信息系统 "国家数据管理统一信息平台" 的规定》( 2021.5 )

## 法　国

《国家人工智能战略》( 2021.12 )

## 英　国

《国家人工智能战略》( National AI Strategy )( 2021.9 )

## 美　国

《算法正义和在线平台透明度法案》( Algorithmic Justice and Online Platform

Transparency Act）（2021.5）

《人工智能机构影响法案》（Artificial Intelligence for Agency Impact Act or the AI for Agency Impact Act）（2021.7）

《人工智能风险管理框架概念》（AI Risk Management Framework Concept Paper）（2021.12）

《国家战略计算储备蓝图》（National Strategic Computing Reserve：a Blueprint）（2021.10）

## 附录二　人工智能法治研究机构一览
## （2021.1—2021.12）

## 一、国内（新增）机构

1. 通用人工智能实验班（以下简称通班）由北京大学和清华大学联合建立。清华大学通班设在自动化系，北京大学通班设在元培学院，两所大学通过联合建立通班，在本科新生中招收学生进行系统培养，以回应国家在人工智能方面的战略需求。通班以培育"通识、通智、通用"的世界顶级复合型领军人才为培养目标，培养符合未来社会需要、懂人工智能和其他各种学科交叉知识、具有跨领域能力的高水平通识人才，旨在打造一支人工智能研究队伍，让中国在人工智能的国际竞争中胜出。（2021.4）

2. 北京大学成立智能学院（School of Artificial Intelligence），成立致辞中表示当前以人工智能、大数据为代表的新一轮技术与产业革命正在给人类社会的生产和生活方式产生深刻影响。基于 2018 年 10 月中共中央政治局就人工智能发展现状和趋势举行第九次集体学习，习近平总书记强调，"人工智能是新一轮科技革命和产业变革的重要驱动力量，加快发展新一代人工智能是事关我国能否抓住新一轮科技革命和产业变革机遇的战略问题"。北京大学智能学院的成立意图，一是要为国家培养智能领域高层次创新型人才，弥补人才缺口。二是要积极探索面向未来的引领性技术，推动我国智能科技走在世界前列。三是要汇聚培养优秀学者，打造高水平的智能科学师资人才队伍。四是要加强对外交流合作，积极推动成果转化，服务经济社会发展。（2021.12）

3. 上海交通大学计算法学与 AI 伦理研究中心。上海交通大学中国法与社会研究院和清源研究院决定共建"上海交通大学计算法学与 AI 伦理研究中心"，针对隐私保护、算法公正、网络安全、城市及社会的数字化治理、智慧法院、认知科学与类脑计算、科技与法律及政策等重大课题进行深入研究，并搭建计算法学的交流与合作平台，为上海交通大学乃至全国的法学交叉学科发展提供新的增长点。

# 二、国外（新增）机构

1. 美国国家人工智能倡议办公室。随着美国国防部年度国防开支法案《国防授权法》（NDAA）通过，国家 AI 倡议办公室得以成立，该机构由美国国家科学基金会联合美国农业部、国土安全局以及交通部共同牵头推动。该办公室将协调和监督美国政府的国家人工智能政策计划，实施国家人工智能战略，并作为联邦政府在人工智能研究与决策过程中与相关利益者进行协调和合作的中心枢纽。办公室将统筹人工智能研发工作，对未来人工智能发展作出计划和指引，同时完善对人工智能法治发展的建设，促进人工智能的创新。（2021.1）

2. 美国五角大楼设立新的数字和人工智能办公室。该办公室由美国国防部直接负责，其领导人"首席数字和人工智能官"（CDAO）将直接向国防部副部长报告。数字和人工智能办公室旨在监督联合人工智能中心（JAIC）、国防数字服务处（DDS）以及国防部首席数据官（CDO）的工作，以解决 JAIC、DDS 和 CDO 各自独立运行所导致的工作效率低下的情况。（2021.12）

## 附录三　人工智能法治重要著作一览
## （2021.1—2021.12）

### 一、国内专著

1.《迈向数字社会的法律》

马长山著，法律出版社于 2021 年 3 月出版。

2.《有限实名网络环境下的个人信息保护》

周伟良、李亚平、柳剑晗著，电子工业出版社于 2021 年 4 月出版。

3.《权力之治：人工智能时代的算法规制》

张凌寒著，上海人民出版社于 2021 年 5 月出版。

4.《人工智能的法律回应：从权利法理到致害责任》

韩旭至著，法律出版社于 2021 年 6 月出版。

5.《个人信息保护纠纷理论释解与裁判实务》

丁宇翔著，中国法制出版社于 2021 年 6 月出版。

6.《人工智能法治蓝皮书（2021）》

崔亚东主编，上海人民出版社于 2021 年 8 月出版。

7.《人工智能法治应用》（"人工智能法学系列教材"）

杨华主编，上海人民出版社于 2021 年 11 月出版。

8.《人工智能辅助办案》（"人工智能法学系列教材"）

崔亚东主编，上海人民出版社于 2021 年 11 月出版。

9.《人工智能法学简论》

孙建伟、袁曾、袁苇鸣著，知识产权出版社于 2021 年 12 月出版。

### 二、国外专著

1.《数据大泄漏：隐私保护危机与数据机遇》

［美］雪莉·大卫杜夫著，马多贺、陈凯、周川译，机械工业出版社于 2021 年 6

月出版

2.《人工智能与法律的对话 3》

〔日〕弥永真生、宍户常寿著，郭美蓉、李鲜花、郑超译，上海人民出版社于2021 年 9 月出版

3.《理性机器人：人工智能未来法治图景》

〔英〕瑞恩·艾伯特著，张金平、周睿隽译，上海人民出版社于 2021 年 8 月出版

# 附录四　人工智能法治重要会议（论坛）一览（2021.1—2021.12）

## 一、国内会议（论坛）

1. 人工智能与知识产权大数据应用高峰论坛

2021 年 4 月

广东省

主办单位：广东省知识产权大数据重点实验室

2. 人工智能与司法大数据国际研讨会

2021 年 5 月

湖北省

主办单位：湖北省高级人民法院、华中科技大学

3.《中国法治实施报告（2021）》发布会暨"数字时代的法治实施"专题研讨会

2021 年 5 月

北京市

主办单位：中国行为法学会、中南大学

4. AI 时代，企业合规信息化建设主题峰会

2021 年 7 月

上海市

主办单位：亚太法务联盟、蓝旗（上海）法律咨询有限公司

5. 人工智能与未来法治构建高端论坛

2021 年 7 月

甘肃省

主办单位：甘肃政法大学

6. 2021 世界人工智能大会法治论坛

2021 年 7 月

上海市

主办单位：世界人工智能大会组委会办公室、上海市法学会

7. 2021世界人工智能大会法治青年论坛

2021年7月

上海市

主办单位：中华人民共和国国家发展和改革委员会、中华人民共和国科学技术部、中华人民共和国工业和信息化部、中华人民共和国国家互联网信息办公室、中国科学院、中国工程院、中国科学技术协会、上海市人民政府

8. 智慧法院建设应用高峰论坛暨第四届"中国法研杯"司法人工智能挑战赛

2021年9月

山东省

主办单位：中国司法大数据研究院（最高人民法院智慧法院重点实验室）

9. 首届"科技与法治·数智治理与智慧司法论坛"

2021年10月

江苏省

主办单位：中国法治现代化研究院法治社会研究所、司法改革与现代化研究所、南京智盈人工智能研究院

10. 2021DAMS中国数据智能管理峰会

2021年10月

上海市

主办单位：dbaplus社群

11. 法治与改革高端论坛（2021）

2021年12月

浙江省

主办单位：浙江大学

12. 首届"数字法治与社会发展"高端论坛

2021年12月

上海市

主办单位：中国法学会法理学研究会、《华东政法大学学报》、最高人民检察院检

察理论研究所、最高人民法院中国应用法学研究所、《国家检察官学院学报》和《中国应用法学》

13. 2021 年度"大数据与人工智能法学研究会"

2021 年 12 月

江苏省

主办单位：东南大学法学院、江苏省苏州市中级人民法院

14. 第二届中国人工智能知识产权峰会

2021 年 12 月

上海市

主办单位：YIP Events & 知产前沿新媒体

15. 中法人工智能研讨会

2021 年 12 月

北京市

主办单位：中国科技部、法国高等教育、研究与创新部

## 二、国际会议（论坛）

1. IGF 2021 Open Forum #10 AI and the Rule of Law in the Digital Ecosystem

2021 年 12 月

联合国

主办单位：Cetic.br（巴西信息社会发展区域中心）/NIC.br（巴西信息和协调中心）and UNESCO（联合国教科文组织）

2. 18th International Conference on Artificial Intelligence and Law 2021

2021 年 6 月

巴西

主办单位：University of Sao Paulo（圣保罗大学）

3. Unlocking the Potential of AI for English Law

2021 年 9 月

英国

主办单位：University of Oxford（牛津大学）

4．The Fifteenth International Workshop on Jurisinformatics（JURISIN 2021）

2021 年 11 月

日本

主办单位：Raiosha Building，Keio University Kanagawa，Japan（日本神奈川庆应义塾大学）

## 附录五　人工智能法治应用典型事例一览
## （2021.1—2021.12）

依照人工智能法治应用领域的不同，对 2021 年发生的人工智能法治应用典型事例可以从立法、执法、司法等领域进行简要回顾。

### 一、立法应用

中国从十三届全国人大四次会议开始部署试用全国人大代表工作信息化平台。平台为代表履职提供全面、精准、便捷、高效的信息化服务，代表获取学习和履职信息更快捷，议案建议办理更高效，沟通联系更方便，从而使人民民主更加"全过程"。

欧盟于 2021 年 4 月 19 日宣布启动"欧洲未来会议"多语种数字平台，平台不仅对欧盟成员国公民开放，欧盟机构、各成员国议会、地方政府和社会团体等也可参与。通过搭建自下而上的参与式民主与自上而下的精英决策相结合的公民参与体系，在推动公民科学、高效参与的同时对促进欧盟条约改革形成推力。

### 二、司法应用

2021 年 4 月 19 日，佛山市顺德区人民检察院已上线"公益诉讼随手拍"平台，鼓励市民群众发现并向检察机关提供相关线索，共同守护公共利益。

2021 年 4 月 21 日，深圳市龙华区人民法院首次使用区块链证据核验平台，其可对案件证据进行当庭核验，实现知识产权民事案件的快速审理。

### 三、执法应用

2021 年 1 月 11 日，贵州省贵阳市南明公安分局执法办案管理中心揭牌仪式举行。据悉，为贯彻党中央全面深化依法治国部署，落实推进公安机关执法规范化建设，南明公安分局坚持"服务、减负、规范、高效、监督"理念，依托大数据、云计算、人工智能等现代科技手段，建成了"一站式"执法办案管理中心。

浙江省台州市"法智"平台打造执法办案"百科全书""法智"服务平台汇总梳理案件办理、复议应诉等程序规定，按照办案程序种类、手段措施等进行分类，以"路线图"方式流程化展示步骤、要求和示例，让每一个执法办案的动作要领和注意事项一目了然。通过综合分析全市民警信息，自动生成台州市公安执法素质"白皮书"，助力提升执法主体能力。

2021年3月31日，福建省福安市警方"智慧"助力执法规范化。福安市公安局根据实际需要，在智慧型执法办案管理中心建设中，合理设置办案功能区，选配智能化辅助设备，建成了实现人员登记、信息采集、统一看管、办案辅助和数据互通等基本功能，构建含案件管理区、办案区、涉案财物管理区、合成作战区和服务保障区"五位一体"的执法办案管理中心，所有刑事案件和需要处罚的行政案件全部进入中心办理，强化对办案活动的监督管理和服务保障，有力地提升了执法规范化。

2021年12月30日，广东省行政执法信息平台和行政执法监督网络平台广州市级执法办案平台正式上线运行。该平台在广州市镇街综合执法机构实现全覆盖应用，立项受理、调查取证、审核决定、送达执行、卷宗管理、统计分析等执法全过程网上办案，做到全过程留痕和可回溯管理，成为推动基层治理法治化、规范化、信息化的重要抓手。

新加坡政府开发的多功能巡逻机器人"泽维尔"，2021年9月初在该国大巴窑地区进行了为期3周的试运行。"泽维尔"配备有传感器和安全装置，能自主导航行驶，最高时速约5公里，可续航四五个小时。在人流量高峰期，"泽维尔"每天都会依照预设的线路巡逻。一旦视像分析程序探测到违规行为，如有人在禁烟区吸烟、非法贩卖商品、违规停放自行车或聚会人数超过政府规定等，它就会提醒公众停止这些违规行为。

2021年12月，韩国富川市推出高科技接触者追踪系统，该系统使用人工智能算法、面部识别技术和数千台闭路电视摄像机来跟踪感染新型冠状病毒人群的移动轨迹，根据规定，确诊患者必须同意使用面部识别跟踪，即使他们不同意，系统仍然可以跟踪他们。

2021年11月，印度加尔各答市在监控摄像头中运用人工智能技术，从而实时监测和识别未佩戴头盔的骑手和违规停车的人，更好地处理交通违规行为。

# 附录六　人工智能司法典型案例一览
## （2021.1—2021.12）

1. 黄某与邵某隐私权纠纷案——"可视门铃侵犯隐私判令拆除案"

本案入选上海市十起弘扬社会主义核心价值观典型案例。该案例指出智能家居安防产品的运用要建立在尊重邻里隐私、弘扬友善团结、增进信任与理解、构建邻里和谐的基础上。

2. 中国大地财产保险股份有限公司诸暨支公司、中国人民财产保险股份有限公司诸暨支公司等保险人代位求偿权纠纷案

本案中投保人采用电子投保，其否认在保单、告知书、委托书上签名，同时保险人也未提交充分有效证据证明电子投保全流程系通过投保人人脸识别等方式由投保人本人完成，故保险人未能就免责条款向投保人履行明确说明义务，免责条款不生效。随着人工智能技术的普及，通过人脸识别确认身份逐渐成为各类保险合同中必不可少的程序之一。

3. Cothron 诉 White Castle 指纹识别信息侵权案

本案指出即使同一实体重复违法收集数据，或者向同一实体重复违法披露数据，也可能增加生物特征数据被滥用或者错误处理的风险，因此，每一次违法行为的发生都会使原告受到独立的伤害。

4. 日本甲（匿名）、乙（匿名）、丙（匿名）诉倍乐生股份有限公司、Syngorm 股份有限公司侵犯个人信息案

本案是日本个人信息保护典型案例，日本京都地方法院指出，根据日本《个人信息保护法》，被告在涉及个人隐私信息的存储与使用过程中，负有预见非法获得个人信息行为的义务，如违反其注意义务，则负有侵权损害赔偿责任。

5. Nichole Hubbard 等诉谷歌等侵权案

本案涉及互联网平台在针对有关未成年数据收集利用方面是否违反联邦贸易委员会相关规定，审理法院指出针对该行为的诉讼一般被 COPPA 及其赋予 FTC 和州检察长执法权的专属补救方案所涵盖，对未成年信息收集相关争议提出解决意见。

# 附录七　人工智能法治大事件
# （2021.1—2021.12）

2021 年以来，随着人工智能技术的飞速发展，司法改革和法律信息化的持续推动，"人工智能 + 法治"成为创新创业的重要方向，人工智能在法治领域的各种应用和解决方案已逐步进入公众视野，并悄然改变着现行法律体系的运作机制。以下以简要形式摘列：

- 中国发布《中国法治实施报告》（2021.5）
- "数字时代的法治实施"专题研讨会在北京举行（2021.5）
- 美国国家人工智能倡议办公室设立（2021.1）
- 中共中央、国务院印发《国家综合立体交通网规划纲要》（2021.3）
- 中国推出全球首个人工智能地震监测系统（2021.3）
- 2021 第二届大数据、人工智能和物联网工程国际会议在南昌成功举行（2021.3）
- 中国首个人工智能环卫智能化产业联盟成立（2021.3）
- 美国人工智能国家安全委员会发布最终报告（2021.3）
- 北京大学和清华大学联合建立通用人工智能实验班（2021.4）
- 中国北京市丰台区法院打造诉源治理新路径，创新智慧化新方向（2021.4）
- 巴西发布国家人工智能战略（2021.4）
- 中国发布《中国人工智能发展报告 2020》（2021.4）
- 中国发布《中国法治实施报告（2021）》（2021.5）
- "数字时代的法治实施"专题研讨会在北京举行（2021.5）
- 中国深圳市立法破解人工智能产品应用"落地难"（2021.6）
- 欧盟《人工智能法案》颁布（2021.6）
- 日本发布统合创新战略（2021.6）
- 国家网信办会同多部门联合开展网络安全审查（2021.7）
- 智慧新警务赋"阳光执法"中国深圳市政法跨部门大数据办案平台落地（2021.11）
- 法治与改革高端论坛在中国浙江省举行（2021.12）
- 数字法治与社会发展高端论坛在中国上海市举行（2021.12）

**图书在版编目(CIP)数据**

世界人工智能法治蓝皮书.2022/崔亚东主编.——
上海:上海人民出版社,2022
ISBN 978-7-208-17735-2

Ⅰ.①世… Ⅱ.①崔… Ⅲ.①人工智能-科学技术管
理法规-研究报告-2022 Ⅳ.①D912.174

中国版本图书馆 CIP 数据核字(2022)第 109123 号


**责任编辑** 张晓玲 夏红梅 周文臻
**美术编辑** 夏 芳
**封面设计** 北京高高国际文化传媒有限责任公司

**世界人工智能法治蓝皮书(2022)**
崔亚东 主编
叶 青 刘晓红 王 涛 施伟东 副主编
上 海 市 法 学 会
浙江清华长三角研究院 编
华 东 政 法 大 学
上 海 政 法 学 院

出 版 上海人民出版社
     (201101 上海市闵行区号景路 159 弄 C 座)
发 行 上海人民出版社发行中心
印 刷 上海商务联西印刷有限公司
开 本 889×1194 1/16
印 张 25.25
字 数 404,000
版 次 2022 年 7 月第 1 版
印 次 2022 年 7 月第 1 次印刷
ISBN 978-7-208-17735-2/D·3960
定 价 265.00 元